연구보고서 2024-38

중간퇴소 자립준비청년 통합적 자립지원 방안 연구

이상정
이주연·주보혜·김무현·백혜정·주하나

연구진

연구책임자	**이상정**	한국보건사회연구원 연구위원
공동연구진	**이주연**	한국보건사회연구원 부연구위원
	주보혜	한국보건사회연구원 부연구위원
	김무현	University of Washington School of Social Work 박사
	백혜정	한국청소년정책연구원 선임연구위원
	주하나	한국보건사회연구원 연구원

연구보고서 2024-38

중간퇴소 자립준비청년 통합적 자립지원 방안 연구

발 행 일	2024년 12월
발 행 인	강 혜 규
발 행 처	한국보건사회연구원
주 소	[30147]세종특별자치시 시청대로 370 세종국책연구단지 사회정책동(1~5층)
전 화	대표전화: 044)287-8000
홈페이지	http://www.kihasa.re.kr
등 록	1999년 4월 27일(제2015-000007호)
인 쇄 처	㈜정인애드

ⓒ 한국보건사회연구원 2024

ISBN 979-11-7252-055-7   [93330]

https://doi.org/10.23060/kihasa.a.2024.38

발|간|사

    18세 미만의 아동·청소년을 원가정 대신 국가 및 지방자치단체가 일정 기간 대리 양육 또는 보호하는 지원제도는 다양한 법률을 기반으로 하여 여러 부처가 운영하고 있지만, 공적 자립지원 정책의 대상이 되는 자립준비청년은 보건복지부 관할의 아동보호체계에서 18세 이상의 연령으로 보호종료한 청년으로 제한되어, 자립지원 정책의 사각지대가 매우 크게 발생해 왔다. 한편, 2024년 2월부터 개정된 아동복지법에 근거하여, 15세 이후 보호종료자 중에서 타 법률상의 시설에 입소하여 18세가 된 경우에도 자립지원 서비스를 받을 수 있도록 하여 일부 사각지대가 해소되었다.

    이에 본 연구는 18세 이전 중간퇴소 자립지원 대상 현황 및 자립지원 실태를 파악하여 이들을 통합적으로 지원하기 위한 구체적인 대안을 제시하고, 아직도 남아 있는 자립지원의 사각지대를 해소하기 위한 방안을 모색하였다. 본 연구의 결과를 토대로 위기 청년 자립지원 체계가 통합적으로 구축되어, 사각지대가 해소되고, 차별 없는 자립지원이 이루어질 수 있기를 희망한다.

    본 연구에 참여해 주신 연구진과 한국형사·법무정책연구원 이승현 박사님을 비롯하여 자문회의 및 FGI에 참여한 전문가와 실무 종사자, 그리고 내·외부 자문위원, 한국보건사회연구원의 류정희 연구위원과 덕성여자대학교 정선욱 교수님께 깊은 감사의 뜻을 전한다.

2024년 12월
한국보건사회연구원장 직무대행
강 혜 규

목 차

요 약 ··· 1

제1장 서 론 ··· 5
제1절 연구의 필요성 및 목적 ··· 7
제2절 연구 내용 및 방법 ·· 9

제2장 중간퇴소 자립지원 대상 및 정책 현황 ·························· 11
제1절 중간퇴소 아동 및 자립준비청년 현황과 특성 ················· 13
제2절 자립지원 정책 현황 진단 ·· 62
제3절 소결 ··· 96

제3장 자립지원 정책 해외 사례 분석 ······································ 109
제1절 영국 사례 ·· 111
제2절 독일 사례 ·· 142
제3절 미국 사례 ·· 177
제4절 시사점 ··· 211

제4장 중간퇴소 자립준비청년 지원 실태 ································ 219
제1절 아동보호전담요원 설문조사 ·· 221
제2절 자립준비청년 및 종사자 FGI ··· 271
제3절 소결 ··· 291

제5장 결론 및 제언 ·· 295
　제1절 연구 결과 요약 ···································· 297
　제2절 중간퇴소 자립준비청년 통합적 지원 방안 ············ 308

참고문헌 ··· 321

부록 ·· 349

Abstract ·· 361

표 목차

〈표 2-1〉 아동양육시설 보호아동 현황(2018~2022) ·············· 16
〈표 2-2〉 아동양육시설 보호아동 연령별 현황 ·············· 17
〈표 2-3〉 공동생활가정 보호아동 현황(2018~2022) ·············· 18
〈표 2-4〉 공동생활가정 보호아동 연령별 현황 ·············· 18
〈표 2-5〉 아동일시보호시설 보호아동 현황(2018~2022) ·············· 20
〈표 2-6〉 아동일시보호시설 보호아동 연령별 현황 ·············· 20
〈표 2-7〉 학대피해아동쉼터 보호아동 현황(2018~2023) ·············· 22
〈표 2-8〉 아동보호치료시설 보호아동 현황(2018~2022) ·············· 23
〈표 2-9〉 아동보호치료시설 보호아동 연령별 현황 ·············· 23
〈표 2-10〉 위탁가정 보호아동 현황(2018~2022) ·············· 25
〈표 2-11〉 위탁가정 보호아동 연령별 현황(2022) ·············· 26
〈표 2-12〉 보호 유형별 중간보호종료 현황(2019~2021) ·············· 27
〈표 2-13〉 중간보호종료 사유별 아동 현황(2019~2021) ·············· 28
〈표 2-14〉 아동양육시설 중간보호종료 사유별 아동 현황(2019~2021) ·············· 29
〈표 2-15〉 공동생활가정 중간보호종료 사유별 아동 현황(2019~2021) ·············· 30
〈표 2-16〉 가정위탁 일시 중지 사유별 현황(2020~2021) ·············· 31
〈표 2-17〉 보호종료 후 5년 이내 자립준비청년 현황(2018~2022) ·············· 32
〈표 2-18〉 청소년쉼터 종류 ·············· 35
〈표 2-19〉 청소년쉼터 입퇴소자 수(순 인원) ·············· 36
〈표 2-20〉 청소년자립지원관의 종류 및 지원 사항 ·············· 37
〈표 2-21〉 청소년회복지원시설의 역할 ·············· 38
〈표 2-22〉 소년보호사건 접수 현황 ·············· 41
〈표 2-23〉 소년보호기관 신수용 현황 ·············· 42
〈표 2-24〉 청소년자립생활관 입주 현황(2016~2022) ·············· 46
〈표 2-25〉 청소년창업비전센터 입주 현황(2016~2022) ·············· 46
〈표 2-26〉 보호대상아동 발생 원인별 현황(2018~2022) ·············· 48
〈표 2-27〉 보건복지부 자립준비청년 자립지원 추진체계 내 각 기관 역할 ·············· 67

〈표 2-28〉 보건복지부 체계 주요 자립지원 서비스 ···· 69
〈표 2-29〉 자립준비청년 주거지원 ···· 72
〈표 2-30〉 청소년자립지원 추진체계 각 기관의 역할 ···· 79
〈표 2-31〉 청소년복지시설 퇴소자 우선 입주 가능 공공임대주택 ···· 84
〈표 2-32〉 청소년복지시설 입퇴소 자립준비청소년 자립지원 정책 ···· 89
〈표 2-33〉 보호소년 자립지원 현황 ···· 94
〈표 2-34〉 보호 유형별 15세 이상 보호아동 추정 현황 ···· 97
〈표 2-35〉 부처별 자립지원 내용 ···· 103
〈표 2-36〉 소년보호처분 결과에 따른 자립지원 주무 부처 ···· 105
〈표 2-37〉 부처별 자립지원 내용 ···· 106
〈표 3-1〉 영국(England)의 배치 유형별 보호아동 현황(2023년) ···· 112
〈표 3-2〉 영국(England)의 Care Leaver 현황(2023년 기준) ···· 115
〈표 3-3〉 영국(England) Care Leaver의 활동 현황(2022~2023년 비교) ···· 116
〈표 3-4〉 영국 자립준비 지원 제도 대상과 중간퇴소 아동·청년의 포함 수준 ···· 122
〈표 3-5〉 영국 대상자별 자립준비청년 지원 서비스의 내용 ···· 124
〈표 3-6〉 영국 진로계획 수립을 위한 욕구사정의 영역 및 내용 ···· 126
〈표 3-7〉 Lancashire County Council이 제공하는 금전적 지원 – 적합아동과 중간퇴소 아동의 비교 ···· 134
〈표 3-8〉 양육지원(아동·청소년복지법) ···· 148
〈표 3-9〉 청년을 위한 지원(아동·청소년복지법 41조) 대상 연령 ···· 152
〈표 3-10〉 아동·청소년복지법 개혁(KJSG-Kinder- und Jugendstärkungsgesetz) ·· 155
〈표 3-11〉 자립지원청년 지원 관련 주요 법령(아동·청소년복지법 41조) ···· 160
〈표 3-12〉 아동·청소년복지법 41조 1항 개정 전후 비교 ···· 161
〈표 3-13〉 다른 사회서비스 제공기관과의 협력(아동·청소년복지법) ···· 163
〈표 3-14〉 위탁보호체계 내 자립지원 서비스 수혜 가능 연령대(14~21세) 아동–청소년 규모 · 178
〈표 3-15〉 연간 위탁보호체계 아동·청소년 배치 현황 ···· 179
〈표 3-16〉 사례 계획 목표 및 보호종료 사유 ···· 181

〈표 3-17〉 미국 자립지원 정책의 흐름	189
〈표 3-18〉 보호 형태별 연방 체이피 프로그램 수혜 자격 기준	192
〈표 3-19〉 애리조나주의 사례	204
〈표 3-20〉 뉴욕주(2021)의 사례	207
〈표 4-1〉 중간퇴소 자립준비청년 현황 및 지원실태 파악조사 개요	221
〈표 4-2〉 중간퇴소 자립준비청년 현황 및 지원실태 파악 조사 개요	223
〈표 4-3〉 응답자 특성	224
〈표 4-4〉 근무하고 있는 지역	226
〈표 4-5〉 청소년 보호 및 지원업무 담당 여부	228
〈표 4-6〉 (청소년 보호 및 지원업무 담당 여부 '아니오' 응답 시) 청소년 안전망시스템 사용 여부	229
〈표 4-7〉 아동보호전담요원 여부	231
〈표 4-8〉 채용 형태	232
〈표 4-9〉 아동보호전담요원(아동보호 업무) 경력	233
〈표 4-10〉 아동보호전담요원(아동보호 업무) 이전 사회복지 분야 경력	234
〈표 4-11〉 아동보호전담요원(아동보호 업무) 이전 아동복지 분야 근무 경력	236
〈표 4-12〉 근무지역 내 원가정 외 보호아동·청소년 월평균 인원	238
〈표 4-13〉 (원가정 외 보호아동·청소년 월평균 인원) 중 보호 유형별 인원	239
〈표 4-14〉 만 18세 이전 보호조치 종료아동 월평균 인원	241
〈표 4-15〉 (만 18세 이전 보호조치 종료아동) 중 만 15세 이상 인원	242
〈표 4-16〉 (만 18세 이전 보호조치 종료아동) 중 조치 유형별 인원	243
〈표 4-17〉 (만 18세 이전 전원된 보호조치 종료아동) 중 타 부처 관할 시설로 조치된 아동 인원	245
〈표 4-18〉 보호조치 조기종료 아동 자립지원 대상자 인지 여부	246
〈표 4-19〉 (조기종료 아동 자립지원 대상자 인지 여부 '예' 응답 시) 업무 지침 여부	248
〈표 4-20〉 자립정착금 지원 지침의 인지 여부	249
〈표 4-21〉 (자립정착금 지원 지침 인지 여부 '예' 응답 시) 해당하는 자립준비청년 존재 여부	250

〈표 4-22〉 (해당하는 자립준비청년 존재 여부 '예' 응답 시) 자립정착금 지원받은
          자립준비청년 인원 ·· 251
〈표 4-23〉 (해당하는 자립준비청년 존재 여부 '아니오' 응답 시) 부재 이유 ············· 253
〈표 4-24〉 자립수당 지원 지침 인지 여부 ··· 254
〈표 4-25〉 (자립수당 지원 지침 인지 여부 '예' 응답 시) 5년 이내 자립준비청년 존재 여부 · 255
〈표 4-26〉 (5년 이내 자립준비청년 존재 여부 '예' 응답 시) 지원받은 자립준비청년 인원 · 256
〈표 4-27〉 (5년 이내 자립준비청년 존재 여부 '아니오' 응답 시) 부재 이유 ············· 258
〈표 4-28〉 아동복지심의원회 심의·의결 지원 사례 여부 ·································· 259
〈표 4-29〉 (아동복지심의원회 심의·의결 지원사례 여부 '예' 응답 시) 제공 서비스 ······ 260
〈표 4-30〉 1개월 이상 연락 두절 아동 현황 연 2회 이상 파악 여부 ··················· 261
〈표 4-31〉 (1개월 이상 연락 두절 아동 현황 연 2회 이상 파악 여부 '아니오' 응답 시)
          미파악 이유 ·· 262
〈표 4-32〉 보호조치 조기종료, 타 시설 전원 아동·청소년 사후관리 수행 여부 ······· 263
〈표 4-33〉 (타 시설 보호조치 조기종료 아동·청소년 사후관리 여부 '예' 응답 시)
          기간과 빈도 ·· 265
〈표 4-34〉 (타 시설 보호조치 조기종료 아동·청소년 사후관리 여부 '아니오' 응답 시)
          미수행 이유 ·· 266
〈표 4-35〉 아동·청소년 자립지원체계 개선을 위한 필요정책 방안 ····················· 267
〈표 4-36〉 아동·청소년 자립지원을 위한 필요정책 방안 ································· 269
〈표 4-37〉 청소년안전망시스템 사용 의향 ··· 270
〈표 4-38〉 초점집단면접(FGI) 참여자 개요: 종사자 ······································· 272
〈표 4-39〉 초점집단면접(FGI) 참여자 개요: 당사자 ······································· 273
〈표 4-40〉 FGI 조사 영역과 질문 내용 ··· 274
〈표 4-41〉 자립지원 업무 종사자 FGI 결과: 근무 환경 ································· 276
〈표 4-42〉 자립지원 업무 종사자 FGI 결과: 중간퇴소 현황 ···························· 277
〈표 4-43〉 자립지원 업무 종사자 FGI 결과: 지원체계 ··································· 280
〈표 4-44〉 중간퇴소 자립준비청년 FGI 결과: 가정 외 보호 경험 ····················· 284

〈표 4-45〉 중간퇴소 자립준비청년 FGI 결과: 중간퇴소 경험 ·· 285
〈표 4-46〉 중간퇴소 자립준비청년 FGI 결과: 중간퇴소 후 18세가 되기까지 ··············· 286
〈표 4-47〉 중간퇴소 자립준비청년 FGI 결과: 자립지원에 대한 의견 ···························· 289
〈표 5-1〉 소년보호처분 결과에 따른 자립지원 주무 부처 ··· 298
〈표 5-2〉 부처별 자립지원 내용 ·· 301
〈표 5-3〉 지자체별 보호아동 및 아동보호전담요원 배치 현황 ·· 314

그림 목차

[그림 2-1] 중간퇴소 자립지원 대상자 ·· 14
[그림 2-2] 보호종료 후 5년 이내 자립준비청년 추이(2020~2022) ················· 33
[그림 2-3] 청소년자립지원관 입퇴소자 수(순 인원) ···································· 38
[그림 2-4] 청소년회복지원시설 입퇴소자 수(순 인원) ································ 39
[그림 2-5] 보호소년 및 위탁소년 신수용 현황(2014~2022) ························ 43
[그림 2-6] 보호대상아동 발생 원인별 현황(2018~2022) ··························· 49
[그림 2-7] 보건복지부 자립준비청년 자립지원 추진체계 ····························· 66
[그림 2-8] 청소년자립지원 추진체계 ·· 78
[그림 2-9] 위탁 절차 ·· 80
[그림 2-10] 위기청소년 통합지원정보시스템 체계 ····································· 81
[그림 2-11] 소년원 출원 전후 자립지원 제도 ·· 93
[그림 3-1] 영국(England)의 연령별 보호아동 현황(2023년) ······················ 113
[그림 3-2] 영국(England)의 가정 외 보호아동 추이(2014~2023) ·············· 114
[그림 3-3] 영국의 자립 전환기 보호 서비스 전달체계 ······························ 140
[그림 3-4] 시설보호와 위탁가정 보호 아동 ·· 143
[그림 3-5] 연령별 시설보호와 위탁가정 보호 아동 ·································· 144
[그림 3-6] 시설 또는 위탁가정 보호 이유 ·· 145
[그림 3-7] 18세 미만 양육지원(Hilfe zur Erziehung) 형태 분포(2021년) ······· 146
[그림 3-8] 타임라인: 지원 계획 프로세스의 모든 단계에서 부모의 참여를 강화하는 방안 ·· 166
[그림 3-9] 사회법상 삼각관계 ·· 176

요약

1. 연구의 배경 및 목적

2023년 8월, 「아동복지법」의 개정 및 2024년 2월 시행을 통해 "18세에 달하기 전에 보호조치가 종료되거나 해당 시설에서 퇴소한 사람으로서 보건복지부장관이 자립지원이 필요하다고 인정하는 사람"을 자립지원 대상으로 포함하여, 만 18세 이전에 중간퇴소한 아동·청소년·청년이 국가 또는 지방자치단체로부터 자립지원을 받을 수 있는 근거가 마련되었다. 이에 보건복지부는 최근 정책 발표(2024년 2월 7일)를 통해, 15세 이후 보호종료자 중에서도 아동복지법 외 다른 법률상의 시설 입소 또는 조기 취업·대학 진학 사유로 보호종료된 경우에 18세가 되면 자립수당을 지원받을 수 있도록 대책을 발표했다.

그러나 중간퇴소 아동·청소년·청년에 대한 모니터링 혹은 사후관리 방안이나 지원체계 등에 대한 구체적 대안을 제시하지 않아 정책의 실효성이 낮고, 특히 원가족으로 복귀한 아동·청소년은 원천적으로 배제되었으며, 보건복지부 관할의 아동보호체계에서 거주 경험이 없는 타 부처 관할 시설의 퇴소 청년은 여전히 자립지원의 사각지대에 남아 있다. 이에 본 연구는 18세 이전에 중간퇴소한 자립지원 대상자의 현황 및 자립지원 실태를 파악하고, 이들을 지원하기 위한 구체적인 대안을 모색하고자 했다.

2. 주요 연구 내용

본 연구는 우선 중간퇴소 자립준비청년 및 지원체계 현황을 파악하여 정책 지원 대상의 범위를 점검하고 사각지대를 확인하였다. 또한, 우리나라와 같이 지방자치단체(시군구)를 중심으로 자립지원이 필요한 보호대상아동을 지원하고 있는 영국, 독일의 사례를 분석하고, 원가정 보호를 강조하고 있는 미국의 사례를 분석하여, 중간퇴소 아동 지원정책 마련을 위한 시사점을 제시하였다. 그리고 시군구 아동보호팀에서 보호대상아동의 가정 외 보호체계 진입부터 보호종료 후 자립지원, 사후관리 모니터링을 책임지고 있는 아동보호전담요원을 대상으로 조사를 수행하여 중간 퇴소자 및 지원 현황을 분석했다. 그리고 보건복지부, 여성가족부, 법무부 관할 시설 중간퇴소 자립준비청년 및 종사자 대상 FGI 또는 개별 인터뷰를 통한 질적 자료를 수집하여 자립 경험 및 실태를 파악하여 자립지원 욕구를 분석했다. 마지막으로 이러한 연구 결과를 바탕으로 중간퇴소 자립준비청년을 위한 통합적 자립지원 방안을 제시했다.

3. 결론 및 시사점

연구 결과를 바탕으로 중간퇴소 자립준비청년을 통합적으로 지원하기 위한 단기 과제와 중·장기 과제를 제시하였다. 우선, 단기 과제로는 15세 미만과 원가정 복귀 중간퇴소 자립준비청년 지원, 사후관리를 위한 통합적 정보공유 체계 구축, 위기 아동·청소년 보호조치 게이트웨이 단일화, 보건복지부 관할 시설 우선 보호 조치, 아동보호전담요원 인력 확대 및 근무 여건 개선, 맞춤형 지원으로 자립지원 서비스 제공 방식 전환을 제시하였다.

중간퇴소 자립준비청년을 통합적으로 지원하기 위한 중·장기 과제로, 특별법을 제정하여 모든 종류의 생활시설(위탁보호시설)에서 보호 또는 생활 후 퇴소하는 취약 청년으로 자립준비청년의 개념을 재정의하는 것, 공적 보호 후 자립지원이 필요한 취약 청년의 사각지대를 최소화하는 것을 제안하였다. 또한, 단일 근거법에 기반하여 하나의 부처에서 자립서비스 전달체계를 구축하여 운영함으로써 관련 예산과 서비스를 통합 관리하고, 아동·청소년 복지시설을 중앙부처 사업으로 환원하는 방안도 제시하였다.

주요 용어: 중간퇴소 자립준비청년, 자립지원 정책

제1장

서론

제1절 연구의 필요성 및 목적
제2절 연구 내용 및 방법

제1장 서론

제1절 연구의 필요성 및 목적

원가족으로부터 받는 지원과 지지, 사회경제적 자원이 부족하여 공적 체계의 보호 또는 지원이 필요한 아동·청소년은 발굴 또는 발견 경로에 따라 각각 보건복지부 관할의 아동보호체계(아동복지시설), 여성가족부 관할의 청소년보호체계(청소년복지시설), 법무부 관할의 소년보호체계(소년보호시설)로 분리된 공적 체계에서 보호와 지원을 받고 있는 가운데, "자립준비청년"은 보건복지부 관할 아동보호체계에서 보호종료 또는 퇴소한 청년만을 의미해 왔다.

18세 미만의 아동·청소년을 원가정 대신 국가 및 지방자치단체가 일정 기간 대리 양육 또는 보호하는 지원제도는 다양한 법률을 기반으로 하여 여러 부처가 운영하고 있다. 그중에서 공적 자립지원의 대상이 되는 자립준비청년은 2023년 8월, 「아동복지법」 제38조가 개정되기 전까지, 가정위탁이나 아동양육시설, 공동생활가정으로부터 18세 이상의 연령으로 보호종료 후 5년 이내인 청년으로 제한되어, 보건복지부 관할을 벗어난 영역에서 자립지원 정책의 사각지대가 매우 크게 발생해 왔다. 18세 이전에 아동보호체계를 떠나 원가정으로 복귀하거나 여성가족부 관할의 청소년보호체계(청소년복지시설), 법무부 관할의 소년보호체계(소년보호시설)로 표류하는 아동·청소년·청년은 그 어떤 지원도 받을 수 없었다. 여성가족부, 법무부 관할의 청소년복지시설, 소년보호시설 퇴소 청년 중 양육시설에서 생활한 청년이 각각 18.8%, 28.2%에 달하고, 이들의 자립 상황에서 취약성이 아동양육시설에서 퇴소한 청년보다 더 높았지만, 이들은 아동·청소년기에 보호체계를 넘나들며 다양한 시설을 표류하면서 자립준비청년으로 인정받지 못해 어떤 지원도 받지 못한 것이다(김지연 외, 2022).

한편, 2023년 8월, 「아동복지법」의 개정 및 2024년 2월 시행을 통해 "18세에 달하기 전에 보호조치가 종료되거나 해당 시설에서 퇴소한 사람으로서 보건복지부장관이 자립지원이 필요하다고 인정하는 사람"을 자립지원 대상으로 포함하여, 만 18세 이전에 중간퇴소한 아동·청소년·청년 또한 국가 또는 지방자치단체로부터 자립지원을 받을 수 있는 근거가 마련되었다. 이에 보건복지부는 최근 정책 발표(2024년 2월 7일)를 통해, 15세 이후 보호종료자 중에서도 아동복지법 외 다른 법률상의 시설 입소 또는 조기 취업·대학 진학 사유로 종료된 경우, 18세가 되면 자립수당을 지원받을 수 있도록 대책을 발표했다(보건복지부, 2024.2.7.).

그러나 아동복지심의위원회의 결정에 따른 자립수당, 자립정착금 지급 외에 중간퇴소 아동·청소년·청년에 대한 모니터링 혹은 사후관리 방안이나 지원체계 등에 대한 구체적 대안을 제시하지 않아 정책의 실효성이 낮고, 특히 원가족으로 복귀한 아동·청소년은 원천적으로 배제되었으며, 보건복지부 관할의 아동보호체계에서 거주 경험이 없는 타 부처 관할 시설의 퇴소 청년은 여전히 자립지원의 사각지대에 남아 있다. 이에 본 연구는 18세 이전에 중간퇴소한 자립지원 대상자의 현황 및 자립지원 실태를 파악하고, 이들을 지원하기 위한 구체적인 대안을 모색해 보고자 한다.

제2절 연구 내용 및 방법

　본 연구는 우선, 중간퇴소 자립준비청년 및 지원체계 현황을 파악하여 정책 지원 대상의 범위를 점검하고 사각지대를 확인하고자 한다. 선행연구 분석을 통해 원가정 복귀, 통고, 전원 등의 중간퇴소 경로 및 자립 실태를 파악하고, 중간퇴소 자립준비청년 사후관리, 자립지원 등 정책 지원 현황을 분석한다. 중간퇴소 '자립준비청년'을 지원하고 있는 부처별(보건복지부, 여성가족부, 법무부) 근거법, 제도 등에 관한 문헌자료를 분석하고, 원가정 복귀나 전원 조치 등으로 부처를 넘나들며 표류하는 '자립준비청년' 및 지원체계에 관한 선행연구를 분석한다.

　둘째, 우리나라와 같이 지방자치단체(시군구)를 중심으로 자립지원이 필요한 보호대상아동을 지원하고 있는 해외 사례를 분석하여 중간퇴소 아동 지원정책 마련을 위한 시사점을 제시하고자 한다. 이를 위해 개별 조언가(Personal Advisor)를 중심으로 욕구 기반 통합적 자립서비스를 제공하고 있는 영국 사례를 분석하여, 중간퇴소 아동 지원 요건 및 내용, 서비스 전달체계 개선 방안을 모색하고자 한다. 또한, 사회보장제도 기반, 청소년청 공무원이 자립준비청년을 지원, 모니터링하는 독일 사례를 분석하여 사각지대 없는 연속적·지속적 자립지원 방안을 마련하기 위한 시사점을 도출한다.

　셋째, 그동안 중간퇴소 자립준비청년에 대한 모니터링 체계가 부재하여 공식적인 현황 자료가 없기 때문에 실증 자료를 수집하여 중간퇴소 자립준비청년 실태를 파악하고자 한다. 시군구 아동보호팀에서 보호대상아동의 가정 외 보호체계 진입부터 보호종료 후 자립지원, 사후관리 모니터링을 책임지고 있는 아동보호전담요원을 대상으로 조사를 수행하여 중간퇴소자 및 지원 현황을 분석한다. 또한, 보건복지부, 여성가족부, 법무부 관할 시설 중간퇴소 자립준비청년 및 종사자 대상 FGI 또는 개별 인터뷰를 통해 질적 자료를 수집하여 자립 경험 및 실태를 파악하고, 자립지원 욕구를 분석하고자 한다. 전문가 FGI를 통해 중간퇴소 자립준비청년 대상 보호 서비스와 자립지원 서비스를 연속적, 통합적으로 제공하기 위한 법 체계, 지원체계, 서비스 개선 방안 마련을 위한 학계, 실천·정책 전문가 의견을 수렴한다.

마지막으로, 이러한 연구 결과를 바탕으로 중간퇴소 자립준비청년을 위한 통합적 자립지원 방안을 제시하고자 한다. 보건복지부 관할 아동보호체계에서 원가정으로 복귀하거나 전원, 통고제도 등으로 인해 타 부처 관할 보호체계를 표류한 경험이 있는 아동·청소년·청년에 대한 사후관리 및 모니터링 주체, 방법 등과 관련한 구체적 방안을 제시하고, 자립준비와 서비스 지원이 필요한 중간퇴소 자립준비청년에게 자립수당 외에 지원할 수 있는 서비스의 범위와 종류 등과 관련하여 통합적 지원 방안을 제시한다.

제2장

중간퇴소 자립지원 대상 및 정책 현황

제1절 중간퇴소 아동 및 자립준비청년 현황과 특성
제2절 자립지원 정책 현황 진단
제3절 소결

제2장 중간퇴소 자립지원 대상 및 정책 현황

제1절 중간퇴소 아동 및 자립준비청년 현황과 특성

1. 중간퇴소 자립준비청년 정의

중간퇴소 자립준비청년 현황과 특성을 살펴보기에 앞서, 우선 중간퇴소 자립준비청년의 개념과 범위를 확인하고자 한다. 「아동복지법」 제38조 4호는 중간퇴소 자립준비청년을 "18세에 달하기 전 보호종료된 자로서 보건복지부장관이 자립지원이 필요하다고 인정하는 사람"으로 규정하고 있다. 이에 근거하여 정부는 4가지의 자립지원 대상자 적용 기준을 제시했다(보건복지부, 2024a). 첫째, 너무 이른 나이에 아동보호체계로부터 과도한 조기 이탈 유도를 방지하고, 경제활동인구의 기준 연령이 15세임을 고려하여 '15세 이후'라는 연령 기준을 마련했다. 둘째, 「아동복지법」 외 다른 법률상의 시설 입소 또는 조기 취업·대학 진학 사유여야 한다. 원가정 복귀라는 사유는 원칙적으로 지원 대상에서 제외되며, 필요한 경우 아동복지심의위원회의 판단을 통해 예외적으로 지원받을 수 있다. 셋째, 자립지원이 실질적으로 필요한 18세 이후부터 지원하는 것을 원칙으로 하고, 다만 조기 취업·대학 진학 시에는 18세 이전에도 예외적으로 지원 가능하도록 하였다. 마지막으로, 개정법이 적용되는 2024년 2월 9일 이후 18세가 되는 청년부터 지원받을 수 있고, 필요한 경우 아동복지심의위원회의 판단을 통해 예외적으로 지원할 수 있도록 하였다. 즉, 예외적인 경우를 제외하면, 중간퇴소 자립준비청년은 15세 이상의 연령으로 아동복지법상의 시설, 가정위탁으로부터 보호를 종료하여 타 법률상의 시설로 전원되어 18세의 연령에 도달한 사람이다. 결과적으로, 15세 미만의 연령은 배제되고, 15세 이상의 연령이어도 원가정으로 복귀한 아동·청소년은 자립지원 대상에서 제외되어 18세에 달하기 전에 보호종료된 아동·청소년 중 보건복지부장관이 자립지원이 필요하다고 인정하는 사람은 매우 일부에 해당된다([그림 2-1] 참조).

[그림 2-1] 중간퇴소 자립지원 대상자

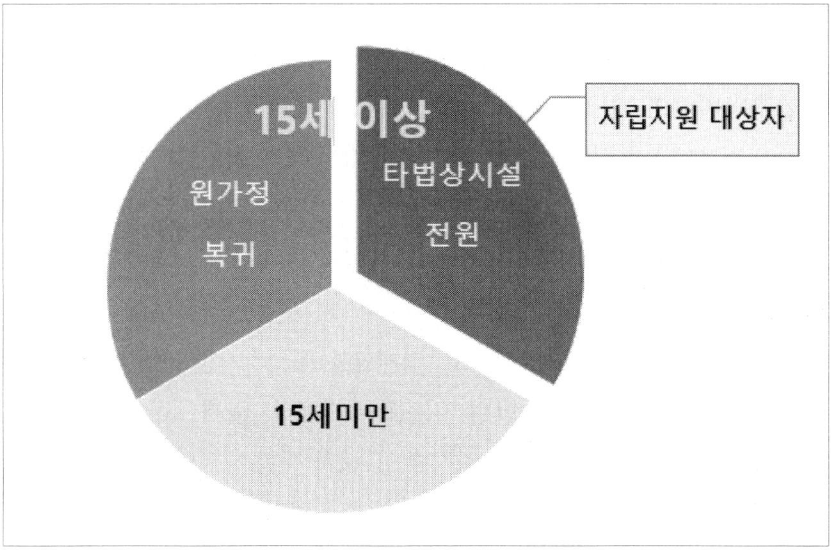

주: 연구진 작성

한편, 자립지원 대상자에 포함되는 다른 법률상의 시설은 「청소년복지법」의 청소년쉼터, 청소년회복지원시설, 「보호소년법」의 청소년자립생활관, 「성폭력방지법」의 성폭력피해자보호시설, 「장애인복지법」의 장애인거주시설 등이다(보건복지부, 2024). 이 중, 「아동복지법」에 의거 보건복지부가 보호대상아동을 보호, 지원하는 것 같이 여성가족부와 법무부는 각각 「청소년복지법」, 「보호소년법」에 근거하여 위기 아동·청소년 대상

보호 및 지원 사업을 수행하며, 성인기로 이행하는 대상자에 대한 자립을 지원하고 있다. 특히, 아동보호체계에서 중간퇴소한 아동·청소년이 전원 조치, 가출, 통고 처분 등의 사유로 여성가족부, 법무부 관할의 청소년복지시설, 소년보호시설에서 생활하며, 자립지원을 필요로 하는 자립준비청년의 비율이 높다(김지연 외, 2022). 따라서 현재까지 중간퇴소 자립준비청년은 주로 「청소년복지법」, 「보호소년법」에 근거하여 자격 요건 충족 시 해당 자립서비스를 지원받아 왔다. 이에 보건복지부, 여성가족부, 법무부의 부처별 자립지원 대상자 현황과 특성을 구체적으로 살펴보고자 한다.

2. 부처별 자립지원 대상자 현황

가. 보건복지부

1) 시설보호아동 현황

'아동복지시설'이란 「아동복지법」 제50조에 따라 설치된 시설을 의미하며, 보건복지부 관할 아동복지시설의 종류로는 「아동복지법」 제52조에 따라 아동양육시설 및 아동일시보호시설, 아동보호치료시설, 공동생활가정, 자립지원시설, 아동상담소 등이 있다(보건복지부, 아동권리보장원, 2024b). 국가와 지방자치단체는 「아동복지법」 제38조에 따라 위탁보호 종료 또는 아동복지시설 퇴소 이후의 보호대상아동에게 자립을 지원하여야 하는데, 위탁가정 외에 자립지원 사업의 대상이 되는 아동복지법상의 해당 시설은 아동양육시설, 공동생활가정, 아동일시보호시설, 학대피해아동쉼터, 아동보호치료시설이다(보건복지부, 아동권리보장원, 2024b, p.7).

한편, 아동일시보호시설, 학대피해아동쉼터, 아동보호치료시설은 2023년도까지 자립지원 사업의 대상에 포함되지 않았는데(보건복지부, 아동권리보장원, 2023d, p.7). 최근 확대된 것으로 확인되었다. 이에 본 절에서는 아동복지시설 종류별로 최근 5년 간의 보호아동 현황을 살펴보고, 시설별 자립지원 대상자 규모를 파악해 보고자 한다.

① 아동양육시설

아동양육시설은 보호대상아동을 입소시켜 보호, 양육 및 취업훈련, 자립지원 서비스 등을 제공하는 것을 목적으로 하는 시설이다(보건복지부, 2023b). 아동양육시설의 수는 최근 5년 내에 증가하였으나(2018: 241개소 → 2023: 245개소), 아동양육시설 입소자는 2022년 기준 960명으로 최근 5개년 동안 가장 적은 수치를 기록하였으며, 연말 기준 입소자 또한 9,439명으로 이전에 비해 감소하였다.

〈표 2-1〉 아동양육시설 보호아동 현황(2018~2022)

(단위: 개소, 명)

	시설 수	입소자	퇴소자	연말 기준 입소자
2018	241	1,606	2,235	11,100
2019	240	1,451	1,966	10,585
2020	236	1,392	1,553	10,351
2021	245	1,396	1,614	10,121
2022	245	960	1,482	9,439

출처: 보건복지부. (2023b). 2023 보건복지통계연보. p. 351.

한편, 18세 미만의 연령자로서 15세 이상의 연령으로 추측, 조기종료할 경우에 자립지원의 대상이 될 수 있는 고등학교 재학 중인 '아동양육시설'의 보호 아동·청소년은 2022년 기준으로 1,665명, 전체의 17.6%로 파악되었다. 단, 아동복지시설 현황 자료는 연령별 인원수를 보고하고 있지 않아, 중등학교에 포함되는 15세, 기타에 포함될 수 있는 15~18세 비재학 아동은 제외되어 있어 실질적으로 17.6%보다 많을 것으로 예상된다.

〈표 2-2〉 아동양육시설 보호아동 연령별 현황

(단위: 명)

	계	미취학, 초·중등	고등	대재·기타
2022	9,439	7,247	1,665	527
서울	1,684	1,425	211	48
부산	758	510	223	25
대구	535	415	90	30
인천	476	394	76	6
광주	406	320	68	18
대전	312	246	53	13
울산	113	103	9	1
세종	18	10	7	1
경기	935	762	149	24
강원	238	158	45	35
충북	439	333	69	37
충남	549	437	82	30
전북	490	359	112	19
전남	852	606	142	104
경북	686	482	141	63
경남	727	530	139	58
제주	221	157	49	15

출처: 보건복지부. (2023d). 2023년도 아동복지시설 현황. 재구성.

② 공동생활가정

공동생활가정은 보호 대상자에게 가정과 같은 여건에서 보호, 양육, 자립지원 서비스를 제공하는 시설로 정의된다(보건복지부, 2023c). 공동생활가정에서 생활하는 보호아동 수는 최근 5년 동안 2,000명대에서 3,000명대 수준을 기록하고 있으며, 시설 수는 2020년까지는 증가세를 보였으나, 이후 감소세를 보여 2022년 기준 520개소가 운영되고 있다.

〈표 2-3〉 공동생활가정 보호아동 현황(2018~2022)

(단위: 개소, 명)

	시설 수	보호아동 수
2018	558	2,872
2019	578	2,949
2020	591	3,126
2021	518	2,776
2022	520	2,669

출처: 보건복지부. (2023b). 2023 보건복지통계연보. p. 353.

한편, 18세 미만의 연령자로서 15세 이상의 연령으로 추측, 조기종료할 경우에 자립지원의 대상이 될 수 있는 고등학교에 재학 중인 '공동생활가정'의 보호 아동·청소년은 2022년 기준으로 600명, 전체의 22.5%로 파악되었다. 단, 공동생활가정 현황 자료는 연령별 인원수를 보고하고 있지 않아, 중등학교에 포함되는 15세, 기타에 포함될 수 있는 15~18세 비재학 아동은 제외되어 있어 실질적으로 22.5%보다 많을 것으로 예상된다.

〈표 2-4〉 공동생활가정 보호아동 연령별 현황

(단위: 명)

	계	미취학, 초·중중등	고등	대재·기타
2022	2,669	1,801	600	268
서울	316	217	80	19
부산	150	90	48	12
대구	51	33	15	3
인천	102	75	20	7
광주	176	139	24	13

	계	미취학, 초·중중등	고등	대재·기타
대전	83	56	21	6
울산	40	29	10	1
세종	-	-	-	-
경기	816	564	182	70
강원	80	47	19	14
충북	119	81	25	13
충남	157	100	30	27
전북	200	123	52	25
전남	171	111	36	24
경북	48	33	9	6
경남	135	85	27	23
제주	25	18	2	5

출처: 보건복지부. (2023c). 2023년도 공동생활가정(아동그룹홈) 현황. 재구성.

③ 아동일시보호시설

아동일시보호시설은 보호대상아동을 일시보호하고 아동에 대한 향후 양육 대책 수립 및 일시보호조치를 시행하는 시설이다(보건복지부, 2024b). 최근 5년간 아동일시보호시설 수는 증가해 왔으나 입소자와 퇴소자 수는 증감을 반복하였다. 연말 기준 입소자는 2022년 기준 223명이었으며, 최근 5년 사이에도 200~300명대 수준을 기록하였다. 단, 「아동복지법 시행규칙」 제26조에 따라, 아동일시보호시설에서의 보호 기간은 6개월 이상을 초과할 수 없다.[1] 2023년도까지 아동일시보호시설에서만 보호받다가 퇴소하는 경우, 자립지원 대상에서 고려되지 않았지만, 최근 조기 종료 아동 자립지원에 관한 대책에 포함되었다.

---

[1] 아동일시보호시설에서 보호하는 기간은 3개월 이내로 하며, 필요시 3개월의 범위에서 1회에 한정하여 연장할 수 있음. 양육상황 점검을 실시하여 6개월 이내에 반드시 가정복귀·가정위탁·입양·다른 시설 전원 등의 조치를 실시하여야 함.

<표 2-5> 아동일시보호시설 보호아동 현황(2018~2022)

(단위: 개소, 명)

	시설 수	입소자	퇴소자	연말 기준 입소자
2018	12	869	894	272
2019	13	1,104	1,101	275
2020	10	563	578	315
2021	11	721	782	247
2022	17	674	698	223

출처: 보건복지부. (2023b). 2023 보건복지통계연보. p. 354.

한편, 대전, 세종 등의 5개 시·도 지역에는 아동일시보호시설이 없는 가운데 12개 시·도에서 아동일시보호시설에 보호 중인 아동은 2022년 기준 총 223명으로 나타났다. 이 중 18세 미만의 연령자로서 15세 이상의 연령으로 추측, 조기종료할 경우에 자립지원의 대상이 될 수 있는 고등학교에 재학 중인 아동·청소년은 23명, 전체의 10.3%로 파악되었다. 그러나 역시 연령별 인원수를 보고하고 있지 않아, 중등학교에 포함되는 15세 아동은 제외되어 있어 실질적으로 이보다 많을 것으로 예상된다.

<표 2-6> 아동일시보호시설 보호아동 연령별 현황

(단위: 명)

	계	미취학, 초·증중등	고등	대재·기타
2022	223	200	23	0
서울	50	45	5	0
부산	10	4	6	0
대구	15	12	3	0
인천	30	29	1	0
광주	35	34	1	0
대전	-	-	-	-
울산	2	2	0	0
세종	-	-	-	-

	계	미취학, 초·중중등	고등	대재·기타
경기	49	47	2	0
강원	16	15	1	0
충북	-	-	-	-
충남	-	-	-	-
전북	3	2	1	0
전남	5	5	0	0
경북	4	3	1	0
경남	-	-	-	-
제주	4	2	2	0

주: - 해당 시설이 없는 지역임.
출처: 보건복지부. (2023d). 2023년도 아동복지시설 현황. 재구성.

④ 학대피해아동쉼터

학대피해아동쉼터는 학대 행위자로부터 피해 아동을 분리하여 아동을 안전하게 보호하는 곳으로, 피해 아동에게 숙식, 생활지원, 상담, 치료, 교육 등을 제공하는 시설이다(보건복지부, 아동권리보장원, 2024a). 최근 5년 사이 학대피해아동쉼터는 정부의 '아동학대 대응체계 보완 방안' 발표(보건복지부, 2021.8.19.)에 따라 꾸준히 확충되어 왔으며, 2018년 기준 65개소에서 2024년 기준 144개소로 대폭 증가하였다. 단, 당해 연도 쉼터 입소자와 총 보호아동 수는 해를 거듭할수록 감소하는 경향을 보이고 있다.

〈표 2-7〉 학대피해아동쉼터 보호아동 현황(2018~2023)

(단위: 개소, 명)

	시설 수	당해 연도 입소자	퇴소자	재원자	당해 연도 총 보호아동 수
2018	65	722	678	295	973
2019	73	756	654	390	1,044
2020	76	652	526	500	1,026
2021	98	675	690	472	1,162
2022	125	404	422	513	935
2023	144	404	396	513	909

출처: 보건복지부, 아동권리보장원. (각 연도별). 아동학대 주요통계.

아동학대 주요 통계(보건복지부, 아동권리보장원, 2024a)를 통해 아동학대피해쉼터에서 보호받고 있는 아동·청소년의 연령을 파악할 수 있는 자료는 없다. 다만, 전해의 학대 피해 아동 중 15~17세에 해당하는 연령 비율이 20%에 해당하므로, 2023년 보호아동 909명을 기준으로 할 때, 약 181명으로 추측된다.

⑤ 아동보호치료시설

아동보호치료시설은 아동에게 보호 및 치료 서비스를 제공하는 시설이다. 아동보호치료시설 수는 2022년 기준 12개소 수준이나, 입소자와 퇴소자는 최근 5년 사이에 600~700명대를 기록하였으며, 연말 기준 입소자도 400명대 수준이다. 한편, 아동보호치료시설 또한 아동복지법상 "아동복지시설"로 분류되지만 자립지원 사업의 대상은 아동양육시설, 공동생활가정, 위탁가정으로 규정하고 있어(보건복지부, 아동권리보장원, 2023d, p.7). 지금까지 아동보호치료시설 퇴소 청년은 자립지원의 대상으로 포함되지 않았다.

〈표 2-8〉 아동보호치료시설 보호아동 현황(2018~2022)

(단위: 개소, 명)

	시설 수	입소자	퇴소자	연말 기준 입소자
2018	11	656	711	447
2019	12	768	746	469
2020	12	705	735	436
2021	12	706	695	404
2022	12	685	707	435

출처: 보건복지부. (2023b). 2023 보건복지통계연보. p. 353.

아동보호치료시설은 인천, 광주, 울산, 세종 등의 8개 시·도 지역에는 운영되지 않고 있다. 9개 시·도에서 아동보호치료시설에 보호 중인 아동·청소년은 2022년 기준 총 435명으로 나타났다. 이 중 18세 미만의 연령자로서 15세 이상의 연령으로 추측, 조기종료할 경우에 자립지원의 대상이 될 수 있는 고등학교에 재학 중인 아동·청소년은 97명, 전체의 22.3%로 파악되었다. 그러나 역시 연령별 인원수를 보고하고 있지 않아, 중등학교에 포함되는 15세 아동과 기타 아동 중 있을 수 있는 15~17세 아동·청소년은 제외되어 있어 실질적으로 이보다 많을 것으로 예상된다.

〈표 2-9〉 아동보호치료시설 보호아동 연령별 현황

(단위: 명)

	계	미취학, 초·증중등	고등	대재·기타
2022	435	224	97	114
서울	130	75	19	36
부산	15	9	6	0
대구	53	33	9	11
인천	-	-	-	-
광주	-	-	-	-
대전	83	40	18	25
울산	-	-	-	-

	계	미취학, 초·중중등	고등	대재·기타
세종	-	-	-	-
경기	40	17	7	16
강원	-	-	-	-
충북	36	20	8	8
충남	-	-	-	-
전북	44	18	15	11
전남	13	5	6	2
경북	-	-	-	-
경남	21	7	9	5
제주	-	-	-	-

주: - 해당 시설이 없는 지역임.
출처: 보건복지부. (2023d). 2023년도 아동복지시설 현황. 재구성.

⑥ 가정위탁

마지막으로 가정위탁은 「아동복지법」 제3조에 따라 보호대상아동의 보호를 위하여 보건복지부령으로 정하는 기준에 적합한 가정에 보호대상아동을 일정 기간 위탁하는 보호 형태를 의미한다. 가정위탁제도는 보호대상아동이 가정적인 분위기에서 건전한 사회인으로 성장할 수 있도록 하는 데 목적이 있으며, 보호대상아동 발생 시 가정보호하는 것을 우선 원칙으로 하고 있다(보건복지부, 2024b).

가정위탁 보호아동의 현황을 살펴보면, 가정위탁제도의 유형은 「아동복지법 시행령」 제14조 제1항이 2021년 6월 일부 개정됨에 따라 변경되었다. 기존에 가정위탁제도의 유형은 대리양육가정, 친인척 위탁가정, 일반위탁가정으로 분류되고 있었으나, 2021년 6월 30일 이후부터는 일반 가정위탁, 전문 가정위탁, 일시 가정위탁으로 분류되고 있다. 기존에 대리양육, 일반 가정위탁, 친인척 가정위탁은 일반 가정위탁으로 통합되었으며, 전문적인 자격 기준을 갖춘 보호자에 의해 보호되는 전문 가정위탁과 일시보호를 중심으로 하는 일시 가정위탁이 운영되고 있다(보건복지부, 2024b).

가정위탁 보호아동 수는 2018년 11,141명에서 2022년 9,330명으로 최근 5년간 감소 추세를 보이고 있으며, 가정위탁 세대수 또한 2018년 8,955세대에서 2022년 7,591세대로 감소하였다.

2018~2021년도까지의 현황을 보면, 가장 많은 유형은 대리양육가정(친·외조부모에 의한 양육)이었으며 보호아동 수는 2018년 7,426명에서 2021년 6,107명으로 감소 추세를 보였다. 친인척 위탁 가정(민법상 8촌 이내 혈족 등에 의한 양육)의 보호아동 수는 약 2,000명대를 유지하였으나 2018~2021년 사이에 감소 추세를 보였다. 비혈연 일반 위탁가정의 경우, 2018년 914명에서 2021년 1,084명으로 증가하였다.

〈표 2-10〉 위탁가정 보호아동 현황(2018~2022)

(단위: 개소, 명)

	계		대리 양육가정		친인척 위탁가정		일반 위탁가정	
	세대수	아동수	세대수	아동수	세대수	아동수	세대수	아동수
2018	8,955	11,141	5,831	7,426	2,357	2,801	767	914
2019	8,359	10,384	5,442	6,905	2,167	2,572	750	907
2020	8,001	9,923	5,155	6,542	2,069	2,447	777	934
2021	7,733	9,535	4,817	6,107	1,999	2,344	917	1,084
	계		일반 가정위탁		전문 가정위탁		일시 가정위탁	
	세대수	아동수	세대수	아동수	세대수	아동수	세대수	아동수
2022	7,591	9,330	7,365	9,075	209	237	17	18

출처: 보건복지부. (2023b). 2023 보건복지통계연보. p. 348.

2022년 현황의 경우, 일반 가정위탁 수가 7,365세대, 해당 유형에서 보호 중인 아동 수는 9,075명으로 가정위탁 유형 중 가장 많은 수를 기록하고 있지만 이는 기존에 대리양육, 친인척, 일반 위탁 가정의 유형이 통합되어 나타난 결과로 보인다. 전문적인 보호와 양육을 목적으로 하는 전문

가정위탁 세대수는 209세대뿐이었으며, 해당 유형에서 보호되고 있는 아동 수도 237명뿐이었다. 일시 가정위탁 세대수 또한 17세대, 아동 수는 18명으로 아주 적은 수로 집계되었다.

한편, 18세 미만의 연령자로서 15세 이상의 연령으로 조기종료할 경우 자립지원 대상이 될 수 있는 15~17세의 위탁가정 보호 아동·청소년은 2022년 기준으로 2,086명, 전체의 22.4%로 파악되었다.

〈표 2-11〉 위탁가정 보호아동 연령별 현황(2022)

(단위: 명)

	계	14세 이하	15세~17세	18세 이상
2022	9,330	3,933	2,086	3,311
서울	782	277	193	312
부산	457	201	98	158
대구	270	120	55	95
인천	437	190	89	158
광주	317	134	57	126
대전	212	102	44	66
울산	237	150	43	44
세종	50	28	12	10
경기	1,784	731	413	640
강원	762	292	171	299
충북	407	173	93	141
충남	644	330	137	177
전북	614	265	129	220
전남	748	271	180	297
경북	723	306	177	240
경남	669	261	150	258
제주	217	102	45	70

출처: 보건복지부. (2023b). 2023 보건복지통계연보. p. 348.

2) 중간퇴소 아동 현황

현재까지 중간퇴소에 대한 명확한 정의와 실태 파악은 부족한 실정이나, 보건복지부·아동권리보장원(2019, 2020, 2021a, 2021b)이 발표한 '아동자립지원 통계현황보고서'에서 16세 이상 보호아동 중에서 중간보호종료로 퇴소한 아동의 현황을 보고하고 있다.

최근 3개년 중간보호종료 현황을 살펴보면, 2019년 362명, 2020년 567명, 2021년 243명으로 나타나, 2020년의 중간보호종료 아동 숫자가 가장 많았다. 2021년 기준, 16~18세의 가정 외 보호(아동양육시설, 공동생활가정, 위탁가정) 아동은 4,273명으로, 중간보호종료 아동은 약 5.7%로 파악되었다. 2019년도의 경우, 양육시설의 중간보호종료 아동이 172명으로 가장 많았으며, 가정위탁 114명, 공동생활가정 76명 순이었다. 2020년도에는 가정위탁의 중간보호종료 아동이 318명으로 가장 많았는데, 2021년에는 36명으로 급감하였다. 2021년도에는 양육시설에서 보호종료 아동이 137명으로, 해당 연도 전체 중간보호종료 아동 수의 과반을 차지하였다.

〈표 2-12〉 보호 유형별 중간보호종료 현황(2019~2021)

(단위: 명, %)

	양육시설	공동생활가정	위탁가정	전체
2019	172 (47.5)	76 (21.0)	114 (31.5)	362 (100.0)
2020	180 (31.7)	69 (12.2)	318 (56.1)	567 (100.0)
2021	137 (56.4)	70 (28.8)	36 (14.8)	243 (100.0)

출처: 보건복지부, 아동권리보장원. (2019, 2020, 2021a, 2021b). 아동자립지원 통계현황 보고서.

해당 보고서에서는 중간보호종료 사유를 '원가정 복귀, 입양, 가정위탁, 친인척 인계, 취업, 무단퇴소, 사망, 군입대, 전원, 기타'로 나누어 파악한 바 있다. 최근 3개년 모두 가장 많은 높은 비율을 차지한 중간보호종료 사유는 '원가정 복귀'로, 2019년에는 그 수가 128명으로 전체 중간보호종료 아동의 51.6%를 차지하였으며, 2020년에는 100명(40.2%), 2021년에는 92명(44.4%)으로 나타났다. 두 번째로 높은 비중을 차지한 사유는 '전원'이었으며 2019년 89명(35.9%), 2020년 95명(38.2%), 2021년 83명(40.1%)으로 최근 3년 동안 그 비율이 증가한 것으로 나타났다.

〈표 2-13〉 중간보호종료 사유별 아동 현황(2019~2021)

(단위: 명, %)

	전체	원가정 복귀	입양	가정 위탁	친인척 인계	취업	무단 퇴소	사망	군입대	전원	기타
2019	248 (100.0)	128 (51.6)	0 (0.0)	3 (1.2)	7 (2.8)	1 (0.4)	0 (0.0)	0 (0.0)	1 (0.4)	89 (35.9)	19 (7.7)
2020	249 (100.0)	100 (40.2)	0 (0.0)	7 (2.8)	4 (1.6)	2 (0.8)	0 (0.0)	2 (0.8)	0 (0.0)	95 (38.2)	39 (15.7)
2021	207 (100.0)	92 (44.4)	0 (0.0)	4 (1.9)	2 (1.0)	0 (0.0)	4 (1.9)	2 (1.0)	2 (1.0)	83 (40.1)	18 (8.7)

주: 가정위탁의 경우, 시스템 입력 시 중간보호종료 사유에 대한 입력 항목이 없어 가정위탁을 제외하고 아동양육시설과 공동생활가정에 해당하는 아동 현황만 집계되었음.
출처: 보건복지부, 아동권리보장원. (2019, 2020, 2021a, 2021b). 아동자립지원 통계현황 보고서.

이 외에도 가정위탁, 친인척 인계, 사망 등의 사유가 있었으며 2021년에는 무단퇴소도 4명이 집계되며 전체 중간보호종료 아동의 1.9%를 차지하였다. 단, 중간보호종료 사유는 아동양육시설 및 공동생활가정에서만 집계되었으며, 가정위탁은 집계되지 않았다. 보호 유형별(아동양육시설, 공동생활가정)로 중간보호종료 사유별 아동 현황을 좀 더 구체적으로 살펴보았다.

① 아동양육시설

아동양육시설의 경우 중간보호종료 아동 수는 2019년 172명, 2020년 180명이었으나, 2021년에는 137명으로 감소하였다. 사유별로 살펴보면, 3개년 모두 원가정 복귀가 가장 많았으며(2019년 89명(51.7%), 2020년 67명(37.2%), 2021년 56명(40.9%)), 그다음으로 전원(2019년 61명(35.5%), 2020년 73명(40.6%), 2021년 61명(44.5%)), 기타 순으로 높은 비율을 차지하였다. 특히, 전원 비율이 최근 3년 동안 매해 약 4%p 증가했다. 이 외에 가정위탁, 친인척 인계, 취업, 무단퇴소, 사망, 군입대 등의 사유도 소수 존재하였다.

〈표 2-14〉 아동양육시설 중간보호종료 사유별 아동 현황(2019~2021)

(단위: 명, %)

	전체	원가정 복귀	입양	가정 위탁	친인척 인계	취업	무단 퇴소	사망	군입대	전원	기타
2019	172 (100.0)	89 (51.7)	-	2 (1.2)	4 (2.3)	1 (0.6)	-	-	1 (0.6)	61 (35.5)	14 (8.1)
2020	180 (100.0)	67 (37.2)	-	6 (3.3)	2 (1.1)	1 (0.6)	-	2 (1.1)	-	73 (40.6)	29 (16.1)
2021	137 (100.0)	56 (40.9)	-	3 (2.2)	1 (0.7)	-	3 (2.2)	2 (1.5)	-	61 (44.5)	11 (8.0)

출처: 보건복지부, 아동권리보장원. (2019, 2020, 2021a, 2021b). 아동자립지원 통계현황 보고서.

② 공동생활가정

공동생활가정의 경우, 중간보호종료 아동 수는 약 70여 명이었으며, 사유별로는 3개년 모두 원가정 복귀가 가장 많았다(2019년 39명(51.3%), 2020년 33명(47.8%), 2021년 36명(51.4%)). 전원의 경우 그 다음으로 많은 수를 차지하였다(2019년 28명(36.8%), 2020년 22명(31.9%), 2021년 22명(31.4%)).

<표 2-15> 공동생활가정 중간보호종료 사유별 아동 현황(2019~2021)

(단위: 명, %)

	전체	원가정 복귀	입양	가정 위탁	친인척 인계	취업	무단 퇴소	사망	군입대	전원	기타
2019	76 (100.0)	39 (51.3)	-	1 (1.3)	3 (3.9)	-	-	-	-	28 (36.8)	5 (6.6)
2020	69 (100.0)	33 (47.8)	-	1 (1.4)	2 (2.9)	1 (1.4)	-	-	-	22 (31.9)	10 (14.5)
2021	70 (100.0)	36 (51.4)	-	1 (1.4)	1 (1.4)	-	1 (1.4)	-	2 (2.9)	22 (31.4)	7 (10.0)

출처: 보건복지부, 아동권리보장원. (2019, 2020, 2021a, 2021b). 아동자립지원 통계현황 보고서.

한편, 원가정 복귀, 친인척 인계, 무단퇴소, 전원 등으로 인한 중간보호종료 아동의 경우 현재까지 모니터링 또는 사후관리가 되지 않고 있으며, 특히 전원은 매년 30% 이상의 비율에 이르지만, 어떠한 시설로 중간보호종료 아동이 전원되었는지에 대한 정보가 없는 상황이다.

③ 가정위탁

가정위탁 아동의 경우, '가정위탁 현황보고서'를 통해 가정위탁 일시 중지 현황이 별도로 발표되고 있다(아동권리보장원, 2019, 2020, 2021). 해당 자료에서 가정위탁 일시 중지는 '1년 이내 단순 휴학, 군복무, 소년법 보호처분, 어학연수 등의 사유로 위탁보호를 일시 중지하는 것'으로 정의되고 있으며, 보호 중에 일시 중지하는 경우와 보호연장 중에 일시 중지하는 경우로 분류하고 있다. 단, 가정위탁 일시 중지 현황은 2020, 2021년도 현황보고서에서만 집계되었다.

2020년도의 경우, 전체 가정위탁 일시 중지 아동은 총 394명이었으며, 2021년도는 350명으로 전년도에 비해 약간 감소하였다. 다만 2020, 2021년도 모두 위탁 상태별로 일시 중지 아동 수에 큰 차이가 있었는데, 연장 일시 중지 아동의 수가 훨씬 많았다. 보호연장 일시 중지 아동의 경우

2020년도 367명, 2021년도 335명을 기록하였고, 보호 중 일시 중지 아동의 경우 2020년도 27명, 2021년도 15명이었다.

〈표 2-16〉 가정위탁 일시 중지 사유별 현황(2020~2021)

(단위: 명, %)

구분		1년 이내 단순 휴학	군입대	소년법 보호처분	어학연수	기타	총계
2020	보호 중 일시 중지	-	-	27 (100.0)	-	-	27 (100.0)
	연장 일시 중지	161 (43.9)	201 (54.8)	-	3 (0.8)	2 (0.5)	367 (100.0)
	계	161 (40.9)	201 (51.0)	27 (6.9)	3 (0.8)	2 (0.5)	394 (100.0)
2021	보호 중 일시 중지	-	-	15 (100.0)	-	-	15 (100.0)
	연장 일시 중지	160 (47.8)	169 (50.4)	-	1 (0.3)	5 (1.5)	335 (100.0)
	계	160 (45.7)	169 (48.3)	15 (4.3)	1 (0.3)	5 (1.4)	350 (100.0)

출처: 보건복지부, 아동권리보장원. (2023a, 2023b). 가정위탁보호 현황보고서.

그동안 약 200여 명의 중간퇴소 아동이 자립지원의 사각지대에 존재해 왔다. 원가정 복귀나 전원으로 인해 아동복지시설에서 중간보호종료된 아동들의 경우, 자립지원에 대한 욕구와 실태에 대해서는 정책적 관심이 미비했다. 2023년 8월 「아동복지법」 제38조의 개정을 통해 18세 이전에 보호종료된 자립준비청년과 타 부처 시설로 전원되어 보호가 조기 종료된 아동들도 일부 자립지원을 받을 수 있도록 여건이 개선되었지만, 매년 약 100여 명에 해당하는 원가정 복귀, 그 밖의 사유에 해당하는 아동은 여전히 자립지원의 사각지대에 있다. 한편, 15세 이하 아동의 원가정 복귀, 입양, 전원 등의 중간퇴소 수 및 사유에 대한 공식적인 통계 현황 보고가 없어 중간퇴소 아동의 수는 더 많을 것으로 예상되며, 이들 중 자립지원이 필요한 대상자 또한 있을 것으로 추측된다.

위탁 상태별로 일시 중지 사유를 살펴보면, 연장 일시 중지의 경우 군입대로 인한 일시 중지가 가장 높은 비중을 차지하였고, 1년 이내 단순 휴학도 높은 수치를 보였다. 특히 주목해야 할 점은 2020년, 2021년 모두 보호 중 일시 중지의 경우, 소년법 보호처분의 사유가 100%를 차지하였다는 점이다.

3) 자립준비청년 현황

자립준비청년은 만 18세 이상의 연령으로 보건복지부 관할의 아동보호체계를 종료한 날까지 자립지원 사업의 주요 대상자이다. 매년 약 2,000명의 자립준비청년이 아동복지시설(아동양육시설, 공동생활가정, 가정위탁 등)로부터 18세를 기점으로 보호종료되고 있으며, 「아동복지법」 제38조에 따라 국가와 지방자치단체의 자립지원 대상이 되는 보호종료 5년 이내에 해당하는 전체 자립준비청년은 연간 약 10,000명이다.

〈표 2-17〉 보호종료 후 5년 이내 자립준비청년 현황(2018~2022)

(단위: 명)

	계	2022	2021	2020	2019	2018	2017	2016	2015	2014
2022	11,403	1,740	2,102	2,368	2,587	2,606				
2021	12,256		2,102	2,368	2,587	2,606	2,593			
2020	12,857			2,368	2,587	2,606	2,593	2,703		
2019	13,166				2,587	2,606	2,593	2,703	2,677	
2018	12,751					2,606	2,593	2,703	2,677	2,172

주: 1) 2017~2022년 수치의 경우, 아동권리보장원의 통계를 활용하였으며, 2014~2016년 수치의 경우, 허민숙(2018)의 보고서 수치를 활용함.
  2) 단, 가정위탁 보호종료 아동현황을 자립지원통합관리시스템에서 2017년부터 수집함에 따라, 2014~2016년 가정위탁에서의 보호종료 아동 숫자의 경우, 아동권리보장원에서 발표한 '가정위탁보호현황보고서'를 통해 확인함.
출처: 아동권리보장원. (2024). 2022 자립준비청년 현황; 보건복지부, 아동권리보장원. (2019, 2020, 2021a, 2021b). 아동자립지원 통계현황 보고서; 허민숙. (2018). 보호종료 청소년 자립지원 방안. 국회입법조사처.

최근 5년간 보호종료 후 5년 이내에 해당하는 전체 자립준비청년의 추이를 살펴보면 2022년 기준 자립준비청년은 11,403명으로 2021년의 12,256명에 비해 감소하였으며, 최근 5년간 가장 적은 숫자를 기록한 것으로 나타났다. 자립준비청년의 수는 감소 추세 속에 연간 10,000여 명대를 유지하고 있다.

자립준비청년의 열악한 자립 현황과 지원의 필요성이 증대되면서 자립준비청년을 위한 정책은 「보호종료아동(자립준비청년) 지원강화 방안」(관계부처합동, 2021년 7월), 「자립준비청년 지원 보완 대책」(보건복지부, 2022년 11월) 두 차례에 걸친 범정부 차원의 대책을 토대로 확대되어 왔다. 보호 기간 연장 자율화, 자립지원체계 구축, 자립수당 대상과 기간·금액 확대, 자립정착금 인상, 의료비 지원, 고용·취업 지원 확대 등이 이루어지며, 자립준비청년 지원 체계와 서비스가 개선, 강화되었다.

[그림 2-2] 보호종료 후 5년 이내 자립준비청년 추이(2020~2022)

(단위: 명)

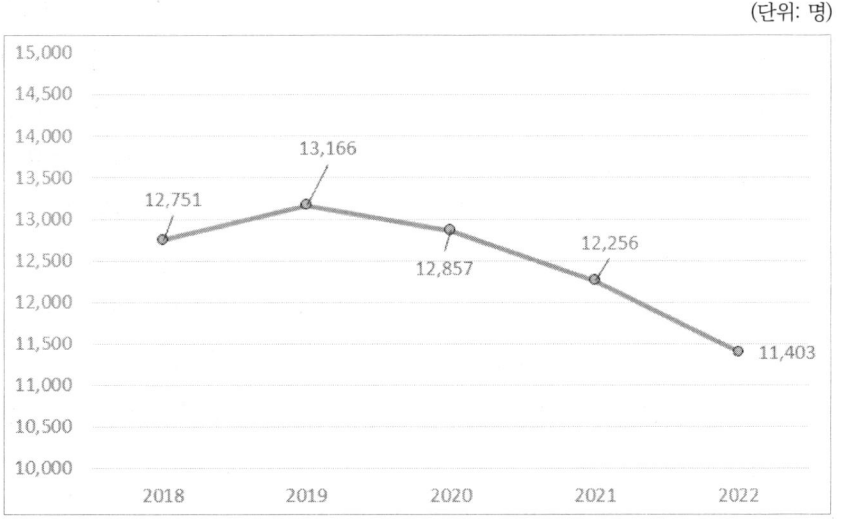

주: 연구진 작성

나. 여성가족부

여성가족부에서는 일정 조건을 충족하는 가정 밖 청소년에게 청소년복지시설을 통해 자립지원 서비스를 제공하고 있다. 자립지원 서비스를 제공하는 여성가족부 산하 청소년복지시설은 크게 청소년쉼터, 청소년자립지원관, 청소년회복지원시설로 구분할 수 있다. 우리나라에서는 청소년기본법 제3조에 의거하여 9~24세까지를 청소년으로 정의하며, 이에 각 시설은 24세가 될 때까지 청소년에 대한 지원 서비스 제공이 가능하다. 각 시설에 대한 간단한 설명 및 대상자 현황은 다음과 같다.

1) 청소년쉼터

청소년쉼터는 「청소년복지 지원법」 제31조 제1호에 의거하여 설립·운영되는 시설로 가정에서 안정적인 생활이 어려운 청소년들(가정 밖 청소년)이 일시적으로 생활하면서 가정·학교·사회로의 복귀를 준비할 수 있도록 보호 및 상담·주거·학업·자립 등의 서비스를 제공하고 있다. 청소년쉼터는 <표 2-18>과 같이 보호 기간에 따라 일시·단기·중장기 쉼터로 나눌 수 있다. '일시쉼터'는 7일 이내 일시보호 및 아웃리치가 핵심 기능으로 규정되어 있기 때문에 중간퇴소 자립지원청년들에게 자립지원을 하기에는 다소 어려움이 따른다. '단기쉼터'는 3개월 이내의 단기보호를 목적으로 하지만 특별한 사정이 있는 경우 최장 24개월까지 보호가 가능하기 때문에 어느 정도까지는 청소년들에 대한 자립지원이 가능하다고 볼 수 있다. '중장기쉼터'의 경우는 3년 이내의 중장기 보호가 가능할뿐더러 자립지원이 핵심 기능으로 명시되어 있어 청소년들의 자립지원 시설에 해당한다.

〈표 2-18〉 청소년쉼터 종류

	일시쉼터	단기쉼터	중장기쉼터
보호 기간	24시간~7일 이내 일시보호	3개월 이내 단기보호 (최장 24개월)[1]	3년 이내 중장기보호 (최장 4년)[2]
이용 대상	가출·거리배회·노숙 청소년	가정 밖 청소년	가정 밖 청소년
핵심 기능	일시보호 및 거리상담지원(아웃리치)	심리·정서 상담지원 사례관리를 통한 연계	심리·정서 상담지원, 학업지원, 사회복귀를 위한 자립지원
지향점	가출예방, 조기발견, 초기개입 및 보호	보호, 가정 및 사회복귀	자립지원
전국 개소	33개소	66개소 (남자 29/여자 37)	39개소 (남자 18/여자 21)

주: 1) 중장기쉼터 연계 시 학교가 너무 멀어 전학을 해야 하는 등 입소청소년의 생활상 불편을 초래하는 특별한 사정이 있는 경우 3개월씩 2회에 한하여 연장 후 최장 15개월 범위 내에서 추가 연장이 가능하다(쉼터 운영위원회 승인 필요), 다만 정원초과 등으로 타 청소년의 입소에 지장을 초래해서는 안 된다.
2) '청소년자립지원관'이 아직 개소 운영되지 않는 시도에서는 청소년자립지원관 개소 시까지 쉼터운영위원회의 의결을 거쳐 '1년 단위로' 계속 연장을 허용할 수 있다. 그러나 이 경우에 쉼터 보호 기간이 4년을 넘은 입소생으로 인하여 정원이 초과되더라도 정원 초과를 이유로 다른 청소년의 입소를 거부해서는 안 된다.

출처: 여성가족부. (2024b). 2024년 청소년사업안내(Ⅱ). p.216, p.318. 재구성.

이상과 같이 쉼터 유형을 고려하여 이 절에서는 일시 쉼터를 제외하고 단기 및 중장기 쉼터를 자립준비 서비스 제공 시설로 가정하고 이 두 유형의 쉼터 이용자 현황을 살펴보았다. 〈표 2-19〉에 따르면, 최근 3년간 쉼터 이용자는 약 3천 5백 명~5천 명 선이며 이 중에서 만 18세 이상[2]인 경우는 약 1,100명~2,000명 정도이다. 지난 2년에 비해 2023년에 이용자 수가 증가하였는데 이는 팬데믹 종료의 영향으로 판단된다.

---

2) 18세 이상 청(소)년을 따로 살펴본 이유는 아동양육시설 퇴소 청년과의 비교를 위해 편의상 아동양육시설을 떠나는 시점(만 18세)에 맞춘 것임.

<표 2-19> 청소년쉼터 입퇴소자 수(순 인원)

(단위: 명)

구분		청소년쉼터					
		단기		중장기		계	
		전체	18세 이상	전체	18세 이상	전체	18세 이상
입소 순 인원[1]	2021년	3,779	1,293	581	294	4,360	1,587
	2022년	3,655	1,354	554	278	4,209	1,632
	2023년	4,382	1,785	591	305	4,973	2,090
퇴소 순 인원[1]	2021년	3,322	962	345	165	3,667	1,127
	2022년	3,239	994	323	163	3,562	1,157
	2023년	3,745	1,500	346	185	4,091	1,685

주: '순 인원'이란 연간 이용 및 입소 인원에서 중복 대상자를 제외한 인원을 의미함.
출처: 여성가족부. (2024a). 내부자료.

청소년쉼터는 아동양육시설과 달리 청소년들의 입퇴소가 비교적 자유롭다. 이에 쉼터에 오래 머무는 청소년도 있지만 상당수는 단기간 머물다 떠나는 경향을 보인다. 2022년 상반기(1~8월) 쉼터 청소년의 평균 이용 기간은 139.5일로 단기 쉼터는 평균 49일, 중장기 쉼터는 평균 230일 정도인 것으로 나타났다(경향신문, 2022.10.25.). 2021년부터 2022년 8월 사이 만 18세 이상 쉼터 퇴소 청소년 1,451명 중 65%(945명)는 3개월 미만, 3개월~6개월 미만 163명(11.2%), 6개월~1년 미만이 160명(11%)이었으며, 2년 이상인 경우는 8.6%(125명)에 불과하였다.

2) 청소년자립지원관

청소년자립지원관은 「청소년복지 지원법」 제31조 제2호에 의거하여 일정 기간 청소년쉼터나 청소년회복지원시설의 지원을 받았음에도 가정·학교·사회 복귀가 어려운 후기 청소년, 즉 초기 청년기에 있는 이들에게 자립 능력과 여건을 갖출 수 있도록 지원하기 위해 설립된 시설이다. 시설에 따라서는 시설 내에서 청소년들의 거주가 가능하도록 생활관을 운영하기도 한다. 생활관 운영 여부에 따라 주거 연계형(이용형)과 혼합형으로 나눌 수 있으며 전국에 총 13개소가 설치되어 있다(〈표 2-20〉).

〈표 2-20〉 청소년자립지원관의 종류 및 지원 사항

	이용형(비숙박형)	혼합형(숙박형)
주거 형태[1]	- 생활관 운영 없음 - 독립 주거만 가능	- 생활관 운영과 독립 주거 병행 가능
지원 내용	- 독립된 주거에서 생활하면서 자립지원 서비스(사례관리) 이용	- 독립된 주거에서 생활하면서 자립지원 서비스(사례관리) 이용 - 필요시 일정 기간(3개월, 최장 6개월) 입소
이용 대상	- 청소년쉼터 및 청소년회복지원시설 퇴소(예정) 청소년 중 자립지원이 필요한 청소년(19~24세 우선 지원) - 가정의 지원이 없어 자립지원이 필요한 청소년으로서 사례심의위원회에서 지원이 필요하다고 인정한 가정 밖 청소년	
지원 기간	- 사례관리: 1년 이내(최장 2년) (종사자 1인당 8사례 관리) - 자립지원수당[2] 수급자의 경우는 수급 기간 동안 사례관리 (단 자립지원관 미입소자는 사례관리 정원(32명)에 미포함, 사례관리 종결 후 자립지원수당 대상은 수급 기간 동안 사후관리에 포함) - 사후관리: 6개월(최장 1년 6개월)로 자립생활 점검, 기관연계, 정보 제공 등	
전국 개소	7개	6개

주: 1) 생활관: 청소년자립지원관이 운영하는 청소년 거주 시설
　　　독립 주거: 생활관 이외 독립적인 주거 공간에서 거주하는 경우(공공임대주택 등)
　　2) 자립지원수당: 일정 요건을 충족한 청소년쉼터 퇴소 및 청소년자립지원관 사례관리 중 또는
　　　사례관리가 종료된 청소년에게 매월 40만 원씩 최대 60개월 지급
출처: 여성가족부. (2024b). 2024년 청소년사업안내(Ⅱ). pp. 417-419, p. 430. 재구성.

자립지원관이 설치되어 있는 지역은 서울(2곳), 부산, 대구, 인천(2곳), 대전, 경기(3곳), 강원, 충남, 제주이며 최근 3년간 자립지원관 이용자는 매해 약 450~500명 선이다([그림 2-3])(여성가족부, 2024a).

[그림 2-3] 청소년자립지원관 입퇴소자 수(순 인원)

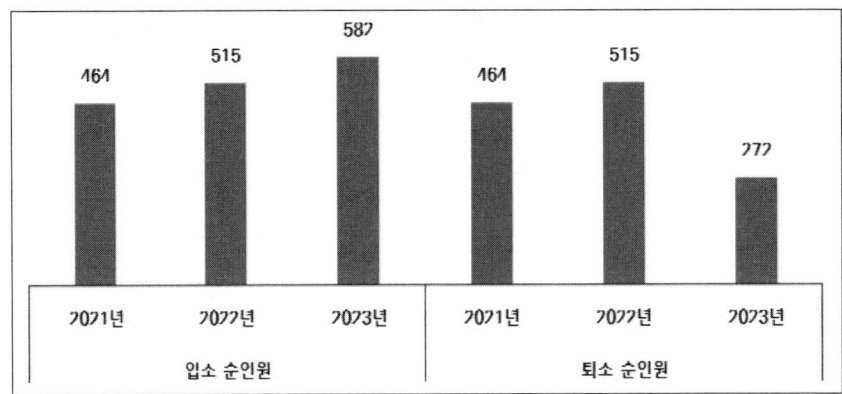

주: 순 인원: 연간 이용 및 입소 인원에서 중복 대상자를 제외한 인원
출처: 여성가족부(2024a). 내부자료.

3) 청소년회복지원시설

청소년회복지원시설은 「청소년복지 지원법」 제31조 제4호에 의거하여 소년법 처분(제1호 보호자 감호위탁)을 받은 청소년에게 상담·주거·학업·자립 등을 지원하는 시설이다(〈표 2-21〉). 이 시설 역시 생활시설로 시설당 5~10명 정도를 정원으로 24시간 청소년 보호 업무를 담당한다.

〈표 2-21〉 청소년회복지원시설의 역할

보호 및 생활지원	- 법원 결정에 따라 부모 대신 훈육 및 생활지원(6개월 원칙, 최장 1년)
사회서비스 지원	- 보호 청소년의 신체·심리·정서적 치유와 회복 - 보호 청소년의 상담·선도·건전 육성 활동 및 학업, 진로 등 자립지원 - 여성가족부, 법원, 법무부, 노동부 등 관련 부처의 청소년 복지·활동 지원체계와 연계협력 강화

출처: 여성가족부(2024b). 2024년 청소년사업안내(Ⅱ). pp.417-419, p.437. 재구성.

법원(판사)의 결정에 따라 청소년회복지원시설 위탁으로 결정되면 일련의 절차를 거쳐 6개월(최장 1년) 이내의 기간 동안 청소년을 보호하게 된다(여성가족부, 2024b). 해당 시설은 전국에 총 18개소가 운영되고 있으나 부산 3개소, 울산 1개소, 경남 4개소 등 주로 경상도 쪽에 위치해 있으며 그 외에 경기 3개소, 대전과 제주에 각 2개소, 광주, 충북, 전북에 각 1개소씩 설치되어 있다(청소년상담복지개발원 홈페이지, 2024.6.19. 인출). 최근 3년간 청소년회복지원시설 이용자 현황을 살펴보면 [그림 2-4]와 같다. 청소년회복지원시설의 입주 대상자는 소년법에 적용을 받은 청소년들, 즉 19세 미만으로 18세 이상의 연령을 별도로 계수하지는 않았다. 다만 19세 미만인 청소년들이 이용 대상이므로 24세까지를 대상으로 하는 청소년쉼터나 자립지원관에 비해 이용자의 연령대는 낮을 것으로 판단된다.

[그림 2-4] 청소년회복지원시설 입퇴소자 수(순 인원)

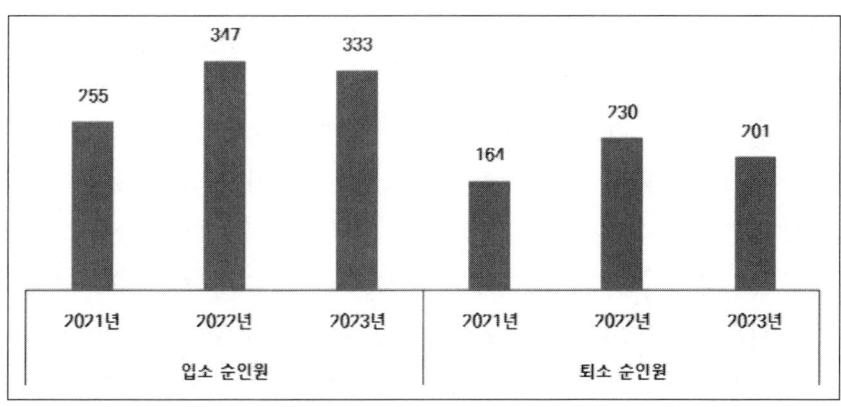

주: 순 인원: 연간 이용 및 입소 인원에서 중복 대상자를 제외한 인원
출처: 여성가족부. (2024a). 내부자료.

이상과 같은 결과를 종합하면, 청소년복지시설 이용자 중 18세 이상은 2021년과 2022년에는 매년 약 2,000여 명 선을 유지하였으나 작년에는

2,700명에 근접하였다.3) 이는 지난 2년 정도는 코로나로 이용자 수가 감소세를 보였으나 최근 코로나19가 엔데믹으로 전환되면서 시설 이용자 수가 다시 증가한 것으로 해석된다. 그러나 청(소)년 인구 감소로 인해 시설 이용자 수도 점차 감소세로 돌아설 가능성이 높다.

다. 법무부

1) 아동복지시설에서의 통고 현황

현행 「소년법」 제4조 제3항에 따르면, 보호자 또는 학교, 사회복지시설, 보호관찰소의 장은 범죄소년, 우범소년, 촉법소년을 발견 시 법원 소년부에 통고할 수 있다. 현재 법무부에 유입되는 자립지원 대상으로는 아동복지시설에서 '통고'를 통해 소년법상 보호처분을 받은 대상이 대표적이라 할 수 있다. '통고'란 보호자, 학교, 사회복지시설, 보호관찰소의 장이 수사기관을 거치지 않고 사건을 법원에 접수시키는 절차로 이를 통해 소년원 보호처분을 부과받게 된다.

법원 통계에서 기술되고 있는 통고 대상에는 「소년법」 제4조 제3항에 의한 통고는 아동복지시설의 장뿐만 아니라 보호자, 학교, 보호관찰소의 장까지 통고한 수치가 포함된 것이다. 법원 공식 통계에서는 통고 주체별로 분리되어 기술되지 않기 때문에 이들 대상을 중심으로 이후 소년보호처분 단계에서 자립지원이 필요한 대상을 유추해 볼 수밖에 없다. 통고의 대상이 보호력을 상실하거나 보호자가 없는 경우가 많기 때문에 이들이 아동·청소년 보호체계에서 보호받지 못한 대상에 속하는 것임은 분명

---

3) 청소년회복지원시설 내 18세 이상의 청소년은 제외된 수치이나 청소년회복지원시설 이용자 중 18세 이상 청소년 수를 감안하더라도 큰 차이를 보이지는 않을 것으로 판단함.

하다. 2013년 188명에 불과하던 것이 점차 증가하여 2022년에는 502명에 이르고 있다.

⟨표 2-22⟩ 소년보호사건 접수 현황

(단위: 명(%))

연도	합계	법원송치	검사송치	경찰서장 송치	타 소년부 송치	소년법 통고
2013	43,035 (100.0)	2,695 (6.3)	29,284 (68.0)	9,500 (22.1)	1,368 (3.2)	188 (0.4)
2014	34,165 (100.0)	1,610 (4.7)	24,110 (70.6)	7,104 (20.8)	1,146 (3.3)	195 (0.6)
2015	34,075 (100.0)	1,494 (4.4)	24,527 (72.0)	6,756 (19.8)	989 (2.9)	309 (0.9)
2016	33,738 (100.0)	1,357 (4.0)	24,319 (72.1)	6,788 (20.1)	915 (2.7)	359 (1.1)
2017	34,110 (100.0)	1,124 (3.3)	24,014 (70.4)	7,743 (22.7)	876 (2.6)	353 (1.0)
2018	33,301 (100.0)	954 (2.9)	22,578 (67.8)	8,335 (25.0)	1,027 (3.1)	407 (1.2)
2019	36,576 (100.0)	876 (2.4)	23,511 (64.3)	10,460 (28.6)	1,285 (3.5)	444 (1.2)
2020	38,590 (100.0)	1,023 (2.7)	24,872 (64.5)	11,063 (28.6)	1,362 (3.5)	270 (0.7)
2021	35,438 (100.0)	733 (2.0)	20,260 (57.2)	12,680 (35.8)	1,307 (3.7)	458 (1.3)
2022	43,042 (100.0)	863 (2.0)	23,408 (54.4)	17,076 (39.7)	1,193 (2.8)	502 (1.1)

주: 소년법 통고는 소년법 제4조 제3항에 의해 이루어진 통고 수치를 의미함. 이 수치에는 아동복지시설 외에도 학교, 보호자, 보호관찰소의 장에 의한 통고 수치도 포함되어 있음.
출처: 법원행정처. (2023). 2023 사법연감, p. 874.

그러나 소년사법 단계에서 아동복지시설을 통해 유입되는 인원이 있다는 것만 파악될 뿐, 아동복지시설에서 유입되어 보호처분을 받은 대상에 대한 정확한 통계는 산출되고 있지 않다. 소년사법 단계에서는 절차가 비공개로 진행되고, 법무부와 법원 간 대상자에 대한 정보공유가 이루어지지 않아

처분을 받은 이에 대한 이전 아동복지시설 경험들을 산출하는 것이 어렵다.

다만, 법원에서 소년보호처분을 받은 대상자 수가 한 해 4만여 명에 이르고 있고, 이후 자립지원 시설에 상주하는 인원을 통해 과거 아동복지시설 상주 경험을 추적해 볼 경우 자립지원 대상은 단순히 통고 대상에 국한된 것은 아님을 알 수 있다. 「제1차 시설퇴소청소년 생활실태조사」 결과에 따르면, 청소년복지시설 퇴소 청년 중 18%가 평균 약 5년간, 소년보호시설 퇴소 청년 중 28.2%가 평균 10년간 아동복지시설에서 생활한 경험이 있는 것으로 나타났다(김지연 외, 2022). 소년보호시설 경험의 생활 장소를 추적해 보면 이전에 아동복지시설 경험 비율이 높게 산출된 것으로 보아 통고 대상 외에도 소년보호시설에서 생활하면서 이전에 아동복지시설 경험이 있는 대상은 훨씬 더 많을 것으로 추산된다.

2) 소년원 및 소년분류심사원 위탁 현황

「소년법」에 따라 소년보호시설에 위탁되거나 수용되는 방법으로는, 제18조 임시조치 규정에 따라 처분 전 단계에서 사건의 조사·심리를 위해 최장 2개월간 이루어지는 소년분류심사원 위탁과 제32조 소년보호처분 결과 소년보호시설에 위탁이나 수용되는 방식(7호~10호)이 있다.

〈표 2-23〉 소년보호기관 신수용 현황

(단위: 명(%))

연도	합계	보호소년	위탁소년
2014	8,272 (100)	2,362 (28.6)	5,909 (71.4)
2015	8,466 (100)	2,288 (27.0)	6,178 (73.0)
2016	7,504 (100)	2,096 (27.9)	5,408 (72.1)

연도	합계	보호소년	위탁소년
2017	8,359 (100)	2,450 (29.3)	5,909 (70.7)
2018	7,902 (100)	2,199 (27.8)	5,703 (72.2)
2019	7,032 (100)	2,077 (29.5)	4,955 (70.5)
2020	5,934 (100)	1,637 (27.6)	4,297 (72.4)
2021	5,237 (100)	1,361 (26.0)	3,876 (74.0)
2022	5,689 (100)	1,520 (26.7)	4,169 (73.3)
2023	6,757 (100)	2,092 (31.0)	4,665 (69.0)

주: 보호소년은 소년법 제32조에 따라 7, 8, 9, 10호 처분을 받은 소년임.
위탁소년은 소년법 제18조 및 보호관찰 등에 관한 법률 제42조에 따라 위탁 또는 유치된 소년임.
출처: "보호소년·위탁소년 현황", 통계청, 2014-2023, e나라지표 홈페이지, 2024. 8. 28. 검색.
https://www.index.go.kr/unity/potal/main/EachDtlPageDetail.do?idx_cd=1738

[그림 2-5] 보호소년 및 위탁소년 신수용 현황(2014~2022)

(단위: 명)

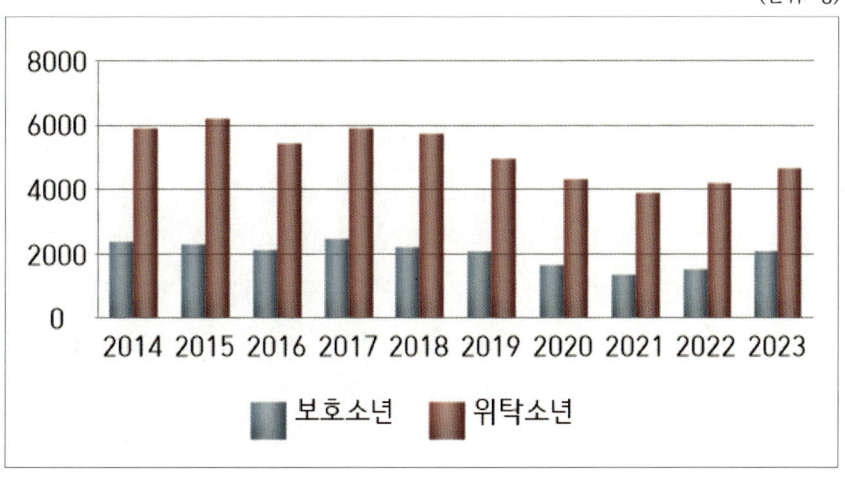

출처: e나라지표 홈페이지 통계 재구성.

「소년법」제32조 소년보호처분 결과, 소년보호시설에 위탁·수용되는 방식으로는, 보호자 감호위탁(1호), 아동복지시설 위탁(6호), 의료소년원 위탁(7호), 1개월 소년원 송치(8호), 6개월 이내 소년원 송치(9호), 2년 이내 소년원 송치(10호) 형태가 있을 수 있다. 보호자를 대신하는 감호위탁(1호)의 형태는 「청소년복지지원법」제31조 제4호 '청소년복지지원시설'의 하나인 '청소년회복지원시설', 즉 '청소년회복센터'에 위탁되는 경우이므로, 이들은 퇴소 후 「청소년복지지원법」에 따라 여성가족부 내의 보호·자립지원 대상이 되지만, 대부분의 서비스에서 제외되고 있다.

또한, 아동복지시설 위탁(6호)의 경우 「아동복지법」제52조 제3호 아동복지시설의 유형 중 하나인 '아동보호치료시설'에 위탁된 것이 되어 「아동복지법」에 의거하여 자립지원 대상 범주에 포함된다. 한편, 2023년도까지 자립지원 사업의 대상은 아동양육시설, 공동생활가정, 위탁가정 보호(연장) 또는 보호종료 청년으로 국한되어 아동보호치료시설은 포함되지 않았으며(보건복지부, 아동권리보장원, 2023d), 최근 아동복지법의 개정으로 아동양육시설, 공동생활가정, 위탁가정 보호조치 이력이 있는 경우에 한해 자립지원 사업의 대상이 될 수 있게 되었다(보건복지부, 아동권리보장원, 2024b).

시설 퇴소 후 자립지원의 사각지대에 놓이는 대상은, 소년보호처분을 받고 보호시설에 거주하다가 바로 사회로 돌아가는 경우이다. 즉, 의료소년원 위탁(7호), 1개월 소년원 송치(8호), 6개월 이하 소년원 송치(9호), 2년 이하 소년원 송치(10호) 이후에 사회로 돌아가는 아동·청소년이다. 〈표 2-23〉에서 보는 바와 같이 매년 1,500명에 2,000여 명에 달하는 보호소년이 위탁·수용 이후 사회에 복귀하더라도 소년보호시설에 수용되었다는 것을 이유로 자립지원 대상에서 제외되고 있다. 소년보호시설 위탁·수용 처분을 받은 대상의 대부분은 보호자의 보호력이 없거나 보호력이 미약하여 별도의 보호가 필요한 경우가 많기 때문에 이들이 사회에 복귀한 후 스스로 자립하는 것을 기대하기는 어렵다.

3) 법무부의 자립지원 현황

법무부는 매년 보호소년을 대상으로 사랑의 리퀘스트를 활용한 경제적 자립지원, 상급학교 진학자에 대한 장학금 지원, 무연고 보호소년 가족 찾기를 통해 가족관계 지원, 소년보호위원과 보호소년을 결연한 취업·상담 지원을 실시하고 있다. 이하 자립지원 서비스에서 상세히 기술하도록 한다.

4) 외부기관과 연계를 통한 자립지원 현황

소년보호시설 퇴원 후 가정의 보호나 지원이 어려운 경우 「보호소년 등의 처우에 관한 법률」 제45조의 2 사회정착지원 규정에 따라 법무부는 장학·원호·취업알선 등 필요한 지원을 6개월 이내의 범위(1회 연장 가능)에서 할 수 있다. 이에 따라 법무부는 제51조 규정에 의거한 (재)한국소년보호협회에서 운영하는 청소년자립기관인 '청소년자립생활관'과 '청소년창업비전센터'를 활용하여 자립지원을 하고 있다.

청소년자립생활관은 전국 8개 지역(경기 의왕, 안양, 대전, 광주, 부산, 대구 등)에 설치·운영되고 있는 기관으로, 만 12세 이상 22세 이하 소년원 출원자, 6호 처분자, 소년분류심사원 출원자, 보호관찰 대상 청소년 등이 주거를 이용할 수 있다. 청소년자립생활관은 정원 130명을 대상으로 하나, 2018년 현원이 113명에서 지속적으로 감소하여 2022년 현재 65명이 입주해 있다.

〈표 2-24〉 청소년자립생활관 입주 현황(2016~2022)

(단위: 명)

연도	정원	현원	1일 평균 입주 인원	신입주 인원
2016	130	-	113	133
2017	130	-	111	108
2018	130	113	108	111
2019	130	-	93	110
2020	130	91	83	96
2021	130	-	79.2	78
2022	130	65	68.2	43

주: 1) 1일 평균 입주 인원은 연인원을 해당 일수로 나눈 비율
    2) 신입주 인원은 해당 연도에 새로 입주한 인원
출처: 법무부. (2021, 2023), 범죄예방정책 통계분석, p. 352.

청소년창업비전센터는 전국 2곳(경기 화성, 안산)에 설치, 운영되고 있는데, 만 16세 이상 24세 이하 소년원 출원 청소년이 해당 센터에 기숙하면서 골프 매니지먼트, 자동차 정비, 뷰티 관련 직업교육을 받는다.

〈표 2-25〉 청소년창업비전센터 입주 현황(2016~2022)

(단위: 명)

연도		정원	현원	1일 평균 입주 인원	신입주 인원
2016		40	-	31	89
2017		40	-	32	82
2018		40	-	27	72
2019		40	19	16	41
2020	화성	40	-	14	25
	안산	20	-	9	27
2021	화성	40	-	10.5	22
	안산	20	-	8.5	23
2022	화성	40	13	12.3	18
	안산	20	17	16.5	22

주: 1) 2020년에 안산센터가 설치되었고, 이때부터 안산센터 입주 인원이 산출됨.
    2) 신입주 인원은 해당 연도에 새로 입주한 인원
출처: 법무부. (2021, 2023), 범죄예방정책 통계분석, p. 353.

해당 시설에는 만 22세까지 최대 2년 입주하여 숙식제공 및 취업훈련 등을 받을 수 있으나, 퇴소 이후에는 사실상 지원이 없는 상태이다. 소년보호시설 퇴소 아동·청소년의 경우 아동복지시설, 청소년복지시설에서 유입되었지만, 소년보호시설에 머무름으로 인해 아동복지시설 보호종료 대상이 아니라는 이유로 이후 자립지원에 관한 아무런 지원을 받지 못하고 있다.

3. 부처별 자립지원 대상자의 특성

중간퇴소 자립준비청년을 대상으로 하는 적절한 자립지원 정책을 도출하기 위해서는 이들의 특성을 파악하는 것이 필수적이다. 이에 본 소절에서는 부처별 관할 시설에서 보호하거나 보호가 종료된 자립지원 대상자의 특성을 보호 사유, 발달 특성, 자립실태 등과 관련하여 살펴보고자 한다.

가. 보건복지부

1) 아동보호체계 진입 사유

자립지원 대상자의 보호 사유는 보호대상아동의 발생 원인 현황을 통해 살펴볼 수 있다. 보건복지부에서는 연도별로 보호대상아동의 발생 원인 통계 수치를 발표하고 있으며, 해당 원인은 유기, 미아, 미혼부모·혼외자, 비행·가출·부랑, 학대, 부모 빈곤·실직, 부모 사망, 부모 질병, 부모 교정시설 입소, 부모 이혼 등으로 분류된다. 최근 5년간 보호대상아동 발생 원인별 현황 추이를 살펴보면, 가장 높은 비율을 차지하는 발생 원인은 '학대'였으며 증가세를 보였다. 보호대상아동 전체 발생 원인 중, 학대가 차지하는 비율은 2018년 36.1%(1,415명), 2019년 36.7%(1,484명), 2020년 42.9%(1,766명), 2021년 48.3%(1,660명), 2022년 48.2% (1,103명)를 차지하며 꾸준히 증가하였다.

반면, 최근 5년간 유기, 미혼 부모 및 혼외자, 부모 사망, 부모 이혼 등으로 인한 보호대상아동 발생 비율은 감소 추이를 보였다. 한편, '비행, 가출, 부랑'은 2018~2021년도까지 전체 발생 원인의 5.9%(2018년, 231명)에서 11.7%(2019년, 473명)의 비율을 차지하기도 하였으나, 2022년도에는 0.5%를 차지하며 11명으로 수치가 급감하였다. 또한, 2020년부터는 부모 교정 시설 입소로 인한 보호대상아동 발생 원인 수치가 집계되었으며, 2020년 전체의 4.0%(166명), 2021년 전체의 2.9%(99명), 2022년 전체의 4.8%(110명)를 차지하였다.

〈표 2-26〉 보호대상아동 발생 원인별 현황(2018~2022)

(단위: 명)

연도	계	유기	미혼 부모 및 혼외자	미아	비행 가출 부랑	학대	부모 빈곤 및 실직	부모 사망	부모 질병	부모 교정 시설 입소	부모 이혼 등
2018	3,918	320	623	18	231	1,415	198	284	92	-	737
2019	4,047	237	464	8	473	1,484	265	297	83	-	736
2020	4,120	169	466	11	468	1,766	181	279	75	166	539
2021	3,437	117	366	0	293	1,660	170	275	101	99	356
2022	2,289	73	252	0	11	1,103	139	235	70	110	296

출처: 보건복지부. (2023a). 2022년 보호대상아동 현황보고. 2024. 6. 13. 검색. https://www.mohw.go.kr/board.es?mid=a10412000000&bid=0020&act=view&list_no=376885&tag=&nPage=1

[그림 2-6] 보호대상아동 발생 원인별 현황(2018~2022)

(단위: %)

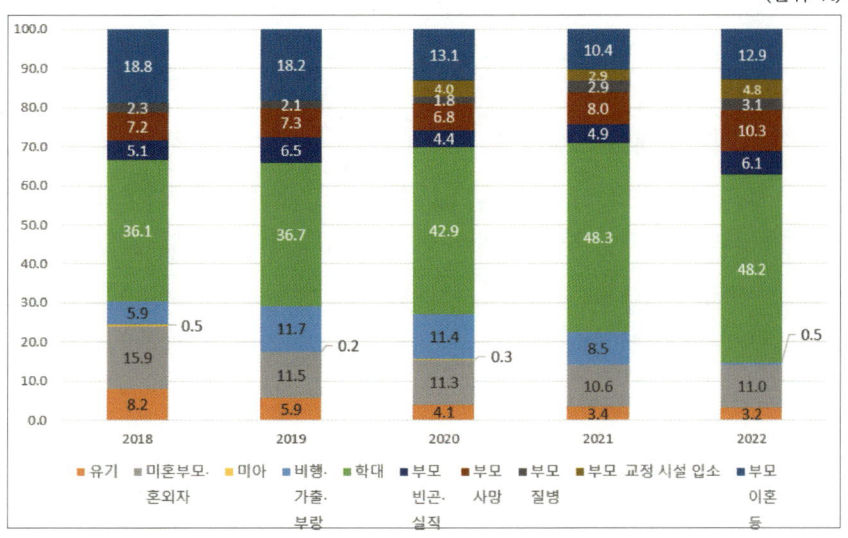

주: 연구진 작성

2) 건강 실태

자립준비청년의 건강 영역 실태를 살펴본 결과, 주관적 건강 상태를 '좋음'으로 응답한 비율은 전체 자립준비청년의 41.6%로, 유사한 연령대의 청년에 비해 상대적으로 낮은 응답률을 기록한 것으로 나타났다. 반면, '나쁨'으로 응답한 비율은 전체 자립준비청년의 11.9%로 나타나 유사 연령대 청년 응답률 6.5%에 비해 매우 높은 수준으로 나타났다. 전체 자립준비청년의 8.3%가 건강상의 문제 등으로 일상생활 및 사회 활동에 제한을 받고 있다고 응답하였는데, 제한을 가져온 주요 질환은 정형외과, 정신과 질환 등으로 나타났다. 그러나 필요할 때 진료(검사 또는 치료)를 받지 못했던 미충족 의료 경험 비율은 전체 자립준비청년의 28.6%로 나타나 높은 편이었다. 흡연율 또한 전체 자립준비청년의 37.6%로 다소 높은 편이었으며, 고위험 음주율 또한 전체의 15.8%를 차지하였다.

3) 심리정서적 어려움

아동복지시설에서 보호 중인 아동의 경우, 정신건강 관련 병원 이용 및 약물 치료 경험 비율이 높았고, ADHD 및 우울·지적·불안장애 등 1개 이상의 심리정서 문제 진단을 받은 비율 또한 현저하게 높았다(전민경 외, 2024). 이러한 어려움은 원가정에서의 학대, 폭력, 부모의 사망, 아동보호체계 진입 단계에서 원가족과의 분리, 이별 등과 같은 트라우마 경험으로 인해 발생하여 청소년기, 청년기의 정신건강에 영향을 미친다(이상정 외, 2024).

전체 자립준비청년의 46.5%가 평생동안 자살을 생각해본 적이 있는 것으로 나타났으며, 18.3%는 최근 1년 동안 심각하게 죽고 싶다는 생각을 해 본 경험이 있는 것으로 나타났다. 이는 유사 연령대 청년의 응답률[4])과 비교하면 매우 높은 수치로, 자립준비청년의 자살 예방에 대한 대책 마련이 요구되는 상황이다. 한편, 자립준비청년의 삶의 만족도는 10점 만점에 5.6점으로 보통 수준인 것으로 나타났다(이상정 외, 2023).

4) 사회적 지지체계의 부재

사회적 관계는 자립준비청년의 원활한 발달과 자립을 위한 주요 요인으로서 중요하게 작용한다. 시설보호 아동은 입소 전 가정불화와 폭력, 방임과 학대, 또는 경제적, 사회적 어려움과 결핍 등으로 주양육자와 안정

---

[4]) 2022년 청년 삶 실태조사 결과, '최근 1년간 심각하게 자살을 생각한 경험' 비율은 전체의 2.4%였으며, 2023 자살 실태조사 결과, '평생 자살 생각 경험률'은 전체의 10.5%였음 (정세정 외, 2022).

적인 애착을 형성하지 못해 입소 후 보호자, 또래 아동들과의 관계 형성에 어려움이 있으며(하영명, 정소희, 2021), 사회적 지지 체계의 부재로 인한 외로움 등의 심리·정서적 어려움을 겪는 것으로 나타났다(장정은, 전종설, 2018). 2023 자립지원실태조사에서도 부모와의 관계가 안정적인 지지 체계로서 기능하고 있지 못한 자립준비청년의 수가 적지 않았으며, 도움을 요청할 사람이 '없다'고 응답한 자립준비청년 또한 전체의 6.2%에 해당하였다. 자립준비청년 중 은둔 집단 비율은 10.6%나 되는 것으로 나타나 이들의 사회적 고립 및 은둔을 예방하고 해소하기 위한 지원이 필요함을 시사한다.

5) 주거 환경

아동양육시설에 보호 중인 아동의 경우, 독립된 공간에서의 보호는 부족하고, 충분한 휴식을 취하거나 학습을 하기에 주거 환경이 불편한 것으로 파악되었다(임세희 외, 2023). 자립준비청년의 주거 실태의 경우, 자립준비청년의 10명 중 4명은 공공임대주택에 살고 있으며(45.3%), 1인 가구 비율은 전체의 69.5%로 나타났다. 그러나 자립준비청년의 4.5%가 최근 1년간 한 달 이상 취약한 주거 환경을 경험하였으며, 자립준비청년의 14.4%는 돈이 없어 겨울에 난방을 하지 못한 경험이 있었고, 16.0%는 돈이 없어 여름에 냉방을 하지 못한 것으로 나타났다. 또한 자립준비청년의 20.8%가 가족돌봄청년에 해당하는 것으로 나타나 상당히 많은 수의 자립준비청년이 부양 부담이 있는 것으로 확인되었다(이상정 외, 2023).

6) 교육 수준

아동복지시설을 퇴소한 자립준비청년의 대학 진학률은 청소년시설이나 소년보호시설 등 타 부처의 보호체계 청년보다는 높은 것으로 나타났지만, 일반 청년보다는 낮은 수준인 것으로 나타났다. 2022년 수행된 시설퇴소 자립준비청년 생활실태조사 결과, 아동복지시설 퇴소 청년의 약 61.2%가 대학에 진학한 것으로 나타났다. 반면, 청소년 시설 퇴소 청년의 대학 진학률은 38.1%, 소년보호시설 퇴소 청년의 대학 진학률은 25.8%에 불과하였다(김지연 외, 2022). 2023년 수행된 자립지원 실태조사에서도 결과는 유사하였다. 해당 조사에서 자립준비청년의 대학 진학률은 전체 자립준비청년 대비 69.7%로 나타났으나 우리나라 고등학교 졸업자의 진학률 72.8%보다는 낮은 수준이었다. 한편, 자립준비청년이 대학을 미진학하거나 학업을 중단 및 휴학한 주된 사유는 경제적 이유나 적성 문제가 대다수를 차지하였다(이상정 외, 2023).

7) 고용 및 경제 현황

자립준비청년의 자립 실태를 파악하기 위한 주요 지표로서 고용 및 경제 영역을 살펴볼 수 있다. 2023년 자립지원 실태조사 결과, 자립준비청년의 취업률은 52.4%, 미취업률은 47.6%로 나타났다. 자립준비청년이 종사하고 있는 직업 유형의 경우 서비스 종사자의 비중이 가장 높게 나타났으며(32.8%), 자립준비청년 중 임금 근로자의 고용 현황을 살펴보면 상용직이 77.6%였으나 임시직이나 일용직도 22.4% 수준으로 적지 않았다. 자립준비청년의 세후 월급 수준 평균은 월 211.9만 원이었으며, 월평균 생활비는 108.1만 원 수준이었다. 한편, 자립준비청년의 실업률은 15.8%로 유사 연령대 청년 7.1%에 비하여 두 배 이상 높은 것으로 나타났다. 또한 자립준비청년의 25.3%는 부채가 존재하였는데, 부채가 있는 경우의 부채액 평균은 648만 원이었다.

보건복지부 체계 자립지원 대상자의 특성을 크게 만 18세 미만의 보호 중 아동과 만 18세 이상의 보호가 종료된 자립준비청년(또는 보호연장청년)으로 연령대를 구분하여 살펴보았으나, 보건복지부 보호체계에서 보호 중 퇴소한 자립지원 대상자의 발달 및 자립 특성에 대한 실태 파악은 부족한 상황이며, 추후 별도의 실태조사 등을 통해 이들의 자립지원 욕구를 더 구체적으로 파악할 필요가 있다.

나. 여성가족부

1) 가정 내 경험

청소년복지시설들은 그 설립 목적이 가정 밖 청소년들을 주요 대상으로 하여 그들에게 거주시설 제공과 자립 및 사회적 복귀를 지원하는 것인 만큼, 이들 가정의 보호력은 충분하지 않다고 보는 것이 타당하다. 실제로 위기청소년 지원기관 이용자 생활실태조사(황여정 외, 2022)[5]에 따르면, 청소년쉼터 및 자립지원관을 이용하는 청소년들의 가출 이유[6]로 가족과의 갈등이 70.6%로 가장 많이 언급되었고, 가족의 폭력을 이유로 든 경우도 49.4%로 나타나 가정 요인이 가출의 주된 요인임을 알 수 있다. 이와 더불어 가정 내 학대 및 방임 역시 적지 않은 비율이 경험한 적이 있다고 보고하였다. 구체적으로, 제대로 돌봄을 받지 못한 경우는 39.5%,

---

[5] 해당 실태조사에서 청소년회복지원시설 이용자의 경우는 국립인터넷드림마을, 국립청소년디딤센터와 함께 묶여 기타로 처리되었고, 기타 시설에 속한 이들 중 청소년회복지원시설 이용자는 ⅓이며, 기타 시설 이용자의 응답을 청소년회복지원시설 이용자의 응답으로 대체하기는 대표성의 문제가 발생할 수 있어 회복지원시설 청소년의 응답은 인용하지 않았다.
[6] 복수 응답의 결과이다.

언어 폭력 및 학대 경험 비율은 72.9%, 신체 폭력 및 학대를 경험한 경우는 72.1%(황여정 외, 2022)로, 가정 밖 청소년들의 상당수가 가정에서 어려움을 겪었음을 시사한다.

청소년복지시설 이용 청소년을 대상으로 한 연구(김희진 외, 2018)에서도 가정 복귀를 원하는 경우는 19.6%에 불과한 반면 자립을 원하는 경우는 46%로 나타났다. 다만 청소년회복지원시설 이용자들은 가정 복귀를 희망하는 정도가 절반 이상이었으나(김희진 외, 2018) 이들이 소년법에 따라 보호처분(1호 처분)을 받았음에도 가정이 아닌 시설에서 생활하는 것은 가정의 보호력이 부재함을 의미한다. 일련의 선행연구들(박순혜, 2021; 최서윤, 이정희, 2021)도 이들 중 상당수가 시설 퇴소 후 돌아갈 가정이 없거나 가정으로 돌아간다고 해도 보살핌을 받기 어려운 형편임을 보고하고 있다.

2) 가출 및 가정 밖 경험

청소년쉼터 및 자립지원관이 가정 밖 청소년을 주요 대상으로 삼고 있으나 실제 가출을 경험하지 않은 청소년들도 상당수 존재한다. 동일 조사에서 청소년쉼터 및 자립지원관 이용 청소년들의 가출 경험 여부를 살펴본 결과 응답자의 34.4%는 가출을 경험한 적이 없다고 응답하였다(황여정 외, 2022). 이는 가출이 아니라 가정에서 곧바로 시설로 넘어 온 경우도 있음을 유추할 수 있다. 즉 가정이 보호력을 상실하여 학교 등을 통해 청소년기에 발굴되면 아동양육시설이나 그룹홈에 입소가 여의치 않아 쉼터나 자립지원관으로 가게 되는 경우가 있는데 이러한 경우에 해당되는 이들이 포함된 것으로 판단된다.

한편 청소년쉼터 및 자립지원관 이용 청소년들 중 가출을 경험한 경우에는 약 절반 정도(49.3%)가 그 기간이 한 달 이내이지만 6개월 이상인 경우도 29.4%에 달하였다(황여정 외, 2022). 장기 가출의 경우는 특히 가정으로의 복귀가 어려운 경우가 적지 않다. 가출 이후 청소년들은 열악한 상황에 놓이는 경우가 많다. 이들은 생활비 부족(59%), 갈 곳 없음(46.9%), 정서적 어려움(44.1%), 일자리 부족(25.5%), 타인의 부정적 시선(24.5%), 건강 악화(16.9%), 거리에서 폭력·범죄 피해(5.5%) 등 다양한 어려움을 보고하여(황여정 외, 2022) 이들의 가정 밖 생활이 녹록치 않음을 보여주고 있다. 일련의 연구에서도 청소년들은 가정 밖으로 나온 후 성매매와 같은 비행 경험(김정남, 박미랑, 2021), 갈취 및 폭력과 같은 가해·피해 경험이 증가하였다(김정남, 박미랑, 2020).

3) 학력 및 근로·경제 현황

청소년복지시설 퇴소 청년들의 학력은 일반 청년들에 비해 상대적으로 높지 않다. 가정의 돌봄이 충분하지 않은 상황에서 학교 밖 청소년이 되기도 하며 학교에 재학 중이라 하더라도 학업 자체에 관심이 없고 성적도 좋지 못한 경우가 많기 때문이다(김희진 외, 2018).

청소년쉼터 및 자립지원관 이용 경험이 있는 18세 이상 청년들을 대상으로 조사한 연구(김지연 외, 2022)에 따르면, 고졸 미만의 학력을 가진 이들은 13%, 고졸은 48.8%이며 대학 진학률은 38.1%로 나타났다. 이들의 대학 진학률은 일반 청년들(75.8%)은 물론 아동시설 퇴소 청년들의 진학률(69.3%)보다도 현저히 낮은 수치이다. 대학 미진학의 주요 이유로는 돈을 벌기 위해서(33.9%)와 경제 사정이 어려워서(22.5%)라는 이유가 전체 응답의 절반 이상(김지연 외, 2022)으로 대학 진학은 이들의 당시 경제 상황과 밀접한 연관이 있음을 시사한다. 일반적으로 낮은 학력은 양질의 일자리로 진입하는 데 걸림돌이 될 수 있다. 이러한 가정하에 이들의 어려운 경제상황이 낮은 학력을 초래하고 낮은 학력은 다시 저임금으로 인한 경제적 어려움으로 이어지는 악순환이 반복될 수 있다.

실제로 청소년복지시설 퇴소 청년들의 근로실태를 보면, 응답자의 75%는 지난 일주일 동안 취업상태(무급가족종사자 포함)였으며 이들 네 명 중 한 명은 두 개 이상의 일자리에 종사하였다(김지연 외, 2022). 또한 이들의 주된 일자리 유형은 서비스·판매·단순노무직이 대다수(70%)였으며 임시 및 일용근로자인 경우는 54.5%로 양질의 일자리에 종사한다고 보기 어려웠다.

게다가 시설퇴소 청년의 42.8%는 채무가 있었고 그 평균 액수는 약 1,300만 원으로 보고되었다(김지연 외, 2022). 채무의 주된 원인으로는 주거비(약 457만 원), 가족의 빚을 넘겨받음(약 185만 원), 생활비(약 159만 원), 보이스피싱 등의 범죄피해(약 93만 원) 등의 순이었다(김지연 외, 2022). 특히 가족으로 인한 채무 발생을 앞서 아동·청소년기에 가정 내에서 경험한 방임·학대와 함께 생각해 볼 때 가정의 열악한 환경은 이들에게 다양한 측면에서 부정적인 영향을 미치고 있음을 단적으로 보여주는 예시라 할 수 있다.

청소년복지시설 퇴소 청년들은 이처럼 경제적으로 열악한 상황이지만 정부로부터 급여를 받는 경우는 많지 않다. 2023년 조사에 따르면, 응답자의 36.5%는 정부의 맞춤형 급여를 받은 적이 한 번도 없다고 응답하였는데, 아동시설 퇴소 청년 중에는 12.3%만이 급여를 받은 적이 한 번도 없다고 응답한 것과 비교하면 상당히 높은 수치이다(백혜정 외, 2023). 즉 청소년복지시설 퇴소 청년들은 가정의 지원이 부족한 상태에서 지역사회나 정부의 지원도 제대로 받지 못하는 등 이중고, 삼중고의 어려움을 겪을 가능성이 그만큼 높을 수 있다.

4) 주거 현황

서울 지역 쉼터 이용 청소년들을 대상으로 시설 이동 정도를 살펴본 연구(주은수, 2022)에서는 가출 청소년 중 안정적인 생활 공간 확보가 어려운 청소년들이 단기 및 중장기 쉼터를 반복적으로 이용하고 있음을 확인하였다. 이러한 상황에서 청소년복지시설 퇴소 청년들은 시설을 나오면 주거 상황이 불안정해질 수밖에 없다.

최근 1년간 청소년쉼터 및 자립지원관 퇴소 청년들의 거주지를 살펴본 결과, 일부 응답자들이 다양한 비적정 주거 공간 및 시설 등에서 한 달 이상 거주한 경험이 있다고 보고하였다. 그 응답률을 보면 고시원의 경우는 15.9%, 일터의 일부 공간 13.7%, 노숙 및 비숙박용 다중이용업소 7% 등의 순으로 나타나(백혜정 외, 2023), 주거 상황의 불안정성이 일정 수준 이상인 것으로 보인다.

현재 살고 있는 주거지를 마련한 방법을 살펴보면, LH 등 국가의 지원을 통해 마련한 경우는 42.6%로 아동시설 퇴소 청년의 비율(66.7%)에 비해 낮은 반면, 저축이나 근로소득으로 주거지를 마련했다는 응답은 44.9%로 아동시설 퇴소 청년의 응답률(21.7%)보다 높았다(백혜정 외, 2023). 이렇게 마련한 주거지의 점유 형태를 보면 보증금 있는 월세에 거하는 경우가 39%로 그 비율이 가장 높았고 전세 22.2%, 보증금 없는 월세가 5.4%였다. 아동양육시설 퇴소 자립청년의 경우 전세 50%, 보증금 있는 월세 28.1%, 보증금 없는 월세 2.3%인데, 이 응답과 비교해 볼 때 상대적으로 열악한 수준으로 판단된다(백혜정 외, 2023).

이러한 결과들은 청소년시설 퇴소 청년들은 아동양육시설 퇴소 청년들에 비해 안정적인 주거지 마련을 위해 개인적으로 훨씬 더 많은 노력을 기울여야 함을 시사한다. 또한 이들의 소득 수준이 높지 않음을 감안할 때 주거지원이 뒷받침되지 않는 이상, 월세 등 주거비에 대한 부담이 만만치 않을 것으로 예상되며, 이들 중 상당수는 안정적인 주거지 마련이 현실적으로 어려울 수 있다. 실제로 쉼터 이용 청소년들은 주거문제에 대한 불안감을 가지고 있다(장주현, 김정애, 2015).

5) 정신건강

청소년복지시설 이용 청소년들 중에는 심리·정서적 어려움을 호소하는 경우가 많다. 청소년복지시설 이용 청소년들은 스트레스, 과거 경험으로 인한 괴로움 정도, 분노 조절, 무기력, 주의집중, 우울, 자살 생각 및 계획 항목 등에서 전반적으로 어려움을 호소하였으며, 특히 남자보다는 여자에게서, 그리고 아동기 가정에서의 학대 경험 정도가 심할수록 정신건강 상태는 더 열악하였다(김희진 외, 2018; 황여정 외, 2022). 쉼터 및 자립지원기관 이용 청소년들은 여타 위기청소년 지원기관 이용 청소년에 비해서도 자존감이나 삶의 만족도, 정신건강에 대한 긍정적 인식도 등이 낮은 반면, 우울감, 자해 시도 경험률은 높은 경향을 보였다(황여정 외, 2022).

열악한 정신건강 문제는 청년기에도 크게 달라지지 않았다. 청소년쉼터 및 자립지원기관 이용 경험이 있는 청년 중 우울 증상을 보인 비율(41.2%)은 일반 청년(5.9%)은 물론 아동양육시설(19%)이나 소년보호시설 퇴소 청년(31.6%)의 응답률과 비교해 볼 때도 상당히 높았고, 자해 경험(21.5%) 역시 타 시설 퇴소 청년들의 경험률(아동양육시설 6.6%, 소년보호시설 13.7%)을 훨씬 웃돌았다(백혜정 외, 2023). 이러한 결과들은 청소년쉼터 및 자립지원기관 퇴소 청년들은 다른 복지기관 이용 아동·청소년에 비해 청소년기, 혹은 그 이전부터 정신건강에 취약 정도 및 그 비율이 상대적으로 높음을 보여준다. 따라서 이들의 정신건강을 위한 개입은 매우 시급한 과제이다.

6) 사회적 지지체계 및 고립·은둔

청소년쉼터 청소년 대상 연구에서 또래 등으로부터 사회적 지지 수준이 높고 및 종사자와의 관계가 좋을수록 자립준비에 긍정적인 영향을 미친다는 연구 결과(전미숙, 김형모, 2017; 김은녕, 서보람, 2018)는 사회적 지지체계의 중요성을 시사한다. 그러나 청소년복지시설 퇴소 청년들 중 상당수는 사회적 지지체계가 부족한 경향을 보인다(장주현, 김정애, 2015). 구체적으로 쉼터 및 자립지원기관 이용 청소년들 중 은둔형 외톨이 성향7)을 보인 비율은 52.9%였다(황여정 외, 2022).

또한 쉼터 및 자립지원기관 이용 청소년 중에서는 도움을 청할 수 있는 사람이 한 명도 없다는 응답은 13.3%였다(황여정 외, 2022). 쉼터 및 자립지원관 퇴소 청년들의 외부 지원망 정도를 알아본 결과에서도 취업이나 진로 관련 조언·정보 제공을 해주는 사람이 없다는 응답은 18.8%, 몸이 아플 때 돌봐 줄 사람이 없는 경우는 36%, 우울할 때 속마음을 털어놓을 사람이 없는 경우는 24%, 연락 두절 시 안부를 확인해 줄 사람이 없는 경우는 22.9% 등으로 나타났다(김지연 외, 2022). 이러한 연구 결과들을 종합해 볼 때, 시설에서 퇴소한 청년들은 시설 이용 기간에는 대부분 친구나 선후배, 시설 선생님 등과 최소한의 사회적 관계를 유지하지만, 퇴소 이후에 혼자 살게 되면서부터 이러한 사회적 지지체계가 단절될 가능성이 높아질 수 있다.

부족한 사회적 지지체계는 경제적 어려움과 정신건강의 취약성 등과 맞물려 고립·은둔 생활로 이어지면서 이들을 더욱더 취약한 상태로 빠져들게 하는 악순환을 만들 수 있다. 실제로 시설퇴소 청년들 중 1년 이상

---

7) 밖에 나가거나 외부활동을 하지 않고 며칠 동안 집에만 있었다는 항목에 대한 긍정 응답을 의미한다.

NEET[8]를 경험한 경우는 26%, 사람들로부터 고립감을 항상 느끼는 경우는 15.2%, 집에서 거의 나오지 않는 경우[9]는 11.8%로 보고되었다(김지연 외, 2022). 이에 정신건강과 더불어 사회적 지지체계 형성을 위한 지원은 청소년복지시설에서 퇴소하는 청년의 자립지원에서 최우선으로 다루어야 할 과제라 할 수 있다.

다. 법무부

소년보호시설에 있는 자립지원 대상의 경우 대체로 가정의 경제적 어려움뿐만 아니라 보호자의 보호력이 결핍되어 있어서, 가정폭력이나 아동학대 경험을 가진 경우도 있으며, 이로 인해 가출을 반복하는 사례도 찾아볼 수 있다. 보호자의 보호력이 미흡함으로 인해 아동복지시설 등에서 생활한 경험이 있는 아동이 많다. 소년보호시설 경험을 가진 아동의 경우 다양한 비행 경험들을 갖고 있어서 자립지원을 통해 안정적인 사회정착이 이루어지지 않을 경우 재범 위험에도 노출되어 있다는 특징을 가진다.

1) 부모의 보호력 결핍

소년 범죄자가 실제 부모의 보호하에 있는 경우는 76.0%(46,389명)에 해당하나, 부 또는 모가 없는 한부모 가정에서 자란 소년범의 비율이 10.5%(6,498명)에 해당하고, 계부 또는 계모에게 자라거나 부모가 없는 유형도 발견되었다(대검찰청, 2023). 소년원 출원생 실태조사에서도 주보호자가

---

8) 니트(NEET)는 "Not in Education, Employment or Training"의 약자로 해당 조사에서는 "학교도 다니지 않고 일도 하지 않으며 진학 준비나 취업 준비 등 아무것도 하지 않고 지낸 상태"로 정의한다.
9) 집이나 방 밖으로 나가지 않는 경우나 보통은 집에 있고 인근 편의점 등에만 외출하는 경우를 의미한다.

친부모님이라는 응답이 42.7%를 차지하였다(박성훈 외, 2018). 소년 범죄자의 생활 정도를 보면, 2022년 기준 중간 정도에 해당하는 비율이 45.2% (27,609명)이고, 어려운 환경하에 있는 비율도 40.2%(24,558명)에 해당한다(대검찰청, 2023). 소년보호시설에 머무르는 소년범의 경우 불완전한 가정 형태와 가정의 경제적 어려움을 가지고 있다.

2) 이전 아동복지시설 생활 경험

소년보호시설 이용 아동·청소년의 경우 이전에 다수의 아동복지시설 이용 경험 등을 가지고 있다. 청소년자립생활관 대상자 14명 중 8명 (57.1%)은 소년원과 6호 처분 시설 이전에 보육원에서 생활했고, 소년원 출원 이후에도 다시 보육원으로 돌아갈 수 없는 상황이어서 청소년자립생활관을 선택하게 되는 경우도 있다(이승현 외, 2022, pp. 72-73). 통고를 통해 6호 시설에 위탁된 아이들은 위탁 종료 이후에도 다시 보육원이나 그룹홈으로 돌아가지 못해서 어쩔 수 없이 다시 자립생활관을 선택하기도 한다(이승현 외, 2022, p. 73).

3) 가정폭력·학대·유기 등으로 가정의 보호력 미흡

청소년자립생활관에 수용된 아이 중 다수가 부모의 이혼, 부모의 경제적 어려움, 부모와의 갈등·학대 등을 이유로 집으로 다시 돌아갈 수 없는 상황에 놓여 있는 것으로 파악된다. 소년원 출원 이후 가정으로 다시 돌아간 이후에도 부모와의 불화와 부모의 학대로 자립생활관에 입소한 경우도 있다(이승현 외, 2022, p. 73).
아동기에 부모의 방임과 학대, 바람직하지 않은 양육방식 등을 경험한 소년보호시설 대상들은 정서적으로 불안하고 인간관계에 상호관계에 대한 상호신뢰가 부족해서 종사자가 자립지원을 돕는 과정에서도 어려움을 겪는 것으로 나타났다(이승현 외, 2022, p. 103).

4) 비행 경험

소년원생들의 비행행동 유형을 분석해 보면, 소년원 등 소년보호시설에 수용된 아동의 경우 도박, 인터넷 불법 거래, 음란사이트 이용 등 다양한 비행 행동을 보이는 것으로 분석되었다(박성훈 외, 2018).

소년보호시설에 수용된 아동의 경우, 부정적 낙인과 비행 친구와의 경험률도 높은 것으로 나타났다. 특히 여자 소년원생이 이러한 경험을 하는 비율이 높았다(박성훈 외, 2018). 소년원 출원생에 대한 심층면접 결과에서도 비행 친구를 알게 되는 경우, 또 다른 비행 친구를 만나게 되는 관계망이 확대되어 재범으로 이어지는 경우가 증가하는 것을 볼 수 있다(박성훈 외, 2018).

제2절 자립지원 정책 현황 진단

1. 보건복지부의 자립지원 정책 현황

가. 근거법

'자립지원 사업'은 가정 외 보호체계에 있는 아동이 보호종료 이전부터 체계적으로 자립역량을 개발하고, 성인기에 안정적인 자립생활을 할 수 있도록 보호종료 전후로 자립을 지원하는 사업을 의미한다. 보건복지부 체계 내의 아동복지시설을 퇴소한 청년들을 위한 자립지원 사업은 「아동복지법」 제38조(자립지원), 제39조(자립지원계획의 수립 등), 제39조의 2(자립지원전담기관의 설치·운영), 제40조(자립지원 관련 업무의 위탁) 등을 근거법으로 하여 수행되고 있다.

「아동복지법」 제38조에서는 자립지원 사업의 내용과 대상자를 규정하고 있다. 먼저, 자립지원 사업의 내용은 제38조 제1항에 규정되어 있다. 자립지원 사업은 자립에 필요한 주거·생활·교육·취업 등의 지원, 자립정착금 및 자립수당 지급, 자산형성지원으로 규정하고 있으며, 그 밖에도 자립 실태조사 연구 수행, 사후관리체계 운영에 대한 내용도 포함되어 있다.

자립지원 사업의 대상자는 제38조 제2항에 규정되어 있으며, 아동복지시설 및 가정위탁 보호 중인 사람과 보호종료 5년 이내의 자립준비청년을 대상으로 한다. 아동복지시설은 아동복지법 제52조 상의 아동양육시설, 공동생활가정, 아동일시보호시설, 학대피해아동쉼터, 아동보호치료시설을 포함한다(보건복지부, 아동권리보장원, 2024b, p.7).

또한, 기존에는 18세 또는 연장보호 종료된 경우에 한하여 보호종료로부터 5년간 자립을 지원하고 있었다. 18세는 보호조치를 종료하는 아동복지법상의 기준 연령이나(제16조), 당사자가 보호조치를 연장할 의사가 있는 경우 25세가 될 때까지 보호 기간을 연장할 수 있다(제16조의 2) (아동복지법, 2024). 한편, 2024년 2월 개정된 아동복지법의 시행으로 18세에 달하기 전에 보호조치가 종료되거나 해당 시설에서 퇴소한 중간퇴소 자립준비청년의 경우에도 자립지원 대상자가 되었다. 단, 「아동복지법」상에는 새로운 자립지원 대상자인 보호조치 조기종료 아동에 대한 구체적인 기준이 명시되어 있지 않으나, '2024 아동분야 사업안내(보건복지부, 2024b)'에는 이들에 대해 "15세 이후 보호종료된 자"로 한정하여 규정하고 있다. 해당 매뉴얼에 따르면, 15세 이후 보호조치 조기 종료가 된 아동의 경우, 18세가 된 이후부터 5년 동안 자립지원을 받을 수 있다.

> 〈아동복지법〉
> 제38조(정의) ① 국가와 지방자치단체는 보호대상아동의 위탁보호 종료 또는 아동복지시설 퇴소 이후의 자립을 지원하기 위하여 다음 각 호에 해당하는 조치를 시행하여야 한다. 〈개정 2021. 12. 21.〉
>
>   1. 자립에 필요한 <u>주거·생활·교육·취업</u> 등의 지원
>   1의 2. 자립에 필요한 <u>자립정착금 및 자립수당</u> 지급
>   2. 자립에 필요한 자산의 형성 및 관리 지원(이하 "<u>자산형성지원</u>"이라 한다)
>   3. <u>자립에 관한 실태조사 및 연구</u>
>   4. <u>사후관리체계 구축 및 운영</u>
>   5. 그 밖에 자립지원에 필요하다고 대통령령으로 정하는 사항
>
> ② 제1항에 따른 자립지원 대상자는 다음 각 호의 어느 하나에 해당하는 사람으로 한다. 〈신설 2023. 8. 8.〉
>
>   1. 가정위탁보호 중인 사람
>   2. 아동복지시설에서 보호 중인 사람
>   3. 제16조 및 제16조의 3에 따라 보호조치가 종료되거나 해당 시설에서 퇴소한 지 5년이 지나지 아니한 사람
>   4. 제1호부터 제3호까지에서 규정한 사람 외에 18세에 달하기 전에 보호조치가 종료되거나 해당 시설에서 퇴소한 사람으로서 보건복지부장관이 자립지원이 필요하다고 인정하는 사람
>   ③ 제1항에 따른 자립지원의 절차와 방법 등에 필요한 사항은 대통령령으로 정한다. 〈개정 2023. 8. 8.〉

출처: 아동복지법. (2024). https://www.law.go.kr/%EB%B2%95%EB%A0%B9/%EC%95%84%EB%8F%99%EB%B3%B5%EC%A7%80%EB%B2%95에서 2024년 10월 27일 인출.

「아동복지법」 제39조와 「아동복지법시행규칙」 제18조에서는 자립지원계획 수립 의무와 그 내용을 규정하고 있다. 보호 중인 15세 이상의 아동을 대상으로 매년 개별 아동에 대한 자립지원계획을 수립해야 할 것을 규정하고 있으며, 해당 계획에는 아동의 적성, 사회성 발달 정도, 자립 능력 및 수준, 진로, 자립에 필요한 지원 및 교육 프로그램을 실시할 것을 명시하고 있다.

〈아동복지법〉
　　아동복지법 제39조(자립지원계획의 수립 등)
　　① 보장원의 장, 가정위탁지원센터의 장 및 아동복지시설의 장은 보호하고 있는 15세 이상의 아동을 대상으로 매년 개별 아동에 대한 자립지원계획을 수립하고, 그 계획을 수행하는 종사자를 대상으로 자립지원에 관한 교육을 실시하여야 한다.
　　② 제1항에 따른 자립지원계획의 수립·시행 등에 필요한 사항은 보건복지부령으로 정한다.

〈아동복지법 시행규칙〉
　　제18조(자립지원계획의 수립)
　　① 법 제39조 제1항에 따른 자립지원계획에는 다음 각 호의 사항이 포함되어야 한다.
　　1. 아동의 적성 및 욕구 파악, 사회성 발달 정도 및 자립 능력·수준 등 아동의 상태 평가
　　2. 정기적 진로상담, 체험 및 교육 프로그램 실시
　　3. 자립에 필요한 주거, 취업, 자산형성, 정서적 지원 등 공적 서비스 및 지역 내 후원 자원 연계
　　② 보장원의 장, 가정위탁지원센터의 장 및 아동복지시설의 장은 제1항에 따른 자립지원계획을 수립할 때에는 해당 아동의 의견을 존중해야 하며, 관련 전문가의 의견을 들어야 한다.

출처: 아동복지법. (2024). https://www.law.go.kr/%EB%B2%95%EB%A0%B9/%EC%95%84%EB%8F%99%EB%B3%B5%EC%A7%80%EB%B2%95에서 2024년 10월 27일 인출.

　　자립준비청년의 안전하고 건강한 자립을 지원하고, 지역 및 보호체계 간 편차 없는 자립지원 서비스 전달체계 마련을 위해 전국 17개 시도별로 자립지원전담기관이 운영되고 있다. 자립지원전담기관의 설치·운영의 근거법은 「아동복지법」 제39조의 2와 제40조에 있다.

〈아동복지법〉
　　제39조의2(자립지원전담기관의 설치·운영) ① 국가와 지방자치단체는 보호대상아동의 위탁보호 종료 또는 아동복지시설 퇴소 이후의 자립을 지원하기 위하여 자립지원전담기관을 설치·운영할 수 있다.
　　② 제1항에 따른 자립지원전담기관의 설치기준과 운영, 종사자의 자격, 배치기준 등에 필요한 사항은 대통령령으로 정한다.

　　제40조(자립지원 관련 업무의 위탁)
　　국가 또는 지방자치단체는 다음 각 호의 업무를 법인에 위탁할 수 있다.
　　1. 제39조의2에 따른 자립지원전담기관 설치·운영
　　2. 자립지원 관련 데이터베이스 구축 및 운영
　　3. 자립지원 프로그램의 개발 및 보급
　　4. 제38조제2항에 따른 자립지원 대상자에 대한 사례관리
　　5. 그 밖에 보건복지부장관이 자립지원 업무를 수행하기 위하여 필요하다고 인정하는 업무

출처: 아동복지법. (2024). https://www.law.go.kr/%EB%B2%95%EB%A0%B9/%EC%95%84%EB%8F%99%EB%B3%B5%EC%A7%80%EB%B2%95에서 2024년 10월 27일 인출.

나. 전달체계

자립준비청년의 자립지원은 보건복지부, 아동권리보장원 자립지원부와 함께 전국 17개 시도에 설치된 자립지원전담기관을 중심으로 진행되고 있다. 이 외에도 자립준비청년의 주거·교육·진로·자립교육 관련 다양한 프로그램 운영과 자립지원 계획 수립 등을 위해 아동복지시설 및 다양한 유관기관 단체가 사업을 협력하고 있다. 사업 추진체계는 [그림 2-7]과 같으며, 각 기관의 구체적 역할은 〈표 2-27〉과 같다.

[그림 2-7] 보건복지부 자립준비청년 자립지원 추진체계

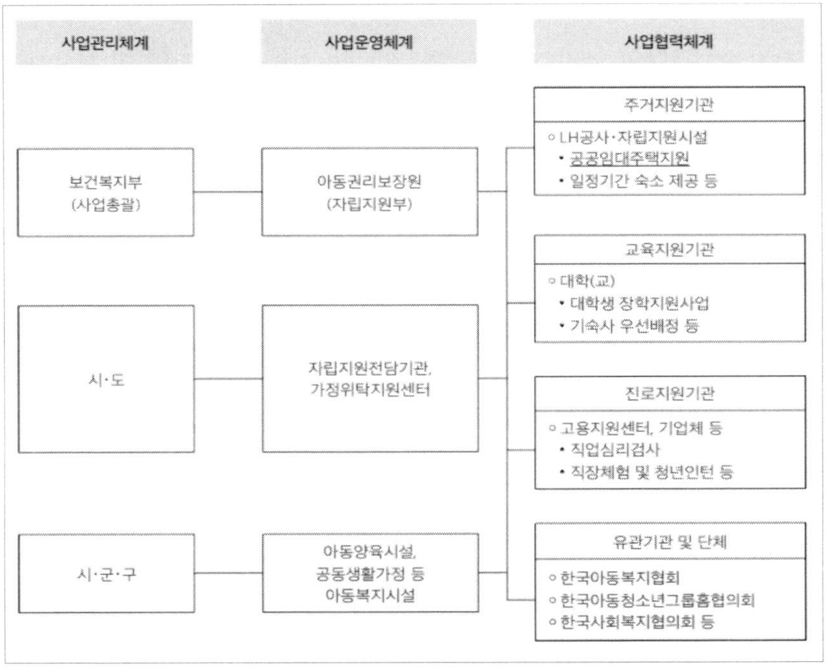

출처: 보건복지부·아동권리보장원. (2024b). 2024년 자립지원 업무매뉴얼. p.13.

<표 2-27> 보건복지부 자립준비청년 자립지원 추진체계 내 각 기관 역할

기관	역할 및 기능	담당인력
보건복지부	- 자립지원 관련 제도 개선 총괄 - 자립지원 사업 운영 지침 마련	-
아동권리보장원 (자립지원부)	- 보호대상아동의 자립역량 강화 교육 및 자원연계 등을 통한 자립지원 - 자립지원전담기관 운영 지원 및 사업 평가 - 자립지원 사업·프로그램 개발·보급·홍보 - 민간자원 발굴 및 네트워크 구축 - 사회서비스정보시스템(희망이음) 모니터링 - 자립지원 사업과 관련된 연구 및 자료발간 - 디딤씨앗지원사업(CDA) 업무 운영	-
시·도 및 시·군·구 아동보호팀	- 자립지원전담기관 설치 및 예산·인력 등 운영지원 - 보호종료 후 사후관리 대상자 명단 확보 - 자립정착금 사용계획서 확인 및 지급일자 공지 - 자립지원 관련 통계 관리·보고 - 양육시설, 공동생활가정, 가정위탁지원센터의 아동별 자립계획 수립 여부, 자립준비 프로그램 실시 현황 등 점검	아동보호전담요원
자립지원전담기관	- 보호종료 5년 이내 자립준비청년 사후관리 실시 - 자립준비청년 맞춤형 사례관리(자립지원통합서비스) 제공 - 사회서비스정보시스템(희망이음) 입력 및 지역 자립지원 정보체계 구축 - 지역사회 자원 발굴·네트워크 구축 및 자립지원 사업 홍보 - 보호대상아동 및 자립준비청년의 자립역량 강화를 위한 프로그램 보급 및 운영 - 기타 보호대상아동 및 자립준비청년의 자립지원을 위해 필요한 업무	자립지원전담인력
아동복지시설 (아동양육시설, 공동생활가정, 가정위탁지원센터)	- 원가정 복귀계획 수립 및 지원 - 15세 이상 아동 연령별·영역별 자립기술 평가, 자립지원 계획 수립 및 자립지원 프로그램 진행 - 자립정착금 사용계획서 작성 지원 및 자립수당 신청 지원 - 자립지원 관련 현황 시스템 입력 및 지자체 보고 - 아동권리보장원 실시 종사자 역량강화 교육 참석 - 보호종료 후 상시 연락, 관계 유지 등을 통한 정서적 지원 - 보호종료 5년 이내 사후관리 실시 업무 협조 (※ 특히 보호종료 후 1년간은 자립지원전담기관과 협력 및 연계 집중 필요)	자립지원전담요원 (※ 단, 공동생활가정에는 필수 배치되어 있지 않아 센터장 및 보육사가 수행 가능)

출처: 보건복지부·아동권리보장원. (2024b). 2024년 자립지원 업무매뉴얼. pp.17-25. 재구성.

특히, 보건복지부 체계하의 자립지원은 전국 17개 시도에 설치된 자립지원전담기관을 중심으로 이루어지고 있다. 자립지원전담기관은 2021년 7월, 정부의 "보호종료아동(자립준비청년) 지원 강화 방안(보건복지부, 2021.7.)" 발표 이후에 전국 확대 운영이 논의되었으며, 2022년도부터 단계적으로 설치가 시작되어 2024년 기준 전국 19개소(경기·전남 지역 각 2개소)가 설치 완료되었다. 자립지원전담기관은 자립준비청년을 대상으로 맞춤형 사례관리, 사후관리 등을 수행할 뿐 아니라 지역 내 자립지원 자원 확보 및 정보체계를 구축하고 관련 프로그램을 보급·운영하는 역할도 담당하고 있다.

시·도는 자립지원 전담인력을 직접 채용하여 자립지원전담기관을 운영하거나 수행기관 선정을 통해 위탁 운영할 수 있으며, 보건복지부와 시·도는 자립지원전담기관 예산 비용의 일부를 보조하고 있다. 시군구의 아동보호전담요원은 보호아동의 자립준비, 보호종료 후 자립지원전담기관의 사후관리 상황을 모니터링한다.

다. 자립지원 서비스

「아동복지법」 제38조에 따라 자립지원 대상자로 인정되고 있는 자립준비청년들이 받을 수 있는 주요 자립지원 서비스는 〈표 2-28〉과 같다.

〈표 2-28〉 보건복지부 체계 주요 자립지원 서비스

구분	지원명	지원 내용
경제적 지원	아동발달지원계좌 (디딤씨앗통장, CDA)	- 보호대상아동의 자산형성을 위해 아동발달지원계좌 (디딤씨앗통장) 정부 적립금 지원 - 0세~17세 보호대상아동 및 기초생활 수급가구 아동이 후원 등으로 적립 시 월 5만 원 내의 범위에서 1:2로 매칭하여 국가(지자체)가 월 10만 원 내 지원
	국민기초생활보장	- 자립준비청년 근로의욕 제고를 위한 수급 자격 완화 - 보호종료 후 5년 간 소득조사 시 사업·근로소득 공제 (60만 원 공제 후 나머지 소득의 30% 추가 공제)
	자립수당	- 보호종료 후 5년 간 본인 계좌로 자립수당(월 50만 원) 지급
	자립정착금	- 보호종료 시 일시금으로 자립정착금(지자체별 금액 상이) 지급 • 서울: 2,000만 원 • 대전·경기·제주: 1,500만 원 • 경남: 1,200만 원 • 그 외 지역: 1,000만 원
심리· 정서 지원	자조모임	- 자립준비청년으로 구성되어 보호아동 방문교육, 멘토링 등 수행하는 자립멘토단·자조모임 성격의 바람개비서포터즈 운영 및 활동비 지원
	심리상담	- 청년마음건강바우처 우선 지원 대상에 자립준비청년, 보호연장아동 포함하여 지원(본인부담금 제외)
주거 지원	공공임대	- LH 전세임대, 매입임대 등 자립준비청년 지원 - 자립준비청년은 청년전세임대주택 전세 지원금을 만 22세까지 무이자 지원
	LH 유스타트 상담센터	- 자립준비청년 전용 LH 주거상담 서비스를 제공하는 상담센터 운영
진학·취업 지원	국가장학금	- 국가장학금 Ⅱ 유형 우선 지원 권장 대상 및 근로장학금 우선 선발 대상에 자립준비청년 포함(자립준비청년은 선발 시 성적 기준 제외)
	대학특례	- 대학교 기회균형선발 대상에 자립준비청년을 포함하도록 고등교육법·시행령 개정 완료('2022.3월 개정, 24학년도부터 적용)
	고용기회 확대	- 국민취업지원, 청년도전지원사업, 국민내일배움카드 우선 지원 등을 통한 자립준비청년 취업역량 강화 및 훈련비 지원
전달체계 및 보호 기간 연장	전국 17개 시도 자립지원전담기관	- 17개 시·도 자립지원전담기관 운영('2022년~) 및 자립지원 전담인력 배치를 통해 보호종료 5년 이내 사후관리, 맞춤형 자립지원 서비스 제공
	보호 기간 연장	- 아동의 의사에 따라 별도의 사유가 없어도 만 24세까지 보호 기간 연장 가능 ('2022.6.22. 시행)

출처: 보건복지부·아동권리보장원. (2024c). 2024 자립정보북. pp.10-13. 재구성.

자립준비청년들이 받을 수 있는 자립지원 서비스를 영역별로 나누어 좀 더 구체적으로 살펴보면 다음과 같다.

1) 경제적 지원

자립수당: 자립수당은 자립준비청년을 대상으로 하는 대표적인 수당 지급제도 중 하나이다. 아동복지시설, 가정위탁 보호종료 아동 중 보호종료일을 기준으로 과거 2년 이상 연속하여 보호를 받은 자를 대상으로 하며, 아래와 같은 요건을 충족해야 한다.

- 과거 2년 계산 시 보호 종료일, 보호 시작일이 속한 '월' 기준으로 산정
- 만 18세 이후 만기 또는 연장 보호종료된 자로서 보호종료 5년 이내인 자(단, 2018.8월 이후 보호종료된 자)
- 만 15세 이후 보호조치가 조기 종료된 자로서 만 18세가 된 때로부터 5년 이내인 자(단, 아동복지법 시행(2024.2.9.) 이후 만 18세가 된 자부터 적용)
- 조기종료 후 원가정 복귀, 타 법령상 자립지원수당 수급 시 지원 불가

본인 또는 대리인이 주민등록상 주소지의 읍·면·동 행정복지센터에 신청서류를 제출하여 신청이 가능하며, 자립준비청년 본인 명의 계좌로 매월 50만 원씩 자립수당이 지급된다. 자립수당은 2023년 40만 원에서 2024년 50만 원으로 금액이 소폭 인상되었으며, 만 15세 이후 보호조치가 조기 종료된 자도 수급 대상으로 포함되며 대상자 또한 확대되었다. 다만, 원가정 복귀 아동은 수급 대상자에 포함되어 있지 않다.

자립정착금: 자립정착금은 보호가 종료된 자립준비청년이 자립할 수 있도록 지급되고 있는 1인당 1,000~2,000만 원 수준의 종잣돈이다. 보건복지부·아동권리보장원(2024)에서는 해당 금액을 자립 생활을 유지하는 데에 필요한 '생활비' 등으로만 사용할 것을 권고하고 있다. 이에 자립정착금 수급 신청 시 사용계획서를 확인 및 심사하여 본인 명의의 통장으로 자립정착금을 지급하고 있다. 또한 보호종료 후의 공간 마련을 위한 보증금 등으로 자립정착금 조기 지급이 필요한 경우, 보호종료 30일 전부터도 지급이 가능하다.

자립정착금의 금액은 지자체별로 상이하며 2024년 기준 서울이 2,000만 원으로 가장 많은 금액을 지급하고 있으며, 그 밖의 지역은 1,000만 원, 1,200만 원, 1,500만 원 수준의 분포를 보이고 있다. 자립정착금 또한 기존의 대상이었던 만 18세 이후 보호종료 청년 이외에도 만 15세 이후 보호조치가 조기 종료된 자도 수급 대상에 포함되도록 대상자가 확대되었다. 다만, 원가정 복귀 아동은 수급 대상자에 포함되어 있지 않다.

디딤씨앗통장(CDA): 디딤씨앗통장은 매월 일정 금액을 저축하면 국가(지자체)에서 1:2 정부매칭지원금으로 월 10만 원까지 같은 금액을 적립해 줌으로써, 자립준비청년이 보호종료 전에 자산을 형성할 수 있도록 지원해주는 사업이다. 가입 이후부터 만 18세 미만까지 지원하고 있으며, 정부(지자체)의 매칭은 만 18세까지이나, 본인의 적립 계좌로서 만 24세까지 지속적으로 저축이 가능하다. 원칙적으로 만 18세 이상, 적립금 사용 용도 충족 시 만기 해지가 가능하지만, 만 15세 이상 3년 이상 적립 요건 충족 시 조기 인출도 가능하다.

2) 주거 지원

공공임대지원: 자립준비청년의 주거생활 안정 및 주거 수준 향상을 위해 LH 청년 전세임대 지원 및 LH 전세주택 지원사업이 지원되고 있다. 입주 자격과 지원 내용 등은 〈표 2-29〉와 같다.

〈표 2-29〉 자립준비청년 주거지원

구분	LH 청년 전세임대 지원 (자립준비청년 1순위)	LH 전세주택 지원
입주 자격	- 본인이 무주택자이면서, 보호종료 후 5년 이내 보호종료아동(자립준비청년) 및 보호연장아동	
지원 한도액 (1인 기준)	- 수도권 12,000만 원 - 광역시 9,500만 원 - 기타 도 지역 8,500만 원	- 수도권 13,000만 원 - 광역시 9,000만 원 - 기타 도 지역 7,000만 원
입주자 부담금 (임대보증금+임대료)	- 임대보증금 : 100만 원	- 임대보증금 : 없음
	- 임대료 : 20세 이하 - **무이자(자립준비청년은 22세까지 무이자)** 전세임대 거주 5년 이내 - 50% 감면 전세임대 거주 5년 이후 - 1~2% 이자	
임대기간	- 2년 단위 최대 14회 재계약 가능	- 20세 이후 2년 단위 최대 3회 재계약 - 요건 충족 시 추가 14회 재계약 가능

출처: 보건복지부·아동권리보장원. (2024c). 2024 자립정보북. p. 65. 재구성.

그 외에도 LH 청년 매입임대주택, LH 자립준비청년 매입임대주택, LH 영구임대주택, LH 건설임대주택 주거지원, SH 청년매입임대주택 우선공급, 관련 주거 대출 상품 등이 지원되고 있다.

자립생활관: 보호가 종료된 자립준비청년에게 일정 기간 머무를 수 있는 숙소를 제공하여 안정된 자립 기반을 조성할 수 있도록 지원하고 있다. 자립준비청년 중 취업 중인 아동을 우선으로 하여, 만 18세 이상

29세 이하인 사람을 입소 대상으로 하고 있으며, 입소 후 보호 기간은 1년 이내로 하고 있다. 단, 필요시 연장 가능하다.

청소년자립지원관: 여성가족부 관할의 청소년자립지원관은 청소년쉼터 및 청소년회복지원시설을 퇴소한 만 19~24세 이하 청소년을 입소대상으로 하고 있으나 아동복지시설 등에서 중도 퇴소한 경우에도 입소가 가능하다. 입소 후 보호 기간은 1년 이내로 하며, 필요시 6개월씩 2회 연장이 가능하다.

희망디딤돌센터: 희망디딤돌센터는 보호 아동·청소년들에게 1인실 원룸 형태의 개별 주거공간을 지원하고, 개인별 역량에 맞춘 사례관리 서비스를 제공하고 있다. 민·관협력 자립통합지원사업이며, 삼성, 사랑의 열매, 함께일하는 재단에서 지원하고 있다.

3) 심리·정서 지원

자립준비청년을 대상으로 이루어지고 있는 대표적인 심리·정서 지원은 바우처 사업으로 진행되고 있는 '청년 마음건강지원사업'과 자조모임인 '바람개비 서포터즈'가 있다.

청년 마음건강지원사업: 청년 마음건강지원사업(바우처)은 만 19세 이상 34세 이하 청년에게 전문적인 심리상담 서비스를 지원하는 사업이다. 대상자 욕구 맞춤형 상담 서비스를 제공하고 있으며, 자립준비청년은 본인 부담금이 면제된다.

바람개비 서포터즈: 바람개비 서포터즈는 자립 당사자·선후배 간의 심리정서적 지원 및 네트워크 구축을 위한 자조모임으로, 역량강화 교육 및 멘토링·자립교육·봉사활동·정책제안 등 다양한 활동을 기획 및 수행하고 있다. 17개 시도 자립지원전담기관을 주축으로 바람개비 서포터즈

의 운영이 활성화되고 있으며, 2023년 12월 기준 전국 107인의 바람개비 서포터즈가 활발히 활동하고 있다.

4) 진학 지원

국가가 대학으로 지급한 지원금을 학교 자체 기준에 따라 학생에게 지급하는 '국가장학금 Ⅱ 유형'에 대해 자립준비청년을 우선 지원 권장 대상에 포함하도록 권고하고 있으며, 근로장학금 우선 선발을 권고하고 있다. 또한 자립준비청년은 선발 시 성적 기준을 제외할 것을 권고하고 있다. 학자금 대출 중 생활비 대출의 경우, 자립준비청년에게는 연 400만 원씩 무이자로 대출이 가능하며, 이외에도 여러 재단에서 시행 중인 다양한 장학 사업이 있다.

5) 취업 지원

자립준비청년의 취업에도 다양한 지원 제도가 존재한다. 대표적으로 국민취업지원제도 Ⅱ유형, 청년도전지원사업, 국민내일배움카드 우선 지원 등이 있으며, 제도를 통해 자립준비청년 취업역량 강화 지원 및 취업 훈련비를 지원하고 있다.

6) 기타 지원

이 외에도 자립 정보 관련 채널(아동권리보장원 아동자립지원 카카오톡 채널, 자립정보 ON 웹페이지, 자립준비청년 전화 및 카카오톡 상담센터)을 통한 자립 관련 정보 지원, 보호연장아동 대상 자립지원 프로그램 운영 등이 제공되고 있다.

라. 중간퇴소 아동·청소년 자립지원[10]

아동보호서비스 업무 매뉴얼(보건복지부, 아동권리보장원, 2024d)에 따르면, 15세 이후 조기종료된 아동·청소년의 경우, 타 법상의 시설에 입소하여 18세가 도래하면 자립정착금과 자립수당 등의 자립지원을 받을 수 있다.

아동보호전담요원은 개별 아동·청소년이 15세 이상의 연령으로 타 법상의 시설로 전원한 경우, 보호종료 후 최초 1주일 이내에는 전원 시설에 방문하여 사후관리를 실시해야 하고, 이를 포함하여 5년간 연 1회의 사후관리를 수행해야 한다. 단, 해당 아동·청소년이 18세에 도래한 경우, 5년이 지나지 않더라도 사후관리를 종료할 수 있다. 사후관리 수행 방법은 연 1회 이상의 자립지원 계획 수립과 자립 수준(취업·진학 여부, 소득, 기초생활 수급 여부, 건강상태 등)을 포함한다.

기본적으로 18세에 도달하면 자립정착금과 자립수당을 지원받을 수 있지만 조기 취업, 대학 조기 진학 등과 같이 특별한 사유가 있는 경우, 아동복지심의위원회에서 심의 및 의결하여 18세 이전에 신청 및 지급 가능하도록 하고 있다. 또한, 18세 이후에는 자립지원전담기관에 연계되어 필요한 자립지원 서비스를 받을 수 있다.

한편, 아동 분야 사업안내에 따르면(보건복지부, 2024b), 원가정 복귀나 타 시설 전원 등 정상적인 보호종료 절차를 거치지 않고, 18세 이전에 시설을 이탈하여 1개월 이상 연락이 두절된 아동에 대해 지방자치단체장은 최소 연 2회 이상, 정기적인 현황을 파악해야 한다. 지역 내 아동복지센터, 청소년쉼터, 아동보호전문기관 등과 유기적으로 협력하여 아동의 이익을 위한 최상의 조치가 이루어지도록 노력할 것을 지침으로 제시하고

---

10) 아동보호서비스 업무 매뉴얼(보건복지부, 아동권리보장원, 2024d)에 기초하여 작성함.

있다(보건복지부, 2024b, p. 200).

2. 여성가족부 체계 자립지원 정책 현황

가. 근거법

청소년복지시설 퇴소 청소년 대상 자립지원 관련 근거는 「청소년기본법」과 「청소년복지 지원법」에 마련되어 있다. 우선, 「청소년기본법」에서는 자립지원 대상자의 연령과 청소년복지시설의 설치·운영을 규정하고 있다. 여가부에서 수행 중인 자립지원 정책의 대상자 연령은 「청소년기본법」 제3조(정의)에 따라 9~24세이다. 또한 청소년복지시설의 설치·운영은 「청소년기본법」 제18조(청소년시설의 설치·운영)에 근거한다.

<청소년 기본법>
제3조(정의) 이 법에서 사용하는 용어의 뜻은 다음과 같다.
  1. "청소년"이란 9세 이상 24세 이하인 사람을 말한다. 다만, 다른 법률에서 청소년에 대한 적용을 다르게 할 필요가 있는 경우에는 따로 정할 수 있다.
제18조(청소년시설의 설치·운영) ① 국가 및 지방자치단체는 청소년시설을 설치·운영하여야 한다.
  ② 국가 및 지방자치단체 외의 자는 따로 법률에서 정하는 바에 따라 청소년시설을 설치·운영할 수 있다.
  ③ 국가 및 지방자치단체는 제1항에 따라 설치한 청소년시설을 청소년단체에 위탁하여 운영할 수 있다.

자료: 청소년기본법. (2024). https://www.law.go.kr/%EB%B2%95%EB%A0%B9/%EC%B2%AD%EC%86%8C%EB%85%84%EA%B8%B0%EB%B3%B8%EB%B2%95에서 2024년 10월 27일 인출.

「청소년복지 지원법」에서는 자립지원의 주요 대상, 자립지원을 제공하는 청소년복지시설 유형, 자립지원 서비스의 주요 내용 등을 명시하고 있다. 자립지원의 주요 대상은 동법 제16조 제2항에서 가정 밖 청소년으로 규정하고 있고 이들에게 자립지원을 제공하는 복지시설의 유형은 제31조에 명시되어 있다. 청소년복지시설의 유형은 「청소년복지 지원법」 제31조 (청소년복지시설의 종류)에 근거하여 청소년쉼터, 청소년자립지원관, 청소년치료재활센터, 청소년회복지원시설 등으로 구분되어 있으나 이 중 자립지원 서비스를 제공하는 시설은 청소년쉼터, 청소년자립지원관, 청소년회복지원시설에 한하고 있다.

〈청소년복지 지원법〉
제16조(가정 밖 청소년에 대한 지원)
 ② 국가 및 지방자치단체는 가정 밖 청소년의 가정·사회 복귀를 돕기 위하여 상담, 보호, 자립 지원, 사후관리 등 필요한 조치를 하여야 한다.
제31조(청소년복지시설의 종류) 「청소년기본법」 제17조에 따른 청소년복지시설(이하 "청소년복지시설"이라 한다)의 종류는 다음 각 호와 같다.
 1. 청소년쉼터: 가정 밖 청소년에 대하여 가정·학교·사회로 복귀하여 생활할 수 있도록 일정 기간 보호하면서 상담·주거·학업·자립 등을 지원하는 시설
 2. 청소년자립지원관: 일정 기간 청소년쉼터 또는 청소년회복지원시설의 지원을 받았는데도 가정·학교·사회로 복귀하여 생활할 수 없는 청소년에게 자립하여 생활할 수 있는 능력과 여건을 갖추도록 지원하는 시설
 4. 청소년회복지원시설: 「소년법」 제32조 제1항 제1호에 따른 감호 위탁 처분을 받은 청소년에 대하여 보호자를 대신하여 그 청소년을 보호할 수 있는 자가 상담·주거·학업·자립 등 서비스를 제공하는 시설

자료: 청소년기본법. (2024). https://www.law.go.kr/%EB%B2%95%EB%A0%B9/%EC%B2%AD%EC%86%8C%EB%85%84%EA%B8%B0%EB%B3%B8%EB%B2%95에서 2024년 10월 27일 인출.

자립지원의 내용은 동법 제 32조의 3(자립지원)에 명시되어 있다. 자립지원의 주요 내용으로는 주거·생활·교육·취업 등의 지원, 자립정착금 및 자립수당 지급, 자립에 필요한 자산의 형성 및 관리 지원, 사후 관리 등이 포함되어 있다. 그러나 「아동복지법」 제38조(자립지원)에서는 자립지원 관련 조치를 "시행하여야 한다"로 명시되어 있는 것과 달리 「청소년복지 지원법」에서는 "시설 퇴소 후 (중략) 해당하는 조치를 할 수 있다"로 명시되어 있어서, 법적으로 강제 조항이 아님에 주목할 필요가 있다.

> ⟨청소년복지 지원법⟩
> 제32조의 3(자립지원) ① 국가 및 지방자치단체는 가정 밖 청소년이 청소년복지시설 퇴소 이후 자립할 수 있도록 다음 각 호에 해당하는 조치를 할 수 있다.
>   1. 자립에 필요한 주거·생활·교육·취업 등의 지원
>   2. 자립에 필요한 자립정착금 및 자립수당 지급
>   3. 자립에 필요한 자산의 형성 및 관리 지원
>   4. 사후관리체계 구축 및 운영
>   5. 그 밖에 자립지원에 필요하다고 대통령령으로 정하는 사항
> ② 제1항에 따른 자립지원의 절차와 방법, 자립지원이 필요한 가정 밖 청소년의 범위 등 그 밖에 필요한 사항은 대통령령으로 정한다.

자료: 청소년기본법. (2024). https://www.law.go.kr/%EB%B2%95%EB%A0%B9/%EC%B2%AD%EC%86%8C%EB%85%84%EA%B8%B0%EB%B3%B8%EB%B2%95에서 2024년 10월 27일 인출.

나. 전달체계

　청소년자립을 위한 지원은 여가부 산하 청소년복지시설을 중심으로 전달되며 청소년복지시설에는 국비(여성가족부)와 지방비(지자체)를 매칭하여 예산을 지원한다. 청소년상담복지개발원은 청소년복지시설의 중앙지원기관의 역할을 담당하고 있다. 청소년복지시설을 통한 추진체계는 [그림 2-8]과 같으며 각 기관의 역할은 ⟨표 2-30⟩과 같다.

[그림 2-8] 청소년자립지원 추진체계

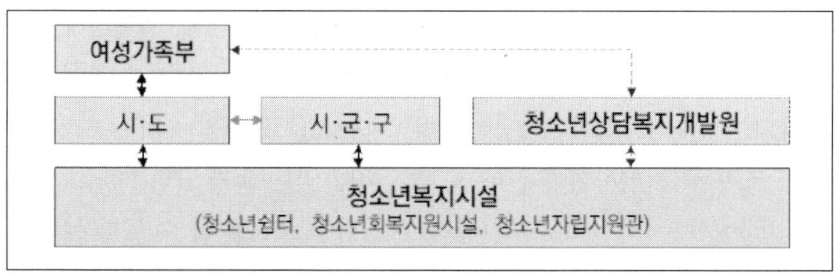

출처: 여성가족부. (2024b). 2024년 청소년사업안내(II). p.217.

<표 2-30> 청소년자립지원 추진체계 각 기관의 역할

기관	역할
여성가족부	- 기본운영계획 및 사업지침 수립 - 사업운영 평가계획 수립, 컨설팅 총괄 - 국고보조금 교부 및 관리
※ 법원(소년부)	- 보호처분(1호 '보호자 감호위탁' 등) - 신병인수 위탁보호위원 임명
지자체 (시·도/시·군·구)	- 관할 청소년복지시설 사업계획 수립·검토·조정 - 청소년복지시설 운영 및 보조금 집행 지도·점검
청소년복지시설	(쉼터) - 사업계획 수립 - 가정 밖 등 위기청소년 보호·자립 지원 (자립지원관) - 자립준비청년 사례관리 및 사후관리 (회복지원시설) - 위탁 청소년 보호·자립 지원
한국청소년상담복지개발원	- 청소년복지시설 운영 지원 계획 수립(종사자 역량강화, 시설운영 평가 및 컨설팅, 사례관리 도구 개발, 행정지원시스템 운영, 청소년안전망시스템 운영, 홍보 등) 및 시행 - 종사자 역량강화 교육 연수 - 현장점검 및 컨설팅 지원 - 평가 및 우수사례 발굴 - 운영매뉴얼 제작 및 교육 - 청소년안전망시스템 유지·보수 및 관련 통계 관리 - 청소년복지지원 및 자립지원 정책 개발 지원 - 청소년복지시설 홍보, 유관기관 네트워크 구축 등

출처: 여성가족부. (2024b). 2024년 청소년사업안내(II). p.217, p.420, p.438. 재구성.

한편 법원에서 1호 처분을 받은 청소년 중 가정의 보호가 어려운 경우는 법원의 결정에 따라 일련의 절차([그림 2-9])를 거쳐 일부 청소년복지시설에서 위탁보호를 받을 수 있다. 청소년회복지원시설은 위탁보호를 하는 대표적인 시설이다.

[그림 2-9] 위탁 절차

단계	위탁보호위원 출석 요청	위탁보호위원 지정 및 신병인수	위탁청소년 자료 송부	집행 상황 보고
비고	재판 당일 법정 출석 요청	(판사) 위탁보호위원 지정 (위탁보호위원) 청소년 신병인수 (법원 담당자) 위탁 절차 및 주의사항 등 안내	청소년회복지원시설 운영자에게 위탁결정문, 비행 사실을 우편으로 송부	매월 감호 청소년에 대한 집행상황 등을 담당재판부 담당자에게 제출
담당자	판사	판사 등	법원 담당자	위탁보호위원

출처: 여성가족부. (2024b). 2024년 청소년사업안내(Ⅱ). p.324.

이상과 같은 전달체계에서 청소년의 입퇴소 및 보호 여부 결정은 각 시설의 고유기능으로 중앙정부나 지자체가 거의 관여하지 않는다. 다만 일부 기초자치단체에서 심의위원회를 개최하여 자립준비청소년에게 지급하는 자립정착금 지원 여부 등을 결정하고 있다.

한편 일부 지자체에서는 기초자치지역 단위의 관내 거주 청소년만을 지원 대상으로 삼고자 하는 입장을 견지하기도 한다. 이 경우 광역단위의 지역을 폭넓게 오가며 복수의 청소년복지시설을 이용하는 가정 밖 청소년들의 특성을 반영하지 못하여 관외 청소년들의 시설 이용을 제한함으로써 청소년 자립지원 역할을 적절히 수행하지 못할 가능성도 발생한다.

최근 들어 「청소년복지 지원법」 제12조의 2에 의거해 위기청소년통합지원시스템(여성가족부)이 구축·활용되기 시작하면서 정보의 통합적 수집·관리가 가능해졌다는 점은 고무적이다. 과거 청소년복지시설 이용 청소년들, 특히 그중에서 여러 시설을 옮겨 다니며 지원을 받는 경우는 개인의 보호 및 지원 관련 정보를 각 시설별로 관리할 경우 지자체에서 개인의 전체 이력을 통합적으로 수집·관리하기가 어려웠다. 이 같은 경우 해당 청소년이 지자체의 지원을 받을 조건을 충족함에도 일부 입퇴소 관련 정보 누락 등의 문제로 지원 대상에서 배제되는 문제가 발생하기도 하였다. 그러나 현재 위기청소년통합지원시스템의 구축·활용으로 이러한 어려움이 점차 해소되고 있다. 이 시스템의 가장 큰 장점으로는 여가부 뿐 아니라 타 부처 사업을 통해 발굴된 청소년도 시스템에 등록하는 것이 가능하다는 점이다. 다만 부처 간 지원 정보는 아직 자동 연계되지는 않아 지자체가 정보 연계를 하지 않는다면 동일한 청소년이 각 부처에서 지원을 각각 받았을 경우 해당 부처의 정보망 안에서 제각각 관리될 수밖에 없다. 위기청소년통합지원시스템의 체계는 〔그림 2-10〕과 같다.

〔그림 2-10〕 위기청소년 통합지원정보시스템 체계

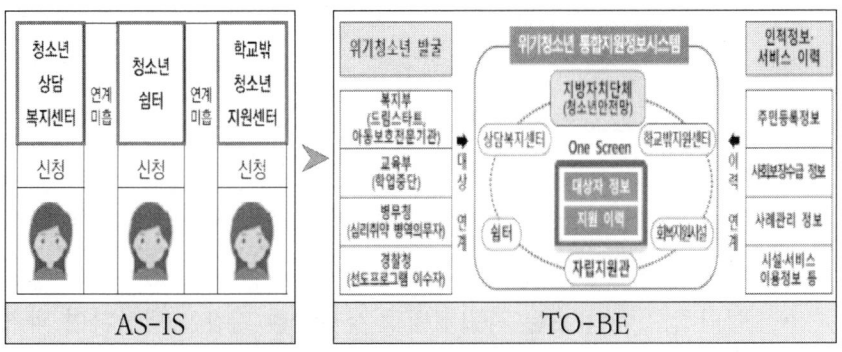

출처: 여성가족부. (2024b). 2024년 청소년사업안내(Ⅱ). p.716.

다. 자립지원 서비스

청소년복지시설 이용 경험이 있는 청소년들이 받을 수 있는 주요 자립지원 서비스를 영역별로 나누어 보면 아래와 같다.

1) 경제적 지원

자립지원수당: 여성가족부의 자립지원수당은 자립준비청소년을 위한 가장 대표적인 지원정책 중 하나이다. 「청소년복지지원법」 제32조의 3(자립지원)에 의거한 자립지원수당은 본인 명의 계좌로 이체하는 것을 원칙으로 매월 40만 원의 현금을 최대 60개월 한도 내에서 지급하는 것을 골자로 한다(여성가족부, 2024b). 수당을 받기 위해서는 기본적으로 다음과 같은 조건을 충족해야 한다(여성가족부, 2024b).

- 청소년쉼터, 청소년자립지원관 퇴소일로부터 5년 이내인 자
- 만 18세 이후 퇴소한 자
- 쉼터 입소기간 또는 자립지원과 사례관리 기간을 합산하여 과거 3년 동안 2년 이상의 보호를 받은 이력이 있는 자
- 직전 6개월은 한 시설에서 연속하여 보호를 받은 자

또한 자립지원수당을 받는 기간에는 자립생활 지도 및 자립 영역별 상담 제공, 자립활동 지원을 위한 정보 제공 등의 사례관리를 받게 된다(여성가족부, 2024b). 사례관리를 담당하는 기관은 해당 청소년 거주지 인근의 청소년자립지원관 등이 맡고 있다.

이 제도는 기존 청소년쉼터에 입소한 청소년을 중심으로 수행되어 왔다. 최근에는 수당 금액과 기간을 확대하는 한편 쉼터 이용기간 등 지급요건을

완화하고 자립지원관 이용 청소년에게까지 그 대상을 확대하였다.11) 그 결과 2022년 97명에서 2023년 11월에는 167명으로 그 대상자가 약 1.7배 이상 증가하였다(여성가족부 보도자료, 2023.12.27).

자립정착금: 자립정착금은 자립준비청년에게 지방 예산으로 보호종료 후에 지급되는 일시금으로 아동복지시설을 퇴소한 자립준비청년에게는 모든 지자체에서 지급하고 있으나, 청소년복지시설 퇴소청소년은 해당되지 않는다. 한편, 일부 지자체에서 자체 조례에 의거하여 청소년복지시설을 퇴소한 청소년들에게도 지급하고 있다. 예를 들면, 부산, 울산, 제주에서 자체 예산으로 청소년복지시설을 퇴소하는 일부 가정 밖 청소년에게 자립정착금을 지급하고 있다(여성가족부, 2024b).

2) 주거 지원

현재 청소년복지시설(쉼터, 자립지원관, 회복지원시설) 퇴소 청소년들은 국토부(LH) 등에서 제공하는 공공임대주택 중 일부 유형에서 우선 입주 자격이 주어지며 임대조건에서 보증금액 및 무이자 지원 연령 완화 등 다소의 혜택이 있다. 청소년복지시설 퇴소자가 입소할 수 있는 공공임대 주택의 유형과 거주 조건 등은 〈표 2-31〉과 같다.

---

11) 그러나 청소년회복지원시설 이용자는 현재 자립지원수당 대상자에서 제외되어 있다.

<표 2-31> 청소년복지시설 퇴소자 우선 입주 가능 공공임대주택

구분	전세임대		매입임대	건설임대
	소년소녀가정 등	청년	청년(다가구 등)	통합 공공임대
입주 자격	18세 이상 무주택자, 청소년복지시설 2년 이상 이용한 퇴소(예정)자			
거주 기간	2년 단위 최대 8년 * 이후 일반 전세로 전환 시 최장 30년	2년 단위 최대 10년, 입주 후 혼인 시 10년	2년 단위 최대 10년, 입주 후 혼인 시 20년	30년
임대 조건 (평균)	(보증금) 없음 (월 임대료) 22세까지 무이자 지원, 거주 5년 이내 50% 감면, 이후 기금의 연 1~2% (전세금 지원 한도) 수도권: 130백만 원, 광역·세종시: 90백만 원, 기타: 70백만 원	(보증금) 1백만 원 (월 임대료) 보증금 외 금액의 연 1~2% 이자 해당액 (전세금 지원 한도) 수도권: 120백만 원, 광역·세종시: 95백만 원, 기타: 85백만 원	시세 40~50%	시세 35~90%

출처: LH 청약센터 홈페이지. https://apply.lh.or.kr/lhapply/main.do에서 2024년 7월 4일 검색.

또한 청소년복지시설 퇴소 청소년 자격으로 임대주택에 입주한 경우는 청소년자립지원관 또는 쉼터나 청소년상담복지센터를 통해 사후관리의 일환으로 최소 1년간 의무적으로 월 1회 이상의 자립생활·정착 지도를 받아야 한다(여성가족부, 2024b). 여가부 발표에 따르면, 공공임대주택에 입주한 시설퇴소 청소년은 2022년 119명에서 2023년 164명으로 증가하였다(여성가족부 보도자료, 2023.12.27).

3) 교육 지원

청소년복지시설 이용(퇴소) 청소년을 위한 교육 지원으로는 학교 밖 청소년을 위한 지원과 대학생을 위한 지원으로 나누어 볼 수 있다.

학교 밖 청소년 지원: 우선 고졸 이하의 학력을 지닌 청소년은 학교 밖 청소년으로 학교밖청소년지원센터를 통해 학업 지원을 신청할 수 있다. 학교밖청소년지원센터에서 제공하는 학업지원으로는 학습 멘토링, 검정고시 지원, 대학입시 설명회, 학습지원 사업 등으로 학교 밖 청소년의 학력 취득 및 상급학교 진학을 목표로 한다. 더 이상의 학업을 원하지 않는 청소년에게는 직업교육 훈련을 연계하기도 한다(여성가족부, 2024b). 한편, 학교 밖 청소년 지원은 시설 이용 청소년뿐만 아니라 가정에서 생활하는 청소년도 고졸 이하의 학력이라면 모두 포함된다.

대학생 장학금 지원: 시설 퇴소 청소년들이 대학에 진학한 경우에는 대학 학비 지원 제도를 이용할 수 있다. 국가장학금(Ⅱ유형) 및 국가근로장학금이 그 대표적인 제도이다. 국가장학금 Ⅱ유형(대학연계지원형)은 학자금 지원구간 9구간 이하인 경우를 대상으로 하지만 국가장학금 Ⅱ유형 참여 대학에 재학 중이어야 한다. 청소년복지시설(청소년쉼터, 자립지원관, 회복지원시설) 입·퇴소 대학생은 시설 이용기간에 상관없이 우선 지원된다(한국장학재단 홈페이지, 2024. 7. 3. 인출).

국가근로장학금의 경우는 학자금 지원 9구간 이하이면서 직전 학기 학점 평균이 백분위 기준 70점 이상을 지원 자격으로 규정하고 있다. 학기당 520시간 근로가 가능하며, 시급 단가는 교내 근로 9,860원, 교외 근로 12,220원이다. 우선 선발 대상으로는 현재 청소년쉼터 퇴소 대학생이 포함되어 있지만, 아쉽게도 청소년자립지원관 및 회복지원시설 퇴소(이용)자는 제외되어 있다(한국장학재단 홈페이지, 2024. 7. 3. 인출).

대학생 기숙사 지원: 장학재단 및 사학진흥재단, 각 대학교들은 대학생들의 거주 부담을 완화하기 위해 대학생 기숙사를 운영 중에 있다. 그중 한국사학진흥재단이 운영하는 행복기숙사는 청소년복지시설 입퇴소 대학생을 우선 입주 대상에 포함시키고 있으며 사립 행복기숙사에서는

이들에게 기숙사비의 일정 비율을 지원해 주기도 한다(한국사학진흥재단 홈페이지, 2024. 7. 3. 인출).

대학생 해외 연수 지원: 파란사다리는 경제·사회적 취약계층 대학생들에게 해외 연수 경험(1유형: 4~5주 또는 2유형: 16주)을 제공하는 프로그램이다. 청소년복지시설에서 3개월 이상 입소 경험이 있거나 퇴소한 지 5년 이내에 있는 대학생은 사회적 취약 학생으로 지원 대상에 포함된다(한국장학재단 홈페이지, 2024. 7. 3. 인출).

4) 일자리·취업 지원

일자리·취업 지원정책은 청년지원의 주요 정책에 포함된다. 이에 따라 청소년복지시설 이용(퇴소) 청소년을 위해서도 다른 영역에 비해 좀 더 다양한 서비스들이 제공되고 있다. 청소년복지시설 입·퇴소 청소년을 지원하는 주요 제도를 살펴보면 다음과 같다.

국민취업지원제도(Ⅱ 유형): 국민취업제도는 일 경험·직업훈련 등 취업 지원 서비스를 제공하는 제도로서 참여 시 6개월간 월 50만 원씩 구직촉진수당(I 유형)을 지급하거나 6개월 이내에 월 최대 284천 원의 취업활동비용(Ⅱ 유형) 지급한다. 또한 취업에 성공하면 근속 기간에 따라 최대 150만 원의 취업성공수당이 별도로 지급된다. Ⅱ 유형은 Ⅰ 유형에 해당하지 않는 특정 계층, 청년 등이 지원 대상이며 청소년복지시설 입/퇴소 청소년은 위기청소년으로 분류되어 그 대상에 포함될 수 있다(국민취업지원제도 홈페이지, 2024. 7. 4. 인출).

청년도전지원사업: 청년도전지원사업에서는 맞춤형 사회활동 참여 의욕 고취 프로그램을 제공하고 참여 기간에 따라 50만 원부터 최대 300만 원까지의 참여수당을 지급한다. 프로그램 이수 후에는 직업훈련, 국민취업

지원제도 등과의 연계를 지원하며 취업 시에는 고용촉진장려금, 청년일자리도약장려금 등과 연계하여 지원한다. 지원 대상은 구직단념청년으로 6개월 이상 취업 및 교육·직업 훈련 이력이 없어야 하지만 청소년복지시설에서 6개월 이상(합산 불가능) 보호받은 이력이 있는 만 18~34세 청년은 취업 및 교육·직업 훈련 이력에 상관없이 신청 가능하다(고용24 홈페이지, 2024. 7. 4. 인출).

청년일자리도약장려금: 청년일자리도약장려금은 5인 이상 우선 지원 대상 기업에 정규직으로 취업하고 6개월 이상 근속 시 최장 2년간 최대 1,200만 원을 지원(최초 1년은 월 60만 원, 2년 근속 시 480만 원 일시 지급)하는 제도이다. 만 15~34세 취업 애로 청년이 주요 지원 대상이나 청소년복지시설 입·퇴소 청소년은 자립을 위한 정부 지원의 필요성이 인정되어 실업 기간에 상관없이 지원 대상에 포함된다(고용24 홈페이지, 2024. 7. 4. 인출).

일자리 채움 청년지원금(빈일자리 청년취업지원금): 제조업 등 빈 일자리 업종 사업체에 2023년 10월~2024년 9월 중 정규직으로 취업, 3개월 이상 근속한 청년에게 취업지원금으로 최대 200만 원을 지급하는 제도이다. 모집인원의 10%를 취업 애로 청년으로 우대 선발하며 청소년복지시설 입퇴소 청년은 이에 포함된다(고용24 홈페이지, 2024. 7. 4. 인출).

미래내일 일경험 사업: 미래내일 일 경험 사업은 청년을 대상으로 하는 일 경험 프로그램으로 인턴형, 프로젝트형, ESG형, 기업탐방형으로 그 유형을 나눌 수 있다(고용노동부 홈페이지, 2024. 7. 11. 인출). 이 중 기업탐방형 프로그램 특화 대상에 청소년복지시설 입퇴소 청소년(15세 이상)이 포함될 수 있으며, 프로그램에 참여한 청소년들에게는 청소년자립지원관 사업비에서 1인당 1일 5만 원의 수당 지급이 가능하다(여성가족부, 2024b).

사회적기업 취업 우선 지원: 청소년쉼터에 1년 이상 거주한 입·퇴소 청소년(1년 이상) 중 만 34세 이하인 청년들은 취약계층에 포함하여 사회적 기업 취업 기회를 우선 제공하고 있다(한국사회적기업진흥원 홈페이지, 2024. 7. 11. 인출).

5) 기타

자립지원 정보 제공: '자립해냄' 모바일 앱을 출시하여 위치기반 청소년 쉼터 정보, 맞춤형 자립 정보 등을 제공하고 있다. 자립 정보는 자립 의지, 주거 관리. 일상생활 기술, 음식 관리, 직업 준비, 직장 적응, 경제관리, 사회기술, 자원 활용, 건강관리, 성 보호와 같이 11개 유형으로 나누어 제공 중이다. 그 외에 상담이 필요한 경우 사이버 및 전화, 문자, 카카오 채팅 바로가기 기능을 통해 전문가 상담도 가능하도록 운영 중이다(한국청소년상담복지개발원 홈페이지, 2024. 7. 11. 인출).

민간협업 자립지원 사업: 민간협업을 바탕으로 한 자립지원 사업도 2024년 현재 진행 중에 있다. 구체적으로는, 신한은행과 연계한 3년 만기 자립지원적금, SK 및 이디야커피와 연계한 바리스타 교육 및 이디야커피 6개월 유급 인턴, 시설 인근 기업 인턴, 삼성과 연계하여 직업훈련 및 취업 기회를 제공하는 희망디딤돌 2.0 교육 등이 포함된다(여성가족부, 2024b). 이상과 같이 서술한 청소년복지시설 입퇴소 청소년들의 자립지원 사업을 정리하면 〈표 2-32〉와 같다.

〈표 2-32〉 청소년복지시설 입퇴소 자립준비청소년 자립지원 정책

구분	사업	주요 (우대) 내용
경제적 지원	□ 자립지원수당	○ 만 18세 이후 쉼터, 자립지원관 퇴소자로 퇴소일로부터 5년 이내에 3년 동안 2년 이상 보호받은 자(직전 6개월은 연속 보호받은 자) ○ 월 40만 원(최대 60개월)
	□ 자립정착금	○ 일부 광역 지자체(부산, 울산, 제주)만 지급
주거 지원	□ LH 공공임대주택	○ 우선 지원: 최근 5년 이내에 2년 이상 청소년복지시설(쉼터, 자립지원관, 회복지원시설)을 이용한 18세 이상 무주택자 ○ 청년 전세임대주택: 공급 1순위, 보증금 100만 원*(만 22세 이하는 보증금, 전세지원금 무이자 지원**), 거주 5년 이내는 50% 감면 　* 2, 3순위의 경우 보증금 200만 원 　** 일반의 경우 20세까지 무이자 지원 ○ 소년소녀가정 등 전세임대주택: 소년소녀가장이 아니어도 입주 가능, 22세*까지 무이자 지원 　* 일반의 경우 20세까지 무이자 지원
	□청소년자립지원관	○ 자립지원이 필요한 19~24세 청소년 우선 지원 ○ 사례관리는 최장 2년 원칙
교육 지원	□ 국가장학금	○ II 유형: 우선 지원
	□ 국가근로장학금	○ 청소년쉼터 퇴소 청소년 우선 선발
	□ 대학생 기숙사	○ 행복기숙사 등 우선 입주 및 기숙사비 일부 지원
	□ 파란사다리 사업	○ 국내 대학 재학 중 해외연수 대상자(취약계층)에 포함
취업 지원	□ 국민취업지원제도	○ II유형에 청소년복지시설 입/퇴소 청소년 포함
	□ 청년도전지원사업	○ 지원 대상: 구직단념청년, 자립준비청년, 청소년쉼터 입·퇴소 청년 등이며 신청일로부터 6개월 이내 취업 및 직업훈련 참여 이력이 없는 자
	□ 청년일자리도약 장려금	○ 청소년복지시설 입·퇴소 청소년은 실업 기간에 상관없이 지원 대상에 포함
	□ 일자리 채움 청년 지원금	○ 우대 선발
	□ 미래내일 일경험 사업	○ 기업탐방형 프로그램 지원 대상에 청소년복지시설 입퇴소 청소년 포함 ○ 참여자 1인당 5만 원 수당 지급 가능(여가부 사업비로 별도 지원)
	□ 사회적기업 취업	○ 청소년복지시설 입·퇴소 청소년(1년 이상) 중 만 34세 이하인 자 우선 지원

구분	사업	주요 (우대) 내용
정보 제공	□ 자립지원 정보	○ '자립해냄' 모바일 앱 운영
민관 협업 사업	□ 자립지원적금	○ 신한은행 연계 3년 만기 적금 ○ 납입액(월 최대 15만 원) 기준 1:1 매칭
	□ 이디야커피 인턴	○ 이디야 제공 바리스타 교육 수료 후 6개월 유급 인턴 ○ 급여의 70%는 SK, 30%는 이디야 부담
	□ 시설인근기업 인턴	○ SK가 인턴십 급여 70% 지원
	□ 삼성희망디딤돌 2.0 교육	○ 제과/제빵기능사, 설비보전기능사, 금형기능사 등 무료 교육 ○ 교육훈련 지원금 월 60만 원 지급, 무료 숙식 제공 ○ 수료 후 삼성 관계사 및 협력사 채용 연계

주: 연구진 작성.

3. 법무부 자립지원 정책 현황

 법무부에서 실시하고 있는 자립지원으로는 보호소년[12]을 대상으로 한 사회정착지원 사업이 대표적이다. 소년원 출원 전에 자립지원을 실시하기도 하지만, 사회로 나간 이후에는 소년보호협회 등 민간기관과 연계하여 자립지원을 하고 있고, 보호관찰 기간 동안 소년보호위원을 통한 멘토링 연계가 대체로 이루어지고 있다.

가. 근거법

 「소년법」은 "반사회성(反社會性) 있는 소년의 환경 조정과 품행 교정을 위한 보호처분 등의 필요한 조치를 하고 형사처분에 관한 특별조치를

---

[12] '보호소년'이란 소년법 제32조 제1항 제7호(병원·요양소 외에 의료 소년원 위탁), 8호(1개월 이내 소년원 송치), 9호(6개월 이내 단기 소년원 송치), 10호(2년 이내 장기 소년원 송치)에 따라 가정법원 소년부 등으로부터 위탁되거나 송치된 소년을 말한다(보호소년 등의 처우에 관한 법률 제1조 제1호).

함으로써 궁극적으로 소년이 건전하게 성장하도록 돕는 것"을 목표로 하고 있다(제1조). 이 법에서 '소년'이란 19세 미만인 자를 의미한다(제2조)(소년법, 2021). 「소년법」은 소년 개인의 교화 외에도 환경 조정을 통한 안정적 사회 복귀를 그 목적으로 하고 있다. 소년법에서는 목적으로 사회 복귀를 제시하고 있긴 하나 구체적인 사항에 관한 부분은 「보호소년 등의 처우에 관한 법률(이하 '보호소년법'이라고 함)」에 의해 규율되고 있다.

「보호소년법」은 소년원에 수용되거나 위탁된 소년에게 안정적인 사회 정착을 위해 어떠한 지원을 할 수 있는지를 보다 구체적으로 다루고 있다. 소년사법에 유입된 보호소년에 대한 처우의 기본원칙으로 인권적 처우 외에 "심신 발달 과정에 알맞은 환경을 조성하고 사회 적응력을 길러 건전한 사회 청소년으로 사회에 복귀할 수 있도록 하는 것"을 법률 규정에 담고 있다(제2조). 보호소년법에서는 소년원 출원생의 사회 복귀와 자립 지원을 위해 소년원 출원 이후 지원할 수 있는 민간기관인 한국소년보호협회와 민간 후견인으로 소년보호위원에 대한 근거를 가지고 있다. 보호소년법 제51조에서는 "보호소년 등을 선도하기 위해 법무부장관의 감독 하에 소년 선도에 관하여 학식과 경험이 풍부한 인사로 구성되는 '한국소년보호협회'를 두도록" 규정하고 있다. 동법 제51조의 2에서는 보호소년 등의 교육과 사후지도를 지원하기 위해 법무부 장관이 임명하는 '소년보호위원'을 둘 수 있도록 규정해 두기도 하였다.

보호소년법 시행령 제77조에서는 자립 기반 조성에 관한 규정을 두어 "법무부 장관은 보호소년의 직업능력 향상과 성공적 자립 기반 조성을 위해 창업보육, 지원재단 설립 및 자립생활관 운영 등 필요한 사업을 할 수 있도록" 하고 있다. 보호소년법 시행규칙 제81조의 사회정착지원 규정에 따라 사회 정착에 필요한 구체적인 지원이 실시되고 있다.

보호소년법 시행규칙 제81조(사회정착지원)
① 원장은 법 제45조의 2에 따른 사회정착지원에 관한 계획을 수립·시행하여야 한다.
② 제1항에 따른 계획은 취업·진학 등 보호소년 등의 진로를 고려하여 수립하되, 이 계획에는 방문·출석·통신지도 등 사회정착지원 방법과 기간·횟수 등의 구체적인 내용이 포함되어야 한다.
③ 원장은 제1항에 따른 계획을 수립하기 전에 보호소년 등으로부터 사회정착지원을 희망하는 구체적인 분야 등을 청취한 후 이를 계획에 반영하여야 한다.
④ 원장은 법 제45조의 2 제2항에 따라 사회정착지원 기간을 연장하려는 경우에는 보호소년 등의 재범 여부, 취업·진학 여부, 주거 안정 여부, 그 밖에 사회정착 지원의 필요성 등을 고려하여 판단하여야 한다.
⑤ 원장은 보호소년 등이 무의탁소년인 경우에는 법 제51조에 따른 소년보호협회가 영 제98조에 따라 운영하는 자립지원시설의 이용지원, 취업알선, 그 밖에 필요한 사회정착 지원을 하여야 한다.

자료: 보호소년등의 처우에 관한 법률 시행규칙. (2022). https://www.law.go.kr/%EB%B2%95%EB%A0%B9/%EB%B3%B4%ED%98%B8%EC%86%8C%EB%85%84%EB%B2%95%20%EC%8B%9C%ED%96%89%EA%B7%9C%EC%B9%99에서 2024년 10월 27일 인출.

나. 전달체계

소년원 내에서 교과교육, 직업훈련, 인성 교육 등을 통해 사회로의 복귀 준비를 한 다음, 지역사회로 나와서 가정으로 복귀하는 대상 외에 일부 대상자의 경우 한국소년보호협회에서 운영하는 청소년 자립생활관, 청소년 창업비전센터(구 Y.E.S센터)의 연계를 통해 직업훈련이나 주거 지원을 받고 있다. 청소년창업비전센터에서는 주거지원 외에 자격증 취득이나 심화 직업교육을 받게 된다. 청소년자립생활관에서는 기본적인 주거생활을 제공받는 외에 자격증이나 검정고시 도전, 취업알선 등의 도움을 받을 수 있다.

[그림 2-11] 소년원 출원 전후 자립지원 제도

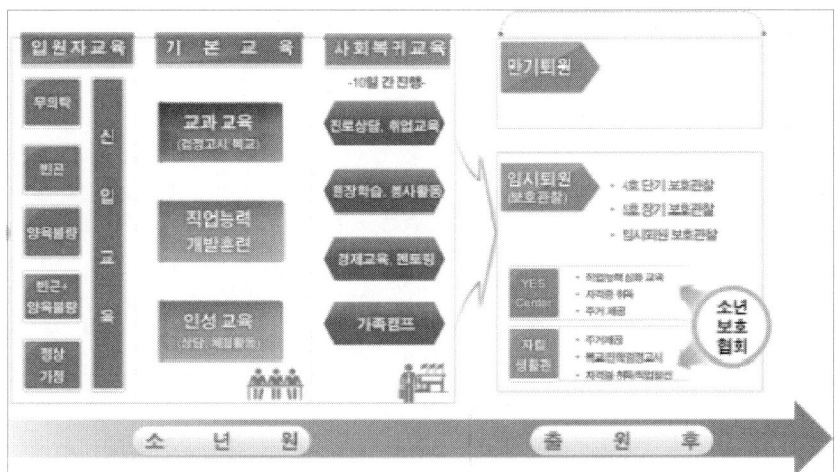

출처: 박성훈 외. (2017), 소년원생의 안정적 사회정착을 위한 실태조사 및 정책지원방안 연구(Ⅰ), p.44.

다. 법무부의 보호소년 자립지원 서비스

1) 법무부의 보호소년 자립지원 서비스

법무부에서 실시하고 있는 소년원 출원생 등 보호소년을 대상으로 한 자립지원으로는 국민기초생활보장법에 의한 지원 연계, 사랑의 리퀘스트,[13] 장학금 지원, 가족 찾기, 멘토 결연이 있다. 소년원 출원생을 대상으로 자립을 지원하고자 2012년부터 보건복지부 사회보장정보시스템과 연계하여 지역 주민센터 등을 통해 국민기초생활보장법에 의한 지원을 받을 수 있도록 도움을 주고 있다. 소년보호위원이 보호소년과 결연하여 취업 및 상담 등을 지원하는 멘토 결연을 실시하고 있다. 장학금 지원은 상급학교 지원 시 장학금을 제공하는 형태로 운영되고 있다. 법무부는 무연고

---
13) 사랑의 리퀘스트는 경제적 자립을 돕는 서비스이나 2018년 이후 실적이 없음.

보호소년 가족 찾기 서비스를 통해 소년의 단절된 가족관계를 지원하는 서비스도 실시하고 있으나 실제 사례는 많지 않다.

〈표 2-33〉 보호소년 자립지원 현황

(단위: 명(%))

연도	합계	멘토 결연	장학금	가족 찾기
2018	3,254 (100)	2,808 (86.3)	445 (13.7)	1 (0.0)
2019	2,581 (100)	2,188 (84.8)	393 (15.2)	0 (0.0)
2020	852 (100)	472 (55.4)	376 (44.1)	4 (0.5)
2021	577 (100)	208 (36.0)	368 (63.8)	1 (0.2)
2022	461 (100)	118 (25.6)	343 (74.4)	0 (0.0)

주: 법무부. (2023). 2023 범죄예방정책 통계분석. p. 323.

자립지원을 받는 보호소년은 2018년 3,254명, 2019년 2,581명이었으나, 코로나19 발생 이후 자립지원 사업이 축소 운영되면서 2022년에 461명까지 감소하였다(법무부, 2023). 코로나19 이전 상황을 보면, 보호소년 자립지원 형태 중 멘토 결연이 약 85%를, 장학금 지원이 약 15%를 차지하였다. 그러나 코로나19 이후 멘토 결연 같은 대면 지원은 줄어들고 장학금 지원 같은 경제 지원의 비율이 늘어났다.

2) 한국소년보호협회의 자립지원 서비스

소년원 출원 이후 아동의 자립지원 서비스로 한국소년보호협회의 '희망드림 프로젝트'가 대표적이다. 희망드림 프로젝트를 통해 자립지원이 필요한 아동에게 장학 지원, 주거 지원, 취업·창업 지원, 원호 지원 등을 실시하고 있다.

장학 지원: 한국소년보호협회는 보호소년법의 기부금품 접수 방법을 활용하여 장학금 등 사회정착기금을 마련하고 이에 의해 장학지원을 하고 있다. 한국소년보호협회는 생활 태도가 모범적인 소년원 출원생 중 전국 소년원과 전국 청소년자립생활관에서 추천을 받아 '사회정착기금 운영위원회'를 통해 학업지원이 필요한 학생을 선정하고 대학등록금 또는 학업을 위한 생활비, 전문기술 습득을 위한 학원비 등을 지원하고 있다. 협회의 장학지원금은 사회공헌 지원사업 제안서 제출 방식 또는 민간 후원금 지원 방식을 통해 자원을 마련하고 있다.

주거 지원: 한국소년보호협회는 생활태도가 모범적인 무의탁 출원생, 자립생활관 퇴소생 중에서 주거가 불안정하거나 지원이 필요한 학생을 선발하여 일정 기간 동안 임대보증금이나 월세를 지원하고 있다. 주변지역 교회 또는 네이버 해피빈 사업 등을 통해 민간 후원금을 마련하거나 한국토지주택공사(LH)의 매입 임대주택, 쉐어하우스형 청년주택 등을 활용하여 주거지원을 하고 있다. 그 밖에도 주거에 필요한 가구, 가전제품 등 민간 후원 물품도 지원하고 있다.

취업 지원: 한국소년보호협회는 안정적인 사회 정착을 위해 직업현장 경험, 전문기술 습득, 사회성 함양 훈련을 하도록 돕고 있다. 청소년창업지원센터와 청소년자립생활관 입소 대상자를 중심으로 일대일 취업상담을 실시하고 있고, 필요한 경우 전문 기술교육과 현장 실무교육을 실시하고 있다. 협회는 고용노동부의 취업성공패키지 위탁사업 운영기관으로 '허그 일자리지원 프로그램'을 운영하고 있고, 희망자에 대하여 취업설계 및 다양한 직업훈련과 창업교육을 실시하고 있다. 필요한 경우 대상 청소년

에게 기업체에 일자리를 알선하고, 이력서 및 면접클리닉 도움, 동행면접 등 사후지도도 실시하고 있다.

창업 지원: 한국소년보호협회는 소년원 출원생 등을 대상으로 진로·직업 교육, 현장 중심 전문기술 훈련을 실시하고 있다. 사회복지공동모금회와 KT&G 등 민간후원금을 활용하여 창업보육기업 운영기금을 마련하고 있다. 협회와 전국 청소년자립생활관 직영으로 취업·창업보육훈련장을 운영하고 있다.

원호 지원: 한국소년보호협회는 보호소년 등 위기청소년을 대상으로 다양한 원호지원을 하고 있다. 긴급지원이 필요한 출원생에게는 생활비를 비롯한 생계비와 의료비 등을 지원하고 있다. 출원생 중 자녀를 낳아 키우는 미혼모 가정에게는 분유와 기저귀 지원 등을 하고 있다. 동남라이온스 클럽의 지원으로 시력 감퇴로 어려움을 겪는 학생들에게 검안 및 안경 기증 지원 등을 하고 있고, 가정형편이 어려운 소년원 출원생에게 생활안정자금을 지원하고 있다.

제3절 소결

1. 체계 간, 체계 내 자립지원 사각지대

아동복지법의 개정과 이에 근거한 정책 마련을 통해 15세 이상의 조기종료 보호아동·청소년을 지원할 수 있게 되고, 자립지원 업무 매뉴얼에 자립지원 사업의 대상자로 아동일시보호시설, 학대피해아동쉼터, 아동보호치료시설 보호 경험자를 명확히 하여 포함함으로써 자립지원의 사각지대가 부분적으로 해소되었다.

그러나 여전히 보호체계별로 각각의 법률에 근거하여 부처별, 시설별, 사업별로 자립지원 대상자를 정의하고 있어 체계 간, 체계 내 자립지원 대상자의 사각지대가 광범위하게 발생하고 있다. 우선, 보건복지부 관할의 아동보호체계는 15세 미만 중간퇴소 아동과 15세 이상의 원가정 복귀 아동은 자립지원 대상자에서 원천적으로 배제되어 있다. 14세 이하의 중간퇴소 아동 현황을 확인하기 어려운 가운데, 15세 이상으로 추정되는 보호아동은 전체 4,652명으로 추정된다.

〈표 2-34〉 보호 유형별 15세 이상 보호아동 추정 현황

(단위: 명)

	양육시설	공동생활가정	위탁가정	아동보호치료시설	아동일시보호시설	아동학대피해쉼터	전체
2022	1,665	600	2,086	97	23	181	4,652

주: 1) 각 자료에 근거하여 연구진 재구성.
   2) 위탁가정, 아동학대 피해쉼터는 15~17세, 그 외는 고등 재학 연령 기준임.
   3) 아동학대피해쉼터는 2023년 기준임.
출처: 1) 보건복지부. (2023b). 2023 보건복지통계연보.
   2) 보건복지부. (2023c). 2023년도 공동생활가정(아동그룹홈) 현황. 재구성.
   3) 보건복지부. (2023d). 2023년도 아동복지시설 현황.
   4) 보건복지부, 아동권리보장원. (2023c). 2022 아동학대 주요통계.

이 중에서 아동자립지원 통계 현황의 최근 3년간 16세 이상 조기종료 아동 비율의 평균(2019, 2020, 2021) 5.7%를 적용하여 중간퇴소 아동·청소년의 수를 추정해 보면 약 265명으로 산출된다. 265명 중 전원은 38%,[14] 약 100명 정도만 15세 이상의 중간퇴소 아동·청소년으로서 18세가 되면 보건복지부의 자립지원을 받을 수 있을 것으로 예측된다. 그러나 45.3%[15]에 해당하는 원가정 복귀 아동 약 116명을 포함한 165명은

---

14) 아동자립지원 통계 현황에서 최근 3년(보건복지부·아동권리보장원, 2021a, 2021b, 2022a)이며, 전원 비율 평균임.
15) 아동자립지원 통계 현황에서 최근 3년(보건복지부·아동권리보장원, 2021a, 2021b,

제외된다.

무엇보다 보건복지부 아동보호체계에 있다가 중간퇴소하여, 타 법에 규정된 시설로 전원한 아동·청소년을 지원함으로써 여러 부처의 시설을 표류하는 자립준비청년이 자립지원을 받을 수 있게 되었지만, 부처 간 정보공유체계와 업무 지침이 없어 실효성을 담보할 수 없다. 현재 아동보호전담요원의 지침상, 퇴소 후 1주일 이내에 시설 방문과 이후 18세 도래 시까지 연 1회 이상 사후관리를 명시하고 있는데, 이는 해당 아동·청소년이 최초로 전원한 시설에서의 장기 거주를 전제로 한 것으로, 현실적이지 않다.

여성가족부 관할 내에서도 쉼터, 자립지원관과 달리 회복지원시설 퇴소 청소년은 자립지원 서비스 대상에서 대부분 배제되고 있다. 2023년 기준 청소년쉼터 퇴소 청소년은 4,973명이며, 청소년회복지원시설 퇴소 인원은 201명이다. 그러나 청소년자립지원관 또는 청소년회복지원시설 퇴소 청소년의 자립을 지원하는 청소년자립지원관 입소 인원은 2023년 기준, 582명에 불과해, 청소년쉼터 퇴소 청소년의 11.2% 정도만 자립지원 서비스를 받고 있는 것으로 확인되었다.

법무부의 보호처분에 따라 소년보호기관에서 보호받은 아동·청소년은 보호소년(2,092명)과 위탁소년(4,665명)을 포함하여 2023년 기준, 6,757명이다. 이 중 소년보호협회로 연계되어 자립생활관 지원을 받는 대상은, 청소년자립생활관에 입소 및 지원할 수 있는 최대 인원인 130명, 청소년창업비전센터에 입소 및 지원할 수 있는 인원인 최대 60명 정도에 불과하다. 시설에서 제공하는 자립지원도 1~2년 동안 숙식과 취업·훈련을 끝으로, 퇴소 후에는 사실상 지원이 없다고 볼 수 있다. 보호처분 경험이 있는 아동·청소년은 소년보호시설에 수용되었다는 이유로 사회적 관심이 없었고, 자립지원 정책 대상에서 제외되어 왔다. 그러나 소년보호시설

2022a)이며, 전원 비율 평균임.

위탁·수용 처분을 받은 대상의 대부분은 보호자가 보호력이 없어 사적 지원을 기대할 수 없기 때문에 이들이 사회에 복귀한 후 자립하는 것은 매우 어렵고, 이로 인해 또다시 범죄와 비행에 노출될 가능성이 높아지게 된다.

보건복지부가 아동보호치료시설의 보호아동(소년보호처분 6호)을 자립지원 대상으로 2024년도부터 포함하기 시작했고, 통고 처분 등으로 인한 중간퇴소 자립준비청년을 지원하기 시작했으므로, 소년법 적용 대상을 국가 지원에서 제외하는 정책 기조는 더 이상 정당성을 가지기 어렵다.[16] 위기 아동·청소년이 건강한, 성공적인 자립을 이루지 못하면 범죄에 노출될 가능성이 높고, 그로 인한 사회적 비용도 소용된다. 따라서 예방적 차원에서도 이들을 공적 자립지원의 대상으로 포괄할 필요성이 있다.

2. 파편적인 중간퇴소 아동·청소년 정보 관리

현재 중간퇴소 아동에 대한 현황은 보건복지부의 "아동자립지원 통계현황 보고서"에서 확인할 수 있다. 그러나 이는 16세 이상 아동 중 아동양육시설, 공동생활가정, 위탁가정에서 18세 이전에 보호종료 또는 퇴소한 사례에 해당한다. 한편, 중간퇴소 한 아동의 사유는 아동양육시설과 공동생활가정에만 해당하는 통계이며, 위탁가정의 경우에는 일시적으로 보호를 중지한 사례에 대한 사유를 별도의 항목으로 관리하고 있다. 시설의 경우, '전원'에 해당하는 사례가 2021년 기준, 40% 이상이지만 타 법상 시설로 전원한 사례인지 여부는 알 수 없다. 위탁가정은 '소년법 보호처분' 사유가 있어 소년보호시설로의 전원을 추측할 뿐, 어떤 시설에 입소했는지는 알

---

16) 아동보호체계로부터 가출, 통고 등 타 법률상 시설로 전원하여 보호종료하는 경우 자립지원을 받을 수 있다.

수 없다. 이와 같이 아동보호체계 내에서도 중간퇴소 아동 정보관리가 통합적으로 이루어지고 있지 않고 있다. 파편적인 정보관리는 중간퇴소 아동의 모니터링 및 사후관리를 더욱 어렵게 한다. 현행 제도에서 중간퇴소 후 18세가 되어야 자립지원을 받을 수 있는데 그 사이 중간퇴소 아동의 연락 두절은 자명하다.

더욱이 여성가족부와 법무부가 관할하는 타 법상 시설로 전원할 경우, 정보공유 시스템이 부재한 상황에서 지속적, 연속적 사후관리는 더욱 불분명하다. 개별 아동을 중심으로 생애주기적 관점의 정보 관리 및 연계체계 구축이 필요하다. 여성가족부의 위기청소년 통합지원정보시스템과 같이 아동 중심으로 아동의 정보, 입·퇴소 및 전원 조치, 서비스 이력 등이 관리되어 아동이 어디로 가든 시스템상 확인이 가능하다면, 연락 두절을 예방하고, 18세 이후 자립지원이 연속적으로 발생할 수 있을 것이다.

3. 임의적인 보호조치

가정 외 보호 아동·청소년의 보호조치는 당사자의 의견이 반영되지 않고 임의적으로 이루어지고 있다. 학대, 폭력, 부모의 실업과 이혼 등 가정이 보호력을 상실하여 공무원, 학교, 경찰 등을 통해 지역사회에서 아동이 발굴되었을 때, 아동의 의지가 아니라 지역의 상황에 따라 보호조치가 임의적으로 이루어진다(이상정 외, 2019). 즉, 지역 내에 아동을 보호할 수 있는 위탁가정, 아동복지시설, 청소년복지시설 등이 다양하고 정원이 남아 있을 때는 아동의 욕구와 상황을 고려한 보호조치가 이루어질 수 있지만, 많은 지역에서 그렇지 못한 실정이다. 따라서 아동복지시설 입소가 여의치 않아 청소년복지시설로 바로 입소하는 경우가 3명 중 1명 이상이다(황여정 외, 2022). 청소년자립생활관 대상자의 50% 이상이 소년원 출원 이후, 혹은 통고 처분 이후 보호받았던 아동양육시설로 돌아가지 못해서 법무부 관할의 청소년자립생활관에서 생활한 것으로 파악되었다(이승현 외, 2022). 또한, 소년보호 6호 처분을 받을 경우, 보건복지부 관할의 아동보호치료시설과 법무부 관할의 청소년자립생활관에 입소할 수 있는 가운데 이는 법원의 처분에 기초한다.

즉, 국가의 보호가 필요한 아동·청소년 당사자의 욕구나 의사에 기반하여 자신이 생활할 시설을 선택하는 것이 아니다. 지역의 시설 자원, 시설의 선호 같은 공급자에 의해 선택받고 있으며, 때로는 공공의 처분에 따른다. 보호받을 환경을 개별 아동이 선택할 수 없는 상황에서 해당 시설의 관할 부처에 따라 입소한 곳에서의 보호서비스, 보호종료 또는 퇴소 이후의 자립서비스의 격차가 발생하고 있는 실정이다. 보건복지부 관할의 아동보호체계 경험을 전제로 중간퇴소 자립준비청년에게만 자립을 지원하는 것은 이러한 근본적인 문제점을 해결하지 못하고, 더 높은 수준의 위기에 놓인 많은 시설퇴소 청년을 자립의 사각지대에 남겨 놓고 있다.

4. 부모의 보호력 결핍

아동복지시설, 청소년복지시설, 소년보호시설 입퇴소 청소년들 대부분은 동일하게 부모의 보호력 결핍으로 인해 자립지원이 필요한 대상이다. 보건복지부 관할의 아동보호체계 아동과 마찬가지로 부모의 학대, 가정 내 폭력, 부모의 불화와 이혼, 경제적 어려움 등과 같은 원가정 내의 문제로 시설에 입소하고, 같은 이유로 원가정으로 돌아가지 못해 시설을 표류하거나 퇴소 후에도 재입소하는 것으로 파악되고 있다(이승현 외, 2022).

즉, 같은 이유로 아동·청소년·소년 보호체계로 유입되어 국가의 보호와 지원을 받았고, 여전히 부모 및 가족으로부터의 지원과 지지가 없어 자립지원이 필요한 가운데, 각 체계와 관할 부처, 시설의 종류에 따라 자립지원 서비스가 없거나 차이가 존재하고 있다. 여성가족부와 법무부가 관할하는 시설 퇴소 아동·청소년은 보건복지부가 제공하고 있는 자립지원 서비스의 대상이 되지 않는다. 이러한 관점에 아동보호체계에서 원가정으로 복귀한 아동을 자립지원 대상에서 제외한 중간퇴소 자립준비청년 지원정책에도 개선이 필요하다. '친권'이 강하게 영향을 미치고, 원가정 회복 지원 기능이 미흡한 우리나라의 아동보호체계에서 원가정으로 복귀한 아동이 안정적으로 발달, 성장하여 부모의 지원을 받으며 성공적으로 자립한다고 볼 수 없기 때문이다.

5. 자립지원의 격차

청소년복지시설, 소년보호시설 입퇴소자들은 아동복시설 보호종료자 또는 퇴소자에 비해 더 열악한 자립 상황에 놓여 있다(김지연 외, 2022). 이는 아동보호체계보다 청소년과 소년 보호체계 퇴소 청년들이 정부의 자립지원을 더 필요로 하고 있다고 해석할 수 있다. 그러나 현재까지 자립지원 정책과 서비스는 보건복지부 관할의 아동보호체계에서 보호종료 혹은 퇴소한 자립준비청년을 중심으로 확대, 개선되어 왔다.

시설의 주무부처가 다르다는 이유로, 각각 보호하고 있는 아동·청소년의 특성이 다르다는 이유로 공급자 중심으로 자립지원 사업을 파편적으로 수행함으로써 현재 부처별 자립지원의 격차는 크게 발생하고 있다. 부처별 자립지원 내용을 비교해 본 결과, 경제적 지원, 심리·정서, 주거, 진학·취업, 전달체계, 정보 제공의 모든 영역에서 보건복지부는 관련 서비스를 제공하고 있는 반면, 여성가족부는 경제적 지원, 주거, 진학·취업 등에서 부분적으로 제공하고 있으며, 법무부는 여성가족부보다 더 열악한 실정이다 (〈표 2-35〉 참조). 이러한 상황에서 현재까지 중간퇴소 자립준비청년은 아동보호체계 보호 경험이 있지만, 18세에 보호종료한 시설이 타 부처 관할이었기 때문에 자립준비청년 지원정책 대상에 포함되지 못했고, 보건복지부보다 자립지원 인프라와 자원이 매우 제한적인 여성가족부 혹은 법무부 등의 자립지원 서비스를 자격 요건 충족 시에만 받을 수 있었다.

〈표 2-35〉 부처별 자립지원 내용

구분	지원 내용	보건복지부	여성가족부	법무부
경제적 지원	아동발달지원계좌 (디딤씨앗통장, CDA)	○	×	×
	국민기초생활보장 (시설 보호 자격)	○	×	×
	자립수당	○	△ (자립지원수당: 월 40만 원)	×
	자립정착금	○	△ (일부 지자체)	×
심리· 정서 지원	자조모임 (멘토)	○	×	○
	심리상담	○ (청년마음건강바우처 우선 지원)	×	×
주거 지원	공공임대	○ (우선 자격)	○ (우선 자격)	○
	퇴소 연령 이후 보호 기간 연장	○	×	×
진학·취업 지원	국가장학금	○	○	△ (소년보호협회)
	대학 특례	○	×	×
	취업·훈련	○	○	○
전달체계	자립지원 업무 전담기관	○ 17개 시도 자립지원전담기관 (17개소)	△ 9개 시도 청소년자립지원관(13개소)	×
정보 제공	자립서비스 정보 플랫폼 운영	○	○	×

주: 연구진 작성

아동보호체계 중간퇴소 자립준비청년은 올해부터(2024년 2월) 자립지원 대상으로서 보건복지부 자립지원 사업의 대상자 자격이 주어졌다. 따라서 아동복지시설, 위탁가정의 보호 경험이 있는 경우에 한해, 여성가족부와 법무부 관할 시설로 전원하여 18세가 되면, 보건복지부가 제공하는 모든 자립지원 서비스의 대상자가 될 수 있다.

그러나 여성가족부와 법무부 관할 시설로 바로 진입한 청년은 여전히 차별적인 자립서비스를 받아야만 한다. 예를 들어, 소년보호 6호 처분을 받으면 법무부 관할의 청소년자립생활관에서 보호될 수 있다. 그러나 아동복지시설 보호 이력이 있는 경우에는 보건복지부가 제공하고 자립지원 서비스의 대상자가 될 수 있는 반면, 아동보호시설 보호 이력이 없으면, 청소년복지시설 보호 이력에 상관 없이 온전히 법무부에서 제공하는 자립서비스만 지원 받을 수 있다.

또한, 소년보호처분 결과, 1호 처분은 청소년회복지원시설, 6호 처분은 아동보호치료시설에 위탁되어 각각의 해당 부처에서 자립지원을 받을 수 있어야 한다. 그러나 여성가족부 관할의 청소년회복지원시설은 대부분의 자립지원 서비스에서 제외되어 있다. 올해부터 6호 처분을 받아 아동보호치료시설에서 생활하는 아동·청소년은 보건복지부의 자립지원 사업에 포함된다. 그러나 법무부의 청소년자립생활관으로 보호 지정이 이루어지는 경우 이에 해당되지 않아, 동일하게 6호 처분을 받지만 이후의 자립지원 서비스에는 매우 큰 격차가 발생하게 된다.

〈표 2-36〉 소년보호처분 결과에 따른 자립지원 주무 부처

처분 결과		주무 부처
1호	보호자 감호위탁 (청소년회복지원시설)	여성가족부
2~4호	수강명령, 사회봉사명령, 단·장기 보호관찰	법무부
6호	아동복지시설 위탁 (아동보호치료시설)	보건복지부
7호	의료소년원 위탁	법무부
8호	1개월 소년원 송치	
9호	6개월 이내 소년원 송치	
10호	1년 이내 소년원 송치	

주: 연구진 작성

앞에서 살펴본 바와 같이 아동·청소년·소년 보호체계에 속한 아동·청소년은 원가정에서부터의 문제로 공공의 보호 또는 지원을 받았고, 부모가 보호력이 거의 없어 사적 자립지원을 기대할 수 없다는 공통점이 있음을 확인할 수 있었다. 그럼에도 불구하고 퇴소 청년에 대한 지원의 내용이나 범위가 부처별로 차이가 크고, 이에 따라 자립의 조건이 달라지고 있다. 이는 개별 아동·청소년이 보호받을 시설, 부처를 선택할 수 없는 상황에서 매우 공평하지 못하다.

6. 유사 서비스의 중복, 정책 수행의 비효율

정책 대상자의 연령은 중첩되지만 위기 아동·청소년을 보호 및 지원하는 시설의 주무부처가 3곳으로 구분되어 별도의 체계를 구축하고 각각 서비스를 제공함으로써 정책 수행의 비효율이 발생하고 있다. 〈표 2-37〉에 나타난 바와 같이 유사한 서비스를 부처별로 각각 제공하고 있다. 아동

인구 감소로 인한 아동복지시설의 수요·공급의 불일치가 지역별로 발생하고 있는 가운데 보건복지부의 공동생활가정과 여성가족부의 중장기 청소년쉼터는 대상자도 시설의 기능도 매우 유사하다. 또한, 십 대 후반에서 초기 성인기에 전환기 주거 및 자립생활을 지원하는 시설은 각 부처마다 운영하고 있다.

자립준비지원이 필요한 위기 청년에게 제공되는 대표적인 현금서비스는 자립수당과 자립지원수당으로 각각 불리며 서로 다른 대상 요건을 갖출 경우, 보건복지부는 월 50만 원, 여성가족부는 월 40만 원을 5년간 지원하고 있다. 보건복지부는 조기종료 자립준비청년을 대상으로 지원할 때 여성가족부의 자립지원수당을 지원받은 경우를 제외하고 있어, 공급자는 대상자를 선별해야 하며, 수요자는 이익이 되는 서비스를 선택할 수 없다.

더 나아가 시설에서 보호종료 또는 퇴소한 청년의 사후관리, 사례관리 서비스를 제공하는 기관 또한 보건복지부가 17개, 여성가족부가 전국 13개를 설치하여 전국 30개소가 운영되고 있다. 자립서비스 정보 플랫폼도 별도로 개발하여 각각 제공되고 있다.

〈표 2-37〉 부처별 자립지원 내용

지원 기능	보건복지부	여성가족부	법무부
근거법	아동복지법	청소년복지법	소년법
지원 연령	0~24세17)	9~24세	0~18세
보호시설	공동생활가정	중장기 청소년쉼터	-
자립생활시설	자립지원시설	청소년자립지원관 (혼합형)	청소년자립생활관
보호종료 후 현금수당	자립수당	자립지원수당	-
자립지원 전달체계	자립지원전담기관 17개소	청소년자립지원관 13개소	
자립서비스 정보 플랫폼	자립정보 ON (웹, 모바일 앱)	자립해냄 (모바일 앱)	

주: 연구진 작성

이러한 분절된 위기 아동·청소년 지원체계는 공급자의 입장에서는 정책 개발 및 대상자 선별, 서비스의 전달과 관련하여 별도의 체계를 구축하느라 행정력과 예산의 비효율이 발생하고, 수요자인 위기 아동·청소년의 입장에서는 당사자의 의지와 상관없이 지원의 격차에 따른 불이익이 발생할 수 있다.

---

17) 아동복지법상의 '아동은 18세 미만 자'이나, 보호대상아동은 당사자의 의사에 따라 25세에 도달할 때까지 보호 기간을 연장할 수 있음.

제3장

자립지원 정책 해외 사례 분석

제1절 영국 사례
제2절 독일 사례
제3절 미국 사례
제4절 시사점

제3장   자립지원 정책 해외 사례 분석

제1절 영국 사례

영국은 아동이 가정 외 보호를 통해 아동보호체계로 진입하게 되면, 국가가 공동의 부모를 구성하여 보호종료 아동·청소년에게 최선의 돌봄과 안전을 보장하도록 국가양육(Corporate Parenting)을 아동보호의 기본 원칙으로 두고 있다(Department for Education, 2018). 지원의 중심적인 역할을 담당하는 지방정부는 국가부모(corporate parent)로서의 역할을 담당하도록 하여, 부모와 같은 시각에서 보호아동의 최선의 이익이 실현되고 있는지를 고려하도록 하고 있다(Department for Education, 2018).

영국 정부는 보호종료 아동·청소년(Care Leavers)이 성인기 적응, 독립생활을 할 수 있도록 준비하고 지원하는 것을 국가양육의 주요 원칙 중 하나로 두고, 보호종료 이전부터 자립을 위한 지원 네트워크를 구축하도록 하고 있다((Department for Education, 2018, p.27). 이 소절에서는 이와 같이 지방정부에서 주도적으로 보호종료 및 중간퇴소 아동·청소년에 대한 자립을 지원하고 있는 영국(England[18])의 사례를 살펴보고자 한다.

---

[18] 영국의 잉글랜드, 스코틀랜드, 웨일스, 아일랜드는 각각 개별적인 법체계와 제도를 구축하고 있으므로 자립지원 제도에 있어서도 서비스 내용에 차이가 있음. 본 소절에서는 보호아동의 규모와 활용 가능한 자료가 가장 많은 잉글랜드를 중심으로 분석하였음.

1. 가정 외 보호 및 보호종료 아동·청소년 현황

먼저 잠재적인 자립지원의 대상자가 될 수 있는 가정 외 보호아동과 자립지원 제도의 대상자인 보호종료 아동·청소년의 현황을 살펴보았다. 2023년 3월 기준 영국의 보호아동(Looked After Children)의 규모는 83,840명으로 집계되었다(DfE, 2023). 배치 유형별로 보호아동의 규모를 살펴보면, 가정위탁이 68.0%로 가장 많은 아동이 보호되고 있으며, 보호시설(Secure Unit), 양육시설 및 반독립적 거주(semi-independent living)가 17.4%, 기타 시설보호가 1.5%, 기숙학교가 0.1%로 시설에서 보호되는 보호아동은 전체의 19.0%에 이른다. 부모 등 원가정에서 보호되는 경우는 6.8%이며, 독립거주(2.7%), 입양(2.4%) 등으로 이루어지고 있다(DfE, 2023). 즉, 영국은 가정위탁을 중심으로 보호가 이루어지고 있으며, 비중이 크지는 않지만 반독립적 거주(semi-independent living)와 독립거주(independent living) 등 독립생활을 할 수 있는 방식으로도 보호가 가능함을 알 수 있다.

〈표 3-1〉 영국(England)의 배치 유형별 보호아동 현황(2023년)

(단위: 명, %)

구분	아동수	비율
가정위탁	57,020	68.0
입양	1,990	2.4
원가정 보호	5,730	6.8
독립거주	2,300	2.7
보호시설, 양육시설, 반독립적 거주	14,580	17.4
기타 시설보호	1,270	1.5
기숙학교	100	0.1
기타	860	1.0
전체	83,840	100.0

출처: Department for Education. (2023). Children looked after in England including adoptions. https://explore-education-statistics.service.gov.uk/find-statistics/children-looked-after-in-england-including-adoptions 로부터 인출

아동의 연령대를 살펴보면, 전체 보호아동 중 가장 큰 비중을 차지하는 연령대는 10~15세(38.0%)이며, 그다음으로는 16세 이상(26.3%), 5~9세(17.8%), 1~4세(13.3%), 1세 미만(4.6%) 등의 순으로 나타났다(DfE, 2023).

[그림 3-1] 영국(England)의 연령별 보호아동 현황(2023년)

(단위: 명)

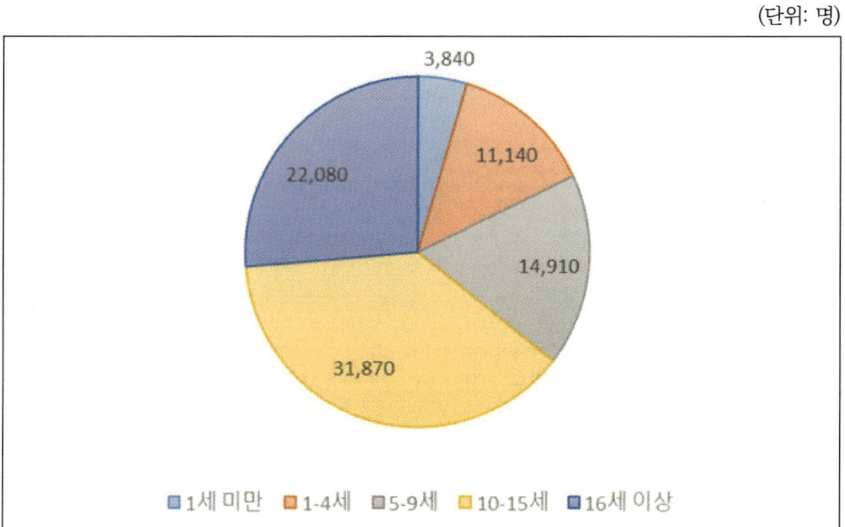

출처: Department for Education. (2023). Children looked after in England including adoptions. https://explore-education-statistics.service.gov.uk/find-statistics/children-looked-after-in-england-including-adoptions 로부터 인출

이와 같은 가정 외 보호아동의 규모는 2014년 68,790명에서 2023년 83,840명으로 지속적으로 증가해왔다(DfE, 2023). 연간 신규 발생 보호아동의 규모는 2014년 3만여 명에서 증감을 반복하여 2023년 기준 33,000명으로 나타났고, 연간 보호를 중단한 아동의 규모는 연간 신규 발생하는 보호아동의 규모와 매우 유사한 수준이었다(DfE, 2023).

[그림 3-2] 영국(England)의 가정 외 보호아동 추이(2014~2023)

(단위: 명)

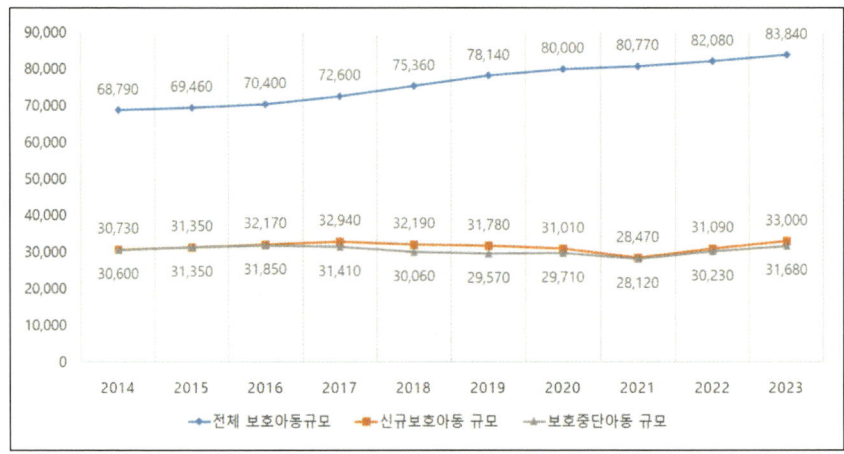

출처: Department for Education. (2023). Children looked after in England including adoptions, The number of CLA in England continue to rise. https://explore-education-statistics.service.gov.uk/find-statistics/children-looked-after-in-england-including-adoptions#releaseHeadlines-tables 로부터 인출

영국의 17~21세 보호종료 아동·청소년(Care Leaver)의 규모는 2023년 기준 총 48,050명으로 파악되었다(DfE, 2023). 이 중 17~18세가 13,400명, 19~21세는 34,650명이었으며, 이들 중 지방정부와 연락이 닿는 비율은 92.5%(19~21세)~93.4%(17~18세)로 연락 두절 비율은 7% 내외 수준이다(DfE, 2023). 연령별로 살펴보면, 보호종료 아동·청소년 중 연락이 닿지 않는 비율은 4.4%(19~21세)~4.6%(17~18세), 서비스가 더 이상 필요하지 않는 청년은 1.6%(17~18세)~2.2%(19~21세), 그리고 연락을 거절한 청년은 1% 미만으로 파악되었다(DfE, 2023).

<표 3-2> 영국(England)의 Care Leaver 현황(2023년 기준)

(단위: 명, %)

구분	17-18세		19-21세	
	수	비율	수	비율
지방정부와 연락이 닿는 Care Leaver	12,520	93.4	32,050	92.5
지방정부와 연락이 닿지 않는 Care Leaver	610	4.6	1,540	4.4
서비스가 더 이상 필요하지 않은 청년	220	1.6	750	2.2
연락 거절한 청년	50	0.4	310	0.9
계	13,400	100.0	34,650	100.0

출처: Department for Education. (2023). Children looked after in England including adoptions, 17 to 21 year old care leavers. https://explore-education-statistics.service.gov.uk/find-statistics/children-looked-after-in-england-including-adoptions#releaseHeadlines-tables 로부터 인출

보호종료 아동·청소년이 어떠한 활동을 하고 있는지 그 현황을 살펴보았다. 2023년 기준 보호종료 아동·청소년이 대학 이상 교육에 참여하고 있는 비율은 1%(17세)~6%(19~21세) 수준이었으며, 대학교 미만 교육의 비율은 21%(19~21세)~48%(18세)로 비교적 높게 나타났다(DfE, 2023). 보호종료 아동·청소년 중 교육, 근로, 훈련 등에 참여하지 않는 NEET(Not in Education, Employment or Training) 비율은 17세에 20%에서 점차 증가하여 18세 29%, 19~21세에는 38%에 달하는 것으로 파악되었다(DfE, 2023).

〈표 3-3〉 영국(England) Care Leaver의 활동 현황(2022~2023년 비교)

(단위: 명, %)

구분	17세		18세		19-21세	
	2022	2023	2022	2023	2022	2023
대학교 이상 교육	3%	1%	4%	3%	7%	6%
대학교 미만 교육	36%	35%	49%	48%	23%	21%
고용 혹은 직업훈련	11%	8%	13%	13%	24%	27%
인턴십쉽	na	2%	2%	2%	2%	2%
NEET	19%	20%	28%	29%	38%	38%
알려지지 않음	30%	34%	5%	5%	7%	6%

출처: Department for Education. (2023). Children looked after in England including adoptions, 17 to 21 year old care leaver. https://explore-education-statistics.service.gov.uk/find-statistics/children-looked-after-in-england-including-adoptions#releaseHeadlines-tables 로부터 인출

2. 중간퇴소 자립준비청년 지원 관련 법

가. 아동법 1989(Children Act 1989)

1989년에 입법된 아동법(원안)은 영국 아동의 복지와 보호를 규정하는 가장 주요한 법으로 아동의 이익 최우선의 원칙에 근거하여 부모의 책임, 아동의 권리, 아동보호에 대한 지방정부의 의무, 아동보호 및 슈퍼비전 명령, 법원의 역할, 가족 보존, 자립준비청년에 대한 지원 등을 골자로 하였다(Children Act, 1989, c. 41). 법조항 중 제24조(Advice and assistance for certain children)는 보호아동(Looked after children)이 보호종료된 이후의 지원을 명시한 조항으로서 의미가 있다. 이에 따르면, 지원 대상은 21세 미만 중 16~17세 사이에 지역정부, 민간기관, 아동보호시설, 보건 및 교육 관련 보호시설, 가정위탁 등에 연속 3개월

이상 보호된 경험이 있는 청년으로, 이들에게는 현물 또는 특별한 경우 현금 지원을 제공할 수 있으며, 상담(조언, advice) 및 관련된 지원을 제공할 수 있도록 하였다(Children Act, 1989, c. 41).

이 당시에는 지원 대상이 현재의 기준보다 협소하고, 지원의 내용 또한 구체적이지 않거나 다소 모호한 면이 있었다. 그럼에도 지원 대상에 16~17세 사이에 3개월 이상 가정 외 보호 경험이 있었던 중간퇴소 아동·청소년을 포함시켰으며, 이들에 대한 지원을 최초로 규정하였다는 데에 의의가 있다.

나. 보호종료 아동법(Children Leaving Care Act 2000)

영국에서는 2000년대 이후에 이르러 자립준비청년 지원과 관련된 일련의 법안이 마련되었다. 이 중 2000년에 제정된 보호종료 아동법은 아동법(Children Act) 24조(section 24)를 개정하여 보호를 종료하는 아동·청소년과 청년에 대한 지원의 구체적인 근거를 제공하였다. 지원의 대상이 되는 청년의 연령, 보호 기간 등을 토대로 적합아동(Eligible child), 관련아동(Relevant child), 전관련아동(Former relevant child) 등으로 차별화하였으며, 성인기로의 전환을 위하여 욕구를 사정(assess)하고, 진로계획(Pathway plan)을 수립하며, 개별조언가(Personal advisor)를 통해 자립을 준비할 수 있도록 하였다(Children Act, 1989, c. 41).

이 법은 자립준비청년을 보호 상황, 이력, 연령 등에 따라 구분하여, 중간퇴소 아동을 '관련아동'으로, 18세 미만 중간퇴소 후 18~21세(교육·훈련 중인 경우 24세)인 청년을 '전관련아동'으로 포함하고 이들에 대한 지원을 상세히 규정하였다는 데에 의의가 있다.

다. 아동과 청년법 2008(Children and Young Persons Act 2008)

이 법은 지원 대상인 보호종료청년과 중간퇴소 청년의 연령을 최대 25세까지(교육·훈련 중인 경우)로 확대하여 지방정부에게 이들을 지원할 책임을 부여하고(Sec. 23CZA), 지방정부로 하여금 중간퇴소 및 보호종료 아동·청소년에 대하여 개별조언가를 배정하고 진로계획과 지원을 하도록 규정을 구체화하였다(Children and Young Persons Act, 2008). 특히 대상 아동 및 청년의 거주지원, 교육, 훈련 및 고용과 관련된 지원, 건강과 관련된 지원 등이 종합적으로 이루어질 수 있도록 지방정부의 책임을 강화하였다(Children and Young Persons Act, 2008).

라. 아동과 가족법 2014(Children and Families Act 2014)

이 법에서는 기존에 18세에 이르면 보호가 종료되었던 아동·청소년을 대상으로 18세 이상의 성인 연령에서도 보호를 지속하는 정책인 지속보호(Staying Put) 제도를 도입하였다. 이 제도는 성인기 전환이 안정적으로 이루어지도록 지원하기 위해서 직업훈련이나 고등교육을 지속하는 경우 21세까지 위탁가정에서 계속 보호를 받을 수 있도록 하는 정책이다(Children and Families Act, 2014).

또한 보호 아동·청소년을 대상으로 성인 멘토를 지원하는 정책인 독립방문자(Independent Visitor) 제도를 확대하여 기존 대상자였던 '연락을 할 성인이 거의 없거나 혹은 없는 아동'에서 확대하여 독립방문자의 배치를 원하는 아동의 경우 해당 서비스를 제공받을 수 있도록 하였다. 뿐만 아니라 독립방문자의 역할을 강화하고 이들이 아동의 보호 계획에 적극적으로 참여할 수 있도록 하였다(Children and Families Act, 2014).

마. 아동과 사회사업법 2017(Children and Social Work Act 2017)

　이 법은 중간퇴소 아동에 대한 지원에 있어서 개별조언가의 지원 대상인 '전관련아동'의 연령을 기존 21세(교육훈련 중인 경우)에서 25세까지로 연장하여 교육훈련 중이 아닌 경우에도 개별조언가가 25세까지 지속적으로 지원할 수 있도록 대상을 확대하였다(Children and Social Work Act, Sec. 2, 2017). 이들에 대한 조언과 지원이 적어도 12개월에 1회 이상의 빈도로 제공되도록 하였으며, 지역 정부는 자립준비청년에 대해 제공 가능한 서비스 및 정보의 목록을 발간하고 정기적으로 업데이트하도록 하였다(Children and Social Work Act, Sec. 2, 2017). 또한, 보호아동과 자립준비청년에 대한 지방정부와 연계 기관 등의 연대적 책임을 제안한 Corporate Parenting Principle을 도입하여, 다양한 기관이 공동으로 아동 및 청년의 최선의 이익과 욕구에 대응할 수 있도록 구상하였다(Children and Social Work Act, Sec. 2, 2017).

　또한 아동양육시설 등 생활시설에서 보호되는 아동·청소년이 보호종료 후에도 시설과의 관계를 유지하면서 인근에 거주할 수 있도록 지원하는 '인근 거주(Staying Close)' 제도를 도입하였다(Children and Social Work Act, Sec. 2, 2017).

3. 중간퇴소 자립준비청년 지원 제도

가. 자립준비청년 지원 제도의 대상자

　영국은 아동보호체계에서 보호되다가 보호체계를 떠나는 아동을 care leaver로 지칭하고 있으며, care leaver에는 보호종료 연령인 18세까지 머무는 경우(보호종료아동)와 18세 이전에 퇴소하는 경우(중간퇴소 아동)가 모두 포함된다. 자립준비와 관련된 지원은 care leaver에 대해 보호체계를 떠나는 데에 대한 지원(care leaving support)으로서, 중간퇴소 청년에 대한 지원은 care leaver를 대상으로 하는 제도 중 일부로 제공된다. 아동보호체계의 보호 유형 중에는 우리나라의 전통적 보호 유형인 가정위탁, 아동양육시설뿐만 아니라 소년보호시설이나 독립거주 혹은 반독립거주의 형식으로 보호되는 보호아동이 모두 포함된다(DfE, 2023).

영국의 자립준비 지원 제도의 대상 자격은 대상자의 연령, 가정 외 보호 당시의 연령, 가정 외 보호 기간 등에 따라 '적합아동', '관련아동', '전관련아동', '자격이 있는 보호종료자'로 구분된다(Foley, N., et al., 2023). 우선, 자립준비 지원 제도의 대상이 되기 위해서는 가정 외 보호 당시의 연령이 14세 이상이어야 한다. 14세 이전에만 가정 외 보호 경험이 있는 아동·청년은 자립준비지원의 대상에서 제외된다(Foley, N., et al., 2023).

대상자의 가정 외 보호 기간은 총 13주를 기준(적합아동, 관련아동, 전관련아동)으로 하고 있으며, 13주 미만인 경우에는 '자격이 있는 보호종료자'로 구분된다. 또한 자립준비 지원 대상자의 연령이 18세 미만(적합아동, 관련아동, 자격이 있는 보호종료자)인지 혹은 그 이상(전관련아동, 자격이 있는 보호종료자)인지에 따라 자격을 구분하고 있으며, 16~17세 당시의 가정 외 보호 여부에 따라서 적합아동이거나 전관련아동의 자격을 갖게 된다(Foley, N., et al., 2023).

이와 같은 기준에 따라 '적합아동'은 16~17세 현재 가정 외 보호 중이며, 14세 이후 13주 기간 동안 가정 외 보호 경험이 있는 아동을 일컬으며, 13주는 연속적인 기간인 경우와 더불어 여러 차례의 단절된 기간을 합산하였을 때 13주 이상이 되는 경우에도 해당된다. 이같이 간주되기 위해서는

13주의 단절된 기간의 시작 시점이 14세 생일 이후이어야 하며, 종료 시점은 16세 생일 이후의 적어도 1일을 포함하여야 한다(Lancashire county council, n.d.).

'관련아동'은 16~17세인 가정 외 보호 중이 아닌 아동으로 과거 가정 외 보호 당시 적합아동의 자격(14세 이후 13주 기간 동안 가정 외 보호 경험이 있는 아동 중 가정 외 보호 종료 시점이 16세 생일 이후의 적어도 1일을 포함하는 아동)을 말한다. '관련아동'의 가정 외 보호 중지 사유에는 ① 아동배치명령(child arrangement order), ② 특별후견명령, ③ 입양 등이 포함된다(Child Act 1989, Sec. 23ZZA, (6)). 14세 이후 13주 이상 가정 외 보호되었다가, 가정 외 보호 직후부터 16세 생일 이후까지 소년보호시설이나 병원 등 보호치료시설에서 보호되는 경우에도 '관련아동'의 자격이 주어진다. 그러나 만일 '관련아동'이 원가정으로 복귀하여 가정 외 보호가 중지되는 경우, 원가정에 거주하는 기간이 6개월 이상 경과 시, '관련아동'으로서의 자격을 잃고 '자격이 있는 보호종료자'로 구분된다(Lancashire county council, n.d.).

'전관련아동'은 18~25세 청년 중 과거에 '적합아동'이었거나, '관련아동'이었던 자를 의미한다. '자격이 있는 보호종료자'의 경우 16~20세인 가정 외 보호 중이 아닌 자로 14세 이후 13주 미만의 기간 동안 가정 외 보호되었던 자이다(Foley, N., et al., 2023).

이러한 영국의 자립준비지원 대상자 중, 국내 기준의 중간퇴소 아동 혹은 중간퇴소 자립준비청년에 해당하는 범위는 다음 표의 붉은 색 선 안에 해당하는 범주로 '관련아동'과 '전관련아동' 중 과거에 '관련아동'이었던 자, 그리고 '자격이 있는 보호종료자'이다.

〈표 3-4〉 영국 자립준비 지원 제도 대상과 중간퇴소 아동·청년의 포함 수준

구분	대상자 자격	중간퇴소[1]
적합아동 (Eligible children)	- 16세 혹은 17세이며, - 14세 이후 총 13주 기간 동안 가정 외 보호 경험이 있고(단, 16세 생일 이후 1일이라도 가정 외 보호 기간에 포함되어야 함) - 현재도 여전히 가정 외 보호 중인 아동	보호종료 예정 아동·청소년
관련아동 (Relevant children)	- 16세 혹은 17세이며, - 현재는 더 이상 가정 외 보호 아동이 아니며, - 가정 외 보호가 종료되기 이전에 '적합아동'의 자격 요건을 충족한 아동	▶ 중간퇴소 아동
전관련아동 (Former relevant children)	- 18세~25세이며, - 과거에 '적합아동'이었거나, 혹은 - 과거에 '관련아동'이었던 자	▶ 보호종료 자립준비청년
자격이 있는 보호종료자 (Qualifying care leaver)	- 16세~20세이며, - 16세 동안 혹은 이후에 가정 외 보호 되었으나, 현재는 더 이상 가정 외 보호 아동이 아니며, - 14세 이후에 13주 미만 가정 외 보호되었던 자('적합아동'이나 '관련아동'의 요건을 충족하지 못하는 자)	▶ 중간퇴소 아동 혹은 청년

주: 국내 중간퇴소 아동 및 청년의 전체 범주 중 영국의 자립준비청년 지원제도 대상에 부합하는 자에 한함.
출처: Foley, N., et al. (2023). pp. 20-21의 내용을 발췌하여 연구진이 재작성함.

영국에서 성인이 되는 연령은 18세로, 16세는 아동기에 속한다. 그러나 16세라는 연령은 성인이 되기 전, 성인기를 준비하는 중요한 시기로 볼 수 있다. 이 시기는 통상적으로 아동이 고등학교를 졸업하는 연령으로, 대학교 등의 전일제 고등교육을 받거나, 인턴십을 시작하거나 혹은 취업과 파트타임 교육 혹은 훈련을 병행하는 등의 세 가지 진로 경로 중 하나를 선택해야 하는 시기이다(Gov.Uk, n.d.). 따라서 보호 아동·청소년의 자립준비를 지원하는 제도에 있어서 이와 같이 진로선택이 이루어지는

16세 시기에 가정 외 보호를 받았는지 그 여부를 중요하게 고려하는 것으로 추측해 볼 수 있다.

나. 중간퇴소 아동 지원 내용

자립지원 대상별로 제공하는 서비스의 내용을 살펴보면 다음과 같다. '적합아동'의 경우 현재 가정 외 보호 중인 아동·청소년으로 개별조언가가 배정되고, 자립에 대한 욕구사정을 통해서 진로계획(Pathway Plan)을 수립하도록 하고 있다. 또한 아동이 18세에 이르기 전까지 지속적으로 보호와 지원을 제공하게 된다(Coram Child Law Advice, n.d.).

중간퇴소 아동·청소년에 해당되는 '관련아동'과 '전관련아동' 또한 적합아동과 유사한 서비스를 제공받도록 하고 있다. 즉, 개별조언가가 배정되며, 욕구사정을 통해 진로계획을 수립하고, 주거지원과 재정적 지원, 교육 훈련 및 근로와 관련된 지원을 제공한다. '전관련아동'의 경우 진로계획이 계획대로 진행되고 있는지를 확인하기 위해 정기적으로 계획을 검토·보완하도록 하고 있다(Coram Child Law Advice, n.d.).

중간퇴소 아동·청소년에 해당하는 또 다른 대상자인 '자격이 있는 보호종료자'의 경우 개별조언가나 욕구사정, 진로계획 등에서는 제외된다. 다만, 방학 중의 주거지원을 비롯하여 필요한 경우 아동서비스국으로부터 현금지원을 포함한 자립과 관련된 지원과 조언을 받을 수 있다(Coram Child Law Advice, n.d.).

〈표 3-5〉 영국 대상자별 자립준비청년 지원 서비스의 내용

구분	제공 서비스 내용
적합아동	- 개별조언가 - 욕구사정 - 진로계획 - 퇴소 전까지 보호 및 지원을 지속 제공
관련아동	- 연락을 유지하기 위한 합리적인 조치 - 개별조언가 - 욕구사정 - 진로계획 - 주거와 관리 - 교육, 훈련 및 근로 욕구를 충족시키기 위한 재정적 지원
전관련아동	- 연락을 유지하기 위한 합리적인 조치 - 개별조언가 - 진로계획, 정기적 리뷰 - 교육, 훈련 및 근로 욕구를 충족시키기 위한 재정적 지원 - 주거지원 - 생활비 지원
자격이 있는 보호 종료자	- (대학 이상 교육 중인 경우) 방학 중 주거 지원 - 아동 서비스국(Children's Service)에서 로부터의 조언과 지원(현금지원 포함)

출처: Coram Child Law Advice. (n.d.)로부터 발췌 및 번역; Foley at al. (2023), Support for care leavers. pp.20-21. https://researchbriefings.files.parliament.uk/documents/CBP-8429/CBP-8429.pdf(2024년 9월 20일 인출).

1) 진로계획 수립을 위한 욕구사정

적합아동, 관련아동 혹은 전관련아동은 자립 시 필요하게 될 지원 사항을 파악하고, 진로계획(Pathway Plan)을 수립하기 위하여 다기관이 협력하는 욕구사정을 받아야 한다. 이러한 욕구사정은 해당 아동(적합아동, 관련아동 혹은 전관련아동)이 16세 생일로부터 3개월 이내에 완료되어야 하며(단, 시험 등 부득이한 사유를 감안할 수 있음), 16세 생일 이후에 적합 혹은 관련아동의 자격을 갖게 되는 경우에는 그 이후에 실시될 수 있다. 진로계획 수립을 위한 첫 번째 욕구사정은 해당 아동의 사례관리를 담당하는 사회복지사가 직접 수행하며, 아동의 보호계획(Care Plan)에 의한

사례관리 중 실시했던 욕구사정 결과가 기초자료로 활용될 수 있다(Department for Education, 2022).

진로계획 수립을 위한 욕구사정은 아래와 같이 아동과 관련된 다양한 관련자들과 상의하여, 그들의 시각을 고려하도록 하고 있으며, 만일 이와 같은 주요 관련자들 중 일부를 누락하거나 포함하지 않고자 한다면, 그와 같은 결정에 대한 사유가 아동의 파일에 기록되도록 하고 있다(Department for Education, 2022; Coram Child Law Advice, n.d.).

- 아동 본인
- 부모
- 가정 외 보호자(현재 및 향후 예정된 자)
- 학교 및 교육 서비스 관계자
- 아동을 위해 지정된 독립적 방문자(Independent Visitor)
- 아동의 건강 혹은 치료를 제공하는 자(간호사, 기타 의료인)
- 개별조언가
- 기타 관련자 및 옹호자

욕구사정은 8개 영역(건강 및 발달, 교육, 훈련 및 고용, 정서적 및 행동적 발달, 정체성, 가족 및 사회적 관계, 자립에 필요한 실용적 기술, 재정적 지원체계, 주거의 적합성)으로 구분되며, 다음 표와 같이 각 영역별로 욕구사정의 내용이 구성된다(Department for Education, 2022, pp. 21-23).

건강 및 발달 영역에서는 건강 및 의료(치과진료, 심리치료 포함) 욕구를 사정하게 되는데, 건강한 삶이나 긍정적인 여가활동에 대한 접근성을 포함하고 있다. 교육, 훈련 및 고용 영역에서는 아동의 직업적 포부, 희망 등을 확인하고, 교육서비스 및 고등교육에 대한 욕구, 상급학교 진학이나 수습직원이 되기 위해서 필요한 준비, 자격 요건 획득을 위한 지원을 비롯하여 직업상담, 직업 경험, 멘토링, 고용 관련 지원 등의 필요성을 검토한다(Department for Education, 2022, pp. 21-23).

〈표 3-6〉 영국 진로계획 수립을 위한 욕구사정의 영역 및 내용

욕구 영역	욕구사정 내용
건강 및 발달	- 의료 및 치과진료 등 의료서비스 욕구 - 심리치료 서비스 욕구 - 건강한 삶, 긍정적인 여가활동에 대한 접근성
교육, 훈련 및 고용	- 직업적 포부와 희망, 이를 성취할 수 있는 지원 및 행동 방안 - 직업상담의 접근성 - 교육의 목적과 지원(교육 혹은 고등교육에 대한 지원 욕구) - 대학, 수습직원 지원을 위한 신청 및 필요한 자격 획득 지원 - 직업 경험, 직업 멘토링, 고용경로에 대한 지원
정서적 및 행동적 발달	- 자존감, 탄력성, 자신감 등이 충분한지 사정 - 자존감과 긍정적 애착을 유지하기 위한 지원 - 타인과의 공감이나 이해할 수 있는지, 자신의 행동에 대한 책임을 질 수 있는 능력 등에 대한 사정 - 애착 관계를 가질 수 있는 능력, 적절한 감정표현, 변화에 대한 적응, 스트레스 관리, 자기통제 및 적절한 자기인식 가능 수준 등에 대한 사정
정체성	- 인종, 종교, 성 정체성 등과 관련된 아동의 욕구 - 보호아동의 경험이 있는 자신의에 따른 정체성을 아동이 어떻게 이해하고 있는지 사정
가족 및 사회적 관계	- 부모, 가족 혹은 확대가족 등과의 관계에 대한 사정 - 또래, 친구 및 중요한 성인과의 관계 - 이러한 관계들이 아동을 성공적으로 성인기로 이행할 수 있도록 할 것인지에 대한 확인
자립을 위해 필요한 실용적 및 기타 기술	- 자립할 수 있을 만큼 충분한 실용적인 기술을 갖추었는지 사정
재정적 지원체계	- 아동의 재정적 욕구 및 재정적 역량 - 아동이 은행계좌, 국가보험번호 등을 소지하고 있는지? 정기적인 저축의 가치를 이해하는지? 필요한 지출을 하기 위한 적절한 재정적 지원 혹은 소득에 대한 접근성이 있는지? - 재정적 지원체계 필요성
주거(의 적합성)	- 현재 혹은 향후 주거의 질에 대한 사정 - 주거 개선을 위해서 필요한 지원 사항

출처: Department for Education (2022). pp. 21-23. Figure 1 - Needs assessment and content of pathway plans for relevant and former relevant children. 발췌 및 요약

정서적 및 행동적 발달 영역에서는 아동의 자존감, 탄력성, 자신감, 사회성, 긍정적 애착 관계 등과 더불어 변화에 대한 적응, 스트레스 관리 및 감정표현, 자기통제 및 자기인식 등 자립에 따라 확대되는 사회적 관계에 대응하기 위한 아동의 내적 역량을 사정하도록 하고 있다. 정체성 영역에서는 성, 종교, 인종 등에 대한 정체성뿐 아니라 보호아동의 경험이 있는 퇴소 아동으로서의 정체성을 자립 이후에 어떻게 가져갈 수 있을 것인가에 대한 사정 또한 고려되어 있다(Department for Education, 2022, pp. 21-23).

가족 및 사회적 관계 영역에서는 부모와의 관계, 가족관계, 확대가족과의 관계, 또래 및 친구 관계, 중요한 타인(성인)과의 관계 등이 아동의 자립과 성공적인 성인기로의 이행에 어떻게 도움이 되도록 할 것인가를 사정하고 검토한다. 자립을 위하여 필요한 실용적인 기술들을 갖추었는지와 더불어 재정적 지원체계 영역에서는 아동의 재정적인 역량과 욕구를 사정하고, 향후 재정적 지원체계의 필요성에 대해서 확인한다. 주거의 적합성 영역에서는 현재 및 향후 주거의 질과 주거에 대한 욕구를 사정하며, 주거 개선을 위해 필요한 사항을 확인한다(Department for Education, 2022, pp. 21-23).

2) 개별조언가(Personal Advisor)

개별조언가는 적합아동, 관련아동 혹은 전관련아동을 대상으로 다음과 같은 역할을 담당하도록 규정하고 있다(The Care Leaver Regulations 2010, No. 2571, Part3, Regulation 8). 1) 조언(실용적인 조언 포함)과 지원을 제공함. 2) 진로계획(pathway plan)의 사정 및 준비에 참여함. 3) 진로계획의 점검에 참여함. 4) 진로계획의 실행 담당주체와 연계 및 협력함. 5) 서비스의 제공을 조정(coordinate)하며, 아동이 서비스를 활용하고 있는지 그리고 아동의 욕구에 적합한 서비스인지를 확인함. 6) 관련아동 혹은 전관련아동의 발전과 웰빙에 대해서 지속적으로 알고 있음. 7) 관련아동 혹은 전관련아동과의 연락 및 제공되는 서비스에 대한 기록을 작성함. 8) 관련아동 혹은 전관련아동을 정기적으로 방문해야 함.

개별조언가의 배정은 보호아동이 15세 6개월이 되는 시기에 보호아동을 담당하는 사회복지사에 의해서 요청되며, 아동-개별조언가 배정이 이루어지는 시점은 16세 생일 즈음이다. 다만, 16세 이후에도 가정 외 보호가 지속될 예정인 아동(적합아동)의 경우에는 개별조언가의 배정이 16세 이전에 즉각적으로 이루어지며, 라포 형성 등 지지적 관계를 구축해 나가는데 시간을 활용하게 된다. 개별조언가의 서비스는 대상 청년이 21세까지 일괄적으로 진행되며, 21세에 이르렀을 때, 서비스를 25세까지 지속할 것인지 선택하여 결정하도록 하고 있다. 만일 21세에 서비스 중단을 희망한 경우가 아니라면, 25세까지 개별조언가 서비스를 지속적으로 제공받을 수 있다(Lancashire county council, n.d.).

개별조언가는 아동이 자립과 관련된 욕구에 맞는 서비스에 접근할 수 있도록 지원해야 하며, 관련아동 및 전관련아동의 개별조언가는 진로계획과 관련된 어떠한 사항에 대해서도 주요한 컨택 포인트로 지정되게 된다. 기존의 아동보호 사례관리자가 개별조언가가 될 수도 있으나, 이러한 조치가 불가능한 경우, 새로운 적임자를 배정할 필요가 있다. 개별조언가의 배정 시에는 아동의 의사가 가장 중요한 고려사항이 되는데, 특히, 성별, 인종, 종교, 언어, 장애 여부 등에 대한 희망 사항을 반영해야 한다(Lancashire county council, n.d.).

아동에게 배정된 개별조언가는 아동과 정기적으로 연락을 해야 하며, 연락에는 정기적 방문이 포함되도록 한다. 이러한 방문과 연락을 통해 욕구사정과 진로계획이 마련될 수 있으며, 특히 방문 시에는 아동의 주거 환경의 질이 적합한지 검토하도록 하고 있다. 중간퇴소 아동·청소년(관련 아동 및 전관련아동)에 대한 개별조언가의 방문 횟수는 적어도 8주에 1회 이상이 되도록 한다. 다만, 아동이 주거지를 변경한 경우, 새로운 주거지로 이사한 지 7일 이내에 개별조언가가 아동을 반드시 방문하도록 하고 있으며, 모든 연락과 방문은 개별조언가가 기록하도록 하고 있다. 만일 개별조언가와 아동의 연락이 단절되는 경우, 연락을 재개하기 위한 모든 시도를 다해야 하며, 아동이 경험하는 어떠한 어려움도 극복할 수 있도록 개별조언가가 지원할 것임을 설명할 필요가 있다(Lancashire county council, n.d.).

3) 진로계획

진로계획(Pathway Plan)은 아동의 보호계획(Care Plan)과 개인 교육계획(Personal Education Plan)을 기반으로 하고, 직업상담서비스 등의 정보를 포함하여 작성하게 된다. 계획 수립에 있어서 아동 당사자의 역할이 매우 중요한데, 목표와 세부 계획 등의 작성에 있어서 아동이 중심적인 역할을 담당하도록 하고 있다. 진로계획에는 다음 사항들이 포함되도록 하고 있다.

- 보호종료 시 교육 및 훈련의 지속에 대한 계획
- 지방 정부가 고용이나 직업을 갖도록 지원할 수 있는 방법, 아동의 포부, 기술 및 교육 잠재력을 고려하여 취업 가능성을 향상시키기 위한 방안
- 주거비 및 유지비를 충당할 수 있도록 제공되는 재정 지원
- 제공될 연락과 개별 지원의 성격과 수준 및 제공자

- 아동의 욕구를 고려한 주거의 적합성에 대한 세부 사항
- 종교적 신념, 인종 및 문화적, 언어적 배경과 관련하여 아동의 정체성과 관련된 필요를 충족하기 위한 사항

진로계획에서 계획된 조치가 실현되지 않을 경우, 아동을 지원하기 위해서 비상조치가 마련되어야 하며, 재정적 지원을 위한 재정요약보고(Financial Summary)는 별도로 작성되어, 진로계획에 첨부되고 재정부서에 전달하며, 이에 따른 재정 지원이 이루어질 수 있도록 운영하고 있다(Lancashire county council, n.d.).

특히 중간퇴소 아동 등 보호종료아동의 경우 임신 및 부모 되기, 소년보호시설에서의 석방 문제, 정신건강 문제, 노숙에 대한 위험, 부채, 임대료 체납 위험, 교육 또는 훈련에 대한 조언과 지도, 가정폭력 혹은 성폭력 및 학대 경험에 대한 조언 또는 지원 등 특별한 지원이 제공되도록 하고 있다(Lancashire county council, n.d.).

진로계획의 점검은 자립준비청년이 25세가 되기까지 6개월마다 이루어지고 있으며, 범죄로 기소되어 구금될 가능성이 있거나, 기존 주거지에서 퇴소 위험이 있거나 노숙의 위험이 있는 경우, 이들의 부모가 요청하는 경우, 청년 본인의 요청이 있는 경우 등에는 더 잦은 빈도로 이루어지도록 하고 있다. 진로계획의 점검은 회의를 통해서 이루어지며, 이 회의에는 청년 본인, 개별조언가, 사회복지사, 기타 청년과 관련된 주요 관련자 등이 포함된다(Lancashire county council, n.d.).

4) 주거

지방정부는 보호종료 아동·청소년의 안전하고 적합한 주거를 지원하기 위하여 보호종료지원금(Leaving care grant, 혹은 Setting Up Home

Allowance)으로 최소 2,000파운드(다수의 경우 3,000파운드)의 수당을 제공한다. 또한 주거할 거처가 없는 다음의 보호종료 아동·청소년(homeless care leavers)을 대상으로 안전한 주거를 제공할 의무가 있다(Foley, N., et al., 2023).

- 16~18세 사이에 가정 외 보호 경험이 있는 21세 미만 청년
- 21세 이상 청년 중 가정 외 보호 경험으로 인하여 주거의 취약성이 가중된 경우

이 지원금은 자립생활을 위한 주거, 가구 등 생활용품 구입 등에 사용될 수 있으며, 여러 번에 나누어 지급될 수 있다. 지원금의 사용과 관련해서는 개별조언가에 의해서 모니터링을 할 수 있도록 되어 있는데, 개별조언가는 자립준비청년의 금전적 지출이나 물품 구입 등의 계획을 함께 수립하고 지원금의 지출 수당을 확인할 수 있도록 하고 있다.

5) 교육 및 훈련 지원

① 16~19 장학금(16 to 19 bursaries)

16~19 장학금은 가정 외 보호 아동·청소년, 자립준비청년, 중간퇴소 아동, 소득지원(Income Support) 대상 아동, 장애생활급여(Disability Living Allowance)/개인자립지원급여(Personal Independence Payments)/고용지원급여(Employment Support Allowance) 등을 수급하는 학생을 대상으로 한다. 중간퇴소 아동의 경우, '14세 이후부터 16세 이후에 종료되는 기간 사이에 총 13주 동안 가정 외 보호의 경험이 있는 16세 및 17세 청소년'을 대상으로 장학금을 제공한다(Education & Skills Funding

Agency, 2023).

장학금의 지원 가능 액수는 최대 연간 1,200파운드까지이며, 교육비 실비 기준으로 지급된다. 만일 최대 지원 가능 액수(1,200파운드) 이상의 교육 및 훈련과 관련된 지원이 필요한 경우, 교육기관의 판단에 근거하여 교육기관에서 제공하는 추가적인 펀드를 제공받을 수 있다(Education & Skills Funding Agency, 2023).

② 학생 프리미엄 플러스(Pupil Premium Plus)

학생 프리미엄 플러스는 가정 외 보호 중이거나 과거 가정 외 보호 경험이 있는 아동 및 청년에 대해서 학교에 제공되는 펀드이다. 이는 2021년부터 2022년까지 일부 선정된 지역 정부를 대상으로 시범사업으로 수행되었으며, 2022년/2023년 학년에서는 58개 지역정부가 참여하고 있으며, 지원금의 액수는 24백만 파운드로 확대되었다(Foley, N., et al., 2023).

③ 고등교육 지원

잉글랜드의 고등교육을 관할하는 학생처(Office for Students)는 고등교육에서 가정 외 보호 경험이 있는 청년의 비율이 낮고, 평균적으로 일반 청년 대비 교육에 대한 성과가 낮다는 점에 주목하였다. 특히 중간퇴소 아동 등 보호종료아동의 경우, 이와 같은 경향이 두드러지는 것으로 나타났다. 정부는 고등교육기관을 대상으로 지원이 필요한 영역을 아래와 같이 제시하였다(Foley, N., et al., 2023).

- 고등교육 지원 및 유입을 독려하기 위한 활동
- 장학금

- 연간 기숙사비 등 주거지원
- 정신건강 지원
- 보호종료아동(중간퇴소 아동 포함)의 교육에 대한 헌신적인 교원의 지도
- 전체 교직원 훈련

25세 미만 중간퇴소 아동(보호종료아동 포함)은 최초 고등교육에 참여 시 지역 정부로부터 2,000파운드의 일회성 고등교육 장학금의 대상이며, 이 장학금은 한 번에 혹은 몇 회의 분할금으로 제공될 수 있다(Foley, N., et al., 2023).

6) 중간퇴소 아동에 대한 금전적 지원

앞에서 살펴본 장학금(Bursary)을 제외하고 보호아동과 자립준비청년을 대상으로 제공되는 금전적 지원의 차이를 Lancashire County Council에서 제공하고 있는 사례를 기준으로 살펴보았다. 적합아동과 관련아동을 대상으로는 가장 포괄적인 지원이 이루어지고 있었다. 관련아동이 국내에서 중간퇴소 아동으로 범주화된다고 볼 때, 관련아동에 대한 폭넓은 지원은 시사하는 바가 크다. 이들을 대상으로는 독립거주 시에는 주거비용과 의복수당 등이 지급되며, 보호종료 수당 또한 지속적이고 정기적으로 지급된다. 이뿐만 아니라 인터뷰, 가족과의 연락, 취미활동, 명절, 생일, 작업복 마련, 자원봉사활동, 통근비용, 운전면허 취득, 초기 자립과 이사 등에 대하여 필요한 항목과 시기별로 수당이 지급되고 있다.

전관련아동은 중간퇴소 청년에 포함되는데, 이들은 18세에 보호종료 수당을 5주간 수급할 수 있으며, 연락, 취미, 자원봉사활동, 작업복, 통근

비용 등에 대한 지원은 16세부터 21세 사이에 받을 수 있고, 명절 지원금은 18세부터 21세 사이에 수급할 수 있다.

반면 자격이 있는 보호종료자는 대부분 중간퇴소 아동이나 중간퇴소 청년이다. 이들을 대상으로 한 금전적 지원은 상당히 제한적으로 제공되고 있었다. 학위과정에 재학 중인 경우, 방학 중 주거에 대한 비용을 지원해 주고 있으며, 대학별로 장학금이 지원 가능하도록 하고 있다. 그 밖의 금전적 지원은 제공되지 않는다.

〈표 3-7〉 Lancashire County Council이 제공하는 금전적 지원 - 적합아동과 중간퇴소 아동의 비교

	적합아동 및 관련아동		전관련아동	자격이 있는 보호종료자
16~18세	- 주거비용(Accommodation Costs) - 보호종료수당(Leaving Care Allowance) 주당 71.70파운드 - 독립거주 시, 의복수당(Clothing Allowance) 연간 2회 150파운드 - 독립거주 시, 임산부의복수당(Maternity Allowance), 최대 100파운드 - 생일수당 50파운드	18세	- 보호종료수당(Leaving Care Allowance) 주당 71.70파운드, 단 5주 동안(Universal Credit Claim을 신청 후 수령하기 전까지만 해당)	- 학위과정 중에 있는 경우 방학 중 주거지원(Vacation Accommodation) - 대학으로부터 16~19 장학금 펀드 지원 가능
16~21세	- 인터뷰 의류(Interview Clothes) 비용 지원 최대 100파운드 - 연락(Contact) 가족 등 만남을 위한 지원 - 취미(Hobbies and Interests) 지원 - 명절 지원(Celebrations or Religious events) - 주당 5시간 자원봉사활동에 대한 수당 25 파운드 - 직작업복 지원 - 4주간 통근비용 지원	16~21세	- 연락(Contact) 가족 등 만남을 위한 지원 - 취미(Hobbies and Interests) 지원 - 주당 5시간 자원봉사활동에 대한 수당 25 파운드 - 직작업복 지원 - 4주간 통근비용 지원	

적합아동 및 관련아동		전관련아동		자격이 있는 보호종료자
16~25세	- 17~~25세 대상 운전면허취득 지원, 단 취업을 위한 필수사항인 경우에만 해당, 10% 비용 보조 - 주거수당(Leaving care grant) 2,000~3,000 파운드 - 초기 비용 지원 - 이사비용 지원(초기 2회)	18~21세	- 명절 지원 (Celebrations or Religious events)	
		16~25세	- 초기 비용 지원 - 주거수당(Leaving care grant) 2,000~3,000 파운드	

출처: Lancashire County Council. (n.d.), Financial Support. https://www.lancashire.gov.uk/youthzone/care-leavers-local-offer/money/ 의 각 아동 유형별로 정리된 내용을 발췌 및 요약

7) Staying Put, Staying Close 제도

Staying Put과 Staying Close 제도는 보호종료 아동·청소년이 성인이 된 이후에도 보호되었던 거처 혹은 거주지 인근에서 일정 기간 동안 계속 거주할 수 있도록 지원하여 보호종료 이후 성인기에 자립을 준비할 수 있도록 지원하는 제도이다. Staying Put 제도는 위탁가정에서 보호되었던 청년을 대상으로 하며, Staying Close 제도는 아동양육시설 등 시설에서 보호되었던 청년을 대상으로 한다. 이들 제도의 도입 배경에는 보호종료 아동·청소년이 18세가 되면 즉각적으로 위탁가정이나 시설 등을 떠나야 하는 기존 보호체계에서, 다수의 보호종료 아동·청소년이 충분히 준비되지 않은 상태에서 독립적인 생활을 시작하게 됨에 따라 안정적이지 못한 성인기 초기를 맞게 되었다는 데에 있었다(HM Government, 2006). 따라서 이러한 점이 우려되거나, 희망하는 경우 초기 성인기의 일정 기간을 기존에 보호되었던 곳에서 머무르면서 자립을 준비할 수 있도록 한 제도이다.

① Staying Put 제도

Staying Put 제도는 2014년 Children and Families Act를 통해 도입되었으며, 청년의 연령이 만 21세까지 기존에 보호되었던 위탁가정에서 계속 거주할 수 있도록 하고 있다. Staying Put 제도의 핵심 대상은 적합아동이며, 관련아동이나 전관련아동 등 중간퇴소 아동·청소년은 이미 위탁가정에 거주하지 않으므로 Staying Put 제도의 대상이 아니다. Staying Put 제도는 대상자의 진로계획(Pathway Plan)에 의거하여 이루어지게 하고 있다. 즉, 16세에 진로계획을 수립할 시점에 Staying Put 의 가능성을 고려하도록 하고 있으며, 17세 4분의 1 시점에 이를 확정하도록 하여, 18세에 이르렀을 때에 Staying Put 시행을 위해 필요한 사항들이 미리 마련될 수 있도록 한다.

본 제도의 대상자들은 아동기에 보호되어 왔던 위탁가정에서 거주할 수 있으나, 18세 이전과의 차이점이 존재한다. 본 제도가 자립을 지원하는 것을 목적으로 두고 있으므로, Staying Put 기간에는 법적으로 위탁아동이 아니며, "excluded licensee"의 지위를 갖게 되는데, 이는 기존 위탁보호자는 더 이상 위탁부모가 아니며 자립준비청년의 "집주인(landlord)"으로 간주된다는 의미이다(HM Government, 2013, p.8). 또한, 18세 이전까지 위탁부모에게 지급되어 왔던 양육보조금(allowance)은 제공되나, 위탁아동을 대상으로 지급되어 왔던 용돈은 지급되지 않는다(Birmingham Children's Trust, n.d.). 이러한 조치들은 자립준비청년이 Staying Put에 머무르는 기간이 제도의 취지에 부합할 수 있도록 하기 위한 조치이다(HM Government, 2013).

Staying Put 제도를 통해 주거를 제공받는 자립준비청년의 주거의 질을 보장하기 위해서 해당 거주의 적합성을 지방정부가 확인하고 최소기준을 보장하도록 하고 있다. 또한 자립준비청년이 질병이나 장애가 있는 경우, 고용과 지원 수당(Employment & Support Allowance)을 제공받을 수 있으며, 실업자로 등록하는 경우 취업수당(Jobseekers Allowance)의 대상이 된다. 이들은 주거수당(Housing Benefit)의 대상이 되며, 주거지 형태나 제공되는 식사 등에 따라서 수당의 지급 금액이 상이하게 적용된다.

② Staying Close 제도

Staying Close 제도는 아동양육시설의 보호아동 중 18세 이후에도 지원이 필요한 자립준비청년을 대상으로 한다. 다만 시설을 중간퇴소한 관련아동이나 전관련아동은 대상에서 제외된다. 독립적인 생활로의 온전하고도 안정적인 전환을 위하여 25세까지 본 제도의 대상이 될 수 있다. 본 제도의 대상자들에게는 과거 아동양육시설의 직원이나 자립준비청년이 신뢰하는 성인에 의하여 이주를 위한 주거지 제공, 실생활 및 정서적 지원 등이 제공되도록 하고 있다. 이 제도는 2017~2018년에 5개 지방정부와 3개 민간기관에 의하여 시범사업으로 진행된 바 있으며, 2022~2023년에는 추가적으로 15개 지방정부가 사업을 수행하고 있다(Department for Education, 2023).

이들의 주거지는 보호가 이루어지던 양육시설 인근에서 거주할 수 있도록 지원하며, 이를 위한 주거비 등을 지원한다. 또한 시설의 기존 실무자와 연락을 지속하거나 정서적으로 지원을 받을 수 있도록 한다. 또한 이들을 통해서 자립을 위해 필요한 재정관리, 취업, 교육 등의 실질적 기술을 교육하거나 지원받을 수 있다(Department for Education, 2023).

8) 독립적 방문자(Independent Visitor)

독립적 방문자 제도는 아동법 1989(Schedule 2, Para. 17)에 의거하여 도입되었으며, 보호아동(Looked After Children)을 대상으로 한다. 성인으로서 지방정부에서 보호하는 보호대상아동을 지속적으로 방문하고 함께 시간을 보내는 자원봉사를 희망하는 경우, 독립적 방문자가 될 수 있다. 서비스 대상은 8~17세의 보호아동으로 적합아동에 한하므로, 중간 퇴소한 관련아동이나 전관련아동은 대상이 되지 않는다. 지방정부에서 아동의 보호계획의 일부로 독립적 방문자를 고려하게 되는 경우는 특히 보호아동의 원가정이나 친인척 등 애착을 형성하고 지원이 가능한 성인이 부재한 사례이거나, 사회적으로 고립되어 있는 보호아동의 사례 등으로 방문자가 아동의 삶에 긍정적인 성인 역할모델이 될 수 있을 것으로 기대하는 경우이다. 다음은 Bracknell Forest Children's Services의 매뉴얼(Bracknell Forest Children's Services, n.d.)에서 제시하고 있는 보호아동의 독립적 방문자 필요도 사정 기준이다.

- 부모, 가족 등과의 연락이 거의 없고, 지난 12개월간 방문이 이루어지지 않은 경우
- 원가정에서 멀리 떨어져 지내기 때문에 친구와 연락이 어려운 경우
- 독립적으로 외출이 어려운 경우
- 또래 집단의 압력이나 과거 중요한 성인과의 부적절한 관계로 인해 위험에 노출될 우려가 있는 경우
- 긍정적인 관계 형성이 어려운 경우
- 생활시설에 보호되고 있어 개인적인 관계 형성이 필요한 경우
- 아동의 교육 및 건강 증진에 긍정적인 영향을 줄 것으로 기대되는 경우

독립적 방문자의 신청과 지정은 보호아동의 사례관리 서비스를 제공하는 지방정부 사회복지사에 의하여 이루어지며, 보호아동-독립적 방문자 간의 결연은 아동의 인종, 종교, 특별한 욕구 등을 기반으로 한다. 독립적 방문자 서비스의 종료는 보호아동과 독립적 방문자 간의 동의에 우선적으로 기반하며, 아동이 18세에 이르기까지 유지될 수 있다. 보호아동의 보호 점검 시에 독립적 방문자 서비스에 대한 점검이 함께 수행된다(Bracknell Forest Children's Services, n.d.).

다. 주요 서비스 전달체계

1) 지방정부(Local Authority)

보호종료아동(Care Leaver) 지원을 담당하는 가장 주요한 기관은 지방정부이다. 지방정부는 가정 외 보호아동(Looked After Children)의 보호와 관련된 전반적인 사항을 담당할 책임이 있으며, 보호아동에 욕구에 맞는 서비스를 제공할 책임이 있다. 그뿐만 아니라 지방정부는 보호종료아동·청소년을 대상으로 진로계획을 수립하고, 개별조언가(Personal Adviser)를 배정하는 역할을 담당한다. 지방정부에 의하여 고용되는 개별조언가들은 수립된 진로계획에 의거하여 서비스를 제공하며, 점검하고, 자립 진행 상황에 대해 보고하는 등 자립지원을 위한 중추적인 역할을 담당하고 있다.

2) 교육부(Department for Education)

교육부는 아동보호 정책을 중앙에서 관할하고 감독하는 정부부처로 보호종료 아동·청소년에 대한 지원과 자립지원 서비스의 핵심적인 역할을 담당한다. 지방정부에 보호종료 아동·청소년 지원을 위한 예산을 배부하여, 지방정부에서 이들을 지원하기 위한 역할을 수행할 수 있도록 하며, 보호종료 아동·청소년에 대한 장학금(Bursary)을 지원하여 대학에 진학하거나 직업훈련을 받을 수 있도록 지원한다. 교육부 산하의 교육기준청(Office for Standards in Education)과 함께 지방정부가 제공하는 보호종료 아동·청소년 대상 서비스를 점검하여 기준에 미달하는 경우 개선하도록 권고하고 있다.

[그림 3-3] 영국의 자립 전환기 보호 서비스 전달체계

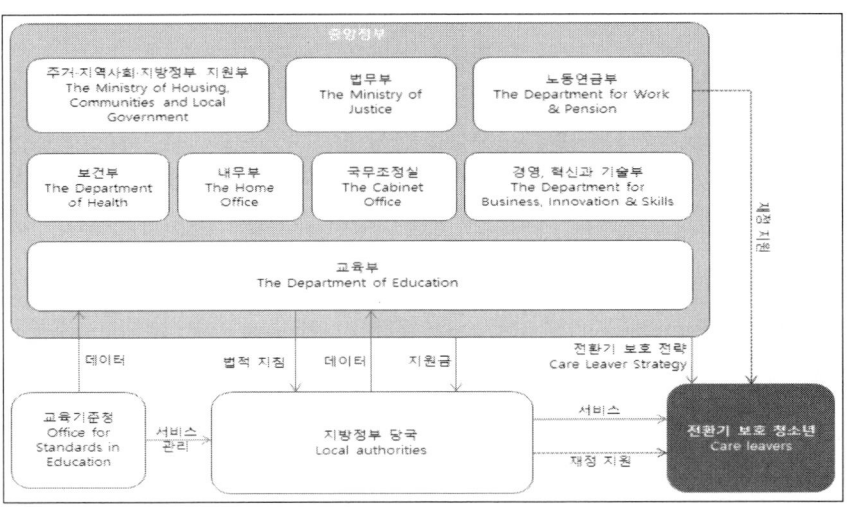

출처: 이상정 외. (2019). 가정외보호아동의 자립준비 실태와 자립지원체계 개선 방안 연구. p.122. 재인용.
원출처: National Adudit Office. (2015). Care Leavers' transition to adulthood. p.25.

3) 기타 정부부처

노동연금부(Department for Work and Pensions)는 보호종료 아동·청소년의 경제적 자립과 취업 등을 지원하는 정책을 담당하는 정부부처로 복지, 고용 및 직업훈련 등의 지원제도에 보호종료 아동·청소년을 대상자로 포함하고 있다. 2013년부터 관련 서비스 대상으로서 보호종료 아동의 표식(marker)을 두고 서비스 접근 시 이를 인식하고 서비스를 제공할 수 있도록 하고 있으며, 노동연금부 산하 Jobcenter Plus는 보호종료 아동·청소년에게 개별 맞춤형 고용서비스와 직업훈련 프로그램을 제공하고 있다(HM Government, 2013).

보건부(Department for Health)는 보호종료 아동·청소년의 정신건강 및 신체건강과 관련된 정책을 관할하고, National Health Service(NHS)를 통하여 건강 관련 서비스를 제공한다. 그 밖에도 주거·지역사회·지방정부 지원부(Ministry of Housing, Communities and Local Government), 법무부(Ministry of Justice), 국무조정실(Cabinet Office), 경영·혁신·기술부(Department for Business, Innovation & Skills) 등이 보호종료 아동·청소년의 주거지원, 형사사법체계 관련 지방정부 지원, 교육 및 취업훈련 관련 지원 등을 담당한다(HM Government, 2013).

제2절 독일 사례

독일에서 아동 또는 청소년에게 최선의 이익이 되는 양육이 보장되지 않고, 청소년의 발달에 지원이 적합하고 필요한 경우, 청소년청의 책임하에 지원이 이루어지며, 범위는 상담에서 주거 보호에 이르기까지 다양하다(Betanet, 2024). 자립준비청년 지원과 관련해서는 유연한 연령 구분과 체계적 권리보장을 특징으로 하는 시스템을 갖추고 있다. 특히 2021년 아동·청소년복지법을 개정하여 아동과 부모의 참여 권리를 강화하고 자립준비청년의 이행 지원과 사후관리 지원을 확대하는 조치를 마련하였다.

본 절에서는 독일 가정 외 보호의 일반 현황을 검토하고, 자립준비청년 지원과 관련된 주요 아동청소년법 조항인 양육지원(Hilfe zur Erziehung)과 청년지원(Hilfe für junge Volljährige) 내용을 검토한다. 이어서 사각지대를 해소하고 전환 과정 지원 절차를 강화하기 위한 법적 개정 이룬 2021년 아동청소년복지법의 개정 내용을 구체적으로 다룬다. 마지막으로 실천 현장에서 자립준비청년의 지원을 강화하기 위한 노력인 부모 참여 강화를 위한 지원 프로세스, 지원계획논의, 옴부즈맨 제도, 주거지원, 재정지원을 차례로 제시한다.

1. 독일 가정 외 보호 일반 현황

연방통계청 자료에 따르면, 2022년 독일에서는 약 121,000명의 아동이 보육시설, 약 86,000명이 위탁 가정에서 생활하여 총 207,000명이 아동 및 청소년 복지 서비스의 일환으로 가정 외 보호되고 있다. 이는 전년도보다 약 2,900명 감소한 수치이다. 가정 외 보호 아동의 전반적 규모는 2014년부터 급격히 증가하여 2017년에 24만 건으로 정점을 찍은 후

5년 동안 지속적으로 감소하고 있다(DESTATIS, 2023).

[그림 3-4] 시설보호와 위탁가정 보호 아동

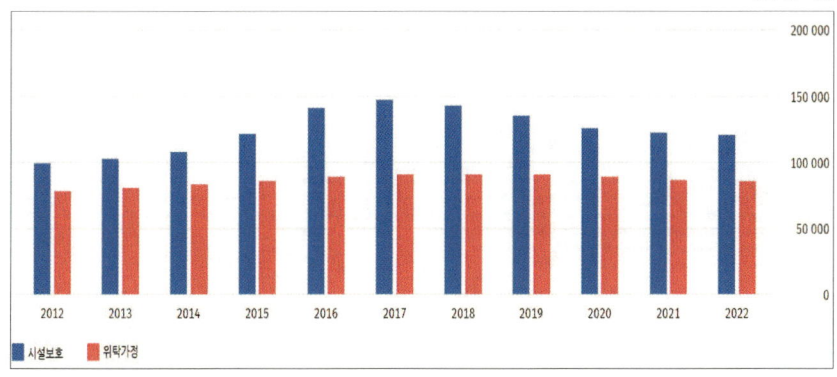

출처: DESTATIS. (2023. 12. 21.). "Über 207 000 junge Menschen wuchsen 2022 in einem Heim oder einer Pflegefamilie auf". https://www.destatis.de/DE/Presse/Pressemitteilungen/2023/12/PD23_493_225.html

　2021년 기준 가정 외 보호를 받은 아동 중 5건 중 4건(80%)은 미성년자였고, 14세 미만은 절반 수준(49%)이었다. 5분의 1(20%)은 소위 '보호종료 아동·청소년'이었다. 10세 이하의 어린 아동은 위탁가정에서 돌보는 경우가 더 많았지만, 11세부터는 시설보호 비율이 더 높았다. 일반적으로 여아보다 남아가 가정 외 보호를 받는 경우가 더 많았으며(54%), 양육시설에서 보호되는 경우도 더 많았다(56%). 양육시설 거주 아동은 평균 21개월, 가정위탁 아동은 평균 4년 이상(49개월) 지속되었다(DESTATIS, 2022).

[그림 3-5] 연령별 시설보호와 위탁가정 보호 아동

(단위: 명)

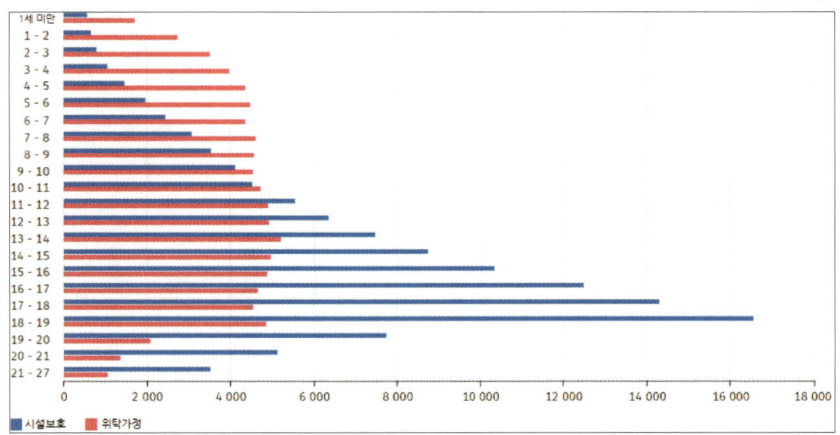

출처: DESTATIS. (2022.10.27.). "210 000 junge Menschen wuchsen 2021 in Heimen oder Pflegefamilien auf". https://www.destatis.de/DE/Presse/Pressemitteilungen/2022/10/PD22_454_225.html#:~:text=WIESBADEN%20%E2%80%93%20Im%20Jahr%202021%20lebten,au%C3%9Ferhalb%20der%20eigenen%20Familie%20auf.

한편, 2021년에 독일에서는 성년이 된 보호종료 자립준비청년을 대상으로 125,025건의 지원 프로그램이 시행되었다. 원칙적으로 지원 유형은 가정위탁 및 시설보호 아동 교육 지원 카탈로그를 기반으로 한다. 미성년자와 비교할 때, 2021년 18세 이상 27세 미만 청년의 지원 비율 분포는 다른 양상을 보인다. 서비스를 이용한 125,025명의 청년 중 시설보호에 배치된 비율이 18세 미만보다 훨씬 더 높은 비율(34.5%)을 차지했다. 원가정 보호 지원 중에서는 부모 지원/돌봄 지원(17.3%)이 특히 중요했고, 양육 상담 지원을 받은 자립준비청년도 25.6%로 나타났다(Infosystem, n.d.a).

아동이 시설이나 위탁가정에 맡겨지는 이유는 '보호자의 부재'가 가장 큰 이유로 조사되었다. 질병으로 부재중이거나 해외 체류 등 자녀를 돌볼 상황이 되지 않는 상황이다. 두 번째는 방임, 신체적 학대, 심리적 학대 또는 성폭력으로 인한 아동의 복지 위험(17%)이었으며, 부모의 양육 능력 부족(13%)이 그 뒤를 이었다. 위탁가정에 있는 아동은 시설보호 아동보다 '아동 복지 위험'을 이유로 맡겨진 비율이 더 높았다.

[그림 3-6] 시설 또는 위탁가정 보호 이유

(단위: %)

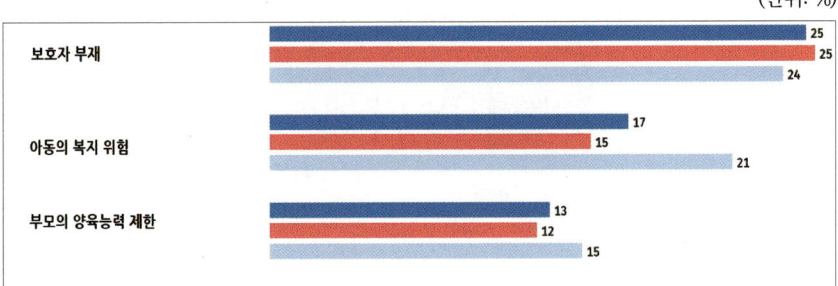

출처: DESTATIS. (2024). "Hilfe zur Erziehung und Angebote der Jugendarbeit", Grafiken 2 von 4. https://www.destatis.de/DE/Themen/Gesellschaft-Umwelt/Soziales/Jugendarbeit/_inhalt.html#253468

2021년 양육지원을 받은 18세 미만 아동과 가족 총 1,002,844명 중 40.1%는 양육상담을 이용했다.19) 두 번째는 아동·청소년복지법 31조에 따른 '복지적 가정지원'으로 양육지원을 받은 아동의 26.3%가 서비스를 이용했다. 30조에 따른 자녀 양육 지원/돌봄 지원(양육동반자, 돌봄도우미)은 전체 양육지원의 4.6%를 차지했으며, 29조에 따른 사회그룹지원과 35조에 따른 집중 복지적 개별돌봄은 각각 1.4%와 0.3%로 이용이 적은 것을 확인할 수 있다.

---

19) 이러한 형태의 도움은 청소년청의 승인 및 사례 관련 자금 없이도 부모와 청소년이 직접 요청할 수 있다(36a조 2항).

[그림 3-7] 18세 미만 양육지원(Hilfe zur Erziehung) 형태 분포(2021년)

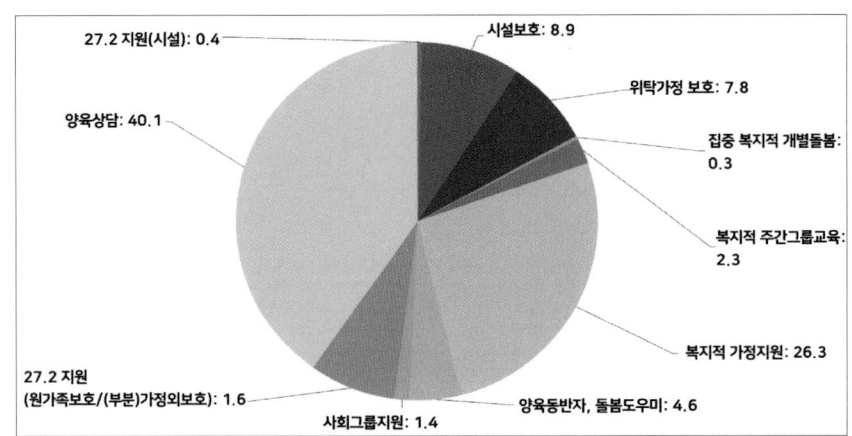

주: 그림에는 양육지원을 받는 미성년자의 수만 포함됨(SGB VIII 27조). SGB VIII 35a조(특히 정신 장애 청소년 참여 서비스 참조)에 따라 정신 장애 아동을 위한 지원 사례, SGB VIII 41조)(청년 지원)은 포함되지 않음.
출처: Infosystem. (n.d.b.). "Quantitative Verteilung der Hilfen zur Erziehung". https://www.kinder-jugendhilfe.info/aufgaben-und-handlungsfelder/hilfen-zur-erziehung/quantitative-verteilung#breadcrumb

(부분)가정 외 보호지원(32조)도 1.6%로 비슷하게 적은 비중을 차지했다. 거주보호를 받는 아동은 전체 양육지원을 받는 아동의 17.1%이며, 이 중 시설보호를 받는 아동은 8.9%, 위탁가정 보호를 받는 아동은 7.8%, 집중 복지적 개별돌봄을 받는 아동은 0.3%에 그쳤다.

2. 아동·청소년복지법의 자립준비청년 지원

아동·청소년복지(Kinder- und Jugendhilfe, KJH)의 법적 근거는 독일 사회법전 제8권(SGB VIII)에 수록된 아동·청소년복지법이며, 개별 연방 주에서는 보충 입법을 제정한다(Richter-Kornweitz & Holz, 2023). 사회법전 8권에서 규정하는 아동·청소년 복지의 기본 업무(사회법전 8권

1조 3절)는 다음과 같다(Kompetenzzentrum Pflegekinder e. V., 2021).

- 청소년의 개인적, 사회적 발달을 지원하고 불이익을 예방하거나 줄이는 데 도움을 줌
- 부모 및 기타 법적 보호자가 자녀를 양육하는 데 필요한 조언과 지원을 제공
- 아동과 청소년의 복지에 대한 위험으로부터 보호
- 청소년과 그 가족을 위한 긍정적인 생활 환경과 아동 및 가족 친화적인 환경을 유지하거나 조성하는 데 기여

독일 아동·청소년복지법에는 아동, 청소년, 청년, 부모 및 가족을 위한 다양한 서비스와 지원 옵션이 포함되어 있다. 위탁 가정이나 시설에 아동/청소년을 배치하는 것도 이러한 서비스 중 하나이다. 독일에서 가족과 함께 살 수 없는 아동은 국가의 특별한 보호와 지원을 받을 수 있다(Zentrum Bayern Familie und Soziales, 2023). 지역사회와 국가는 가정 밖에서 성장하는 아동에 대해서는 성년이 된 후에도 공적 책임이 있으므로, 당사자는 국가 기관 또는 위탁 기관으로부터 발달을 위해 가능한 최선의 지원을 받을 권리가 있다. 이 글에서는 자립준비 지원과 관련된 양육지원(Hilfe zur Erziehung)과 청년지원(Hilfe für junge Volljährige)을 중심으로 살펴보고자 한다.

가. 양육지원(Hilfe zur Erziehung)

아동·청소년복지법상의 양육지원(Hilfe zur Erziehung)은 아동에게 최선의 이익이 되는 양육이 보장되지 않는 경우에 친권자, 즉 일반적으로 부모를 지원한다. 자녀 양육에 도움이 필요한 부모가 직접 청소년청(Jugendamt)에 지원을 신청할 수 있다. 또한 심각한 신체적 학대, 성적 학대 또는 극심한 방임 등 아동의 복지가 위험에 처할 경우, 청소년청은 아동 보호를 위해 부모의 직접적인 동의 없이 가정법원과 협력하여 지원 조치를 마련할 수 있다(Nowacki, 2013).

양육지원(Hilfe zur Erziehung)은 원가정 보호, (부분)가정 외 보호, 가정 외 보호로 구분할 수 있다. 원가정 보호 지원은 이전 거주지, 즉 일반적으로 부모의 가정에 남아 있는 가족과 해당 아동 또는 청소년에 대한 지원을 의미한다. 가정 외 보호아동과 청소년 지원을 규정하는 양육지원(Hilfe zur Erziehung)은 아동·청소년복지법 28~35조에서 다양한 지원 옵션을 정의하고 있으며, 이는 기본적으로 제공되는 것이다. 양육지원에서 포함하고 있는 지원 수단을 제시하면 아래의 표와 같다.

〈표 3-8〉 양육지원(아동·청소년복지법)

구분	법령	내용
원가정 보호	양육상담(28조)	- 개인 및 가족 관련 문제와 근본 요인을 명확히 파악하고 극복하도록 상담(서비스, 시설) 지원 - 양육 문제 해결, 별거·이혼 사례 지원. 다양한 방법론적 접근 방식에 다양한 분야의 전문가들이 함께 협력
	사회그룹지원 (29조)	- 아동과 청소년이 발달상의 어려움과 행동 문제를 극복할 수 있도록 돕기 위한 목적 - 그룹 내 사회적 학습을 통해 아동 및 청소년의 발달 촉진
	양육동반자, 돌봄도우미 (30조)	- 불안정한 상황에 처한 아동과 청소년 개별 지원 - 아동 또는 청소년의 관점에서 어려움을 이해하고 신뢰할 수 있는 사람을 제공하는 것으로 정확히 무엇을 어떻게 할지는 각 사례의 구체적인 문제에 따라 다름

구분	법령	내용
(부분) 가정 외 보호	복지적 가정지원 (31조)	- 가족과 그 구성원에 대한 일상적인 지원. 자녀와의 분쟁이 자주 발생하는 어려운 상황 지원 - 개별 가족문화에 대한 존중과 신뢰 형성 요구
	주간 그룹 교육(32조) 적절한 형태의 가족돌봄 교육(32조)	- 주간 그룹 양육지원의 목적은 그룹 내 사회적 학습, 학교 교육 및 부모 업무 지원을 통해 아동 또는 청소년의 발달 지원, 아동 또는 청소년이 가족에 남을 수 있도록 하는 것 - 지원은 적절한 형태의 가족 돌봄교육으로 제공될 수 있음
가정 외 보호	위탁가정 보호(33조)	- 가족적 형태의 외부 배치로 다른 가정에 배치 - 일시적 또는 영구적인 양육지원
	시설보호, 기타 돌봄주거 형태(34조)	- 다양한 형태의 시설보호로, 전통적인 다중 그룹 시설부터 어린이 마을, 독립 주거 그룹 등이 있음.
	집중 복지적 개별돌봄(35조)	- 사회통합과 자립생활을 위해 집중적인 지원이 필요한 청소년에게 집중적인 개별 사회 교육 지원 제공 - 원칙적으로 지원은 장기간에 걸쳐 제공, 청소년의 개별적인 필요 고려
기타	27.2 지원 (27조)	- 개별적으로 설계된 추가 지원

출처: Infosystem. (n.d. c.). "Hilfen zur Erziehung". .https://www.kinder-jugendhilfe.info/aufgaben-und-handlungsfelder/hilfen-zur-erziehung 에서 재구성.

1) 원가정 보호 지원

① 원가정 보호

원가정 보호 지원 서비스는 아동, 청소년, 청년 및 부모를 위한 지원 프로그램으로, 가정에서 보호를 받으며 문제를 극복하는 데 도움을 주는 것을 목표로 한다. 원가정 보호 지원에는 양육 상담(아동·청소년복지법 28조), 사회그룹지원(29조), 양육동반자, 돌봄도우미(30조), 복지적 가정지원(31조)이 있다.

원가정 보호 및 (부분)가정 외 보호 지원은 기본적으로 두 가지 접근 방식으로 구분할 수 있다. 양육 상담, 사회 교육적 가족 지원은 주로 부모가 양육 기술을 회복할 수 있도록 조언하고 지원하는 데 목적이 있으며, 사회집단 활동, 양육 상담은 아동과 청소년이 부모 또는 환경(학교, 여가 시간)과의 갈등을 극복할 수 있도록 지원하기 위해 보다 직접적으로 아동과 청소년을 대상으로 한다. 또한 연령이 비교적 높은 청소년에 대한 원가 정 보호는 때로는 가족으로부터 분리되어 독립할 수 있도록 지원하는 것을 목표로 한다.

② (부분) 가정 외 보호

(부분)가정 외 보호는 가정 외부의 기관 환경에서 주간에만 제공되며, 주간 그룹 교육(32조) 또는 적절한 형태의 가족 돌봄 교육(32조)이 있다. (부분)가정 외 보호 지원은, 원가정 보호 지원과 마찬가지로 아동 또는 청소년은 집에서 계속 생활하지만, 일반적으로 평일에는 매일 정해진 시간에 모임 장소에 방문하고, 그곳에서 식사, 숙제 등을 수행하고, 또래 관계를 통해 사회적 기술을 연습하도록 지원하는 것이다(Nowacki, 2013). 원가정 보호 지원은 비용이 발생하지 않고, (부분)가정 외 보호 지원의 경우 비용 부담금이 부과될 수 있다(91조 2항).

2) 가정 외 보호 지원

① 위탁가정 보호

위탁가정 보호는 원가정에서 아동 또는 청소년의 복지를 보장할 수 없고 위탁가정 지원이 적절하고 필요한 지원 형태인 경우 사회적 혜택으로서 제공된다(BMFSFJ, 2016). 아동은 가정 밖에서 청소년청이 적합성을 확인한 위탁부모에 의해 양육이 이루어진다. 위탁가정 보호는 부모와 함께 살 수 없는 아동·청소년이 가족 환경에서 성장할 수 있도록 하는 것으로,

다양한 가족 구성을 포함하는 '열린 가족 개념'을 따른다(Infosystem Kinder-und Jugendhilfe in Deutschland, n.d.d). 위탁부모의 모집, 훈련, 지원 및 상담은 일반적으로 청소년청 또는 독립 기관에 기반을 둔 전문(전문) 위탁 아동서비스 기관에서 수행한다. 각 전문가가 돌보는 위탁가정은 25명 이하여야 한다. 원래 부모와 개인적인 관계가 유지될 수 있도록 부모는 자녀와의 관계에 대한 지원뿐만 아니라 상담과 지원을 받을 권리(37조), 상담 및 지원을 받을 권리가 있다(37a조).

② 시설보호

시설보호는 아동과 청소년을 가족 외부에 배치하는 것으로, 위탁가정 배치와 시설보호로 구분될 수 있다. 시설보호는 일시적 또는 영구적으로 부모와 함께 살 수 없는 아동과 청소년을 위한 대안적 생활 공간을 마련하는 것이다. 34조에 따라 시설보호는 세 가지 다른 목표를 가질 수 있다. 세 가지 목표는 '가족으로의 복귀', '다른 가정에서 양육을 위한 준비' 또는 '독립적인 삶을 준비하기 위한 장기적인 생활 형태'로 정리해볼 수 있다. 시설은 업무를 시작하기 전에 운영 허가를 받아야 하며(45조), 이는 광역 청소년청이 담당한다(85조 2항 6호). 허가의 전제조건에는 불만 처리 절차 및 보호 개념에 대한 증명이 포함된다. 공공 기관은 배치 비용을 부담하며(39, 40조 및 91조 5항), 부모는 소득에서 법정 명령에 의해 결정된(94조 5항) 비용을 부담하도록 요청받을 수 있다.

3) 27.2 지원

기본적인 형태의 원가정 보호/(부분)가정 외 보호 지원 외에도 '아동·청소년복지법 27조 2항에 따른 지원' 또는 35조에 따른 '집중적인 개별 사회 교육 지원'과 같이 프로그램을 직접 개발할 수도 있다. 이는 법에서 표준화되지 않은 형태로, 아동과 청소년(및 부모)의 특정 문제에 따라 개별적으로 초점을 맞추고 조합하여 필요 기반 서비스를 개발 및 구현하려고 시도하는 것이다. 지원 카탈로그에 명시되어 있지 않지만 필요하고 적합한 해결 방안을 찾기 위한 개별적이고 창의적인 지원 계획의 일환으로 이해할 수 있다.

나. 청년을 위한 지원(Hilfen für junge Volljährige)

청년을 위한 지원(아동·청소년복지법 41조)은 미성년자에 대한 지원을 연장 또는 재시작하는 개념으로, 사회법전 8권 27~35조에 따른 개별지원과, 36조에 따른 지원계획, 39조에 따른 청년을 위한 생계지원이 제공된다. 청년을 위한 지원은 위탁보호, 시설보호 지속 또는 다른 형태의 지원으로 전환이 가능하다.

〈표 3-9〉 청년을 위한 지원(아동·청소년복지법 41조) 대상 연령

기준 연령	지원 내용
18-~20세	청년을 위한 지원(41조). 지원 (재)시작 가능.
21-~27세	계속적 지원만 가능. 만 21세가 되면 더 이상 41조에 따른 지원을 시작할 수 없음. 정당한 사유가 있는 경우에만 계속적인 지원(연장)으로만 가능

출처: 1) Wiesner. R. (2014). "Hilfen für junge Volljährige", Rechtliche Ausgangssituation. Expertise im Projekt "Was kommt nach der stationären Erziehungshilfe? - Care Leaver in Deutschland". https://www.careleaver-kompetenznetz.de/files/expertise_wiesner_rechtliche_ausgangssituation.pdf
2) Kompetenzzentrum Pflegekinder e. V. (2021). "Careleaving in der Pflegekinderhilfe". https://kompetenzzentrum-pflegekinder.de/wp-content/uploads/2022/01/Praxisheft_Careleaving-in-der-Pflegekinderhilfe_Bedarfe-und-Herausforderungen_2021.pdf

청년을 위한 지원 대상을 연령별로 구분하면, 18세에 도달한 후에도 연장할 수 있을 뿐만 아니라 처음으로 시작할 수도 있다.[20] 단, 18세 이상의 청소년은 청소년청에 직접 신청해야 한다. 개인의 지원 필요성을 고려하지 않고 18세 이후에 제출된 급여 신청을 거부하는 행정 결정은 불법이며 행정 법원에 의해 취소될 수 있다(Wiesner, 2014, p. 12). 그러나 만 21세가 되면 41조에 따른 지원을 시작할 수 없다. 즉, 만 21세 미만 청년은 지원 요건을 충족하는 경우 청소년청에서 제41조에 따른 지원을 제공해야 하지만, 21세 생일 이전에 이미 청소년 복지 서비스를 받고 있어야 필요시 27세까지 계속적 지원으로 연장하는 조치가 가능하다(Kompetenzzentrum Pflegekinder e. V., 2021).

3. 자립준비청년 지원과 법적 보장

가. 아동·청소년복지법 개정의 주요 내용

1) 일반 사항

1991년 통독 이후 도입된 아동·청소년복지법(사회법전 8권)은 2021년까지 60여 번이 넘는 개정을 거쳤다. 2021년에 도입된 아동·청소년 복지 강화법은 역사상 가장 포괄적인 개정안으로, 포용적 아동·청소년 복지를 향한 패러다임의 전환을 의미한다. 독일 가족·노인·여성·청소년부(BMFSFJ)는 개정을 위해 2018년 11월부터 2019년 12월까지 아동 및 청소년 복지 현대화를 위한 광범위한 참여 프로세스를 진행했다. 1년이

---

[20] 청년을 위한 지원은 이전에 담당했던 청소년청 또는 해당 청년이 현재 거주하는 지역의 청소년청이 담당한다(86a조).

넘는 기간 동안 전문가들은 아동, 청소년과 그 가족을 위해 필요한 개선 사항을 조사했으며, 참여 과정에는 아동 및 청소년 복지 서비스 수급자의 필요와 요구사항에 특히 중점을 둔 연구가 수행되었다(Familienportal, 2021).

참여 프로세스의 핵심은 '함께 이야기하기-함께 창조하기(mitreden-mitgestalten): 아동 및 청소년 복지의 미래'를 주제로 연방 정부, 연방주 및 지방 당국과 지난해 아동 및 청소년 복지, 장애 지원, 의료 분야의 학계 및 실무 대표들이 참여한 대화 과정이다. 당시 약 5,500명의 전문가가 토론에 참여했고, 약 4,000명의 전문가와 청소년, 부모, 위탁 부모 등 관련 당사자들이 함께 과학적 연구에 참여했다. 법안은 당시 약 5,500명의 전문가가 참여한 토론, 약 4,000명의 전문가와 청소년, 부모, 위탁부모 등 관련 당사자들이 참여한 연구 결과를 바탕으로 개발되었다(Mitreden-Mitgestalten, n.d.). 이러한 과정을 통해 이루어진 아동·청소년법 개정은 특별한 지원이 필요한 아동의 참여와 기회를 개선하는 것을 골자로 한다. 주요 개정 키워드는 '아동·청소년 보호 강화', '위탁 가정 또는 시설 거주 아동 및 청소년 지원 강화', '장애 및 비장애 아동 및 청소년을 위한 원스톱 지원', '현장 예방 강화', '청소년, 부모 및 가족의 참여 강화'로 요약될 수 있다(BMFSFJ, 2021). 개혁 내용은 위탁가정, 시설보호 아동의 자립준비 지원 강화에 대한 내용을 상당 부분 포함하고 있다. 주요 개혁 사항을 제시하면 아래와 같다.

〈표 3-10〉 아동·청소년복지법 개혁(KJSG-Kinder- und Jugendstärkungsgesetz)

지원 내역	내용
포괄적인 상담 및 도움을 받을 권리	• 청소년청, 직업 센터, 의료 보험 회사 등 모든 사회 서비스 제공자는 책임 범위 내에서 귀하의 권리와 의무에 대해 알려야 할 의무가 있음(SGB I의 §13 및 §14). • 특히 청소년청은 포괄적인 조언과 필요한 경우 지원을 제공해야 함(SGB VIII의 8 조및 10a조).
18세 이상도 도움을 받을 권리	• 청소년은 21세까지(예외적인 경우 27세까지) 도움을 받을 권리가 있지만, 아직 자기 결정적이고 독립적인 삶을 영위할 만큼 충분히 발달하지 않은 경우(41조 및 41a조) 도움을 받을 수 있음.
Coming-back옵션에 대한 권리	• 지원이 종료된 후에도 다시 도움을 받을 수 있음(41조 1항 3호).
사후 관리를 받을 권리	• 도움이 종료된 후 합리적인 기간 내에 필요한 범위 내에서 본인이 이해하고 인지할 수 있는 형태로 자립을 위한 상담 및 지원을 받을 권리가 있음.
재정적 안정에 대한 권리	• 원칙적으로 부모는 아동이 만 18세가 될 때까지, 또는 훈련의 경우 만 21세가 되거나 첫 번째 훈련 프로그램(예: 훈련과 학업 및/또는 대학 졸업)까지 자녀의 재정 지원에 대한 책임이 있음 • 부모가 지원을 원하지 않거나 지원할 수 없는 경우, 당사자는 국가에 지원을 요청할 권리가 있음.
통합 청년 복지(SGB IX)[21]	• 현재 정신적 또는 신체적 장애를 가진 청년들은 SGB IX(통합 지원)에 근거하여 지원을 받아왔으나, 변경될 예정. • 2028년 부터는 정신적 또는 신체적 장애가 있는 청소년도 아동청소년복지법에 근거하여 서비스를 제공받아야 함.

출처: Careleaver e.V. (2024). Übersicht: Welche Rechte habe ich in der Kiju?. https://www.pflegekinder-berlin.de/media/rechte-uebersicht_careleaver-ev-2024.pdf

특히 개정법에서는 '참여'를 보호의 중요한 요소로 보고 있다. 자신의 권리를 인식하고 이를 주장할 수 있는 곳을 인지하는 것이 중요하다는 의미이다. 아동에게 영향을 미치는 모든 결정에 당사자를 참여시키는 것은 지원 과정 자체의 핵심 전제 조건이기도 하다.

---

21) 독일에서는 2021년 '아동·청소년 복지 강화법'은 아동·청소년복지법 8조의 점진적 개정(2028년까지)을 규정하였다. 2028년부터는 아동 및 청소년 복지 서비스와 장애인 복지 서비스(사회법전 9권)를 '포용적 아동 및 청소년 복지'라는 제목 아래 사회법전 8권에 포함하도록 함.

아동·청소년복지법에는 다양한 상황(예: 아동 보호 또는 지원 계획)에서 아동과 청소년의 참여를 규정하는 추가 규정이 포함되어 있다(예: 8a, 8b, 36, 37b, 79a, 45조 등). 특히, 모든 아동은 자신의 양육 및 발달과 관련된 모든 문제에 대해 청소년청에 연락할 권리가 있으며(8조 2항), 상담의 목적을 저해하지 않는 한 법적 보호자에게 비밀로 상담을 받을 수 있다(8조 3항).

참여의 형태와 조직은 아동의 연령, 생활 상황 및 발달 단계에 맞게 조정되어야 한다. 특히 아동과 청소년은 자신의 권리를 행사하는 방법(예: 담당자와 업무에 대한 정보, 불만 제기 옵션), 참여할 수 있는 대상과 참여할 수 있는 방법, 발언권을 가지는 방법을 인지해야 한다. 개정법은 사회법 제8장의 여러 지점에서 아동과 청소년이 이해하고, 이해할 수 있으며, 인지할 수 있는 형태로 상담과 정보를 제공해야 한다고 명시하고 있다(Zentrum Bayern Familie und Soziales, 2023).

2) 부모 참여, 상담 강화 조치

가정 외 보호 아동의 친부모와의 적절한 협력 형태는 그간 다양한 맥락에서 강조되었다. 이미 1963년 제1차 청소년 보고서에서 시설보호 아동의 일상적 교육 활동에 대한 정보를 친부모에게 제공하는 등 원가족을 지원 과정에 참여시키는 것이 중요하다는 점이 강조되었다. 이어 7차 청소년 보고서에서도 현대 청소년 복지서비스에서 아동, 청소년 및 부모를 파트너로 간주하고 "동등한 협력의 제안으로" 지원 수단을 조직해야 한다는 기대를 공식화했고, 1990년 새로운 청소년복지법에서도 대상자의 자원과 관점에 대한 지향을 방법론적 지침으로 명확히 하였다(Flosdorf, Peter, 2007). 8년 후, 제10차 아동-청소년 보고서에서는 청소년 복지 실천에 체계적 관점이 도입되었음을 명시하면서 가정 외 보호아동 부모의 양육 책임을 강화하는 것이 강조되었다(Ruchholz et al., 2021).

이처럼 시설보호, 위탁가정 보호아동이 원가족과 교류하는 것의 중요성에 대해서는 이미 법적, 학술적 관점에서는 확인되었으나, 실천적 원칙으로 발전하지는 못했다. 원가족이 자녀에 관한 정보를 알고 싶어하는 욕구, 자녀에게 영향을 미치는 결정에 참여하고자 하는 욕구는 실천 현장에서 제대로 보장되지 못하고 있다. 아동이 가정 밖에 배치되는 경우, 친부모에 대한 지원은 종료되는 경우가 많았다. 청소년 복지기관과 친부모 간의 협력 노력은 이루어지지 않고, 친부모 연락의 권리와 의무 정도만 확인되고 있었다. 그러나 다른 가정에서의 위탁보호는 원가정으로의 복귀를 목표로 일시적인 교육 지원을 제공하거나 이것이 불가능할 경우 영구적인 생활 형태를 제공하기 위한 것이다. 일반적으로 위탁가정에 아동을 배치하는 것(33조)은 일시적인 조치이며, 상황이 허락하는 대로 즉시 종료되어야 하므로, 항상 해당 조치의 종료와 원가정 복귀를 검토해야 한다(DIJuF, 2024). 가정 외 보호아동의 복지제공에서 친부모와의 협력에 대한 논의가 본격화된 것은 아동·청소년법 개혁 과정이었다.

아동·청소년법 개정은 친부모가 다시 가정에서 자녀를 양육할 수 있도록 기술을 (재)습득할 수 있도록 지원한다(DIJuF, 2024). 자녀를 위탁가정 또는 시설에 보호한 부모들이 가정 또는 시설 생활과 관련하여 참여하고, 이의를 제기할 기회도 강화되었다. 친부모 또는 법적 보호자(반드시 부모와 동일할 필요는 없음)에게도 다음과 같은 권한이 부여된다(Ruchholz et al., 2021).

먼저, 아동·청소년법 개정으로 전반적으로 상담을 받을 수 있는 권리(10a조)가 강화되었다. 개혁을 통해 자녀를 시설 또는 위탁가정에 맡기더라도 친부모가 상담 및 지원받을 수 있는 하위법적 권리를 갖게 되었다는 점에서 자녀 양육 지원에서 부모의 법적 상황이 개선된 것으로 볼 수 있다.

구체적으로 살펴보면, 아동과 청소년은 물론 법적 보호자도 지원 계획을 작성하고 검토할 때 '이해할 수 있고, 이해하기 쉽고, 인지할 수 있는 형식'으로 상담과 설명받을 권리가 있다. 또한 처음으로 공인된 양육권자가 아닌 친부모의 참여 권리가 명시되었으며, 상담 및 지원을 받을 법적 권리가 주어진다(37조 1항). 또한 상담 및 지원을 통해 아동 또는 청소년의 발달과 관련하여 합리적인 기간 내에 원가족은 양육 여건을 아동 또는 청소년을 스스로 다시 양육할 수 있을 정도로 개선해야 한다(37조 1항 2호,4호). 이는 원가족의 발달, 참여 또는 양육 여건 개선, 아동과 원가족의 관계 증진을 위한 법적 노력을 명시한 것이다(Scheiwe et al., 2016).[22] 한편, 장기적으로 원가정 복귀가 불가능하거나 배제된 경우에도 부모가 이를 받아들이고 필요한 경우 적절한 교류를 통해 동행하는 방법을 배우는 것이 중요하다. 이는 아동을 가정으로 돌려보낼 수 없더라도 도움을 제공함으로써 아동에게 최선의 이익이 되는 연락을 조직하고 아동과 원가정과의 관계를 증진하는 데 목적이 있기 때문이다(DIJuF, 2024).

개정법에는 위탁부모와 친부모 간의 협력에 관한 새로운 규정 또한 포함되었다. 아동·청소년복지법 37조 2항에 따르면, 위탁부모와 친부모 간 협력이 요구되며, 이러한 협력은 청소년청이 적절한 조치를 통해 촉진해야 한다.[23] '협력을 위해 노력해야 한다'고 규정했던 이전 조항은 이제 청소년청에 의무를 부여하는 조항으로 대체되었다. 청소년청은 부모와 위탁부모 간의 정보 전달, 부모를 위한 연락 담당자를 지정해야 하며, 협력의 촉진은 개별 사례와 현재 상황에 따라 다양한 방식으로 조정되어야

---

22) 원가족 복귀 이후에도 아동은 지원을 제공하던 사회복지사로부터 계속적으로 도움을 받음 (LWL-Landesjugendamt, n.d.).
23) 공공 청소년복지기관은 제1항 제1호에 따른 지원의 경우 적절한 조치를 통해 아동 또는 청소년의 이익을 위해 보호자 또는 시설 내 양육 책임자와 부모 간의 협력을 촉진해야 한다. 공공 청소년복지기관은 제1항 및 제37조 제1항에 따른 업무를 조정하여 이를 보장하여야 한다(37조 2항).

한다. 청소년청은 위탁부모나 양부모에게 협력할 것을 의무화할 수는 없지만, 어떤 정보, 대화 또는 지원이 협력을 촉진할 수 있는지 항상 주시하고 대처해야 한다(Deutscher Bundestag, 2021, p. 89). 시설 보호아동 또한 앞으로는 청소년청에서 '적절한 조치'(37조 2항)를 통해 시설에서 보호자 또는 전문가와 부모 간의 협력을 촉진하고 이를 지원 계획에 문서화해야 할 의무가 있다(Ruchholz et al., 2021).

3) 자립준비청년 지원 강화 조치

1990년 아동·청소년복지법 제정 당시, 개혁 우선순위 중 하나로 41조 8항을 의무 조항으로 도입하여 청년을 위한 지원을 개선하였다. 당시에도 청년들이 성장하는 학교 및 훈련 기간의 연장, 경제적 자립을 포함한 완전한 자립으로의 전환이 길고 복잡해진 점에 대한 문제 제기가 있었다(BMFSFJ, 2013). 논의 결과, 18세 이상 아동도 아동·청소년 복지 서비스를 일시적 지원이 아닌 정기적 지원으로 청구할 수 있게 되었고, 이는 아동·청소년 복지 서비스의 지원 대상 자체가 확대된 것으로 이해할 수 있다. 아동·청소년복지법 41조에 따르면, 청소년은 21세까지 인격을 개발하고 독립적인 삶을 영위하는 데 필요한 도움을 받을 권리가 있으며, 정당한 사유가 있는 경우 27세까지 지속적으로 도움을 받을 수 있는 표준적인 법적 권리가 있다. 2013년 1월 30일 전문가 위원회가 발간한 '제14차 아동 및 청소년 보고서'에는 청년 지원 자격이 18세 또는 19세에 종료되거나 이 연령 이후에도 계속 지원으로만 제공되는 국외 사례를 언급하면서, 독일은 유럽과 비교해서 이러한 법적 요건과 관련하여 좋은 접근을 하고 있다고 언급했다(BMFSFJ, 2013).

그러나 한편으로는 여전히 청소년청이나 사례관리자마다 자립준비청년 지원에 대한 편차가 크고, 업무가 매우 자의적으로 처리되고 있다는 지적이 있었다. 이에 양육지원(Hilfe zur Erziehung)의 지속 가능성을 보장하기 위해 다양한 실증 연구와 실제 프로젝트가 수행되었고, 권고안과 입장 보고서가 작성되었으며, 그 결과 현대적인 전환 준비와 지원을 위한 개념이 개발되었다. 2021년 6월 10일에 발효된 아동·청소년복지법 개혁 과정에 자립준비청년의 특별한 요구가 반영되어 법적 요건이 크게 개선된 것은 이러한 노력의 결과이다(BMFSFJ, 2013).

아동·청소년 강화법에서는 무엇보다 자립준비청년의 성인으로의 전환 지원 과정이 재편되었다. 공공에서 보호종료 아동·청소년을 위한 연락담당자를 두고 필요시 27세까지 중단없이 위탁가정에 계속 배치할 수 있도록 하는 원활한 전환지원 방안이 마련되었고, 명시적 사후관리가 법에 새로운 형태의 지원으로 도입되었다(아동·청소년복지법 41a조) (Dialogforum Pflegekinderhilfe, 2021). 현행 자립준비청년 관련 주요 입법 사항을 정리하면 〈표 3-11〉과 같다.

〈표 3-11〉 자립지원청년 지원 관련 주요 법령(아동·청소년복지법 41조)

구분	법령
41조 a(1)	• 아동은 "지원이 종료된 후 합리적인 기간 내에 필요한 범위 내에서 본인이 이해하고 인지할 수 있는 형태로 자립을 위한 상담과 지원을 받을 권리"가 있음
41조 1항	• 지원 종료가 시기상조이고 해로운 것으로 판명되는 경우 지원을 재개할 수 있음
41a항 2절	• 청소년청은 지원이 종료된 후에도 정기적으로 아동과 연락을 유지해야 함
41조 3항	• 지원 종료를 고려하는 경우, 청소년청은 지원 계획에 명시된 날짜 1년 전부터 아동의 필요와 관련, 다른 사회 서비스 제공자에게 책임을 이전하는 것을 고려할 수 있는지 여부를 검토해야 함

출처: Infosystem. (n.d.a.). "Hilfe für junge Volljährige". https://www.kinder-jugendhilfe.info/aufgaben-und-handlungsfelder/hilfe-fuer-junge-volljaehrige/hilfe-fuer-junge-volljaehrige

개정법이 도입됨에 따라 시설이나 위탁가정에서 성장한 청년에 대한 지원 요건을 보다 명확하게 정의하고 지원 제공 의무도 강화하게 되었다. 아동·청소년복지법 41조는 지원이 종료되더라도 아동이 스스로 결정하고 독립적이며 자율적인 삶을 영위할 수 있어야 한다고 규정하고 있다. 이러한 조치는 지원 종료가 해당 아동에게 부정적 영향을 주는 것을 사전에 방지하기 위함이다. 즉, 잠재적 지원 종료는 자립준비청년의 발달 수준이 이후 인생을 스스로 관리할 수 있다는 것을 전제로 한다. 이러한 수준이 도달하지 않았을 경우 도움을 종료할 근거가 없다(Möller & Thomas, 2022). 이전 조항과 개정 후 조항을 비교하면 아래와 같다.

〈표 3-12〉 아동·청소년복지법 41조 1항 개정 전후 비교

41조 1항	
이전 조항	개정 후 조항
성년이 된 청년은 개인적 상황으로 인해 지원이 필요한 경우 개인 발달과 자기결정적 생활을 위한 지원을 받아야 한다.	성년이 된 청년은 개인적 발달이 독립적이고 자율적이며 자기결정적인 생활 방식을 보장하지 못하는 경우 이 조항에 따라 적절하고 필요한 지원을 받는다.
원칙적으로 청년이 만 21세가 될 때까지만 지원이 제공되며, 정당한 개별 사유가 있는 경우에는 이 연령 이후에도 제한된 기간 동안 지원이 계속되어야 한다.	원칙적으로 청년이 만 21세가 될 때까지만 지원이 제공되며, 정당한 개별 사유가 있는 경우에는 이 연령 이후에도 제한된 기간 동안 지원이 계속되어야 한다. 지원 종료가 1항 및 2항에 따른 지원의 갱신 또는 지속을 배제하지 않는다.

출처: dejure.org. (n.d.). "Hilfe für junge Volljährige". https://dejure.org/gesetze/SGB_VIII/41.html#suche=kinder%20jugendhilfe%2041

개정 전후의 법령을 비교해 보면, 무엇보다 '복귀 옵션'이 명문화된 것을 확인할 수 있다. 이전 조항에서도 지원의 연속성을 규정하고 있지만, 개정 후 조항에서도 자립준비청년을 위한 이중 안전장치를 제공한 것으로 볼 수 있다. 기존에도 지원 개시 또는 연장을 결정하는 것이 이전 지원 중단

여부와 기간에 의존하지 않는다고 규정하고 있지만, 개정 후 1항 3번째 문장에서는 이러한 사항을 더욱 명확히 하고 있다(Deutscher Bundestag, 2021, p. 94). 또한 지원 종료 후 자기결정적이며, 자율적이고, 독립적인 삶을 영위하기 어렵다는 것이 확인되면 언제든지 다시 청년지원을 받을 수 있다(Overbeck. M., 2021, p. 283). 아래에서는 아동·청소년 강화법 도입을 통해 강화된 자립준비청년의 '이행 과정 지원'과 '사후관리 지원'을 검토한다.

① 이행 과정(Übergangsgestaltung) 지원

보호종료 준비 과정에서 공공 담당자는 다른 사회서비스 제공자와 협력하여 구속력 있고 시기적절한 전환 계획을 수립한다. 자립준비청년은 주로 학자금 지원(BaföG) 또는 일자리센터(Jobcenter)의 지원을 받을 수 있으므로 보호자와 청소년청은 이제 자립준비청년과 함께 재정적 안정을 포함한 성인 생활로의 경로를 계획해야 할 의무가 더욱 커졌다. 실제로 많은 보호종료 청소년은 재정적 또는 건강상의 이유로 청소년 복지기관을 떠난 후 시민수당(SGB II), 학자금 지원(BAföG) 또는 난민신청자 지원(AsylbLG) 등 다른 형태의 사회적 지원을 받는다. 그러나 원활한 전환을 스스로 조직하는 것에 대한 어려움이 수차례 보고되었고, 아동·청소년법 개정에서는 이행 과정 지원을 강화하는 조항을 포함하였다.

<표 3-13> 다른 사회서비스 제공기관과의 협력(아동·청소년복지법)

단계 (법적 근거)	내용
1단계 (41조 3항)	• 지원이 계속되지 않거나 종료되는 경우, 공공 청소년 복지 기관(Träger der öffentlichen Jugendhilfe)은 지원 계획에 명시된 날짜 1년 전부터 청소년의 필요를 고려하여 다른 사회서비스 제공기관으로의 책임 이전을 고려할 수 있는지 검토해야 한다고 명시함
2단계 (36b조 1항)	• 1단계에서 기관의 평가에서 필요성이 있다고 판단되면, 2단계는 다른 관련 기관, 특히 다른 사회급여 및 재활 제공기관과 협의함. 협의에서 관련 당사자들은 청년에게 특히 적합한 사회 혜택이 무엇인지 공동으로 검토함.
3단계 (36b조 1항)	• 지원 계획의 일부로서 구속력 있는 방식으로 책임 이양의 이행을 규제하는 합의가 적시에 이루어져야 함. 이 행정 계약의 내용에는 어떠한 경우에도 책임 이양 시기와 서비스 제공 목적이 포함되어야 함.

출처: Deutscher Bundestag. (2021.1.25.). Gesetzentwurf der Bundesregierung. Entwurf eines Gesetzes zur Stärkung von Kindern und Jugendlichen(Kinder- und Jugendstärkungsgesetz – KJSG). https://dserver.bundestag.de/btd/19/261/1926107.pdf. p. 88, 94, 95

　아동·청소년복지법 41조 3항이 전면 개정되어 41조에 따른 지원이 계속되지 않거나 종료되는 경우, 공공 청소년 복지 기관은 지원 계획에 명시된 날짜 1년 전부터 청소년의 필요를 고려하여 다른 사회서비스 제공기관으로의 책임 이전을 고려할 수 있는지 검토해야 한다고 명시하고 있다. 이는 지원계획(Hilfeplanung) 논의에서 명확히 해야 한다(Deutscher Bundestag, 2021, pp. 94-95).[24]

　41조 3항에 따른 기관의 평가에서 필요성이 인정되면, 추가 단계는 36b조 1항에 따라 다른 관련 기관, 특히 다른 사회수당 및 재활 제공기관과 협의한다. 이러한 협의에서 관련 당사자들은 청년에게 특히 적합한 사회 혜택이 무엇인지 공동으로 검토한다. 세 번째 단계로, 36b조 1항에 따라 지원 계획의 일부로서 구속력 있는 방식으로 책임 이양의 이행을 규제하는

---

[24] 이 법에 대한 설명문에 따르면, 이 조항은 평가 과정이 지원 종료 1년 전에 반드시 결론을 내려야 한다는 의미는 아니며, 이 시점부터는 청년의 미래 필요와 잠재적 사회 급여 청구의 필요성이 지원 계획의 초점에 점점 더 많이 포함되도록 하는 것이 목적임(Deutscher Bundestag, 2021, pp. 94-95).

합의가 적시에 이루어져야 하며, 이 행정 계약의 내용에는 항상 책임 이양 시기와 서비스 제공 목적이 포함되어야 한다(Deutscher Bundestag, 2021, p. 88). 이는 책임 이양 기간 필요 기반 서비스의 원활한 연결을 보장하고 서비스 중단을 방지하기 위한 것으로, 사회급여 제공자는 관련 법 규정에 따라 어떤 급여를 고려할지 결정할 책임이 있다(Deutscher Bundestag, 2021, p. 88). 특히 청년의 미래 생계 및 주거 상황이 여전히 불분명한 경우 급여 제공자 간 조정 절차를 이행할 필요성이 생긴다(Meysen et al., 2022, p. 175).

② 사후관리[25]

자립준비청년은 적절한 절차를 거쳐 공식적인 보호가 종료되었다고 하더라도 사후관리 자격이 적용된다. 사후관리 권리는 이전에는 실무에서 간과되는 경우가 많았지만, 법의 개정을 통해 보다 상세하고 구속력 있는 형태를 갖추게 되었다. 아동·청소년복지법에 따르면, 아동은 지원 종료 후 합리적인 기간 내에 필요한 범위 내에서 아동이 이해하고 인식할 수 있는 형태로 자립을 위한 상담 및 지원을 받아야 한다(41a조 1항). 법 해설서에는 상담 내용이 일반적인 생활 문제에 대한 개인적인 상담 및 지원뿐만 아니라 임대차 또는 고용 계약 체결 같은 실질적인 영역의 지원이 포함되어야 한다고 설명한다(Deutscher Bundestag, 2021, p. 96). 지원 종료 후 필요한 상담 및 지원의 적절한 기간과 범위는 36조 2항 2호에 따른 지원계획에 문서화되어 정기적으로 검토되어야 하며, 제41조에 따라 지원 종료를 결정한다. 이를 위해 공공 아동·청소년 복지기관은 해당 당사자에게 정기적으로 연락해야 한다(41a조 2호). 이 사후관리 조항은

---

[25] 이 내용은 DIJuF(n.d.)를 참고하여 작성하였음.

자립준비청년을 위한 법적 권리로 설계되었다. 여기에는 이전 지원이 종료된 후 적절한 기간 동안 아동을 지원하고 상담하는 것이 포함된다. 아동은 주거, 고용, 교육, 건강, 기타 개인 생활, 주요 결정 등 모든 실질적인 생활 문제에 대해 지원과 상담을 받는다. 사후관리 자격의 유형과 범위는 최종 지원 계획에 명시하고 정기적인 연락을 통해 검토해야 한다.

한편, 자립준비청년에 대한 사후관리 업무는 민간비영리복지재단에 이관할 수 있다(2조 2항 6호, 3조 2항). 그러나 지원의 필요성을 검토하기 위해 정기적으로 연락해야 하는 의무는 민간비영리복지재단에 위임할 수 없다. 이는 민간비영리 독립 제공자가 제공할 수 있는 실제 서비스(상담 및 지원)의 일부가 아니라고 보는 것이다. 입법자의 의도에 따르면, 연락을 설정하는 목적은 아동의 개별적 필요와 관련하여 사후관리의 구체적인 범위에 관한 최종 지원 계획의 규정을 정기적으로 검토하기 위한 것이고, 이를 위해 동 청소년법 41a조 2항 2호에서는 공공 청소년 복지기관이 아동에게 연락할 의무를 부여하고 있다. 서비스를 제공하는 민간비영리 복지재단에 이를 확인하도록 하는 것은 41a조의 의미와 목적에 반하는 것이다. 공공 아동 및 청소년 복지기관은 연락을 통해 개입 필요성을 (재)검토한 다음, 필요한 경우 사후관리의 범위를 확장하거나 아동 및 청소년 복지로의 복귀 필요성을 결정해야 한다.

4. 자립준비청년 지원 강화를 위한 과정 개발과 기타 서비스

가. 부모 참여 강화를 위한 지원 프로세스

실천 영역에서 새로운 법의 적용에서는 법적 문제와 설명 또는 구체화만큼이나 전문가적 입장에서 실천 방안을 개발하는 것도 중요한 작업이다.

아래의 권고안은 청소년청에서 2021년 도입한 아동·청소년 강화법(KJSG)의 시행 지원 일환으로 부모의 참여를 강화하기 위해 개발한 지원 과정이다. 독일청소년지원&가족법연구소(DIJuF)가 주도하여 전문가 그룹이 공동 연구하여 개발한 것으로, 전문가 그룹은 독일 전역의 청소년청의 전문가 및 관리자 약 30명으로 구성되어 있다. 공동 개발한 지원 계획 프로세스의 타임라인을 도식화하면 아래와 같다(DIJuF, 2024).[26]

초기 지원 단계에서는 다양한 지원 옵션에 대한 상담과 정보를 받는다. 여기서 부모와 아동이 함께 참여하고 진단하는 참여 지향적 과정이 중심적인 역할을 한다. 지원 형태와 후속 적용을 결정할 때는 반드시 부모를 참여시키고, 부모의 명시적인 동의를 구해야 한다.

[그림 3-8] 타임라인: 지원 계획 프로세스의 모든 단계에서 부모의 참여를 강화하는 방안

출처: DIJuF. (2024. 6.6). Empfehlungen und Impulse zur Umsetzung des § 37 Abs. 1 SGB VIII Beratung und Unterstützung der Eltern; intensivere Elternarbeit. https://dijuf.de/fileadmin/Bilder/Aktuelles/Empfehlungen_Impulse_intensivere_Elternarbeit_6.6.2024.pdf p. 14.

---

26) 아래 내용은 DIJuF(2024)를 참고하여 작성하였음.

두 번째 단계인 '지원 계획 회의' 단계는 지원 계획 수립이 중심이 되는 참여 중심 요소이다. 준비 과정, 회의, 후속 조치 과정에서 최소 3회 회의를 하게 되는데, 이 과정은 부모가 이해할 수 있고, 참여할 수 있는 방식으로 이루어지는 것이 중요하다. 회의 주기는 6개월마다 진행하여 연 2회가 이상적이며, 지원 계획 회의 과정에서 과부하가 걸리지 않도록 주의해야 한다.

 '지원의 조직화' 단계는 방문 및 연락, 도움 및 지원, 성찰 및 부모와의 소통과 관련하여 정기적으로, 특별한 사유가 없더라도 소통에 참여하도록 다양한 가능성을 제공한다. 부모와 정기적으로, 또는 특정 계기가 없어도 토론할 수 있어야 한다.

 마지막 단계에서는 지원 종료 시점을 점검하고, 이 시점에서 부모의 참여를 강화할 수 있는지 여부와 방법을 검토한다. 이 단계에서는 지원 변경, 지원 종료, 원가족 복귀 또는 보호종료 등을 논의한다.

나. 지원 계획 논의(HPG)[27]

 아동·청소년복지법 36조의 '참여, 지원 계획'에서는 지원 계획 논의(HPG)의 진행 방법과 관련 프레임워크 조건에 대한 모든 정보를 확인할 수 있다. 지원 계획 논의는 미성년자의 교육과 발달을 위한 지원 조치를 시행하는 데 사용되는 수단으로, 지원 계획에는 어떤 도움이 필요한지, 어떤 종류의 도움이 필요한지, 어떤 서비스가 포함되는지 설명한다. 또한 지원이 시작되기 전에 작성되며 정기적으로 검토된다.[28] 지원 계획(HP)은 아동·청소년 복지 지원 절차의 로드맵이라고 할 수 있으며, 일반적으로

---

27) 아래 내용은 Kinder- und Jugendhilferechtsverein e.V. (2023)을 참고하여 작성하였음.
28) 아동·청소년복지법에 따르면 계획에 기술하고 사용 가능한 지원 조치는 28조 양육 상담, 29조 사회그룹지원, 30조 양육동반자, 돌봄도우미, 31조 복지적 가족 지원, 32조 주간 그룹 교육, 33조 위탁 가정 돌봄, 34조 시설보호, 35조 집중적인 개인 사회 교육 지원, 41조 청년을 위한 지원 등이 있음.

지원 계획은 계획된 양육 지원이 실행되는 형태를 규정한다. 여기에는 시설에 도착한 상황이나 지원 프로그램의 시작이 포함되며, 전체 지원 과정에 대한 목표와 희망 사항, 발달, 교육, 건강, 개인적 필요 및 기타 관련 사항에 대한 정기적인 조사도 포함된다. 이 모든 내용은 기록되고 문서화된다.

아동·청소년복지법 36조 2항에 따르면 청소년청은 모든 양육지원에 대해 지원 계획을 작성할 의무가 있다. 단기간 제공되는 양육 상담만이 의무의 대상에서 제외된다. 아동 및 청소년 복지서비스 제공자, 청소년청, 법적 보호자 및 기타 모든 관련 당사자 간의 협력을 정의하고, 이 계획을 사용하여 양육 지원이 얼마나 성공적인지, 그리고 여전히 적절한지 확인한다. 지원 계획 절차를 간략하게 요약하면 아래와 같다.

① 관련자들과 초기 지원 계획 회의를 열어 상황 파악
② 담당 전문가가 사례에 대해 논의하고 적절한 지원 유형 결정
③ 부모 및 아동·청소년과 함께 지원 계획 작성
④ 계획에 정의된 조치 실행
⑤ 선택한 도움이 얼마나 적합한지, 여전히 도움이 필요한지 확인하기 위한 정기적인 지원 계획 회의 개최

지원 계획 논의에서는 먼저 관련된 모든 당사자가 함께 모여 문제에 대해 토론한다. 이를 위해 담당 청소년청은 법정 보호자 및 아동·청소년과 초기 회의를 진행한다. 이 상담 과정이 끝나면 전문가가 양육 지원 여부를 결정하는 의사 결정 단계가 있는데, 이 결정은 해당 지원 계획에 요약된다. 계획이 확정되면 정해진 조치가 단계별로 실행되며, 이후 관련자들은 특별 지원 계획 회의를 위해 정기적으로 회의를 열어 미성년자의 현재 발달

단계, 미해결 문제, 교육적 지원의 적절성, 구체적인 (교육적) 목표를 논의한다. 이러한 지원 계획 논의를 통해 관련 당사자들은 선택한 교육 지원이 효과적인지 확인하게 되는데, 계획한 목표가 달성되면 대안을 모색하거나 지원 조치를 종료할 수도 있다.

또한, 아동·청소년복지법 제36조 1항에 따르면 사회복지사는 법적 보호자와 아동, 청소년 모두에게 '양육 지원의 활용, 도움의 유형과 범위에 대한 계획된 변경 사항, 아동/청소년의 발달에 미칠 수 있는 결과'에 대해 조언해야 한다고 명시되어 있다. 당사자인 아동이나 청소년이 이해하거나 동의하지 않은 상태에서 HPG에서 어떤 결정도 내려질 수 없다. 법적 보호자의 의견과 다른 생각이나 희망 사항이 있는 경우, 아동은 스스로 청소년청에 연락할 권리가 있다. 또한 아동과 아동의 법적 보호자에게 도움과 관련된 모든 영역과 이로 인해 부정적인 결과를 초래할 수 있는 사항에 대해 매우 정확하고 포괄적으로 알려야 하며, 또한 행정 절차에 대해서도 자세히 알려야 한다(8조, 10조). 즉, 청소년청은 가능한 모든 형태의 도움과 옵션에 대해 알려주어 청소년이 자신의 필요에 맞는 적절한 해결책을 함께 찾을 수 있도록 해야 한다. 상담은 교육 지원 제공 결정이 내려지기 전에 반드시 이루어져야 하며, 또한 상담과 정보는 관련된 모든 당사자가 이해하고, 이해할 수 있으며 인지할 수 있는 방식으로 설계되어야 한다.

지원 계획에서는 관련된 모든 사람들의 관점과 요구사항을 고려하는 것이 중요하며, 이를 통해 책임자들이 아동, 청소년과 그 가족에게 최상의 지원을 제공하는 방안을 도출할 수 있다. 특히 현재 지원 받고 있는 상태에서 다른 형태로 전환하는 경우, 청소년청은 '원활하고 필요에 기반한' 전환을 보장해야 할 의무가 있다. 따라서 청소년청이나 위탁가정에서 재정적 수단이나 보호장치가 없는 상태로 퇴소하는 것은 허용되지 않는다.

이에 대한 근거는 36b조 '책임 이양에 대한 협력'에서 찾을 수 있다. 받은 도움이 불만족스럽다면 언제든지 옴부즈맨 사무실에 연락할 수 있다.

다. 옴부즈맨 사무소

옴부즈맨 사무소는 아동 및 청소년 복지 업무 이행에 대해 정보, 조언 및 중재를 받을 수 있는 곳으로, 도움 과정에서 제3자 개입 없이는 더 이상 문제를 해결할 수 없다고 생각되는 갈등이 있는 경우에 이용할 수 있다. 옴부즈맨 사무소는 공공 청소년 복지서비스와는 독립적으로 운영되며, 활동은 아동 및 청소년 복지 업무 및 서비스에 대한 일반적인 상담이 아니다(아동·청소년복지법 9a조). 옴부즈맨 상담은 공공 및 독립 청소년 복지 기관의 아동 및 청소년 복지 업무 수행과 관련된 갈등에 관한 것이다. 아동·청소년 복지 서비스를 이용하기 전 또는 이용 중에 갈등이 있는 상황에 대해 청소년과 그 가족에게 상담, 중재 및 해명을 제공한다(9a조)(Mund. P., 2022).

옴부즈맨 서비스는 서비스 제공 책임자, 수혜자, 서비스 제공자 간의 청소년 복지법상 삼각 관계에 존재하는 구조적 권력 비대칭성을 해소하는 근본적인 목표와 임무를 가지고 있는 전문적인 접근 방식이다(Bundesnetzwerk Ombudschaft Kinder- und Jugendhilfe, 2022). 이 서비스는 아동·청소년 복지의 구조적 권력 비대칭성 문제를 해결하기 위해 시작되었고(Mund, 2022), 지금은 아동·청소년 복지의 구속력 있는 구성 요소가 되었다.

위탁보호 중인 아동·청소년은 필요한 경우 이의제기, 불만을 제기할 수 있는 독립적인 불만 처리 메커니즘을 이용할 수 있어야 한다(37b조 2항). 여기에는 이러한 옵션에 대해 정기적으로 정보를 제공하고 이러한 기관이 위탁가정의 특수한 상황을 숙지하고 적절히 대응할 수 있도록 하는 것이 포함된다. 아동청소년법은 연방 주에 독립적인 옴부즈맨 사무소를 설치하여 청소년을 위한 독립적인 상담 및 불만 접수 창구를 보장하도록 요구하고 있다. 현재 거의 모든 연방 주에 옴부즈맨 상담센터가 있으며, 연방 옴부즈맨 네트워크가 조직되어 있다.

라. 주거지원

독일에서는 최근 16세 이상 청년을 대상으로 주거공동체 형태의 주거지원을 제공하는 프로그램이 증가하고 있다. 이러한 지원 모델은 청소년과 청년의 독립적 생활을 다방면으로 지원하고자 기획되었다. '돌봄 주거(Betreutes Wohnen)' 형태로 이루어지는 주거지원은 양육지원(아동청소년법 34조), 청년지원(아동·청소년복지법 41조), 사후관리(아동·청소년복지법 41a조)의 일부로 제공되며, 이전에 받은 양육지원의 후속 조치로 주로 제공된다. 이러한 '돌봄 주거' 형태의 주거지원은 '제도화된 지원이 없는 삶으로 전환'을 의미한다는 점에서 '시설보호'와 구분된다(Moch. M., 2021).

'돌봄 주거' 모델은 주로 지역의 민간비영리복지재단에서 자체 사업으로 개발해 왔다. 일반적인 형태는 기관에서 임대한 숙소에서 소수의 청소년 또는 청년이 함께 생활하고, 교육자가 주중 특정 시간에 상주하여 조언과 지원을 제공하는 형식으로, 긴급 상황에서는 교육자에게 전화로 연락할 수 있다. 예를 들어, 'AWO 카를스루에'는 젊은이들의 독립적이고 자기결정적 생활을 지원하는 맞춤형 서비스 개발의 일환으로 '청년을 위한 주택'(Wohnen für junge Menschen)을 2018년부터 운영하고 있다. 이 서비스는 16세 이상 청소년과 청년을 위해 시설보호의 후속 모델로 설계되었고, 주거공동체 형태로 운영된다. 청소년 주거공동체

(Jugendwohngemeinschaft)에 입소하는 청소년은 침대 4개가 있는 공동주택에서 생활하며, 평일에는 교육자가 상주한다. 교육자는 학습, 진로, 여가 활동 등에 대해서 개별적 지원을 제공하며, 주거공동체 내에서도 공동생활가정 회의를 통해 생활 안팎의 현안을 논의한다(AWO-Karlsruhe, n.d.).

독일 카리타스 재단 소속 독립법인 KSD e. V.(Katholischer Sozialdienst) 또한 독일 여러 지역에서 청소년을 위한 다양한 주거 모델을 통해 청소년과 청년이 자신이 사는 곳에서 독립적으로 생활할 수 있도록 교육적 지원을 제공한다. 대표적으로 Hamm 지역에서는 입소자 4명당 교육자 1명이 지원하는 6개의 주거 공간을 마련하였다. KSD에서 제공하는 돌봄의 특징으로는 청소년을 '세입자'로 대우하고, 청소년은 자신의 행동과 결정에 대해 전적으로 책임을 지는 존재로 본다는 것이다. 필요한 경우 청소년은 보충적으로 사회보장 지원을 받으며 자신의 생계를 유지해야 한다. 또한 협회에서 제공하는 숙소에는 보호자의 접근 권한이 없고, 직원은 야간, 주말 또는 당직 근무를 하지 않으며 원칙적으로는 사전 예약을 거쳐서 담당자와 만날 수 있다(Katholischer Sozialdienst e. V, n.d.).

마. 재정지원

자립지원청년은 보호종료 후 법적 관계가 재구성되며 광범위한 사회보장제도(사회부조법: SGB XII 및 장애인재활과 참여법: SGB IX)에 적용되도록 전환하고, 청소년 복지 종료 후 재정적 보장을 명확히 해야 한다. 그러나 복잡한 법적 근거와 자격 분야를 검토하고 적시에 재정적 안정을 확보하는 것은 특히 어려운 과제이다(Fachstelle Leaving Care, n.d.). 원칙적으로는 아동의 부모는 자녀가 18세가 될 때까지 또는 교육 중인 경우 21세가 되거나 첫 번째 교육 프로그램(예: 교육과 학업 및/또는 학사 및 석사 학위 등)을 마칠 때까지 재정적 지원 책임이 있지만, 부모가 부양을 원하지 않거나 불가능한 경우 국가에 부양을 요청할 권리가 있다(Careleaver e.V., 2024). 국가는 개인이 생활하는 데 필요한 금액(최저생계비)을 결정하고, 개인이 자신의 소득이나 자산으로 이를 충당하지 못하면 필요한 경우에 이 금액을 지급한다. 이때 연령과 교육 여부가 주된 지급 기준이 된다(Fachstelle Leaving Care, n.d.). 재정 안전을 위한 지원 내역은 아래와 같다(Careleaver e.V., 2024).

- 교육, FSJ, 인턴십 기간 동안 아동수당(BKGG) 수급(최대 25년)
- 훈련 지원(SGBI 3조)
  . 기업 내 이중 훈련: BAB(SGB III 56조)
  . 학교 교육: 학생 학자금 지원
  . 직업 준비 조치(SGB III 62조)
- 재정적 안정에 대한 권리(SGB II)
- 주거 비용에 대한 권리(적합한 주택에 대한 보조금 SGB I 7조, 주택 조달 비용의 가정 SGB II 22조, 주거급여 WoGG 3조)
- 부모가 사망한 경우 고아연금에 대한 (절반) 권리
- 필요 금액이 아직 최종적으로 계산되지 않은 경우 선급금(예: SGB I 42조) 받을 권리
- 긴급 상황에서의 부양 권리(SGB II)

대표적인 제도를 중심으로 살펴보면, 첫째로 아동은 교육을 받는 동안 아동수당을 받을 자격이 있다. 2024년 초부터 부모는 자녀가 아직 18세에

도달하지 않았거나, 아직 교육 중이거나 첫 학위를 위해 공부 중이고 25세 이하인 경우, 자녀 1인당 월 250유로를 받는다. 저소득층 가정은 아동수당 외에도 아동 보조금(아동 1인당 월 최대 292유로)을 받으며, 2025년부터는 기본 아동수당에 아동수당과 아동 보조금이 통합될 예정이다(Vesely, C., 2024).

다음으로, 독일에서는 생활비를 충당하기에 충분한 소득이 없는 노동연령대(15~65세)의 사람들을 위한 물질적 보장은 사회법전 2권 시민수당, 구직자를 위한 기본소득 지원(SGB II)에 근거하여 일자리센터(Jobcenter)에서 제공된다. 고용청은 아동과 청소년이 교육 및 참여 서비스를 이용할 수 있도록 적절한 방식으로 기여해야 하는데, 이를 위해 아동청소년 서비스 전달체계와 협력이 요구된다. 아동청소년법 13조에도 청소년 직업 지원의 일환으로 일자리를 찾는 청소년을 지원하는 것을 목표로 일자리 센터와 연계가 규정되어 있다(Infosystem, n.d.e.).

마지막으로, 훈련 중 교육 및 지원을 받을 권리가 있다.[29] 연방 교육지원법(Bafög)에 따른 지원은 고등교육 과정에 재학 중인 학생의 부모 소득과 자산이 교육비를 충당하기에 충분하지 않은 경우에 지급된다.[30] 중등교육 과정에 재학 중인 아동도 불가피한 사정으로 더 이상 부모와 함께 살지 않는 등의 이유로 연방교육지원을 신청할 수 있다. 직업 훈련 지원(BAB)은 자신의 집에 거주하며 18세 이상이거나 폭력이나 학대 같은 심각한 사유로 부모와 함께 살지 않는 훈련생에게 지급되는 국가 보조금

---

29) 자신의 자원으로 교육비를 지불할 수 없는 경우 국가로부터 지원을 받아야 하며, 이는 사회법전 1권(SGB I) 3조 '교육 및 노동 촉진'에 규정되어 있다. 교육 유형에 따라 다음과 같이 다른 곳에서 필요한 자금을 구할 수 없는 경우 개인 지원을 받을 권리가 있음(Fachstelle Leaving Care, n.d.).
30) 부모의 순소득이 연간 약 40,000유로인 경우 부분 지원금을 받을 수 있고, 20,500유로 미만인 경우 전액 지원금을 받을 수 있다. 지원금은 교육기관의 유형, 결혼 여부, 형제자매 수 및 생활 상황에 따라 계산되는데, 현재 최대 금액은 월 934유로이며, 무이자 대출은 절반만 상환하면 된다. 중등교육 과정 재학 중 아동 대상의 교육지원은 전액 보조금으로 간주되므로 상환 의무가 없지만, 학생에 비해 금액이 낮음.

이다. 연방교육 지원(Bafög)에 준하는 혜택을 받고 있거나 학교 기반 교육을 이수 중인 연수생은 지원 대상에서 제외된다. 지원 수준은 훈련 수당과 부모 및 파트너의 소득에 따라 달라지며, 국가 보조금이기 때문에 상환 의무가 없다(Vesely, C., 2024).

한편, 최근 자립준비청년의 자산 형성을 지원하고 자신의 소득에 대한 전적인 권리를 보장하기 위한 법적 조치가 이루어졌다. 2023년 이전에는 위탁가정이나 기관 또는 기타 형태의 아동·청소년 복지 시설에 거주하고 자신의 소득이 있는 아동은 소득의 최대 25%까지 청소년청(Jugendamt)에 지급했다. 사회법 제8권 19조에 따른 아동 및 수혜자의 배우자 및 파트너도 소득 금액에 따라 소득에서 비용을 부담해야 했다. 이 조항은 아동·청소년 강화법(Kinder-und Jugendstärkungsgesetz)를 통해 기존 75%(2021년 6월까지)에서 25%로 인하된 것이나, 그럼에도 자기 비용 부담의 불합리성에 대한 문제 제기가 계속되자 연방정부는 사회법전 8장 19조에 따른 비용 분담을 폐지할 것을 제안했다. 이에 연방의회는 2022년 11월 비용 부담 폐지를 결정했고, 이는 2023년 1월부터 적용되었다(Thomas et al., 2023).

5. 전달체계

독일 아동·청소년 복지는 보충성의 원칙에 근거한 공공기관, 복지기관의 파트너십에 기반한 협력을 특징으로 한다. 민간비영리복지기관은 서비스 제공자로서 독립적으로 활동하고, 서비스를 제공한다.

아동·청소년 복지법에 따른 서비스(아동 보육 시설, 교육 지원, 상담 자격)에 대한 법적 권리가 있는 수급자는 이 권리는 일반적으로 공공 청소년 복지 제공자(청소년청)에 요구할 수 있으나, 법적 권리의 실제 이행은 주로 민간비영리복지기관에 의해 수행된다. 공공기관은 독립 복지기관과의 서비스 계약을 통해 서비스 제공의 내용, 범위 및 품질, 필요한 비용 및 품질 개발 등을 조율한다. 서비스 제공자는 공공기관과의 계약을 체결하고 그에 상응하는 보수를 받을 수 있는 법적 권리가 있다(SGB VIII 78b조 1항)(Infosystem Kinder- und Jugendhilfe in Deutschland, n.d.f).

법적으로 서비스를 받을 권리를 가진 아동, 청소년 부모는 지역에서 활동하는 복지기관을 직접 선택해서 계약을 맺고 서비스를 제공받게 된다. 여기서 공공 담당자는 주로 의사 결정 및 서비스 책임의 형태로 전반적인 관리를 담당하며, 서비스 제공의 우선권은 민간복지기관에 있다. 보충성의 원칙에 따라, 민간복지기관이 적절한 시설, 서비스 및 행사를 유지하거나 적절한 시기에 만들 수 있다면 공공 청소년 복지 서비스는 4조 2항에 따라 자체 조처를 하지 않아야 한다(Beher, K., 2016, p. 709).

수급자(부모, 아동, 청소년, 청년 등), 서비스 제공자(민간비영리복지기관), 공공기관(공공 청소년 복지/청소년 복지관) 간의 관계를 '사회법상 삼각 관계'라고 한다. 이를 도식화하면 아래 그림과 같다.

[그림 3-9] 사회법상 삼각관계

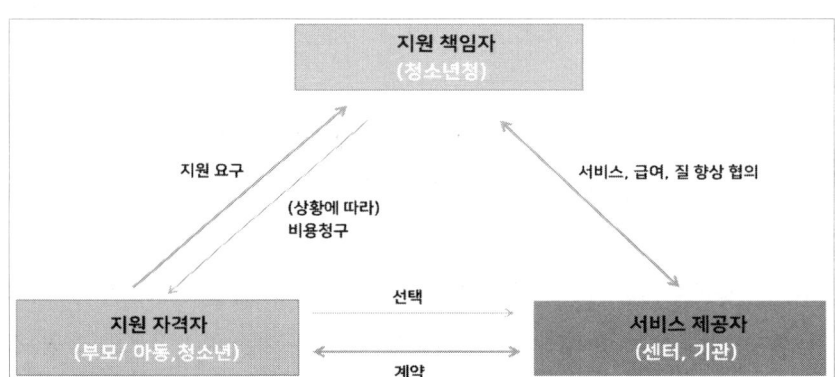

출처: Infosystem Kinder- und Jugendhilfe in Deutschland. (n.d.f). https://www.kinder-jugendhilfe.info/strukturen/finanzierung/sozialrechtliches-dreiecksverhaeltnis

원가정지원과 가정 외 보호 지원을 중심으로 살펴보면, 지역의 청소년청(Jugendamt)은 일반적으로 모든 형태의 양육지원을 제공하고 계획할 책임이 있다. 아동·청소년 복지법에 따라 청소년 복지의 틀 내에서 위탁가정/보호자를 확보, 확인, 주선, 상담, 지원 및 동행하는 업무는 민간비영리복지기관에 위탁할 수 있다(37조).

예를 들면, 베를린의 경우 12개 지역 중 8개 지역에서 청소년청이 민간영역의 비영리복지재단과 협업하고 있다. 판코우(Pankow), 샤를로텐부르크-빌머스도르프(Charlottenburg-Wilmersdorf), 미테(Mitte), 트렙토우-쾨페닉(Treptow-Köpenick) 지역에서는 청소년청 자체에서 업무를 수행한다. 이 지역에서는 청소년청 내에 위탁 아동 서비스가 있다(Abgeordnetenhaus Berlin, 2022).

구체적인 협력은 개별 사례의 필요에 따라 달라진다. 위탁 아동과의 협력은 해당 사건을 담당하는 사회복지사와 필요한 경우 위탁가정에 대한 조언과 지원을 위임받은 민간비영리복지기관의 책임 사회복지사가 수행한다. 2년마다 진행되는 청소년청의 인력 현황 조사에 따르면, 2020년 12월 31일 기준으로 베를린 전역의 위탁 아동서비스에는 28명의 전담직이 활동하고 있다.

제3절 미국 사례

최근 미국의 위탁보호체계의 주요 방향성은 아동 및 청소년들이 영구성(permanency)[31]을 기반으로 안정적인 환경에서 성장하도록 돕는 데

---

31) 영구성이란 청소년이 성인으로 성장하는 과정에서 정서적, 경제적, 도덕적, 교육적 지원을 제공하는 성인들과 긍정적이고 건강하며 양육적인 관계를 맺는 것을 뜻함(Freundlich et al., 2006).

있으며, 자립지원 정책 역시 이러한 흐름에 맞춰 발전하고 있다. 따라서 미국의 사례에서는 영구적 관계 형성이라는 개념을 중심으로 자립지원 정책에 대해 살펴볼 것이다.

1. 자립지원 대상 아동·청소년 현황 및 특성

가. 위탁보호체계 및 자립지원 대상 아동·청소년의 현황

미국에서는 위탁보호체계를 통해 서비스를 받은 경험이 있는 아동들을 대상으로 자립지원 서비스를 제공하고 있으며, 서비스 수혜 조건에 해당하는 아동·청소년이 서비스를 제공받는 것에 동의하게 되면 서비스가 지원된다. 이로 인해 실제로 얼마나 많은 아동·청소년이 자립지원 서비스를 받고 있는지를 정확히 파악하기는 힘들다. 다만 연방법상 자립지원 서비스의 대상이 되는 연령대인 14~21세의 위탁보호 아동·청소년을 통해 대략적인 서비스 대상자 규모를 예상해볼 수 있다.

〈표 3-14〉 위탁보호체계 내 자립지원 서비스 수혜 가능 연령대(14~21세) 아동-청소년 규모[32]

(단위: 명, %)

연도	위탁보호체계 내 전체 아동·청소년 수	위탁보호체계 내 14~21세 아동·청소년 수	14~21세 아동·청소년 비율
2022	368,530	91,644	24.9
2012	397,122	116,829	29.4
2002[33]	533,000	175,951	33

출처: U.S. Department of Health and Human Services(이하 US DHHS). 2006, 2013, 2023.

---

32) 14세 이후 보호가 종료되어 위탁보호체계의 관리를 받지 않는 아동 및 청소년들은 이 통계에 포함되어 있지 않으므로 실제로 자립지원 서비스를 받을 수 있는 대상자의 규모는 위 수치보다 큼.

33) 2002년의 자료는 21세가 아닌 20세까지의 통계가 집계된 수치임.

위 표를 보면 현재 미국 위탁보호체계 내 전체 아동·청소년 수는 2002년 약 53만 명에서 2022년 약 37만 명 수준으로 계속 감소하는 중이며, 이러한 감소 추세를 감안하더라도 전체 위탁보호 아동 중 14~21세 아동·청소년의 비율은 지난 20년간 꾸준히 감소한 것을 알 수 있다(US DHHS, 2006, 2013, 2023). 이는 미국 위탁보호체계 내 아동·청소년이 14세가 되기 전에 자신을 양육해 줄 수 있는 영구적인 가정이 생겨서 보호가 종료되는 비율이 증가하고 있다는 것을 의미한다.

〈표 3-15〉 연간 위탁보호체계 아동·청소년 배치 현황

(단위: %)

보호배치 분류	2002년	2012년	2022년	비고
입양대기가정	17	4	5	2010년대에 급격히 감소
친족 위탁가정	24	28	34	증가
비친족 위탁가정	46	47	44	2010년대 이후 감소
그룹홈	9	6	4	감소
생활시설	10	9	5	감소
지도자립생활	0	1	2	증가
가출	0	1	1	보합
시범가정방문34)	0	5	4	보합

출처: U.S. DHHS. 2006, 2013, 2023.

〈표 3-15〉는 2002년, 2012년, 2022년 각각 한 해 동안 위탁보호체계 내의 어떤 보호 환경에 배치되었는가를 보여주는 자료이다. 2022년 한 해 동안 미국의 위탁보호체계 내의 아동·청소년은 80%에 가까운 이들이 위탁가정에서 생활하였고, 그 뒤를 이어 입양대기가정, 생활시설(Institution), 그룹홈, 시범가정방문(Trial Home Visit), 지도자립생활

---

34) 시범가정방문은 아동을 영구적으로 가정에 복귀시키기 위한 준비 단계에서 해당 가정에 아동을 배치하고 주기적인 방문을 통해 모니터링하는 주로 단기적 옵션으로 사용되는 배치 방법임(Children's Bureau, 2000).

(Supervised Independent Living, SIL) 등의 순이었다. 또한, 지난 10년간 미국 위탁보호체계에서 친족 가정에 대한 의존도가 증가하고 있음을 확인할 수 있다. 2012년과 2022년을 비교해 보면 비친족 위탁가정에 배치되는 아동·청소년의 비율은 줄어든 반면, 친족 위탁가정에 배치되는 비율은 상승했다. 그리고 그룹홈이나 생활시설 같은 단체생활시설에 대한 의존도는 지난 20년 동안 꾸준히 감소하는 추세를 보였다(US DHHS, 2006, 2013, 2023).

한편, 지도자립생활(SIL)은 지난 20년간 배치 비율이 꾸준히 증가해 왔다(US DHHS, 2006, 2013, 2023). SIL은 자립준비가 된 청소년 또는 청년에게 독립적인 주거 공간이나 룸메이트와 함께 생활할 수 있는 주거를 제공하는 서비스이다. SIL 보호 배치의 증가는 연방정부의 자립지원 대상자의 범위와 규모가 커지면서 자연스럽게 나타난 변화인 것으로 추정된다.

일반적으로 지도자립생활 옵션은 18~21세 청소년이 그 대상이지만, 주정부나 지방정부가 지정한 법이나 규정에 따라 16세 혹은 17세부터 제공되는 경우(예: 뉴욕주, 위스콘신주)도 있고, 상황에 따라 유연하게 26세까지 연장이 가능한 경우(위스콘신주)도 있다(Los Angeles County Department of Children and Families, 2022; New York State Office of Children and Family Services, 2021; Wisconsin Department of Children and Families, 2018). 사례관리자나 감독관이 정기적으로 청소년들의 생활을 지원하고 모니터링하며, 뉴욕이나 위스콘신주의 경우, 만남이나 연락 주기는 주 2~3회 정도이다(New York State Office of Children and Family Services, 2021; Wisconsin Department of Children and Families, 2018). 다만, 청소년의 생활 안정성이나 자립생활 참여 기간에 따라 접촉 빈도는 유연하게 조정될 수 있다.

〈표 3-16〉 사례 계획 목표 및 보호종료 사유

(단위: 명, %)

분류	사례 계획 목표				보호 종료 사유			
	2002	2012	2022	비고	2002	2012	2022	비고
원가정 복귀	46	53	52	2010년대 이후 보합	56	51	46	감소
친족 가정 생활	5	3	4	보합	10	8	6	감소
입양	21	24	28	증가	18	18	27	2010년대 이후 증가
장기위탁 보호	9	5	2	감소	-	-	-	-
보호종료 (연령 초과)	6	5	5	보합	7	10	9	보합
후견인 보호	3	4	4	보합	4	7	11	증가
기타	10	5	5	-	3	2	1	-

출처: U.S. Department of Health and Human Services. 2006, 2013, 2023.

〈표 3-16〉에 보호종료 시점까지 주기적으로 수립되는 사례 계획 목표와 실제 보호가 종료된 사유를 병치하였다. 먼저, 사례 계획 목표와 보호종료 사유 모두에서 원가정 복귀가 지난 20년간 가장 높은 비중을 차지하고 있었다. 이는 원가정 복귀가 영구적 관계 달성을 위한 최우선 목표로 간주된다는 점을 반영하며, 위탁보호체계는 아동이 원가정으로 돌아가 안정적인 관계를 형성하는 것을 최우선적으로 지향하고 있음을 보여준다. 미국 아동복지체계는 영구적 관계 형성을 위해 원가정 복귀, 입양, 후견인 보호를 가장 선호한다. 원가정 복귀, 입양, 후견인 비율을 합산하여 비교해 보면, 2012년에 비해 2022년이 약 4% 정도 높은 것으로 나타난다. 즉, 지난 20년 동안 원가정 복귀로 인한 보호종료 비율이 상대적으로 감소하고, 입양이나 후견인 보호가 증가했다(US DHHS, 2006, 2013, 2023).

일반적인 의미의 자립지원과 관계가 가장 깊은 항목은 장기위탁보호와 보호종료(연령 초과)일 것이다. 장기위탁보호를 목표로 하는 사례는 20년간 지속적으로 감소 중이며 2022년에는 사례 계획 목표 중에서 가장 낮은 수치를 기록하였다(US DHHS, 2006, 2013, 2023). 이는 영구적 관계 달성을 위한 임시적인 보호 수단으로 활용하려는 미국 위탁보호체계의 현재 흐름과 일치한다. 즉, 위탁보호체계는 아동이 가정과 같은 영구적인 관계를 형성할 수 있도록 지원하는 방향으로 변화하고 있으며, 장기적인 보호보다는 영구적인 가족 기반의 지원을 강조하고 있다. 연령 초과로 인한 보호종료를 사례 계획의 목표로 설정하는 경우는 지난 20년 동안 비교적 일정하게 5~6% 수준으로 낮게 유지되고 있다(US DHHS, 2006, 2013, 2023). 이는 청소년이 연령 초과로 보호종료 시점에 가까워짐에 따라 영구적 관계 형성보다는 자립을 우선 목표로 설정해야 하는 상황에서만 이러한 계획이 수립된다는 것을 시사한다.

한편, 실제 연령 초과로 보호종료가 이루어진 경우의 비율은 지난 20년간 약 7~10% 수준으로, 연령 초과에 따른 보호종료를 사례 계획하는 비율보다 높다(US DHHS, 2006, 2013, 2023). 이는 보호종료 시점이 가까워질수록 법적 영구성 달성보다는 홀로서기에 실질적으로 필요한 자립지원에 집중하는 사례가 많아지기 때문이라고 해석할 수 있다. 즉, 사례 계획 목표에서는 영구적 관계 형성을 우선적으로 고려하지만, 현실적으로는 청소년의 연령이 높아지면서 자립지원이 필요한 경우가 더 많아지고 있다는 점을 보여준다.

나. 위탁보호체계 및 자립지원 대상 아동·청소년의 특성

위탁보호체계로 들어오게 되는 아동·청소년은 가족들과 익숙한 환경으로부터 갑작스럽게 분리되는 부정적인 경험을 하게 되고, 이는 정신적,

신체적 문제, 소속감 및 자아정체성의 상실 등의 심리사회적 문제로 이어질 수 있다(Bronsard et al., 2016; Deutsch & Fortin, 2015; Johnson et al., 2020). 또한, 성과적인 측면에서도 이러한 문제들이 학업 중단, 노숙, 낮은 취업 가능성, 학업 성취 저하, 자립 능력 부족 등으로 이어질 가능성도 높인다(Bronsard et al., 2016; Courtney et al. 2008; Dworsky, 2005).

이에 따라 미 연방정부는 가정 외 보호를 받는 아동·청소년의 자립을 지원하기 위한 정책을 지속적으로 발전시키며, 제도의 사각지대를 줄이기 위해 노력해왔다. 그럼에도 불구하고, 가정 외 보호를 받는 청소년들은 일반가정에서 성장하는 또래에 비해 여전히 훨씬 열악한 결과를 보인다. 특히 이들은 가정 외 보호가 종료된 이후에 실업, 저소득, 주거불안정, 건강 및 정신건강 악화, 범죄연루, 낮은 학업 성취도, 의료보험 접근성 부족 등 다양한 부정적 결과를 경험할 위험이 또래보다 높은 것으로 나타났다(Courtney & Dworsky, 2006; Deutsch & Fortin, 2015; Dworsky & Courtney, 2009; Fowler et al., 2017; Narendorf & McMillen, 2010; Shook et al., 2013).

또한, 지난 수십 년간 보호종료된 청소년들을 대상으로 한 자립지원 서비스의 효과성을 엄격한 방법론을 통해 평가한 많은 연구들이 있었지만 이러한 서비스들의 중장기적인 효과를 밝혀낸 연구가 매우 부족한 실정이다. 예를 들어, 무작위 대조군 연구(RCT)로 진행된 연구들과 미국의 위탁보호 데이터 체계인 입양 및 위탁보호 분석 보고 시스템(Adoption and Foster Care Analysis and Reporting System, AFCARS), 그리고 전환기 청소년 자립 현황 데이터 시스템(National Youth in Transition Database, NYTD) 등 다양한 국가 기반 데이터를 이용한 연구들은 미국의 자립지원 서비스가 지금까지 충분한 성과를 내지 못하고 있음을 보여

주었다(Courtney et al., 2008, 2011; Fowler et al., 2017; Prince et al., 2019; Watt & Kim, 2019). 이처럼 기존의 많은 연구 결과들은 기존 아동복지체계 내에서 자립지원 서비스만을 분절적으로 제공하는 것으로는 위탁보호를 경험한 아동·청소년이 건강한 성인으로 성장하는 데에 한계가 있음을 시사한다. 이러한 한계를 극복하기 위해, 미국에서는 아동복지체계 전반에 걸쳐 위탁 보호를 받는 아동·청소년이 성인이 될 때까지 안전하고 안정된 환경에서 성장하도록 지원하는 방향으로 그 접근 방식을 점차 전환하고 있다.

2. 미국 아동복지체계의 방향성 및 자립지원 정책

가. 미국 아동복지체계의 방향성: 영구성(Permanency)의 달성

미국의 아동복지체계는 아동이 안정적인 생활환경에서 지속적으로 건강하게 성장할 수 있도록 '영구성(permanency)' 확보에 중점을 두고 있으며, 자립지원 정책 역시 이러한 영구적 관계 확보의 연장선에 있다. 따라서 미국의 자립지원체계를 이해하기 위해서는 최근 아동복지체계의 방향성을 파악하는 것이 중요하다. 현재 미국 아동복지체계에서 아동 발달의 영구성을 추구하는 제도적 노력은 다음과 같다.

1) 가족 재통합(Family Reunification) (Child Welfare Information Gateway, 2019a)

미국 아동복지체계의 최우선 목표는 원가정의 유지이고, 따라서 아동이 원가정에서 분리되어 위탁보호체계 내로 들어왔다면 해당 아동이 친생부모와 재결합, 즉 원가정에 복귀할 수 있도록 돕는 것을 최우선으로 한다. 이를 위해, 주정부는 부모가 아동과의 분리 원인을 해결할 수 있도록 다양한 프로그램을 지원하는데, 예를 들어 약물남용 치료, 부모교육, 상담 서비스 등을 제공한다. 또한, 원가족이 아동과 재통합하기 위해 필요한 단계를 상세히 기록한 사례 계획을 마련하고, 주거지원, 정신건강서비스, 직업훈련 등 부모의 목표 달성을 돕는 다양한 지원 서비스를 제공한다.

2) 입양 및 후견(Adoption or Guardianship) (Child Welfare Information Gateway, 2019a)

원가정 복귀가 불가능할 경우, 아동에게 안정적이고 영구적인 가정을 제공하기 위한 차선책으로 입양 또는 후견을 적극적으로 추진한다. 이는 주로 주 정부의 법률과 절차에 따라 진행되며, 경우에 따라 재정 보조 등 사후 지원 서비스도 포함된다.

3) 위탁보호(foster Care)

위탁보호는 아동이 영구적으로 안정된 가정을 찾기 전까지 임시적으로 보호와 지원을 제공하는 과정이다. 위탁보호는 아동의 영구적 관계를 달성하기 위한 중요한 단계로서, 다양한 방식으로 그 역할을 수행한다.

- 재결합을 위한 임시 돌봄(Child Welfare Information Gateway, 2020a)

위탁보호는 아동이 친생부모와 재결합할 가능성을 염두에 둔 임시 배치로, 아동복지체계는 아동이 친생부모와 다시 만나기까지 안전한 환경을 제공하는 동시에 친생부모와 협력하여 아동의 분리 원인이 된 약물 남용, 방임 등의 문제를 해결한다. 이때, 위탁가정은 아동에게 안정적인 양육을 제공하면서 친생부모와 열린 소통을 유지하며, 아동이 가족으로 돌아갈 수 있도록 돕는다.

- 안정성 보장(Child Welfare Information Gateway, 2020b)

위탁보호는 아동의 기본적 욕구를 충족시켜야 할 뿐 아니라, 아동이 안정적으로 성장하는 데에 필요한 건강, 정서적 지원, 교육적 지원 등 다양한 돌봄 서비스를 제공한다. 이를 통해 아동이 트라우마와 불안을 최소화하고, 재통합, 입양 또는 후견이 결정될 때까지 안전하게 보호받을 수 있도록 한다. 만약 재통합이 어렵다고 판단될 경우, 위탁보호자는 입양을 선택하여 아동에게 영구적 가정을 제공할 수도 있다.[35]

- 동시 계획(Concurrent Planning) (Child Welfare Information Gateway, 2018, 2019a)

아동복지체계는 가족 재통합을 위해 노력하는 한편, 입양 혹은 후견 같은 대안적 영구성을 동시에 추구한다. 이를 동시 계획이라고 하며, 원가족과의 재통합이 실패할 경우 아동이 장기적으로 위탁보호에 머무르지 않고 신속히 영구적인 환경에서 자랄 수 있도록 돕기 위한 것이다.

---

[35] 위탁보호자들은 자신들의 손으로 키운 위탁 아동을 입양하고 싶어하는 경우가 많음. 2017년 자료에 따르면, 입양된 위탁아동 중 51%가 위탁보호자에 의해 입양된 것으로 나타남(Child Welfare Information Gateway, 2019b).

- 친족 위탁보호(Kinship Foster Care) (Child Welfare Information Gateway, 2022)

친척의 가정에서 아동을 위탁보호하게 되며 이를 친족 위탁보호(Kinship Care)라고 한다. 이는 원가정과의 연결성을 유지하려는 목적에서 최근 들어 특히 그 중요성이 강조되고 있는 선택지이다. 친족 위탁보호는 아동에게 친숙한 환경을 제공하며, 친척 관계가 아닌 일반 위탁가정 보호에 비해 행동 문제나 정신건강 문제 발생이 적은 것으로 알려져 있다.

- 성인으로 전환하는 청소년을 지원

주로 위탁보호체계에서 나이 제한으로 퇴소하는 청소년을 위해, 자립생활 프로그램을 통해 생활 기술 교육, 주거 지원, 교육 지원 등을 제공하여 성인으로의 전환을 돕는다.

이처럼 최근 미국 아동복지체계는 가족의 재통합, 입양 및 후견, 그리고 위탁보호로 이루어지는데, 이들 모두는 아동복지체계로 진입한 아동이 안전하고 안정적 가정환경에서 영구적으로 생활할 수 있도록 돕는 데에 궁극적인 목적을 두고 있다.

나. 위탁보호 체계 내 자립지원 정책의 변화

미국 아동복지체계는 주로 사회보장법(Social security Act)에 의해 운영되고 있으며, 특히 사회보장법 IV-B 편과 IV-E 편에 근거하여 주 정부에 지원금을 제공하고 있다. 사회보장법 IV-B 편은 아동학대 예방, 가족 보존과 재통합 촉진, 아동의 안전과 복지를 보장하기 위한 지원에 중점을 두고 있으며(Stoltzfus, 2014), 사회보장법 IV-E 편은 아동이 원가정에서 안전하게 지낼 수 없는 경우, 가정 외 보호 환경에 배치된 아동을 위한 지원에 중점을 두고 있다(Stoltzfus, 2012). 여기서 아동의 가정 외 보호를 위한 지원은 위탁보호, 입양지원, 친족후견 등이 포함된다. 위탁보호체계하의 자립지원 정책은 가정 외 보호를 받고 있거나 가정 외 보호가 종료된 위탁보호 사후 서비스에 해당하기 때문에 주로 사회보장법 IV-E 편의 지원금을 통해 제공된다(Stoltzfus, 2012).

앞에서 언급한 영구적 가정을 강조하는 최근의 흐름과는 별개로, 본래 미국의 자립지원 정책은 보호체계 내에서 안정적인 영구적 가정을 찾지 못한 채 위탁가정이나 시설에서 지내다가 보호가 종료되는 아동·청소년을 위한 대책으로 마련된 정책이라고 할 수 있다. 그럼에도 불구하고 위탁보호체계를 거친 아동·청소년은 원가정에 복귀하거나 다른 영구적인 가정의 돌봄을 받게 되더라도, 일반 가정의 아동·청소년에 비해 건강한 성장을 위한 지원이 부족한 경우가 많다. 만약 영구적인 가정을 이루더라도 해당 가정이 일반 가정에 비해 성인으로서의 자립을 위한 지원을 제대로 제공할 수 없는 열악한 환경에 처해 있다면, 자립지원 정책의 사각지대가 생길 수 있다. 따라서 영구성 달성과 자립지원을 별개로 판단하기보다는 상호연계를 고려한 정책을 발전시키는 것이 필요하다. 미국의 경우에도 자립지원 정책의 수혜 대상 범위가 어떤 식으로 확대되었는지를 살펴보면 시간의 흐름에 따라 이러한 상호연계가 강화되어 나가는 추세인 것을 알 수 있다.

〈표 3-17〉 미국 자립지원 정책의 흐름

연도	자립 지원과 관련된 주요 연방 법률	주요 내용
1935 & 1994	1935 사회보장법(Social Security Act) 입법 및 1994 개정	*연방정부가 아동복지에 관여하기 시작한 출발점 *주정부에 대한 자금지원의 근거가 되는 Title IV-B 및 IV-E 조항을 통해 아동복지, 위탁보호, 입양 활동을 지원 (현재까지도 Title IV-B와 IV-E는 아동보호와 위탁보호를 지원하는 연방 자금 중 그 규모가 가장 크다.) *위탁보호 서비스의 연장선상에서 보호 종료를 앞두고 있거나 이미 보호가 종료된 청소년들을 지원하는 예산의 대부분은 사회보장법 하의 IV-E을 통해 지원
1985	자립계획법(Independent Living Initiative: P.L. 99-272)	*최초로 연방정부가 자립지원 프로그램에 자금을 지원 *주정부에서 16세 이상의 위탁보호 체계 내 청소년의 자립 전환을 지원 하도록 연방정부의 자금 제공
1999	체이피 위탁보호 자립 지원 프로그램법 (Chafee Foster Care Independence Program)	*현재 미국 위탁 보호 체계 내 자립지원 프로그램의 근간이 되는 정책 *만 16세에서 18세까지 위탁 보호 체계 내의 청소년들에게 자립지원 서비스를 제공 *자립지원 서비스 대상자들에게 메디케이드 자격을 확대
2002	안전하고 안정적인 가정 육성 수정안 (Promoting Safe and Stable Families Amendments)	*교육 및 직업훈련을 지원하기 위한 정책 *주정부가 자립 전환 시기의 위탁보호 아동·청소년에게 교육과 직업훈련을 위한 바우처 (Education and Training Voucher)를 제공하기 위한 기금을 연방정부에서 지원
2008	성공을 위한 연계 강화와 입양 증진법 (Forstering Connections to Success and Increasing Adoptions Act)	*자립지원 종료기한을 만 18세에서만 21세로 연장 *만 16세 이후 친족 후견 및 입양을 통해 위탁보호 서비스가 종료된 청소년들에게도 자립지원 서비스를 제공
2018	가족 우선 예방 서비스법 (Family First Prevention Services Act)	*기존의 Chafee Foster Care Independence Program에서 John H. Chafee Foster Care Program for Successful Transition to Adulthood로 명칭을 변경 *교육과 직업훈련을 위한 바우처 (ETV) 프로그램 자격 요건 완화: 만 14세부터 26세까지 *주정부 상황에 따라 체이피 프로그램 대상자를 최대 만 23세까지 확대할 수 있도록 지원 *만 18세 이전에 위탁보호가 종료된 청소년들에게도 자립지원 서비스를 제공

출처: Stoltzfus. 2021; Child Welfare League of America. n.d.를 기반으로 작성

미국 연방정부는 1980년대부터 가정 외 보호를 받는 청소년들의 자립을 지원하기 시작했다. 1985년에 제정된 자립 프로그램법(Independent Living Initiative: P.L. 99-272)을 통해 사회보장법 IV-E 편이 수정되었고, 이에 따라 주정부는 16세 이상 위탁보호 아동·청소년의 자립 전환을 위한 법률과 규정을 확립하고 자립지원을 위해 연방정부로부터 사회보장법 IV-E 편의 지원금을 받을 수 있게 되었다(US DHHS, 1993). 그러나 당시의 자립프로그램은 지나치게 좁은 자격 요건과 부족한 자립지원 서비스로 인하여 청소년의 자립을 효과적으로 돕지 못하고 있다는 문제(주거, 실업, 교육 문제 등)가 지적되었다(U.S. General Accounting Office, 1999). 이에 따라 미 연방정부는 1999년 법을 개정하여 기존의 자립 프로그램을 체이피 프로그램(Chafee Foster Care Independence Program 이후 John H. Chafee Foster Care Program for Successful Transitionto Adulthood로 명칭 변경)으로 교체하였다(Stoltzfus, 2021).

이 프로그램의 지원 대상 연령은 주정부 법에 따라 다르지만 대부분의 주가 21세에서 23세를 최대 연령으로 설정하고, 자립지원 서비스를 연장할 수 있는 옵션을 제공하고 있다(Fernandes-Alcantara, 2024). 체이피 프로그램은 주정부의 주도로 계획되고 실행되며, 연방정부는 각 주정부의 체이피 프로그램 운영에 필요한 자금의 대부분을 지원하고, 프로그램의 기금 운용 계획과 성과를 감독하는 역할을 맡고 있다. 연방정부는 주정부가 산정한 체이피 프로그램 예산의 최대 80%까지 지원하며, 주정부는 최소 20%의 자체 예산을 더해 다양한 자립지원 서비스(주거, 교육, 고용 지원, 정서적 지원 등)를 제공한다(Fernandes-Alcantara, 2024). 또한 체이피 프로그램에는 교육 및 훈련 바우처 프로그램(Education and Training Voucher Program, 이하 ETV 프로그램)도 포함되어 있으며, 최대 5년간

(26세까지) 청소년이 고등 교육 및 직업 훈련을 추구할 수 있도록 돕는다(Fernandes-Alcantara, 2024).

체이피 프로그램은 현재 미국 위탁보호체계 자립지원 서비스를 지원하는 가장 대표적인 연방 프로그램으로 1999년 탄생 이후, 여러 번의 주요한 개정을 거쳐서 현재의 체계를 갖추게 되었다(〈표 3-17〉 참조). 1999년 당시에는 16~18세의 위탁보호 중인 아동·청소년만이 자립지원 서비스를 제공받을 수 있는 수준으로 프로그램 지원이 시작되었다. 2002년에는 교육 및 직업훈련을 지원하는 프로그램인 ETV가 추가되었고, 2008년 개정에서는 서비스를 받을 수 있는 최대 연령을 기존 18세에서 21세로 연장하고 16세 이후에 친족 후견 및 입양의 사유로 보호가 종료된 청소년들에게도 자격을 부여하였다. 마지막으로 2018년 개정은 수혜 대상을 대폭 확대하여 14세가 된 후 위탁양육을 경험한 아동·청소년이 자립지원 프로그램을 이용할 수 있도록 하는 조항을 명시하였고, ETV를 제공받을 수 있는 수혜 연령을 14세에서 26세까지 확대했으며, 주정부의 기금 운영 상황에 따라 최대 23세까지 체이피 프로그램을 제공할 수 있도록 허용하였다.

이러한 개정을 통해 2024년 현재 연방 체이피 프로그램 지원을 위한 자격 기준은 미국 사회보장법 477(a)조에 명시되어 있으며, 다음과 같은 요건을 충족해야 한다(Fernandes-Alcantara, 2024).

- 현재 위탁보호 상태에 있는 14세 이상의 아동·청소년
- 18~21세(일부 주에서는 23세) 사이에 위탁보호가 종료된 청소년
- 16세 이후 친족 후견 또는 입양을 통해 위탁보호가 종료된 아동·청소년
- 14세 이후 위탁보호 상태에 있었으며, 보호 연령 초과나 친족 후견 또는 입양 외의 이유로 보호종료된 아동이나 청소년의 경우, 만 21세(일부 주에서는 23세)까지 자격 유지

- 18세까지 위탁보호를 받을 것으로 예상되며, 체이피 프로그램의 목적36)에 부합하는 아동

이러한 자격 기준에 따라 체이피 프로그램의 수혜 가능 대상을 위탁보호 중인 청소년과, 연령 초과가 아닌 사유로 보호가 종료된 청소년의 대표적인 5가지 경우로 구분하여 〈표 3-18〉에 재구성하였다.

〈표 3-18〉 보호 형태별 연방 체이피 프로그램 수혜 자격 기준

보호 형태	자격 기준
현재 위탁 보호 중	현재 위탁 보호 상태에 있는 14세 이상의 아동·청소년
친족 후견으로 보호종료 입양으로 보호종료	16세 이후 친족 후견 또는 입양을 통해 위탁 보호가 종료된 아동·청소년
스스로 위탁보호 종료 원가정 복귀로 보호종료 친족과의 동거로 보호종료	14세 이후 위탁보호 상태에 있었으며 보호 연령 초과, 친족 후견 또는 입양 외의 이유로 보호가 종료된 경우, 만 21세(일부 주에서는 23세)까지 자격 유지

주: John H. (2024). Chafee Foster care program for successful transition to adulthood(Fernandes-Alcantara)에 기초하여 연구진이 작성함.

즉, 체이피 프로그램을 보면, 원가정 복귀, 입양, 친족 후견 등 다양한 사유로 위탁보호가 종료된 아동·청소년에게 자립지원 서비스를 제공할 수 있는 연방 기준이 어느 정도 마련되어 있음을 확인할 수 있다. 그럼에도 불구하고 연방 수준에서 수혜 범위 확대와 명확한 기준 명시가 필요한 상황이다. 현 연방 기준에 따르면, 위탁보호 중인 아동은 14세부터 서비스를 받을 수 있는 반면, 친족 후견이나 입양을 통해 보호가 종료된 경우에는 16세부터 서비스가 가능하여, 이들 청소년의 수혜 기준 연령을 낮출 필요가 있다. 또한, 입양이나 친족 후견이 법적 기준으로 명시된 수혜 형태인 것과

---

36) 여기서 체이피 프로그램의 목적이란 연령 또는 발달 단계에 적합한 활동에 정기적이고 지속적으로 참여할 수 있는 기회를 제공하는 것을 의미함(Fernandes-Alcantara, 2024).

달리, 원가정 복귀는 "보호 연령 초과, 친족후견 또는 입양 외의 사유"라는 모호한 기준에 포함되므로, 이에 대한 명확한 규정이 요구된다. 현재 이러한 모호성은 각 주정부가 연방 기준을 토대로 주 차원의 법과 규정을 보다 명확히 제시함으로써 보완하고 있는 것으로 보인다. 예를 들어, 노스캐롤라이나주의 경우, 연방 기준인 14세보다 연령 기준을 한 살 낮추어 13세 이후 위탁보호를 받은 경험이 있는 모든 아동·청소년들에게 자립지원 서비스를 제공하고 있으며, 그 다양한 예시를 아동복지 지침(Child Welfare Manual)에 명시하고 있다. 그 구체적인 사례는 다음과 같다(NC Department of Health and Human Services, 2022, p. 155).

노스캐롤라이나 주의 청소년 자립지원 프로그램 NC LINKS 수혜 기준

노스캐롤라이나 주에서는 현재 13세 이상, 21세 미만이며 13세 이후 지역 아동복지 기관의 위탁보호를 받은 아동·청소년 모두가 연방 체이피 프로그램 지원금을 기반으로 한 주정부 자립지원 서비스인 LINK 서비스를 받을 수 있다. 이는 13세 이후에 원가정 복귀, 친척과의 동거, 입양, 결혼, 자립 등의 사유로 위탁보호가 종료된 청소년을 모두 포함하며, 21세 생일까지 LINKS 서비스 수혜 자격을 유지한다. 단, 두 가지 예외 사항이 있다. 자격이 있는 청소년이라도 1) 개인 자산이 $10,000 이상인 경우, 혹은 2) 불법 체류자 또는 서류 미비자인 경우, LINKS 기금을 통한 서비스를 받을 수 없다.

또한, 어떤 아동이 원가정에서 분리되어 24시간 가정 외 보호를 받고 있으며, 공공 아동복지기관이 배치와 보호책임을 지고 있는 경우를, 위탁보호 아동이라고 정의한다. 따라서 어떤 아동이 원래 위탁보호 가정 라이선스가 없는 친척의 집에서 거주하고 있어 보호자가 지원금을 받지 못하는 경우가 발생하더라도 이 아동은 위탁보호 아동으로 간주한다. 따라서 이 아동은 LINKS 기금을 통한 자립지원 서비스를 받게 된다. 단, 청소년이 범법자로 판정되어 구치소, 훈련 학교 및 기타 유사 시설에 배치될 경우, 소년사법부로 사례가 이관되어 더 이상 위탁보호아동 혹은 청소년으로 간주되지 않는다.

LINKS 서비스와 자금 지원을 받기 위한 자격 요건에는 청소년이 자신의 계획 수립에 능동적으로 참여하고, 전환 계획(Transition Plan) 설계와 실행에 대한 책임을 나누는 것이 포함되어 있다. 따라서 사례 기록과 사례 계획에 청소년이 사례 계획에 참여했다는 부분이 문서화되어 있어야 한다. 만약 청소년이 서비스를 거부하거나, 사례 계획을 진행할 때 능동적으로 참여하지 않거나, 문제 해결에 협력하지 않는 청소년 및 청년은 LINKS 서비스나 자원을 제공받을 수 없다. LINKS 서비스의 자격 요건은 의도적으로 넓게 설정되어 있어, 서비스가 필요한 청소년과 문제 해결에 협력할 의사가 있는 청소년이 지원할 수 있는 기회를 열어두고 있다.

주: 연구진 재구성, 작성
출처: NC Department of Health and Human Services. (2022). p. 155.

다. 원가정 복귀 사후관리

원가정으로 복귀한 아동·청소년에 대한 지원은 주로 원가정의 영구적 안정을 유지하는 데 중점을 두고 있는 반면, 연방법상의 자립지원 서비스 수혜 기준에는 원가정에 복귀하여 보호가 종료된 경우에 대한 명확한 지침이 부족하다. 앞에서 살펴본 노스캐롤라이나주의 예시처럼 주정부가 명확한 기준을 세우고 대응하는 경우에는 사각지대를 줄일 수 있을 것이다. 그러나 노스캐롤라이나와는 달리 많은 주들에서 명확한 기준이 없어 이러한 사각지대를 연방 차원에서 보완할 필요성이 최근 더욱 강조되고 있다(Twitchell, 2023).

그럼에도 불구하고 미국의 사례에서 주목할 점은 원가정 복귀로 위탁보호가 종료된 아동·청소년의 가정에 다양한 지원이 제공되고 있으며, 이를 더욱 개선하기 위한 지속적인 노력이 이루어지고 있다는 것이다. 보호가 종료된 아동·청소년이 돌아간 가정을 건강하고 안정적인 성장 환경으로 유지·발전시키기 위한 지원이 충분히 이루어진다면, 전환기에 있는 청소년의 자립에도 긍정적인 영향을 미칠 수 있을 것이다. 그런 의미에서 원가정 복귀 사후 지원(post-reunification supports)은 보호종료 후에도 원가정의 지속적인 안정성과 청소년의 성공적인 자립을 위해 중요한 서비스라고 볼 수 있다. 현재 미국 내 원가정 복귀 사후 지원에는 다음과 같은 요소들이 주로 포함된다.[37]

- 기본적인 생활자원: 주거, 고용, 소득지원 등을 포함하며 가족의 기초적 필요를 충족하는 자원을 제공한다.
- 안전 중심 실천: 아동이 추가 학대 위험에 처하지 않도록 하는 안전

---
[37] Roberts et al.,(2017)에 기초하여 작성

중심 실천은 모든 서비스 프로그램의 주요 요소가 되어야 한다.
- 트라우마 인식 접근: 모든 유형의 트라우마의 영향을 이해하고 인식하며 대응하는 접근을 한다.
- 근거 기반 임상 아동 지원(Evidence-based Clinical Child Supports): 1) 아동이 위탁보호에 들어가게 된 트라우마, 2) 원가정과의 분리에 의한 트라우마, 3) 원가정으로 복귀할 때나 친생부모가 아닌 가정에 편입될 때 겪는 스트레스 등에 효과성이 입증된 서비스를 제공한다.
- 보호자 지원 및 서비스: 상담 및 기타 임상 서비스, 생활관리 기술 훈련, 보육, 건강관리 서비스, 옹호 훈련, 교육 서비스, 양육기술 훈련, 약물남용 치료 등을 포함한다.
- 지지체계(Support Network): 가족 구성원을 사회적 혹은 정서적으로 지지해주고 협력해 줄 수 있는 집단이나 단체, 보육기관, 임시돌봄 등의 다양한 공적 및 사적 지지체계를 연계 및 개발한다.
- 내비게이션 서비스: 가족들에게 필요한 자원이나 지원 서비스를 연계할 수 있는 담당자를 배치한다.

원가정 복귀 사후 지원에는 위에 언급한 요소들이 공통적으로 포함되지만, 아직 연방 수준의 정책적 가이드라인보다 주정부나 지역정부의 정책에 크게 의존하고 있어 프로그램의 형태가 매우 다양하다. 이에 따라, 이러한 요소들을 모두 포함하고 원가정에 복귀한 보호종료 아동·청소년의 자립지원과도 깊은 연관성을 가진 지역 프로그램 사례를 소개하고자 한다.

우수 사례: 노스캐롤라이나 주 Katawba 카운티의 성공 코치(Success Coach)

이 프로그램은 가족이 영구 배치 이후에도 안정적이고 안전한 환경을 제공하도록 지원하고, 가족 회복력을 강화하며, 장기적으로 긍정적인 영향을 만들어내는 데에 그 목적이 있다. 성공 코치 프로그램은 위탁보호 종료 후 영구적 배치를 받은 아동(원가정 복귀, 입양, 후견, 법적 보호 등)에게 안정적인 환경을 보장하고 아동 복지를 증진하기 위해 다양한 사후 지원 서비스를 제공한다. 특히 원가정 복귀가 이루어지기 전부터 복귀 후까지 연속적으로 아동과 가족에게 지속적인 지원과 강화된 사례 관리를 제공하고 이를 지속적으로 모니터링 한다는 것이 큰 특징이다.

성공 코치 프로그램은 자발적으로 참여하는 가정을 위해 제공되고 있으며, 참여가 결정되면 성공 코치가 가족과 함께 해당 가정의 강점과 욕구를 평가하고, 평가 과정의 결과와 가족들이 가진 관심 및 우선순위에 따라 목표와 실행 단계를 포함한 성공 계획(Success Plan)을 공동으로 수립한다. 이 계획은 가족의 목표와 이를 달성하기 위한 구체적인 실행 단계를 포함한다. 성공 코치는 목표 달성을 위해 가족과 협력하며, 서비스 조정, 위기 지원, 가족 기능 개선을 위한 기술 교육과 강화, 기타 서비스로의 연결을 통해 가족을 지원한다. 일반적으로 성공 코치 서비스는 2년간 서비스를 제공하며, 성공 코치는 이 기간 내에 가족의 보호 요인을 강화하고 위험 요인을 감소시키는 것을 목표로 한다. 다만 필요에 따라 최대 3개월간의 연장이 가능하다. 만약 서비스를 받았던 가족의 사례를 특정 문제로 인해 지원이 더 필요가 있다고 판단되면, 새로운 사례로 동일한 모든 절차를 따라 다시 서비스를 받을 수 있다. 만약 성공 코치의 판단 하에 사례가 2년 내에 종료하지 못하는 상황이라면, 프로그램 필요성을 평가하기 위해 반드시 수퍼바이저와 협의해야 한다. 이 서비스에 참여하기 위한 자격 요건은 보호종료 사유에 따라 자격 요건이 다른데, 원가정에 아동이 복귀한 경우에 성공코치 서비스를 받으려면 다음의 자격 요건을 충족해야 한다:

- 서비스 제공에 동의하는 시점을 기준으로 아동은 위탁 보호에서 16세 이전에 보호가 종료된 상태여야 하고 만 18세 미만이어야 한다.
- 아동이 Catawba 카운티 사회서비스부가 제공하는 가정 외 보호를 받았어야 한다.
- 위탁 보호 사유가 학대, 방임, 의존, 비행 또는 비순응으로 판사의 판단에 의해 결정되었거나, 부모 권리가 포기된 사례여야 한다.
- 모든 가족 구성원이 아동 보호 서비스(Child Protective Services)를 받지 않고 있는 상태여야 한다.
- 가족이 노스캐롤라이나 주 힉커리(Hickory)에서 반경 75마일 이내에 거주해야 한다.

한편 성공코치 서비스는 다음과 같은 지원을 하고 있다.

- 기본적인 생활자원
  - 가족 성공 계획(Success Plan)에 명시된 목표를 달성 하기 위해 필요한 재정적/구체적 자원을 제공하며, 이는 주로 Katawba 카운티의 가족 지원 기금(Family Assistance Fund)을 통해 지원된다. 가족 지원 기금의 월 최대 지원금은 가정 당 $400를 넘지 않아야 하며, 다음 네 가지 목적에 부합 할 때만 신청 할 수 있다: 1) 아동의 안전, 영구적 관계, 또는 복지에 영향을 미칠 수 있는 위기를 예방, 2) 가족 기능을 향상 시키거나 보호 요소를 증대, 3) 서비스 접근성 향상, 4) 아동의 복지(사회적, 정서적, 신체적 발달 및 교육 성취 포함) 증진.
  - 주거 지원의 경우, Section 8 주택 지원 연계 (저소득층 대상 주택지원), 주거지 탐색, 공과금 및 보증금 지원 등이 포함된다.

- 안전 중심 실천 및 트라우마 인식 접근
  - 성공 코치는 사례 매핑(case mapping)을 통해 가족이 삶에서 잘 진행되고 있는 부분, 우려 사항, 그리고 삶을 안정적으로 유지하기 위해 필요한 지원을 검토하여 아동의 안전을 보장한다. 이때 성공 코치는 가족 기능을 측정하기 위해 주로 North Carolina Family Assessment Scale (이하 NFAS)을 사용한다.
  - NCFAS는 다양한 버전이 존재하는데, 성공 코치 서비스는 11개의 영역을 6점 척도를 사용해 각 하위 척도와 영역에서 가족의 상태를 평가하는 것을 포함하는 버전을 사용한다. 11개의 영역은 다음과 같다: 1) 가정환경, 2) 부모역량, 3) 가족 상호작용, 4) 가족 안전(Family safety), 5) 아동복지(Child wellbeing), 6) 사회 및 단체활동, 7) 자립, 8) 가족 건강, 9) 양육자/아동의 양가감정 (Caregiver/child ambivalence), 10) 재결합 준비도(Readiness for reunification), 11) 트라우마(Trauma)
  - NCFAS는 가족이 활용 할 수 있는 강점 뿐만 아니라 해결해야 할 위험 요인과 필요 사항을 파악 할 수 있다. 또한 가족과의 상호작용, 가족과 함께 일하는 타인과의 접촉, 기타 평가 (예: 안전, 위험, 약물/알코올, 심리적평가)에서 얻은 정보를 반영하게 된다.
  - 성공 코치는 NCFA를 이용하여 서비스 시작일로부터 60일 이내에 초기 사정을 완료해야 하며, 트라우마가 초기 사정에서 확인 된 경우, 사후 트라우마/웰빙 영역을 6개월 간격으로 평가한다.
  - NCFAS로 사정을 완료하기 전에 최소 3~4회 가정 방문을 실시해야 한다.
  - 성공 코치는 트라우마가 부모와 아동을 포함하여 개인의 삶 모든 측면에 영향을 미칠 수 있다는 것을 이해하고, 부모나 아동에게 트라우마의 경험이 있는지, 그리고 이것이 일상 기능에 어떻게 영향을 미치는지를 사정해야 한다. 만약 아동에게 트라우마 위험 요인이 관찰 될 경우 아동 복지 트라우마 연계 도구(Child WelfareTrauma Referral Tool) 등 다양한 방법을 이용해 트라우마 인식에 기반한 결정을 내린다.
- 다양한 지원 서비스:
  - 대면 지원 집중 사례 관리: 성공 코치는 서비스 시작 후 60일 내에 가족과의 관계 형성을 위해 최소 네 번의 만남을 가져야 한다. 60일 이후에는 최소 월 1회 만남을 가지며, 방문 횟수는 필요에 따라 조정된다. 또한 서비스는 6개월 마다 재평가 되어 참여 정도와 필요 사항을 확인한다.
  - 청소년 자립생활 기술 지원 서비스: Casey 생활기술 사정(Casey Life Skills Assessment)을 통해 청소년이 독립에 도달하는 과정에서 웰빙을 유지하고 고등학교, 고등교육, 취업을 성공적으로 준비하는 데 필요한 생활 기술을 측정하여, 필요한 자립지원 서비스와 연계한다. 각 청소년에 대한 사정은 서비스 시작 후 60일 이내, 또는 청소년이 고등학교에 입학한 후 60일 이내에 완료 해야 하며 청소년과 보호자가 함께 참여한다.
  - 이외에도 가족관계 강화와 구성원들의 기능 강화를 위해 다음과 같은 서비스들을 지원 및 연계한다: 재정계획 및 관리, 사회적 지지체계 강화, 양육기술(Parenting) 교육, 고용 가능성(Employability) 향상, 회복탄력성 구축(Resiliency building), 건강관리, 교육지원 등.
  - 옹호(Advocacy) 서비스: 옹호는 가족이 스스로의 필요를 충족할 수 있도록 자신감을 키우고 역량을 갖추는 과정에서 지원과 격려를 제공하는 서비스로, 독립적인 서비스로 제공되기 보다는 다른 지원활동, 특히 교육 서비스와 통합 되어 있다. 예를 들어, 성공 코치는 부모와 함께 학교 회의에 참석하여 부모가 학교 회의 과정에서 지지를 받는다고 느끼도록 도울 수 있다.

주: 연구진 재구성, 작성
출처: Catawba County Social Services. (2022).

라. 입양 및 후견 아동 자립지원

앞에서 살펴본 연방 체이피 프로그램의 수혜 자격 기준에 따르면, "16세 이후 친족 후견 또는 입양을 통해 위탁보호가 종료된 아동·청소년"이라는 조건에 따라, 16세 이전에 입양이나 친족 후견을 통해 영구적 관계를 형성한 아동·청소년은 연방 체이피 프로그램의 지원 대상에 해당하지 않는다. 이러한 한계점에도 불구하고, 입양이나 후견은 원가정 복귀를 제외하고 위탁보호 아동이 영구적인 관계를 형성할 수 있는 차선의 선택지로 고려된다. 또한 입양이나 후견을 통해 위탁보호체계에서 표류하는 아동·청소년이 안정적이고 영구적인 관계를 형성할 수 있다면, 이것은 이들이 성인으로의 전환기를 준비하는 데에 매우 중요한 역할을 할 수 있다. 따라서 미국 아동복지체계에서는 입양과 후견을 통해 영구적인 가정을 이룬 아동·청소년에게 현재 어떤 지원이 제공되고, 이것이 자립에 도움을 줄 수 있는지 살펴볼 필요가 있다.

입양과 후견 이후의 지원을 논하기에 앞서, 이 두 개념과 관련된 특징들에 대한 선행적 이해가 필요하다. 입양은 친생부모와의 관계를 완전히 단절하고 아동과 입양 부모 간에 영구적인 법적 결속을 제공하는 반면, 후견은 친생부모의 권리를 일정 부분 유지하면서 성인이 될 때까지 지속되는 보다 유연하고 임시적인 조치로 볼 수 있다. 따라서 입양과 후견은 법적 영속성, 부모의 권리, 친생부모와의 관계에서 차이가 존재한다.

1) 입양의 특징38)

- 영구적 관계: 입양은 영구적이며 평생 지속되는 법적 관계로, 입양된 아동은 법적으로 입양 부모의 자녀로서 인정받으며, 친자녀와 동일한 권리를 갖는다.
- 친생부모의 권리 종료: 입양 시 친생부모의 권리는 영구적으로 종료된다. 이로 인해 친생부모는 아동에 대한 결정권을 상실하며, 아동을 다시 양육할 법적 권한을 가지지 않는다.
- 의사 결정 및 법적 지위: 입양 부모는 아동의 교육, 건강, 복지 등 모든 측면에서의 결정을 내릴 권한을 가지며, 아동은 친자녀와 동일하게 입양 부모의 상속 대상이 된다.
- 이름 변경: 입양 부모는 입양 과정에서 아동의 성을 변경할 수 있으며, 아동의 출생증명서에도 입양 부모의 이름이 기재된다.

2) 후견의 특징

- 임시성: 후견은 임시적 법적 조치로, 일반적으로 아동이 18세가 될 때까지 유지된다. 후견권은 법원의 결정에 따라 변경되거나 종료될 수 있으며, 친생부모가 아동 반환을 요청할 권한을 가질 수 있다.
- 친생부모의 권리 유지: 후견 시 친생부모의 권리는 완전히 종료되지 않는다. 친생부모는 법원의 결정에 따라 방문권이나 주요 결정에 대한 관여 권리를 유지할 수 있다.
- 의사결정: 후견인은 아동의 일상적 필요(학교, 건강관리 등)에 대한 법적 책임을 지고 결정을 내린다. 다만, 친생부모의 권리가 유지되는

---

38) (Arizona Department of Child Safety, 2018; Indiana Department of Child Services, 2022)를 기반으로 작성

경우 친생부모도 주요 결정에 대한 권한을 가질 수 있다.
- 이름 변경 제한: 후견인은 법원의 명확한 허가 없이는 아동의 이름을 변경할 수 없으며, 출생증명서에도 변화가 없다.
- 재정 지원: 입양과 후견 모두 재정적 지원이 가능하나, 그 지원의 성격과 지속 기간에 차이가 있다. 입양의 경우, 아동의 자격 요건에 따라 성인이 된 이후에도 보조금이 제공될 수 있다. 반면 후견의 경우 보조금은 일반적으로 아동이 18세가 되면 종료되며, 특별한 경우에 한 해 연장될 수 있다.

정리하면 입양과 후견은 모두 아동이 성인이 될 때까지 장기적인 법적 보호자의 역할을 수행하며, 아동은 보호자의 가정에서 성장하면서 안정적인 관계를 형성할 수 있다. 다만 후견은 친생부모의 일부 권리가 유지되며, 아동이 18세가 되면 법적 보호자 역할이 종료되므로, 후견인은 아동과 친족 관계인 경우가 많다. 비친족인 경우에는 굳이 후견인이 되기보다 입양을 선택하게 되는 것이다. 이뿐만 아니라 친족 가정에서 자란 아동·청소년이 비친족 가정에서 자란 경우보다 더 안정적이라는 연구 결과가 축적되면서, 최근 미국 아동복지 정책은 친족 우선(Kin-first) 정책을 점점 더 강조하는 방향으로 나아가고 있다(Casey Family Programs, 2020). 연방 체이피 프로그램의 수혜 자격 기준 중 하나인 "16세 이후 친족 후견 또는 입양을 통해 위탁보호가 종료된 아동·청소년"이라는 조건에서 친족 후견을 명시한 것도 이러한 이유에서 비롯된 것이라고 볼 수 있다. 그러나 비친족 입양 과정에서 친생부모와의 영구적 관계 단절에 대한 아동·청소년의 불안이나 우려가 클 경우, 비친족 후견 역시 중요한 대안이 될 수 있으며, 이들 가정에 대한 지원 또한 필요하다. 따라서 현재 체이피 프로그램이 친족 후견만을 수혜 대상으로 명시하고 있는 부분은 향후 개정이 필요할 것으로 예상된다.

3) 입양과 후견을 통한 영구적 관계 달성 및 지원

미국의 아동복지 분야는 위탁보호 아동·청소년을 위한 법적 영구성(Legal Permanency)과 사회적 지지 체계를 지원하는 방향으로 발전해 왔고 최근에 이르러 그 중요성은 더 강조되고 있다. 위탁보호를 받고 있는 아동·청소년의 영구적 관계를 달성하기 위해 위탁보호체계의 사례 관리자는 아동·청소년과 함께 영구성 계획(Permanency Plan)이라는 것을 작성한다. 아동·청소년이 영구성 계획에 참여하면 스스로의 의사결정 능력을 키우고, 자신의 미래에 대한 통제감을 느끼며, 자존감과 자기 효능감을 향상시킬 수 있다는 면에서 청소년의 성장과 자립의 측면에도 큰 이점이 있다(Augsberger, 2014; Child Welfare Information Gateway, 2019a). 또한 사례 관리자의 경우는 청소년과 영구적 관계 달성을 위해 어떤 목표를 세울 것인지를 함께 논의함으로써 청소년에게 영구적 관계 달성의 중요성을 강조하고, 입양과 후견 등의 다양한 옵션을 제시할 수 있는 기회가 된다는 점에서 이점이 있다(Child Welfare Information Gateway, 2019a).

영구성 계획을 세울 때 처음부터 원가정 복귀 이외의 옵션에 대해 고려할 필요는 없지만, 일반적으로 친생부모의 사정이나 그들과의 관계 문제로 아동 및 청소년들이 원가정으로의 복귀가 어려울 경우에 입양은 아주 좋은 선택지가 될 수 있다. 청소년이 입양을 통해 영구적인 관계를 형성하고 나면, 입양 부모는 그들이 건강한 성인으로 자라는 기간 동안, 그리고 그 이후까지 든든한 지원군이 되어줄 수 있다. 그리고 이들 입양 가정은 아동의 상황에 따라 연방 또는 주정부 입양 보조금이나 여러 가지 혜택을 받을 수 있지만, 그 경우의 수가 매우 다양하다. 예를 들어, 일부 주에서는 주정부 자금으로 지원되는 입양 보조금만 받을 자격이 있는 아동에게 장애가 있는 경우가 아니면 메디케이드를 제공하지 않는 반면, 연방 입양 보조금 자격이 있는 모든 아동은 Title XIX 메디케이드 또는 이에 상응하는 건강보험 혜택을 받을 자격이 있다(Child Welfare Information Gateway, 2020). 연방 입양 보조금을 받기 위한 주요 자격 기준 중 하나는 입양하려는 아동이 다음의 기준을 충족하여 미국 사회보장법 IV-E 편에 따른 입양 지원 자격을 갖춘 '특수 필요 아동'이어야 한다는 점이다(Child Welfare Information Gateway, 2020, p.3).

- 주정부가 해당 아동이 부모의 가정으로 돌아갈 수 없거나 돌아가는 것이 적절하지 않다고 판단했을 경우
- 주정부가 특정 요인 또는 조건, 혹은 이들의 조합을 확인하여, 입양 보조금과 메디케이드 없이 아동을 입양 가정에 배치하는 것이 어렵다고 판단했거나, 아동이 연방 추가 보장 소득(Supplemental Security Income)의 의료 또는 장애 기준을 충족한 경우
- 주정부가 연방 입양 보조금과 메디케이드 없이 아동을 배치하려는 합리적 노력을 했으나 실패한 경우(이 노력이 아동의 최선의 이익에 반할 경우에는 예외이지만, 입양 부모가 아동을 보조금 없이 입양할 수 없다고 주정부에 통보하는 경우, 특수 필요조건 테스트의 이 기준이 충족되어 아동의 자격이 인정될 수 있다.)

또한 일부 주에서는 연방 입양 보조금을 받기 위한 주요 자격 기준에 해당하지 않는 아동에게도 입양 보조금을 제공하고 있다(Child Welfare Information Gateway, 2020, p.3). 한편, 아동·청소년이 친생부모와의 법적 관계가 영구적으로 단절되는 것에 대한 두려움 때문에 입양이라는 옵션 자체를 원하지 경우도 있는데, 이러한 상황에서 친생부모의 권리는 말소시키지 않는 후견 제도가 고려될 수 있다. 후견 제도의 경우, 현재

대부분의 주에서 후견 보조금을 지급하고 있다(Children's Bureau, 2018). 이뿐만 아니라 주정부는 학교에 다니거나 고용 상태에 있거나, 취업 준비 활동에 참여 중인 청소년, 또는 의료적 사유로 활동이 불가능한 청소년에 대해 위탁보호, 입양, 후견 보조금을 19세, 20세 또는 21세까지 지속해서 지급할 수 있는 선택권을 가진다(Child Welfare Information Gateway, 2020).

입양과 후견 제도는 모두 아동·청소년의 건강한 성장을 지원하기 위해 연방정부나 주정부가 정한 조건에 따라 일정 수준의 지원을 제공하고 있다. 입양 가정, 후견 가정, 그리고 위탁보호 가정에 대한 지원 수준은 같은 주 내에서 비교할 경우 큰 차이가 없는 것으로 알려져 있다. 그럼에도 불구하고 위탁보호 가정에 대한 지원은 대체적으로 보편적으로 이루어지는 반면, 입양과 후견의 경우 조건부 지원이거나 위탁가정보다 다소 낮은 수준의 지원이 제공되는 것이 현실이다. 또한, 입양 가정, 후견 가정, 위탁보호 가정에 대한 지원 수준은 주마다 차이가 있으며, 제공되는 서비스의 종류도 다양하다. 이에 대한 이해를 돕기 위해 애리조나주와 뉴욕주의 지원 내용(자립지원 내용 포함)을 표로 정리하였다.

〈표 3-19〉 애리조나주의 사례

	입양	후견	가정 외 보호
건강 지원 서비스	*건강보험 Arizona Health Care Cost Containment System(AHCCCS)을 통해 보험 제공. 대부분의 경우, 아동이 다른 주에서 이주해 오더라도 보험이 유지됨(아동과 해당 주의 정책에 따라 달라질 수 있음). *정신건강 서비스 Regional Behavioral Health Authority(RBHA)를 통해 제공. 아동이 다른 주로 이주하는 경우, 메디케이드(Medicaid)를 통해 서비스가 제공됨. 아동이 입양 보조금을 승인받은 경우, AHCCCS를 통한 의료 보험과 RBHA를 통한 정신건강 서비스를 받을 자격이 생김. 관리와 지원 서비스를 포함한 사후관리 서비스 지원.	*건강보험 가족 지원 행정국(Family Assistance Administration, FAA)에서 후견인에게 통지한 후 AHCCCS 건강보험 자동으로 등록. 후견인이 원할 경우, 60일 이내에 건강플랜 변경을 요청 가능(후견인은 아이를 자신의 민간 보험에 추가할 수 있음). *정신건강 서비스 RBHA를 통해 정신건강 서비스가 제공됨(Title XIX 자격, 즉 메디케이드도 자격이 없는 경우는 제외). 아이가 다른 주로 이주할 경우, 메디케이드를 통해 서비스가 제공됨.	*건강보험 가정 외 보호 상태에서 18세가 된 청소년은 AHCCCS의 청소년 성인 전환 보험(Young Adult Transitional Insurance, YATI)을 통해 26세까지 건강보험을 받을 수 있음. *정신건강 서비스 YATI 자격을 갖춘 수혜자는 정신건강 관련 욕구를 충족하기 위해 RBHA의 서비스를 이용할 수 있음.
자립 지원 서비스	*입양 전 16세 이상의 청소년은 입양이 확정될 때까지 Department of Child Safety(DCS) 계약 기관인 Arizona's Children Association(AzCA)을 통해 생활 기술 훈련을 받을 수 있음. 입양이 확정되면, 정신건강 서비스 제공자 또는 입양 부모로부터 생활 기술 훈련을	*후견 전 16세 이상의 청소년은 후견권이 확정될 때까지 DCS와 계약되어 있는 AzCA를 통해 생활 기술 훈련을 받을 수 있음. 후견권이 확정된 후에는 청소년이 정신건강 서비스 제공자 또는 후견인으로부터 생활 기술 훈련을 받을 수 있음.	*보호종료 전 가정 외 보호 상태에 있는 16세 이상의 청소년은 DCS 계약 기관인 AzCA를 통해 생활 기술 훈련을 받을 수 있음. 정신건강 서비스 기반 혹은 관련 연계기관을 통해서도 생활 기술 훈련을 받을 수 있음. *보호종료 후

	입양	후견	가정 외 보호
교육 지원 서비스	받을 수 있음. *입양 후 16세 이후에 입양된 청소년은 DCS가 계약한 전환자립생활 프로그램(TILP)을 통해 18세부터 21세 생일까지 사례 관리와 지원 서비스를 포함한 사후관리 서비스를 이용할 수 있음. *Free Application for Federal Student Aid(FAFSA): 13세 이후에 입양된 아동은 대학 재정 지원을 결정할 때 FAFSA 신청 시에서 부모의 소득을 고려하지 않는다. *애리조나주 학비 면제(AZ State Tuition Waiver): 16세 이후에 입양된 아동은 학비 면제 자격이 있다. 펠 그랜트(Pell Grant)를 먼저 적용한 후 남은 학비가 면제된다. 지원은 23세 생일에 종료된다. *ETV(교육 및 훈련 바우처): 16세 이후에 입양된 아동은 ETV 자격이 있으며, 필요에 따라 최대 $5,000/년의 고등교육 지원을 받을 수 있다. 지원금은 학비 면제 후 적용되며, 숙식비 등으로 사용할 수 있다. 지원은 21세에 종료되지만, 21세에 등록된 경우 23세 생일까지 연장될 수 있다.	*후견 이후 16세 이후에 후견인의 보호를 받는 청소년은 DCS가 계약한 전환자립생활 프로그램(TILP)을 통해 18세부터 21세 생일까지 사례 관리와 지원 서비스를 포함한 사후관리 서비스를 이용할 수 있음. *FAFSA: 입양과 동일 조건. *애리조나주 학비 면제: 입양과 동일 조건. *ETV(교육 및 훈련 바우처): 입양과 동일 조건.	16세 이후에 가정 외 보호 상태에 있던 18~20세 청소년은 DCS가 계약한 전환자립생활 프로그램(TILP)을 통해 21세 생일까지 사례 관리 및 지원 서비스를 포함한 사후관리 서비스를 받을 수 있음. 가정 외 보호 상태에서 18세가 된 청소년에게 제공되는 서비스: 숙식 비용 지원, 연장보호서비스(본의 의사에 따라 TILP를 통해 가입). *FAFSA: 입양과 동일 조건. *애리조나주 학비 면제: 입양과 동일 조건. *ETV(교육 및 훈련 바우처): 입양과 동일 조건.

	입양	후견	가정 외 보호
보조금 지원 서비스	*자격 요건: 다양한 아동 관련 요인에 기반하여 입양 보조금이 제공된다. 아이가 자격이 있는지 판단되어야 하며, 영구 주건인/입양 부모는 입양 보조금 부서와 직접 협력하여 필요한 신청서를 작성하게 된다. 입양 보조금 유자율은 주건인 보조금을 기준으로 하며, 부서에서 결정한다. *지원 항목 1. 유자비(현금 지원) 2. 건강보험 3. 행동건강 서비스 4. 기존 질환에 대한 서비스 5. 보조금 담당자의 지원 6. 비정기적인 비용에 대한 환급(청구당 최대 $2,000) *유자비(현금 지원) 입양 보조금의 일일 지급액은 위탁보호 금액을 반영하여 책정되며, 아동이 가진 특수한 욕구에 따라 금액 결정된다. - AM[39]1: $19.68, 청소년: $27.15 - AM2: $23.52, 청소년: $29.40 - AM3: $29.94, 청소년: $37.42	*자격 요건: 아동은 다음 조건을 충족할 경우 영구 후견 보조금을 받을 자격이 있다: 법원이 Title 8 후견권을 명령하였으며, 아동이 시민 또는 자격을 갖춘 비시민일 것. 18세가 되어 후건이 종료된 이후에는 연장 위탁보호 서비스를 통해 자립생활 보조금을 지원받는다(사례 계획에 따라 교육, 고용, 직업훈련, 치료 목표에 맞춘 활동에 참여 중인 경우에 한해서 제공). *지원 항목: 현금지원 영구 후건 보조금의 일일 지급액은 아동 1명당 $12.95이다. 아동이 인가 위탁 가정에서 주건인으로 전환될 때 주가적 지원이 있을 수 있다. 보조금의 일일 지급액은 아동이 위탁보호에 있을 때 자격을 부여받은 배치유형에 따라 결정된다. 아동이 사회보장 혜택이나 다른 혜택을 받을 경우, 해당 금액은 후건 보조금에서 차감된다.	*자격 요건: 가정 외 보호를 받는 모든 16세 이상의 청소년. *18세 이상이며, 자발적 위탁보호 협약에 따라 연장보호를 받고 있으며, 이 협약 시 제출한 사례 계획에 따라 교육, 고용, 직업훈련, 치료 목표에 맞춘 활동에 참여 중인 경우에도 위탁 가정, 그룹홈, 친족 가정에 계속 거주하면서 보조금을 지급받을 수 있다. *지원 항목: 자립생활 보조금(17~21세) 자립생활 보조금 지급액은 월 $715부터 시작하며, 6개월마다 $50씩 감소한다. 승인된 보조금은 아동서비스부에서 허용하는 최대 금액을 초과할 수 없으며, 자금 가용성에 따라 달라질 수 있다.

출처: Arizona Department of Child Safety. (2018)를 요약 및 재구성.

---

39) Adoption Subsidy Maintenance

〈표 3-20〉 뉴욕주(2021)의 사례

	입양	후견	가정 외 보호
건강지원서비스	보조금을 받고 입양된 아동 거의 모두 보조금이 지속되는 동안 건강서비스 지원(메디케이드)을 받는다. 메디케이드 자격이 없는 소수의 아동에게는 주 입양 의료 보조금(State Adoption Medical Subsidy)을 통해 의료 혜택이 제공될 수 있다. 의료 혜택은 입양 보조금과 동일한 기간 동안 지속되며, 입양 부모가 아동에 대한 법적 책임을 유지하고 아동을 지원하는 경우 최대 21세까지 제공된다.	비자격 이민자가 아닌 한 건강서비스 지원(메디케이드)을 받고 있는 동안 메디케이드를 이용한 아동에게는 주 입양 보조금 지급이 중단된 후에도 최대 12개월 동안, 모든 아동이 19세가 되는 달까지 연속적인 메디케이드 혜택을 받을 수 있다. 모든 아동은 19세 이상이거나 연속적인 의료 지원 기간이 종료되면 별도의 자격 심사가 필요하다.	모든 위탁보호 아동들은 건강서비스 지원(메디케이드) 자격을 갖추며, 그렇지 않은 경우가 생겨도 아동 서비스부가 의료 비용을 부담한다. 18세 이상이 되어 위탁 보호에서 퇴소한 아동은 최종 퇴소 후 최대 12개월 동안, 모든 아동이 21세가 되는 달까지 연속적인 메디케이드 혜택을 받을 수 있다.
자립지원서비스	16세 이상에 입양된 아동은 직업 훈련, 독립 생활 기술 훈련, 학위 자립 지원 서비스와 같은 일부 자립 생활 서비스를 계속 이용할 수 있다.	16세 이상에 친족 후견 제도에 들어간 아동은 직업 훈련, 독립 생활 기술 훈련, 학위 자립 지원 서비스와 같은 일부 자립 생활 서비스를 계속 이용할 수 있다.	위탁 보호 중인 아동은 아동서비스부에서 제공하는 자립 생활 서비스 수혜 자격이 있으며, 여기에는 자립 생활 기술, 학위 지원 서비스, 평가 서비스, 사례 계획 등이 포함된다.
교육지원서비스	*교육 보조금: 아동이 16세 이전에 입양된 경우, 독립 생활 서비스나 교육 및 훈련 바우처(ETV) 자격이 없다. 그러나 16세 이후에 입양된 경우, 아동은 자격을 유지하며 ETV를 신청할 수 있다.	*교육 보조금: 아동이 16세 이전에 친족 후견으로 위탁 보호를 종료한 경우, 자립 생활 서비스나 교육 및 훈련 바우처(ETV) 자격이 없다. 그러나 16세 이후 친족 후견에 들어간 경우, 아동은 자격을 유지하며 ETV를 신청할 수 있다.	*교육 보조금: 위탁 아동은 최대 $5,000을 지원하는 교육 및 훈련 바우처(ETV)에 신청할 수 있으며, 이를 통해 고등 교육이나 직업 훈련 프로그램에 참여할 수 있다. 또한, 주거 및 생활비와 같은 사후 관리 서비스도 받을 수 있는 자격이 주어진다.

	입양	후견	가정 외 보호
보조금 지원 서비스	입양 보조금을 통해서 자격 기준에 해당하는 입양 지원이 제공된다. 그러나 학교 관련 비용, 활동비, 레슨비, 보육비, 교통비와 같은 항목에 대한 추가 지급은 하지 않는다. 입양부모는 입양 보조금을 받고 있지 아니는 상관없이 아동의 양육에 대한 재정적 책임을 질 것이다. *급여 책정: 입양 보조금은 아동이 위탁 보호 중일 때 받던 위탁 보호 보조금(기본, 특별, 또는 예외적인 보조금)보다 많지 않으며, 보조금은 위탁 보호 보조금의 75%에서 100% 사이로 지급된다. 75% 이하로는 내려가지 않는다. 보조금은 생활비 인상 및 아동의 연령에 따라 위탁 보호 보조금과 마찬가지로 증가한다. 입양 보조금은 입양 부모가 아동에 대한 법적 책임을 유지하고 아동을 지원하는 한, 아동이 21세가 될 때까지 지급된다. 입양 보조금을 받는 부모는 보조금 지급 자격에 영향을 미칠 수 있는 상황 변화를 아동서비스국에 알릴 의무가 있다. (매년 입양 부모는 스무에 알릴 아동의 현황 상태 및 18세 이상의 청소년의 교육/고용/장애 상태에 대한 인증 및 문서를 제출하도록 통지를 받게 된다.)	자격 기준에 해당하는 아동에게는 친족 후견 보조 프로그램(Kinship Guardianship Assistance Program)을 통해 재정 지원이 제공된다. 그러나 학교 관련 비용, 활동비, 레슨비, 보육비, 교통비와 같은 항목에 대한 추가 지급은 하지 않는다. 친족 후견 보조금을 받을 자격이 있는 후견인 임시 지원 프로그램(TA)의 아동 전용 보조금을 신청할 수 있다. 이 보조금의 금액은 일반적으로 위탁 보호 보조금보다 낮으며, 추가 아동이 있을 경우 금액이 줄어든다. 후견인은 친족 후견 보조금을 받고 있든 아니든, 후견 관계가 종료될 때까지 아동에 대한 재정적 책임을 진다. *급여 책정: 친족 후견 보조금은 아동이 위탁 보호 중일 때 받았던 위탁 보호 보조금(기본, 특별, 또는 예외적인 보조금)보다 많지 않으며, 보조금 액수는 위탁 보호 보조금의 75%에서 100% 사이로 지급된다. 75% 이하로는 내려가지 않는다. 이 보조금은 생활비 인상 및 아동의 연령에 따라 증가하며, 입양 보조금을 받았을 때의 금액보다 낮아지지 않는다.	위탁 부모는 위탁 아동을 돌보는 데 필요한 재정 지원이 위한 위탁 보조금을 받는다. 위탁 보호 중인 아동은 모든 특별 의료, 치과, 신발, 돌봄 서비스, 주간 캠프, 숙박 캠프 등 기타 비용에 대한 지원을 받을 수 있다 (구체적인 지원 내용은 가은데 정부별로 상이하다). 위탁보호 중인 아동에 대한 재정적 지원의 책임은 공공아동복지국에 있다. *급여 책정: 연간 위탁 보호 보조금은 아동의 연령과 특별한 욕구(기본, 특별, 예외적 욕구 3단계로 나누고 자동 지급)에 따라 책정된다. 아동가족서비스실이 허용하는 최대 한도 내에서 자체 위탁 보호 보조금을 설정한다. 위탁 보호 보조금은 생활비 인상과 아동의 연령에 따라 증가한다 (2023년 3월 기준, 도시지역에 사는 12세 이상 아동의 기본 월 $1230; 동 기준 예외적 욕구가 있는 아동의 월 $2925 지금). 이 보조금은 아동이 위탁 부모의 가정에서 위탁 아동으로 머무르는 한 계속 지급된다. *생활지원금: 16세 이상이 되면 대부분의 위탁 보호 청소년은 자립 생활 기술 개발을 돕기 위해 소액의 월별 지원금을 제공하는

입양	후견	가정 외 보호
*재정 지원 모든 주는 "특수 욕구"가 있는 위탁 보호 아동을 입양하는 친척들에게 입양 지원을 제공한다. "특수 욕구"는 폭넓게 정의되며, 위탁 보호에서 입양되는 아동의 90%가 입양 지원 자격이 있다. 뉴욕은 연방 자금 및 주 자금으로 지원되는 입양 지원 프로그램을 운영하고 있다. *지원 금액 연방지원과 주정부 지원을 막론하고 지원 금액이 충분히 위탁 보호 상태에서 받았던 지원 금액을 초과할 수 없다. *지원 기간 입양 부모가 여전히 법적으로 아동을 부양할 책임을 지고 있으며, 아동이 여전히 그들로부터 지원을 받고 있는 한, 21세까지 지급된다. 기타 "특수 욕구"가 있는 위탁 보호 아동을 입양하는 경우, 입양을 위한 비정기 비용 (법적 수수료, 법원 접수비, 여행비용 등)에 해 최대 $2,000까지 환급해준다. 위탁보호 상태에서 입양된 아동에게는 무료급식비가 종일 때까지 계속 지원된다.	친족 후견 보조금은 아동이 18세가 될 때까지 제공되며, 21세까지 연장될 수 있다. 연장을 위해서는 아동의 동의가 필요하며, 법원이 후견을 승인하고 교육 및 근로 조건을 충족해야 한다. *재정 지원 약 40개 주에서 연방 자금으로 지원되는 후견 지원 프로그램을 운영하며, 이는 입양 지원을 모델로 하여 유사한 방식으로 작동한다. 뉴욕은 KinGAP(Kinship Guardianship Assistance Program)이라는 연방 및 주 자금으로 지원되는 후견 지원 프로그램을 제공한다. *지원 금액 아동이 위탁 보호 상태에서 받았던 금액을 초과할 수 없다. 뉴욕은 추가 후견 지원 프로그램을 운영하지 않지만, 친족 프로그램 네트워크를 통해 조부모 가족 (grandfamilies)을 지원한다. *지원 기간 아동이 후견인을이 계속된 임명하게 하는 것에 동의하고, 계속된 교육에 참여하거나 취업 촉진을 위한 활동에 참여하고 있는 경우 21세까지 지급된다. 만일 의료적 상	자립 생활 수당을 받을 수 있다.

유형	후견	가정 외 보호
	퇴로 인해 그러한 활동에 참여할 수 없는 경우 다른 기준을 충족해야 한다.	
	*영구적 보호 옵션을 얻기 위한 비용 환급 추건을 얻기 위해 발생한 비정기 비용 (법적 수수료, 병원 접수비, 여행비용 등)에 대해 최대 $2,000까지 환급해준다. 위탁보호 상태에서 추건인 생긴 아동에게는 무료급식비가 졸업 때까지 계속 지원 된다.	

출처: Generations United and the ABA Center on Children and the Law. (2021). New York State Office of Children and Family Services. (n.d.)를 요약 및 재구성.

제4절 시사점

1. 자립준비청년 지원 제도의 대상으로 중간퇴소 아동청소년 포함

영국은 자립준비 지원 제도의 대상을 적합아동, 관련아동, 전관련아동, 자격이 있는 보호종료자 등으로 구분하고 관련아동과 전관련아동의 일부, 그리고 자격이 있는 보호종료자에 중간퇴소 아동청소년이 포함될 수 있도록 하였다. 제도의 대상자 선정은 가정 외 보호의 연령이나 기간, 자립준비 지원 제도의 운영 시점 등을 기준으로 하고 있었으며, 이 같은 기준을 적용하여 세부적인 대상 집단을 구분하고, 서비스에 차등을 두고 있었다. 그러나 가정 밖에서 보호되다가 18세 이전에 퇴소한 경험이 있는 아동과 청년이 모두 자립준비지원의 대상이 되고 있다는 점은 국내 자립지원 제도 대상자 범위가 확대될 필요가 있음을 시사한다.

더욱이 독일의 경우에는 중간퇴소 아동을 규정하는 연령 기준이 없고, 아동에 대한 보호종료 여부를 판단할 때, 발달 수준에 비추어 독립과 자기 결정적 생활이 가능한지를 확인한다. 청년에 대한 지원은 미성년자에 대한 지원을 연장 또는 재시작하는 개념으로, 아동보호서비스를 받고 있는 경우 27세까지 연속적으로 지원받을 수 있으며, 18세 이전에 원가정으로 복귀한 경우에도 주거, 고용, 교육, 건강 등과 관련된 사회서비스를 바탕으로 자립지원 서비스를 받을 수 있다. 다만, 개별 욕구와 지원 계획에 따라 서비스의 내용이 다를 수 있다. 영국은 연령과 보호 기간의 기준이 있다. 특히, 독일과 영국 모두 원가정 복귀 여부가 자립지원 대상 요건에 포함되지 않으며, 오히려 독일의 사례에서는 부모가 있다고 자립지원 대상에서 제외하는 것이 아니라 자립지원 시, 부모의 참여를 더욱 강화하고 있는 추세이다.

2. 중간퇴소 아동청소년에 대한 공적 지원의 포괄성

영국의 중간퇴소 아동청소년에 해당하는 관련아동과 전관련아동은 18세 직전까지 아동보호체계에서 보호되었던 적합아동과 유사한 수준의 서비스를 지원받을 수 있었다. 즉, 욕구사정, 개별조언가의 사례관리, 진로계획, 주거지원, 교육 및 훈련 등을 위한 재정적 지원, 생활비 등 금전적 지원과 더불어 장학금 제공, 정신건강 등의 서비스 제공 등 다양한 지원이 가능하다. 14세 이후에 13주 미만(16세 이후에 가정 외 보호 경험이 있어야 함)으로 가정 외 보호가 되었던 자격이 있는 보호종료자를 대상으로도 학위과정에 있는 경우 방학 중 주거지원이나 욕구에 기반한 조언이나 서비스 등은 각 지방정부에 상담을 통해 가능 여부를 확인해 볼 수 있도록 하고 있다.

국내 중간퇴소 아동청소년에 대한 지원은 아동복지심의위원회 결정에 따른 자립수당, 자립정착금 등 현금성 지원 중심으로 제안되어 있다. 그러나 자립은 금전적 지원으로만 가능한 것이 아니며, 지원되는 급여를 자립에 적합하게 사용할 수 있도록 사례관리, 모니터링, 상담 등의 관련된 서비스가 함께 제공될 필요가 있다.

영국의 중간퇴소 아동이나 청년을 대상으로 한 금전적 지원을 일반 자립준비청년 대상 지원과 비교해 볼 때, 관련아동이나 전관련아동인 경우에는 지원의 수준이 유사한 편임을 알 수 있었으며, 취미, 가족과의 연락, 인터뷰 의복, 자원봉사활동 수당, 통근비용, 명절 및 생일 수당, 이사비용 등 자립의 과정에서 만날 수 있는 소소하지만 다양한 생애 사건을 제도적으로 인지하고 지원하고 있다는 점이 인상적이다. 이는 개별 아동 혹은 청년의 상황과 욕구에 기반하여 자립지원이 이루어지기 때문에 가능하다. 우리나라에서도 현금지원 중심 자립지원을 탈피하여 중간퇴소 자립준비청년 대상 사례관리 서비스를 확대하여 개별 상황에 맞는 다양한 생애 사건을 지원할 필요가 있다.

3. 촘촘한 사례관리 서비스에 기반한 자립준비 지원

영국은 전반적으로 보호아동 대상 사례관리 서비스가 지속적으로 그리고 촘촘하게 이루어지고 있다. 자립준비지원 제도에서도 유사한 경향이 확인되었는데, 중간퇴소 청년에 대한 자립준비를 지원할 수 있도록 개별조언가(Personal Adviser)를 배정하여 개별조언가가 일대일로 사례관리 서비스를 제공하면서, 중간퇴소 청년의 자립을 지원하고 있었다. 욕구사정에서부터 진로계획 수립, 진로계획의 수행 점검, 서비스 제공, 자립에 필요한 조언과 상담 및 방문사례관리(최소 2달에 1회) 등이 개별조언가에 의하여 25세가 될 때까지 이루어지고 있으며, 개별조언가와 청년 간의 연락이 단절되는 경우 연락을 재개하기 위한 최선의 노력을 다하도록 하고 있어서, 중간퇴소 청년의 고립이나 은둔을 최대한 예방하는 역할을 담당하는 담당자가 존재함을 알 수 있었다. 국내의 자립지원 제도는 중간퇴소 아동청소년을 대상으로 자립준비를 위한 사례관리 서비스는 제공되지 않고 있다. 향후 개별조언가와 같은 담당자를 두고 자립준비를 위한 사례관리가 촘촘히 이루어질 수 있도록 개선이 필요하다.

4. 단일화된 전달체계 내 공공 중심 자립지원

영국의 아동보호체계는 교육부 중심의 일원화된 자립지원 전달체계 아래 소년보호시설이나 독립거주 혹은 반독립거주 등 다양한 보호 형태를 포함하고 있어 우리나라와 같이 담당부처의 분절로 인한 사각지대가 예방되고 있다. 독일 또한 아동과 청소년을 구분하지 않고, 주무부처가 하나이며, 지방 정부의 청소년청이 중심이 되어 보호 및 자립지원 서비스를 제공하고 있다.

영국과 독일의 사례는 모두 보호아동뿐 아니라 중간퇴소 아동 및 청년을 지원하는 데에 있어서도 지방정부가 주도적인 역할을 하고 있음을 알 수 있었다. 영국에서는 18세 이전에 보호아동의 사례관리를 담당하던 사회복지사가 자립에 대한 사례관리를 수행할 개별조언가를 배치하도록 하며, 보호아동의 보호계획과 자립 후 주거계획, 진로계획 등이 상호 연계될 수 있도록 하여, 자립이 보호의 연장선에서 장기적인 관점을 가지고 수행되는 것으로 보인다. 미리 계획된 자립지원은 청년의 사례관리 등 서비스에 대한 거부감을 완화시킬 수 있는 조치가 될 수 있을 것으로 보인다. 또한 정부가 중심이 되어 자립지원 서비스의 최소 기준을 마련하고 성과를 점검하는 방식으로 자립지원 제도의 질 관리가 이루어지고 있다는 점은 청년의 거주지 담당기관이나 사례관리 담당기관의 서비스 편차 등에 의한 서비스 사각지대의 예방에도 도움이 될 것으로 보인다.

독일에서는 지방정부의 청소년청 공무원이 자립준비청년 사후관리에 대한 법적 책임이 있다. 사후관리 서비스는 민간비영리복지재단에 이관할 수 있지만, 그러나 정기적으로 연락해야 하는 의무는 위임할 수 없다. 정기적인 연락 의무는 청소년청의 담당자 업무로 지정되어 있다. 공공에서 사후관리의 구체적인 범위에 관한 최종 지원 계획의 규정을 정기적으로 검토해야 하는 것이다.

한편, 미국에서는 연방법 차원에서 자립지원의 수혜 범위와 연령을 점차 조정하며 보호종료 청(소)년들이 충분히 지원을 받을 수 있도록 발전해 나가고 있으며, 만약 연방법의 기준이 모호하거나 지원이 부족한 경우, 주정부 차원에서 이를 보완하는 형태로 운영되고 있다. 예를 들어, 노스캐롤라이나주에서는 13세 이후에 위탁보호를 받은 모든 아동과 청소년에게 동일한 수준의 자립지원 서비스를 제공하고 있다. 이는 입양이나 친족후견으로 보호가 종료된 경우 16세 이후에만 자격 요건을 충족하는 연방 기준에 비해 접근 장벽을 크게 낮춘 것이다. 다만 이처럼 연방법 기준을 벗어난 경우에는 체이피 기금의 보조를 받을 수 없기 때문에, 주정부에서 자체 기금을 통해 지원하는 것으로 보인다. 물론, 기준법을 개정하는 것이 사각지대를 줄이는 근본적인 해결책이겠지만, 중앙정부의 수준에서 법이나 규정을 변경하는 데에는 많은 시간이 소요되므로, 우리나라도 노스캐롤라이나의 사례처럼 지방자치단체 차원에서 자립지원 정책의 사각지대를 보완하고 연령 기준에 미치지 못하는 아동에 대한 지원 대책을 마련할 필요가 있을 것이다.

5. 안전한 원가정 복귀 및 사후 지원 강화

2021년 이루어진 독일의 아동·청소년법 개정은 부모 및 아동 당사자의 참여 권리를 강화하였다. 아동·청소년법 개정을 통해 당사자와 부모의 상담 권리가 강화되면서 단순 상담에 그치지 않고, '이해할 수 있고, 인식할 수 있는 형태'라는 조항이 추가되어 일방적인 전달이 되지 않도록 하였다. 특히 아동에게 영향을 미치는 모든 결정에 당사자를 참여시키는 것을 지원 과정 자체의 핵심 전제 조건으로 강조하였다.

또한, 가정 외 보호아동의 친부모 책임과 함께 지원 강화도 이루어졌다. 그 전에는 가정 외 보호 아동의 친부모의 연락할 권리와 의무 정도만 확인되고 있는 등 원가정 복귀를 전제한 지원 수단에 소홀했다는 비판이 있었다. 그러나 법을 개정하여 친부모의 상담 권리를 강화했고, 원가정 복귀를 목표로 공공 담당자와 협력하는 것을 의무화했다. 원가족이 아동을 다시 양육할 수 있도록 원가족의 발달, 참여 또는 양육 여건을 개선하기 위한 것으로서 우리나라의 중간퇴소 자립준비청년 자립지원 제도에 시사하는 바가 크다. 원가정에 복귀하기 위한 중간퇴소는 자립지원에서 원칙적으로 배제한 가운데 현재 우리나라의 실정상, 복귀한 원가정 안전과 안정된 지지 기반을 담보할 수 없기 때문이다. 독일에서는 보호 유형이 변경되는 경우, 예를 들어 타 시설로 전원하거나, 원가정으로 복귀하는 경우, 청소년청은 '원활하고 필요에 기반한' 전환을 보장해야 할 의무가 있다. 따라서 청소년청이나 위탁가정에서 재정적 수단이나 보호장치가 없는 상태로 퇴소하는 것은 허용되지 않는다.

미국의 경우에도, 원가정 복귀 이후에 아동과 원가정이 안정적인 관계를 유지할 수 있도록 다양한 사후 지원을 제공하며 이를 통해 영구적 관계 형성을 강화하고 있다. 미국에서 원가정 복귀는 영구적 관계를 달성하기 위한 최우선 목표로 여겨지며, 이를 달성한 아동이 안정된 환경에서 지속적으로 성장할 수 있도록 하는 방향으로 나아가고 있다. 예를 들어, 원가정 복귀 후에도 가족이 자립 기반을 갖출 수 있도록 주거 지원이나 소득 보조, 직업 훈련 같은 기본적 자원을 제공하고, 심리·정서적 안정 도모를 위한 트라우마 인식 기반 접근을 통해 복귀 과정에서 아동이 겪을 수 있는 다양한 어려움을 완화한다는 점을 들 수 있다. 또한, 양육자 교육 프로그램을 통해 부모가 지속적인 양육 기술을 개발하고 적응할 수 있도록 돕는다.

이러한 지원은 청소년이 재입소나 자립 과정에서 겪을 수 있는 어려움을 줄이고, 자립 준비와 함께 가족 구성원 전체가 안정적인 가정 환경을 유지하는 데 중요한 역할을 한다. 반면, 한국에서는 아동·청소년이 가정 외 보호를 받는 동안, 원가정 복귀를 지원하는 서비스나 프로그램이 미흡하고, 원가정 복귀 이후의 사후 지원 체계가 없어 원가정으로 돌아간 아동·청소년이 자립 준비 과정에서 어려움을 겪고 있다. 이를 고려할 때, 만약 중간퇴소 아동 중 원가정으로 복귀한 아동에 대한 자립지원을 원칙적 배제하려면, 원가정 복귀 지원 서비스 강화, 원가정 복귀 후 사후 지원 체계 마련이 우선 되어야 한다.

6. 개별화된 지원

영국과 독일 모두 진로 계획, 지원 계획을 바탕으로 자립준비청년의 개별적 전환, 자립 지원이 강화되었다. 특히 독일에서는 청년을 위한 수요자 중심의 지원에 대한 법적 근거가 마련되어 있었으나, 다시 법을 개정하여 관련 의무와 책임 소재를 더욱 명확히 하였다. 청소년청이 보호가 종료되는 아동·청소년에 대한 개별화된 지원을 제공하도록 의무화한 것이다. 청년을 위한 지원에서 독립으로의 전환은 지원 계획의 일부로서 명확하게 준비되어야 하며, 초기 단계에서 하나의 과정으로 다루어져야 한다. 법 개정을 통해 공식화된 Coming-Back option은 자립준비청년의 원활한 전환을 보장하기 위해서는 지원 중단 기간이 수급 자격을 다시 얻는 데 중요하지 않고, 지원 종료 후에도 청년을 위한 지원의 갱신 또는 지속이 가능하다는 점을 명시적으로 명확히 한 것이다(Overbeck, 2021). 또한 공공에서 보호종료 아동·청소년을 위한 연락 담당자를 두고 필요시 27세까지 중단없이 위탁가정에 계속 배치할 수 있도록 하는 원활한 전환지원 방안이 마련되었고, 명시적인 사후관리가 법에 새로운 형태의 지원으로 도입되었다(Dialogforum Pflegekinderhilfe, 2021).

또한, 독일에서는 공공과 민간의 역할을 분담할 수 있는데 공공 담당자는 관리, 감독하고, 재정을 지원하는 주체로서, 자립서비스 제공을 민간에 위임할 수 있지만, 자립준비청년에게 정기적으로 연락해야 하는 의무는 위임할 수 없다. 영국에서도 자립준비청년과의 연락 유지를 위한 합리적 장치 마련을 지방정부 당국의 의무사항으로 정하고 있어, 연락 두절 비율이 7% 수준으로, 우리나라의 20%(허민숙, 2023)에 비해 매우 낮다. 15세 이상의 연령으로 보호체계를 떠난 상황에 놓인 대상자에게 18세 이후에 자립서비스를 지원하기 위해서는 중간퇴소 아동과의 지속적인 연락 유지 방안이 필요하다.

7. 영구적 관계 형성 중심의 미국 자립지원체계

　미국의 위탁보호체계는 영구적 관계(permanency)를 통한 안정적인 성장 환경 조성을 목표로 하고 있으며, 자립지원 정책 역시 이러한 방향을 반영하여 발전해 왔다. 우리나라의 자립지원 정책 개발에 있어 미국 사례를 통해 주요하게 고려해야 할 가장 필수적인 부분은 자립지원의 기저에 영구적 관계 형성이 필수적으로 자리잡고 있다는 점이다. 이를 통해 청소년들이 성인 전환기에 더욱 견고한 지원망을 바탕으로 자립할 수 있도록 하는 체계가 마련되고 있다.

　미국의 아동복지체계는 보호종료 아동·청소년에게 영구적 관계 형성을 우선으로 하고, 이를 위한 단계로 가족 재통합, 입양, 후견 등 다양한 영구적 관계 옵션을 제공한다. 이러한 접근은 청소년이 성인이 된 이후에도 이러한 관계 안에서 지속적인 지원을 받을 수 있도록 돕는다는 점에서 중요한 의미를 지닌다. 성공적인 자립을 위해서는 정서적인 안정감과 의미 있는 사회적 관계가 필요하다. 한편으로, 위탁보호 혹은 보호종료 아동·청소년이 믿을 수 있는 성인과 인간관계를 형성하고 있을 경우, 성공적인 자립에 긍정적인 역할을 미치는 것으로 나타났다. 그러나 안타깝게도 많은 경우 위탁보호나 보호종료 아동·청소년은 사회적인 관계, 특히 정서적인 지지를 받을 수 있는 어른과의 관계를 맺을 기회가 부족하다. 이러한 맥락에서 미국의 아동복지체계가 친생부모와의 관계 회복 혹은 믿을 수 있는 보호자와의 영구적인 관계를 개발하기 위해 많은 노력을 기울이는 것은 청소년들이 정서적인 안정감을 바탕으로 성공적인 자립을 이룩하는 데에 큰 도움이 될 수 있다. 미국의 아동복지체계는 원가정 복귀와 입양과 후견 같은 영구적 관계 형성을 통해 아동·청소년의 안정적인 성장을 도모하고 또 한편으로는 위탁보호체계의 자립준비 지원에 상응해 나가는 방향으로 발전해 나가고 있는 상황이다.

제4장

중간퇴소 자립준비청년 지원 실태

제1절 아동보호전담요원 설문조사
제2절 자립준비청년 및 종사자 FGI
제3절 소결

제4장 중간퇴소 자립준비청년 지원 실태

제1절 아동보호전담요원 설문조사

1. 조사 개요

'중간퇴소 자립준비청년 현황 및 지원실태 파악 조사'는 전국 229개 시군구에 근무 중인 아동보호전담요원을 대상으로 하여 각 지자체별 중간퇴소 자립준비청년의 현황과 자립지원 실태를 파악하기 위한 목적으로 수행된 웹 설문 조사이다.

전국 229개 시군구에서 근무 중인 아동보호전담요원 중, 각 지자체에서 1인씩 조사에 참여하여, 229개 표본 응답을 수집하는 것을 목표로 하였다. 조사는 2024년 9월 20일부터 약 2주간 진행되었으며, 2024년 10월 6일 조사 종료 시점 기준, 최종적으로 217인이 조사에 참여하였다.

〈표 4-1〉 중간퇴소 자립준비청년 현황 및 지원실태 파악조사 개요

구분	내용
조사명	중간퇴소 자립준비청년 현황 및 지원실태 파악 조사
조사 목적	각 지자체별 중간퇴소 자립준비청년의 현황과 자립지원 실태를 파악
조사 대상	전국 229개 시군구에 근무 중인 아동보호전담요원
표본 수	조사 종료 시 확정
조사 기간	2024.9.20.~2024.10.6. (약 2주)
조사 방법	모바일 웹링크

주: 연구진 작성

지자체의 아동보호전담요원 배치 현황 리스트(아동권리보장원, n.d.)를 기반으로 하여, 조사 참여에 대한 별도 유선 안내, 참여 독려를 진행하였다. 단, 아동보호전담요원 미배치 지역은 해당 지역의 아동보호 업무 담당 공무원(지자체 아동보호팀 공무원, 아동학대전담공무원, 드림스타트 담당자 등)이 응답할 수 있도록 하였다.

2. 조사 영역 및 문항

전국 지자체별 중간퇴소 자립준비청년 현황 및 지원 실태를 파악하기 위하여 아래와 같이 총 4가지 영역의 19개 문항으로 조사표를 구성하였다. 근무지역, 소속 부서, 채용 형태 등을 포함하여 아동보호전담요원의 일반적 특성에 관한 질문을 포함하였으며, 보호 아동·청소년 현황, 중간퇴소 아동 현황 등과 관련된 아동보호 업무 현황을 조사하였다.

또한, 중간퇴소 자립준비청년 지원 업무 현황을 파악하기 위해 조기 종료 자립준비청년 지원 제도 인식, 지원 절차 및 업무 지침, 업무 수행 현황에 관한 문항을 포함하였다. 마지막으로 중간퇴소 자립준비청년 지원 체계 및 정책 개선 방안에 대한 아동보호전담요원의 의견 파악을 위한 문항을 포함하였다.

〈표 4-2〉 중간퇴소 자립준비청년 현황 및 지원실태 파악 조사 개요

영역	문항 내용
일반적 특성	- 근무 지역 - 근무 시군구 - 소속 부서명 - 청소년보호 업무 담당 여부, 청소년안전망시스템 사용 여부 - 아동보호전담요원 여부 - 채용 형태 - 근무 경력(아동보호전담요원 근무 경력, 사회복지 분야 근무 경력, 아동복지 분야 근무 경력)
아동보호 업무 현황	- 원가정 외 보호 아동청소년 현황(월평균 현황, 보호 유형별 현황) - 만 18세 이전 보호종료 아동 현황(월평균 현황, 만 15세 이상 아동 현황, 원가정 복귀/전원/기타 유형별 현황)
중간퇴소 (보호조치 조기종료) 자립준비청년 지원 업무 현황	- 조기 보호종료 자립준비청년 관련 법률 및 제도(자립정착금, 자립수당) 인식 여부 - 관련 지원 절차 또는 지원 내용 업무 지침 존재 여부 - 관할 지자체 내 조기종료 자립준비청년 해당 아동 존재 여부 및 현황 - 조기 보호종료 자립준비청년 사후관리 수행 현황
중간퇴소 (보호조치 조기종료) 자립준비청년 지원 방안	- 보호조치 조기종료 아동·청소년 자립지원체계 개선 정책방안 의견 - 보호조치 조기종료 아동·청소년 발굴을 위한 청소년안전망시스템 사용 의향 - 보호조치 조기종료 아동·청소년 지원방안 관련 의견(주관식)

주: 연구진 작성

3. 조사 결과

가. 일반 현황

본 조사에 참여한 총 217인의 아동보호전담요원의 응답자 특성을 살펴보면 다음과 같다. 우선 지역별로 살펴보면, 수도권 이외 지역에서 근무 중인 아동보호전담요원의 응답 비율(71.4%)이 수도권 아동보호전담요원의 응답 비율(28.6%)보다 높았으며, 군청(35.5%)보다 시청 또는 구청에 근무 중인 아동보호전담요원의 비율(64.5%)이 더욱 높았다.

채용 형태의 경우, 시간선택제로 근무 중인 아동보호전담요원의 비율이

가장 높았으나(53.9%), 주 35시간 이상 시간선택제(27.2%)와 주 35시간 미만 시간선택제(26.7%)의 비중은 거의 비슷하였다. 그다음으로는 공무직(무기계약직)의 근무 형태(32.3%)가 가장 많았다.

소속 부서의 경우 대다수 아동·청소년·가족부서에 속해 있었지만(78.8%), 그 외 부서에 근무 중인 아동보호전담요원 또한 다수 존재하였다(21.2%). 해당 부서명의 응답을 세부적으로 살펴본 결과, '평생교육과', '국민행복과', '문화체육과', '인구양성과' 등의 부서에서도 아동보호전담요원이 근무 중인 것을 확인할 수 있었다.

아동보호전담요원의 과반이 아동보호 업무에 대해 3년 이상(51.2%)의 근무 경력을 가지고 있으며, 전체의 65.9%가 9년 이상의 사회복지 경력을 가지고 있었다. 한편, 아동보호 업무 경력이 1년 미만인 아동보호전담요원도 13.8%, 1년 이상~2년 미만이 17.1%로 약 30%의 아동보호전담요원이 해당 업무에 있어 2년 미만의 경력자로 파악되었다.

〈표 4-3〉 응답자 특성

구 분		빈도	%
전체		217	100.0
지역 1	수도권	62	28.6
	그 외 지역	155	71.4
지역 2	군	77	35.5
	시·구	140	64.5
채용 형태	공무직(무기계약직)	70	32.3
	주 35시간 이상 시간선택제	59	27.2
	주 35시간 미만 시간선택제	58	26.7
	사회복지·일반직 공무원	21	9.7
	기타(일반임기·한시 임기 등)	9	4.1

구 분		빈도	%
소속 부서	아동	67	30.9
	아동·청소년·가족	36	16.6
	아동·기타	68	31.3
	그 외	46	21.2
아동 보호 전담 요원 경력	1년 미만	30	13.8
	1년 이상~~2년 미만	37	17.1
	2년 이상~~3년 미만	39	18.0
	3년 이상~~4년 미만	57	26.3
	4년 이상	54	24.9
사회 복지 경력	3년 미만	14	6.5
	3년 이상~~6년 미만	21	9.7
	6년 이상~~9년 미만	39	18.0
	9년 이상~~12년 미만	59	27.2
	12년 이상	84	38.7

주: 연구진 작성

조사 참여자 중 아동보호전담요원의 비율이 가장 높았던 지역은 경기(13.4%) 지역이다. 이 외에 서울(11.5%), 경북(10.1%) 지역도 비율이 높았다. 울산(0.9%), 제주(0.9%)의 비율은 낮았으며, 세종 지역에서는 참여자가 없었다.

〈표 4-4〉 근무하고 있는 지역

(단위: 명, %)

구 분		사례수	서울	부산	대구	인천	광주	대전	울산	세종	경기	강원	충북	충남	전북	전남	경북	경남	제주
전체		217	11.5	6.9	3.2	3.7	2.8	2.8	0.9	0.0	13.4	8.8	5.1	6.0	6.0	9.2	10.1	8.8	0.9
지역	군	77	0.0	1.3	2.6	1.3	0.0	0.0	0.0	0.0	3.9	14.3	10.4	7.8	10.4	19.5	14.3	14.3	0.0
	시·구	140	17.9	10.0	3.6	5.0	4.3	4.3	1.4	0.0	18.6	5.7	2.1	5.0	3.6	3.6	7.9	5.7	1.4
채용형태	공무직 (무기계약직)	70	2.9	2.9	0.0	0.0	0.0	1.4	1.4	0.0	11.4	17.1	7.1	11.4	4.3	22.9	10.0	7.1	0.0
	주 35시간 이상 시간선택제	59	23.7	10.2	3.4	8.5	3.4	0.0	1.7	0.0	23.7	1.7	0.0	3.4	5.1	1.7	6.8	5.1	1.7
	주 35시간 미만 시간선택제	58	10.3	8.6	8.6	5.2	5.2	3.4	0.0	0.0	12.1	1.7	6.9	3.4	10.3	1.7	10.3	10.3	1.7
	사회복지·일반직 공무원	21	4.8	0.0	0.0	0.0	4.8	9.5	0.0	0.0	0.0	14.3	9.5	0.0	4.8	4.8	23.8	23.8	0.0
	기타 (일반임기제 임기 등)	9	22.2	22.2	0.0	0.0	0.0	11.1	0.0	0.0	0.0	22.2	0.0	11.1	0.0	11.1	0.0	0.0	0.0
소속부서	아동	67	6.0	4.5	4.5	9.0	0.0	4.5	0.0	0.0	23.9	10.4	7.5	6.0	6.0	9.0	4.5	4.5	0.0
	아동·청소년·가족	36	38.9	11.1	2.8	0.0	11.1	0.0	2.8	0.0	11.1	0.0	2.8	0.0	0.0	0.0	8.3	11.1	0.0
	아동·기타	68	10.3	7.4	1.5	0.0	2.9	4.4	1.5	0.0	8.8	8.8	2.9	11.8	7.4	10.3	14.7	5.9	1.5
	그 외	46	0.0	6.5	4.3	4.3	0.0	0.0	0.0	0.0	6.5	13.0	6.5	2.2	8.7	15.2	13.0	17.4	2.2

제4장 중간퇴소 자립준비청년 지원 실태

구 분		사례수	서울	부산	대구	인천	광주	대전	울산	세종	경기	강원	충북	충남	전북	전남	경북	경남	제주
아동보호 전담 요원 경력	1년 미만	30	13.3	6.7	3.3	3.3	3.3	6.7	0.0	0.0	10.0	10.0	3.3	6.7	0.0	6.7	16.7	10.0	0.0
	1년 이상~2년 미만	37	18.9	0.0	8.1	8.1	0.0	5.4	0.0	0.0	5.4	2.7	2.7	5.4	2.7	2.7	18.9	16.2	2.7
	2년 이상~3년 미만	39	12.8	10.3	2.6	2.6	5.1	0.0	0.0	0.0	12.8	12.8	7.7	7.7	10.3	7.7	2.6	5.1	0.0
	3년 이상~4년 미만	57	3.5	5.3	1.8	5.3	1.8	1.8	1.8	0.0	19.3	8.8	3.5	8.8	5.3	17.5	7.0	8.8	0.0
	4년 이상	54	13.0	11.1	1.9	0.0	3.7	1.9	1.9	0.0	14.8	9.3	7.4	1.9	9.3	7.4	9.3	5.6	1.9
사회복지 경력	3년 미만	14	21.4	0.0	7.1	0.0	7.1	7.1	0.0	0.0	7.1	14.3	0.0	0.0	0.0	7.1	28.6	0.0	0.0
	3년 이상~6년 미만	21	9.5	0.0	4.8	0.0	0.0	4.8	0.0	0.0	19.0	9.5	4.8	9.5	4.8	9.5	4.8	19.0	0.0
	6년 이상~9년 미만	39	12.8	12.8	7.7	2.6	0.0	2.6	0.0	0.0	20.5	7.7	0.0	7.7	5.1	2.6	10.3	7.7	0.0
	9년 이상~12년 미만	59	16.9	5.1	1.7	5.1	5.1	0.0	1.7	0.0	13.6	8.5	3.4	3.4	1.7	6.8	11.9	11.9	3.4
	12년 이상	84	6.0	8.3	1.2	4.8	2.4	3.6	1.2	0.0	9.5	8.3	9.5	7.1	10.7	14.3	7.1	6.0	0.0

주: 연구진 작성

본 조사에 참여한 아동보호전담요원을 대상으로 청소년 보호 및 지원 업무 담당 여부를 묻자, 전체의 47.0%가 '아니오'라고 응답하였다. 청소년 보호 및 지원 업무를 담당하고 있다는 응답 비율은 53.0% 해당하는 것으로 나타났다. 지역별로 살펴보면 수도권에서 청소년 보호 및 지원 업무를 담당하고 있지 않다는 비율이 조금 더 높았고(51.6%), 시·구 단위에서 근무 중인 아동보호전담요원이 청소년 보호 및 지원 업무를 담당하고 있지 않다는 비율(50.7%)이 군 단위에서 근무하고 있는 직원의 응답 비율(40.3%) 보다 현저하게 높았다.

〈표 4-5〉 청소년 보호 및 지원업무 담당 여부

(단위: 명, %)

구 분		사례수	예	아니오
전체		217	53.0	47.0
지역 1	수도권	62	48.4	51.6
	그 외 지역	155	54.8	45.2
지역 2	군	77	59.7	40.3
	시·구	140	49.3	50.7
채용 형태	공무직 (무기계약직)	70	52.9	47.1
	주 35시간 이상 시간선택제	59	47.5	52.5
	주 35시간 미만 시간선택제	58	50.0	50.0
	사회복지·일반직 공무원	21	71.4	28.6
	기타 (일반임기·한시 임기 등)	9	66.7	33.3
소속 부서	아동	67	26.9	73.1
	아동·청소년·가족	36	75.0	25.0
	아동·기타	68	63.2	36.8
	그 외	46	58.7	41.3
아동 보호 전담	1년 미만	30	66.7	33.3
	1년 이상~2년 미만	37	59.5	40.5

구 분		사례수	예	아니오
요원 경력	2년 이상~3년 미만	39	46.2	53.8
	3년 이상~4년 미만	57	45.6	54.4
	4년 이상	54	53.7	46.3
사회 복지 경력	3년 미만	14	64.3	35.7
	3년 이상-6년 미만	21	71.4	28.6
	6년 이상-9년 미만	39	53.8	46.2
	9년 이상-12년 미만	59	44.1	55.9
	12년 이상	84	52.4	47.6

주: 연구진 작성

청소년 보호 및 지원 업무를 담당하고 있지 않은 아동보호전담요원을 대상으로 '청소년 안전망 시스템'을 사용 중인지 질문한 결과, 사용 중이라고 응답한 비율은 2.9%뿐이었으며, 대다수(97.1%)가 사용하지 않는다고 응답하였다.

〈표 4-6〉 (청소년 보호 및 지원업무 담당 여부 '아니오' 응답 시) 청소년 안전망시스템 사용 여부

(단위: 명, %)

구 분		사례수	예	아니오
전체		102	2.9	97.1
지역 1	수도권	32	3.1	96.9
	그 외 지역	70	2.9	97.1
지역 2	군	31	0.0	100.0
	시·구	71	4.2	95.8
채용 형태	공무직 (무기계약직)	33	6.1	93.9
	주 35시간 이상 시간선택제	31	3.2	96.8
	주 35시간 미만 시간선택제	29	0.0	100.0
	사회복지·일반직 공무원	6	0.0	100.0
	기타 (일반임기·한시 임기 등)	3	0.0	100.0

구 분		사례수	예	아니오
소속 부서	아동	49	0.0	100.0
	아동·청소년·가족	9	0.0	100.0
	아동·기타	25	12.0	88.0
	그 외	19	0.0	100.0
아동 보호 전담 요원 경력	1년 미만	10	0.0	100.0
	1년 이상~2년 미만	15	0.0	100.0
	2년 이상~3년 미만	21	0.0	100.0
	3년 이상~4년 미만	31	9.7	90.3
	4년 이상	25	0.0	100.0
사회 복지 경력	3년 미만	5	0.0	100.0
	3년 이상~6년 미만	6	0.0	100.0
	6년 이상~9년 미만	18	5.6	94.4
	9년 이상~12년 미만	33	3.0	97.0
	12년 이상	40	2.5	97.5

주: 연구진 작성

본 조사에서는 일부 지자체에 아동보호전담요원이 배치되어 있지 않은 점을 고려하여 보호대상아동 업무를 수행하고 있는 공무원, 드림스타트 담당자, 아동학대전담공무원도 응답할 수 있도록 하였다. 조사 응답자가 아동보호전담요원인지 질문한 결과, '아니오'의 응답도 9.2%를 차지하였다.

즉, 일부 지자체에서는 여전히 아동보호전담요원이 배치되어 있지 않음을 알 수 있었다. 특히 수도권(1.6%)보다는 수도권 이외 지역에서의 '아니오' (12.3%) 응답 비율이 높았으며, 시·구 단위의 담당자(6.4%)보다는 군 단위에서 근무 중인 직원(14.3%)이 아동보호전담요원이 아님에도 보호대상아동 업무를 수행 중인 비율이 높았다.

사회복지·일반직 공무원이 아동보호 업무를 수행하고 있는 경우, 아동보호전담요원 비율이 4.8%로 매우 낮았으며, 아동보호전담요원 및 사회복지 경력이 짧을수록 아동보호전담요원이 아닌 비율이 높아지는 경향이 나타났다.

〈표 4-7〉 아동보호전담요원 여부

(단위: 명, %)

구 분		사례수	예	아니오
전체		217	90.8	9.2
지역 1	수도권	62	98.4	1.6
	그 외 지역	155	87.7	12.3
지역 2	군	77	85.7	14.3
	시·구	140	93.6	6.4
채용형태	공무직 (무기계약직)	70	100.0	0.0
	주 35시간 이상 시간선택제	59	100.0	0.0
	주 35시간 미만 시간선택제	58	100.0	0.0
	사회복지·일반직 공무원	21	4.8	95.2
	기타 (일반임기·한시 임기 등)	9	100.0	0.0
소속부서	아동	67	97.0	3.0
	아동·청소년·가족	36	91.7	8.3
	아동·기타	68	94.1	5.9
	그 외	46	76.1	23.9
아동보호전담요원경력	1년 미만	30	66.7	33.3
	1년 이상~2년 미만	37	83.8	16.2
	2년 이상~3년 미만	39	92.3	7.7
	3년 이상~4년 미만	57	100.0	0.0
	4년 이상	54	98.1	1.9
사회복지경력	3년 미만	14	50.0	50.0
	3년 이상~6년 미만	21	76.2	23.8
	6년 이상~9년 미만	39	92.3	7.7
	9년 이상~12년 미만	59	94.9	5.1
	12년 이상	84	97.6	2.4

주: 연구진 작성

본 조사에 참여한 아동보호전담요원의 채용 형태를 살펴본 결과, 시간선택제로 근무 중인 아동보호전담요원의 비율이 가장 높았다(53.9%). 시간선택제 중에서도 주 35시간 이상 시간선택제(27.2%)의 비율이 주 35시간 미만 시간선택제(26.7%)의 비율보다 미미하게 더 높았으나 두 형태의 비중은 거의 비슷하였다. 그다음으로는 공무직(무기계약직)의 근무 형태 (32.3%)가 가장 많았다. 사회복지공무원(7.8%)이나 일반직 공무원 (1.8%)의 근무 형태도 일부 존재하였으나 이는 아동보호전담요원이 미배치된 지역에서 아동보호 업무를 수행 중인 담당자가 응답함으로써 나타난 결과인 것으로 해석된다.

〈표 4-8〉 채용 형태

(단위: 명, %)

구 분		사례수	①	②	③	④	⑤	⑥	⑦	⑧
전체		217	32.3	0.9	26.7	27.2	0.5	7.8	1.8	2.8
지역 1	수도권	62	16.1	0.0	25.8	53.2	1.6	1.6	0.0	1.6
	그 외 지역	155	38.7	1.3	27.1	16.8	0.0	10.3	2.6	3.2
지역 2	군	77	50.6	0.0	20.8	10.4	0.0	13.0	1.3	3.9
	시·구	140	22.1	1.4	30.0	36.4	0.7	5.0	2.1	2.1
소속 부서	아동	67	26.9	1.5	29.9	34.3	1.5	4.5	0.0	1.5
	아동·청소년·가족	36	13.9	2.8	25.0	50.0	0.0	5.6	2.8	0.0
	아동·기타	68	44.1	0.0	26.5	19.1	0.0	4.4	1.5	4.4
	그 외	46	37.0	0.0	23.9	10.9	0.0	19.6	4.3	4.3
아동보호전담요원 경력	1년 미만	30	10.0	0.0	16.7	26.7	0.0	26.7	10.0	10.0
	1년 이상~2년 미만	37	5.4	0.0	40.5	29.7	2.7	13.5	2.7	5.4
	2년 이상~3년 미만	39	23.1	2.6	38.5	28.2	0.0	7.7	0.0	0.0
	3년 이상~4년 미만	57	50.9	0.0	24.6	24.6	0.0	0.0	0.0	0.0
	4년 이상	54	50.0	1.9	16.7	27.8	0.0	1.9	0.0	1.9
사회복지 경력	3년 미만	14	0.0	0.0	7.1	21.4	7.1	35.7	21.4	7.1
	3년 이상~6년 미만	21	4.8	0.0	23.8	38.1	0.0	19.0	4.8	9.5
	6년 이상~9년 미만	39	30.8	2.6	25.6	30.8	0.0	7.7	0.0	2.6
	9년 이상~12년 미만	59	30.5	0.0	27.1	35.6	0.0	5.1	0.0	1.7
	12년 이상	84	46.4	1.2	31.0	17.9	0.0	2.4	0.0	1.2

주: 1) 연구진 작성
   2) ① 공무직(무기계약직), ② 일반임기제공무원, ③ 주 35시간 미만 시간선택제 임기제공무원, ④ 주 35시간 이상 시간선택제 임기제공무원, ⑤ 한시임기제공무원(기간제), ⑥ 사회복지공무원, ⑦ 일반직공무원, ⑧ 기타

아동보호전담요원의 아동보호 업무 경력을 살펴보면, 평균 33.5개월(약 2.8년)인 것으로 나타났다. 다만, 채용 형태별로 아동보호 업무 경력에 차이가 존재하였는데, 공무직(무기계약직)의 경우 평균 43.7개월의 경력을 가지고 있었으나, 시간선택제의 경우 31.2개월(주 35시간 미만), 32.0개월(주 35시간 이상)로 경력이 더욱 짧은 수준이었다. 이에 채용 형태별로 아동보호 업무 경력에 편차가 존재함을 확인할 수 있었다.

〈표 4-9〉 아동보호전담요원(아동보호 업무) 경력

(단위: 개월)

구 분		사례수	개월	
			평균	표준편차
전체		217	33.5	17.1
지역 1	수도권	62	32.9	19.3
	그 외 지역	155	33.7	16.2
지역 2	군	77	36.5	17.1
	시·구	140	31.8	17.0
채용 형태	공무직(무기계약직)	70	43.7	15.9
	주 35시간 이상 시간선택제	59	32.0	15.1
	주 35시간 미만 시간선택제	58	31.2	13.4
	사회복지·일반직 공무원	21	14.4	12.9
	기타 (일반임기·한시 임기 등)	9	21.8	17.8
소속 부서	아동	67	32.3	19.4
	아동·청소년·가족	36	33.7	15.5
	아동·기타	68	34.7	14.7
	그 외	46	33.1	18.6
아동 보호 전담 요원 경력	1년 미만	30	5.6	3.5
	1년 이상~2년 미만	37	18.5	3.1
	2년 이상~3년 미만	39	30.6	4.1
	3년 이상~4년 미만	57	43.1	4.2
	4년 이상	54	51.1	11.6

구 분		사례수	개월	
			평균	표준편차
사회복지경력	3년 미만	14	11.9	9.3
	3년 이상~6년 미만	21	21.3	14.0
	6년 이상~9년 미만	39	33.6	14.8
	9년 이상~12년 미만	59	34.6	15.2
	12년 이상	84	39.2	17.0

주: 연구진 작성

아동보호전담요원의 이전 사회복지 분야 경력은 평균 95.3개월(약 7.9년)인 것으로 나타났다. 다만, 채용 형태별로 이전 사회복지 분야 경력의 편차가 존재하였는데, 공무직(무기계약직)의 경우 107.1개월, 주 35시간 미만 시간선택제의 경우 108.8개월의 평균 경력을 보유하였으나, 주 35시간 이상 시간선택제의 경우 86.9개월의 평균 경력을 보유한 것으로 나타났다. 이 외에 사회복지 일반직 공무원의 경우 53.9개월, 일반임기 및 한시 임기 등의 기타 채용 형태의 경우 67.4개월 수준으로 평균보다 낮은 경력 수준을 보였다.

〈표 4-10〉 아동보호전담요원(아동보호 업무) 이전 사회복지 분야 경력

(단위: 개월)

구 분		사례수	개월	
			평균	표준편차
전체		217	95.3	55.8
지역1	수도권	62	89.2	58.9
	그 외 지역	155	97.7	54.6
지역2	군	77	93.9	49.7
	시·구	140	96.0	59.1
채용형태	공무직(무기계약직)	70	107.1	45.3
	주 35시간 이상 시간선택제	59	86.9	56.5
	주 35시간 미만 시간선택제	58	108.8	59.7
	사회복지·일반직 공무원	21	53.9	55.2
	기타 (일반임기·한시 임기 등)	9	67.4	43.6

구 분		사례수	개월	
			평균	표준편차
소속 부서	아동	67	101.1	61.1
	아동·청소년·가족	36	83.2	56.2
	아동·기타	68	103.4	54.5
	그 외	46	84.1	47.2
아동 보호 전담 요원 경력	1년 미만	30	87.2	65.5
	1년 이상~2년 미만	37	95.3	72.2
	2년 이상~3년 미만	39	102.4	54.8
	3년 이상~4년 미만	57	97.2	46.7
	4년 이상	54	92.4	47.8
사회 복지 경력	3년 미만	14	5.6	8.3
	3년 이상~6년 미만	21	35.2	13.4
	6년 이상~9년 미만	39	61.0	18.8
	9년 이상~12년 미만	59	87.3	21.8
	12년 이상	84	146.7	45.0

주: 연구진 작성

　아동보호전담요원의 이전 아동복지 분야 근무 경력은 평균 58.83개월(약 4.9년)인 것으로 나타났다. 이전 아동복지 분야 근무 경력에도 채용 형태별로 편차가 나타났다. 공무직(무기계약직) 아동보호전담요원의 경우, 평균 78.19개월로 이전 아동복지 분야 근무 경력이 가장 긴 반면, 아동보호 업무를 대신하고 있는 사회복지 및 일반직 공무원의 경우 평균 15.95개월의 이전 아동복지 분야 근무 경력을 가지고 있는 것으로 나타났다. 시간선택제 아동보호전담요원의 경우, 평균 55.44개월(주 35시간 이상), 평균 58.36개월(주 35시간 미만) 수준의 경력을 보유하고 있었다.

<표 4-11> 아동보호전담요원(아동보호 업무) 이전 아동복지 분야 근무 경력

(단위: 개월)

구 분		사례수	개월	
			평균	표준편차
전체		217	58.83	51.45
지역 1	수도권	62	61.56	54.66
	그 외 지역	155	57.74	50.25
지역 2	군	77	61.01	51.87
	시·구	140	57.63	51.36
채용 형태	공무직 (무기계약직)	70	78.19	48.10
	주 35시간 이상 시간선택제	59	55.44	50.72
	주 35시간 미만 시간선택제	58	58.36	55.47
	사회복지·일반직 공무원	21	15.95	18.47
	기타 (일반임기·한시 임기 등)	9	33.56	34.29
소속 부서	아동	67	54.63	48.19
	아동·청소년·가족	36	55.36	44.86
	아동·기타	68	71.34	61.73
	그 외	46	49.17	41.15
아동 보호 전담 요원 경력	1년 미만	30	33.80	43.34
	1년 이상~2년 미만	37	47.89	63.22
	2년 이상~3년 미만	39	55.21	49.71
	3년 이상~4년 미만	57	70.05	48.58
	4년 이상	54	71.00	45.24
사회 복지 경력	3년 미만	14	4.21	7.56
	3년 이상~6년 미만	21	23.57	17.26
	6년 이상~9년 미만	39	37.95	23.56
	9년 이상~12년 미만	59	50.20	32.26
	12년 이상	84	92.50	60.03

주: 연구진 작성

나. 아동보호 업무

본 조사에 참여한 아동보호전담요원의 응답을 통해 현재 근무하는 지역에서 모니터링(사례관리) 중인 가정 밖 보호아동·청소년의 월평균 인원을 확인해보았다. 그 결과, 월평균 73.2명의 가정 밖 보호아동 및 청소년을 모니터링하고 있는 것으로 나타났다.

지역별로 살펴보면, 모니터링하는 보호아동·청소년 수의 편차가 나타났는데 수도권의 경우 월평균 82.7명의 보호아동·청소년을 모니터링하고 있었으나 그 외 지역의 경우 월평균 69.4명으로 나타났다. 특히 군 지역과 시·구 지역의 편차가 컸는데, 군 지역의 경우 월평균 36.8명의 보호아동·청소년을, 시·구 지역의 경우 월평균 93.2명의 보호아동·청소년을 모니터링하고 있었다.

아동보호전담요원의 채용 형태에 따라서도 모니터링하는 보호아동·청소년 수의 편차가 나타났다. 주 35시간 미만 시간선택제 아동보호전담요원은 월평균 84.6명의 보호아동·청소년을 모니터링하면서 가장 높은 수치를 기록했으며, 공무직(무기계약직) 아동보호전담요원은 월평균 55.8명을 모니터링하며 가장 낮은 수치를 보였다.

소속 부서가 아동·청소년·가족 업무를 포괄하는 경우 월평균 사례 수가 122.7명으로 가장 많았으며, 다음이 아동만을 대상으로 하는 경우, 75.7명으로 편차가 크게 나타났다.

아동보호전담요원의 경력에 따라서도 차이가 나타났는데, 아동보호 업무 경력이 2년 이상 3년 미만인 경우 월평균 83.8명을 모니터링하며 가장 높은 수치를 보였다. 특히, 사회복지 경력이 3년 미만인 아동보호전담요원이 월평균 91.5명의 보호아동·청소년을 모니터링하며 가장 높은 수치를 기록했다.

<표 4-12> 근무지역 내 원가정 외 보호아동·청소년 월평균 인원

(단위: 명)

구 분		사례수	평균	표준편차
전체		217	73.2	93.4
지역 1	수도권	62	82.7	76.6
	그 외 지역	155	69.4	99.3
지역 2	군	77	36.8	29.2
	시·구	140	93.2	109.3
채용 형태	공무직 (무기계약직)	70	55.8	64.3
	주 35시간 이상 시간선택제	59	78.6	68.7
	주 35시간 미만 시간선택제	58	84.6	96.2
	사회복지·일반직 공무원	21	83.0	191.2
	기타 (일반임기·한시 임기 등)	9	76.6	65.7
소속 부서	아동	67	75.7	81.8
	아동·청소년·가족	36	122.7	168.4
	아동·기타	68	60.2	48.9
	그 외	46	50.0	60.5
아동 보호 전담 요원 경력	1년 미만	30	78.9	167.3
	1년 이상~2년 미만	37	59.0	51.2
	2년 이상~3년 미만	39	83.8	97.0
	3년 이상~4년 미만	57	63.0	55.3
	4년 이상	54	82.9	89.7
사회 복지 경력	3년 미만	14	91.5	233.3
	3년 이상~6년 미만	21	65.5	53.4
	6년 이상~9년 미만	39	63.6	57.3
	9년 이상~12년 미만	59	79.1	79.9
	12년 이상	84	72.3	86.0

주: 연구진 작성

본 조사에 참여한 아동보호전담요원의 응답을 통해 현재 근무지에서 모니터링하고 있는 보호아동·청소년의 규모를 보호 유형별로 살펴보았다. 가장 큰 규모를 차지한 보호 유형은 아동양육시설로, 월평균 29.9명의 아동양육시설 보호아동·청소년을 모니터링하고 있었다. 그다음으로는 가정위탁이었으며, 월평균 29.4명의 가정위탁 보호아동·청소년을 모니터링하고 있었다. 기타 유형에 해당하는 보호 아동·청소년은 월평균 25.4명으로 나타났는데, 해당되는 기타 유형의 응답을 살펴보면 '보호가 종료된 자립준비청년', '입양 대상 아동', '일시보호시설에서 보호 중인 아동' 등이 포함되어 있었다. 이 외에도 공동생활가정(그룹홈)에서 보호 중인 아동·청소년 월평균 8.4명, 학대피해아동쉼터에서 보호 중인 아동·청소년은 월평균 0.7명이 모니터링되고 있었다.

〈표 4-13〉〈원가정 외 보호아동·청소년 월평균 인원〉 중 보호 유형별 인원

(단위: 명)

구 분		사례수	아동양육시설		공동생활가정(그룹홈)		가정위탁		학대피해아동쉼터		기타	
			평균	표준편차	평균	표준편차	평균	표준편차	평균	표준편차	평균	표준편차
전체		214	29.9	49.8	8.4	18.9	29.4	32.4	0.7	2.3	25.4	40.5
지역1	수도권	60	29.2	38.4	11.6	22.3	30.4	22.8	0.7	1.6	44.2	54.0
	그 외 지역	154	30.1	53.8	7.1	17.2	29.0	35.6	0.7	2.5	14.6	25.7
지역2	군	77	11.3	22.9	3.6	6.7	20.6	12.3	0.2	0.7	7.3	4.8
	시·구	137	40.1	57.2	11.0	22.6	34.3	38.5	1.0	2.7	32.1	45.7
채용형태	공무직(무기계약직)	70	17.7	31.3	5.9	8.1	27.7	24.1	0.6	1.8	24.3	37.3
	주 35시간 이상 시간선택제	58	33.8	43.8	7.2	8.3	32.1	28.0	0.7	1.4	23.8	28.4
	주 35시간 미만 시간선택제	57	35.6	50.4	11.0	25.3	28.8	29.8	1.2	3.6	30.7	54.4
	사회복지·일반직 공무원	21	40.7	94.9	12.3	38.0	29.9	65.7	0.1	0.4	1.0	.
	기타(일반임기·한시 임기 등)	8	36.8	45.0	8.8	14.8	27.8	22.0	0.0	0.0	14.5	9.2
소속부서	아동	67	28.1	43.7	9.6	22.5	33.0	32.3	0.7	2.8	20.4	27.6
	아동·청소년·가족	34	48.6	77.9	14.1	30.2	42.7	54.6	0.7	1.6	54.2	64.0
	아동·기타	68	26.6	41.5	7.4	10.7	23.7	16.6	1.1	2.7	9.6	11.2
	그 외	45	22.7	38.5	3.5	5.7	22.3	22.7	0.2	0.7	10.8	8.8

구 분		사례수	아동양육시설		공동생활가정(그룹홈)		가정위탁		학대피해아동쉼터		기타	
			평균	표준편차	평균	표준편차	평균	표준편차	평균	표준편차	평균	표준편차
아동보호전담요원경력	1년 미만	29	25.8	72.8	17.0	42.9	31.1	56.6	0.1	0.4	29.8	46.3
	1년 이상~2년 미만	35	30.0	37.9	5.1	9.2	19.1	16.6	0.6	1.8	13.9	14.6
	2년 이상~3년 미만	39	40.6	55.5	7.2	12.9	28.3	29.8	1.1	3.5	37.3	72.1
	3년 이상~4년 미만	57	22.0	39.4	6.6	10.3	31.7	24.1	0.8	2.0	17.2	14.4
	4년 이상	54	32.6	47.1	8.4	10.0	34.0	31.3	0.9	2.3	31.4	41.9
사회복지경력	3년 미만	12	37.3	106.5	14.7	46.6	33.6	80.7	0.1	0.5	20.0	23.0
	3년 이상~6년 미만	20	30.9	47.0	7.5	9.3	25.5	22.1	0.9	2.2	15.0	.
	6년 이상~9년 미만	39	24.7	43.2	7.2	9.4	29.6	19.9	0.5	1.6	10.8	6.9
	9년 이상~12년 미만	59	30.2	38.3	10.7	23.8	32.0	30.5	0.5	1.4	25.9	37.0
	12년 이상	84	30.5	47.5	6.4	10.6	27.8	27.3	1.1	3.1	32.1	53.1

주: 1) 연구진 작성
    2) .은 해당 빈도 수가 1, 표준편차 산출 불가한 셀임.

지역별로도 일부 차이가 나타났는데, 수도권에서는 공동생활가정(그룹홈)에서 보호 중인 아동·청소년을 월평균 11.6명 모니터링하고 있는 반면, 그 외 지역에서는 7.1명을 모니터링하여 수도권이 상대적으로 높은 수치를 보였다. 특히, 기타 유형에서도 많은 차이가 나타났다. 수도권에서는 기타 유형의 아동을 월평균 44.2명 모니터링하고 있는 반면, 그 외 지역에서는 14.6명을 모니터링 중에 있었다. 일시보호치료시설 등 다른 유형의 시설 자원이 수도권에 집중되어 있기 때문으로 해석된다.

시군구 지역 단위로 살펴보았을 때도 보호 유형별로 모니터링하는 아동·청소년 규모에 큰 차이가 있었다. 아동양육시설의 경우, 군 단위에서는 월평균 11.3명의 아동을 모니터링 중에 있는 반면, 시·구 단위에서는 40.1명의 아동을 모니터링하는 것으로 나타나 큰 차이를 보였다. 공동생활가정(그룹홈)도 군 단위의 경우 월평균 3.6명을, 시·구 단위에서는 11.0명을 모니터링하는 것으로 나타나 편차가 컸으며, 기타 유형의 경우에도 군 단위 월평균 7.3명, 시·구 단위 월평균 32.1명으로 큰 차이를 나타냈다.

본 조사에 참여한 아동보호전담요원의 응답을 바탕으로, 현재 근무지에서 보호조치가 만 18세 이전에 종료되는 아동의 월평균 인원을 살펴보았다. 그 결과, 월평균 2.3명의 아동이 만 18세가 되기 이전에 보호조치가 종료되고 있는 것으로 나타났다.

수도권에서는 월평균 2.4명의 아동이, 그 외 지역에서는 월평균 2.3명의 아동이 만 18세 이전에 보호가 종료되고 있었다. 또한, 군청 소속 아동보호전담요원의 응답과 시·구청 소속 요원의 응답 간에도 차이가 나타났는데, 군 단위에서는 월평균 1.8명의 아동이, 시·구 단위에서는 월평균 2.6명의 아동이 만 18세 이전에 보호종료되는 것으로 조사되었다.

〈표 4-14〉 만 18세 이전 보호조치 종료아동 월평균 인원

(단위: 명)

구 분		사례수	평균	표준편차
전체		217	2.3	4.5
지역 1	수도권	62	2.4	5.7
	그 외 지역	155	2.3	4.0
지역 2	군	77	1.8	3.5
	시·구	140	2.6	5.0
채용 형태	공무직 (무기계약직)	70	1.4	2.5
	주 35시간 이상 시간선택제	59	2.0	3.4
	주 35시간 미만 시간선택제	58	2.6	4.4
	사회복지·일반직 공무원	21	4.7	8.7
	기타 (일반임기·한시 임기 등)	9	4.9	7.4
소속 부서	아동	67	2.0	3.2
	아동·청소년·가족	36	2.7	6.8
	아동·기타	68	2.1	3.9
	그 외	46	3.0	4.9
아동 보호 전담 요원 경력	1년 미만	30	3.9	8.3
	1년 이상~2년 미만	37	1.5	2.9
	2년 이상~3년 미만	39	2.2	3.9
	3년 이상~4년 미만	57	2.1	3.1
	4년 이상	54	2.5	4.2

구분		사례수	평균	표준편차
사회복지경력	3년 미만	14	2.1	2.9
	3년 이상~6년 미만	21	3.5	5.8
	6년 이상~9년 미만	39	1.8	3.1
	9년 이상~12년 미만	59	2.3	5.6
	12년 이상	84	2.4	4.1

주: 연구진 작성

만 18세 이전에 보호조치 종료 아동 중, 지원 대상 보호 조기종료 아동의 연령 기준인 만 15세 이상에 해당하는 아동 수를 조사하였다. 그 결과, 135개 지자체에서 만 15세 이상의 아동이 존재하였으며, 월평균 1.8명의 아동이 만 15세 이상인 것으로 나타났다. 수도권의 경우 월평균 1.5명의 아동이 만 15세 이상의 보호 조기종료 아동이었으며, 그 외 지역의 경우에도 월평균 2.0명의 아동이 존재하였다.

〈표 4-15〉〈만 18세 이전 보호조치 종료아동〉 중 만 15세 이상 인원

(단위: 명)

구분		사례수	평균	표준편차
전체		135	1.8	2.8
지역 1	수도권	37	1.5	2.0
	그 외 지역	98	2.0	3.1
지역 2	군	44	1.7	2.6
	시·구	91	1.9	3.0
채용형태	공무직 (무기계약직)	41	1.4	2.5
	주 35시간 이상 시간선택제	36	1.3	1.9
	주 35시간 미만 시간선택제	38	2.0	3.7
	사회복지·일반직 공무원	15	3.3	2.6
	기타 (일반임기·한시 임기 등)	5	3.0	3.3
소속부서	아동	39	1.2	1.2
	아동·청소년·가족	24	1.6	1.8
	아동·기타	41	2.2	3.3
	그 외	31	2.5	4.0

구 분		사례수	평균	표준편차
아동보호전담요원경력	1년 미만	17	3.6	4.3
	1년 이상~2년 미만	21	2.0	3.7
	2년 이상~3년 미만	27	1.1	1.4
	3년 이상~4년 미만	36	1.8	2.5
	4년 이상	34	1.5	2.2
사회복지경력	3년 미만	7	3.4	2.2
	3년 이상~6년 미만	15	3.1	4.3
	6년 이상~9년 미만	25	1.0	1.2
	9년 이상~12년 미만	34	1.4	1.9
	12년 이상	54	1.9	3.3

주: 연구진 작성

만 18세 이전 보호조치 종료 아동의 조치 유형별 인원을 조사하였다. 그 결과, 원가정 복귀 아동은 평균 1.2명이었으며, 타 기관으로 전원 조치된 아동은 월평균 0.5명, 기타 조치를 받은 아동은 월평균 0.6명이었다. 기타에 해당하는 응답으로는 '입양', '친족보호', '보호 사유 소멸' 등이 있었다.

〈표 4-16〉 (만 18세 이전 보호조치 종료아동) 중 조치 유형별 인원

(단위: 명)

구 분		사례수	원가정 복귀		전원		기타	
			평균	표준편차	평균	표준편차	평균	표준편차
전체		217	1.2	2.3	0.5	2.0	0.6	3.1
지역1	수도권	62	1.0	1.7	0.5	1.3	0.9	5.0
	그 외 지역	155	1.3	2.5	0.5	2.3	0.5	2.0
지역2	군	77	0.8	1.3	0.5	2.0	0.5	2.4
	시·구	140	1.4	2.7	0.6	2.1	0.7	3.5
채용형태	공무직(무기계약직)	70	0.7	1.0	0.4	2.0	0.2	0.7
	주 35시간 이상 시간선택제	59	1.3	2.1	0.4	1.3	0.3	0.9
	주 35시간 미만 시간선택제	58	1.7	3.4	0.7	2.6	0.2	0.8

구 분		사례수	원가정 복귀		전원		기타	
			평균	표준편차	평균	표준편차	평균	표준편차
	사회복지·일반직 공무원	21	1.0	1.7	0.9	2.2	2.9	8.6
	기타 (일반임기·한시 임기 등)	9	1.6	3.1	0.2	0.4	3.1	6.6
소속 부서	아동	67	1.3	2.6	0.3	1.0	0.4	1.1
	아동·청소년·가족	36	0.9	1.7	0.3	0.9	1.5	6.6
	아동·기타	68	1.3	2.6	0.5	1.5	0.3	1.1
	그 외	46	1.1	1.8	1.1	3.7	0.8	3.1
아동 보호 전담 요원 경력	1년 미만	30	0.5	1.3	0.8	3.3	2.5	7.9
	1년 이상~2년 미만	37	0.7	1.7	0.6	1.9	0.2	0.5
	2년 이상~3년 미만	39	1.6	3.1	0.2	0.5	0.4	1.4
	3년 이상~4년 미만	57	1.3	1.8	0.5	1.5	0.3	1.0
	4년 이상	54	1.5	2.8	0.7	2.4	0.3	1.1
사회 복지 경력	3년 미만	14	0.8	1.7	0.3	0.7	1.1	2.4
	3년 이상~6년 미만	21	1.1	2.4	0.9	2.4	1.5	4.5
	6년 이상~9년 미만	39	1.5	2.3	0.1	0.3	0.3	1.0
	9년 이상~12년 미만	59	1.1	2.5	0.4	1.1	0.8	5.1
	12년 이상	84	1.2	2.2	0.8	2.8	0.3	1.1

주: 연구진 작성

만 18세 이전에 보호조치가 종료되어 여성가족부와 법무부 등 타 부처 관할 시설로 전원된 아동이 있는 지자체는 총 33곳이었으며, 이들 지자체에서 타 부처 관할 시설로 전원된 아동의 월평균 인원은 1.2명으로 조사되었다. 지역 규모에 따른 큰 편차는 없었으며, 월평균 1.0명에서 1.3명의 아동이 타 부처 관할 시설로 전원 조치되고 있는 것으로 나타났다.

〈표 4-17〉 (만 18세 이전 전원된 보호조치 종료아동) 중 타 부처 관할 시설로 조치된 아동 인원

(단위: 명)

구 분		사례수	평균	표준편차
전체		33	1.2	1.1
지역 1	수도권	14	1.0	1.1
	그 외 지역	19	1.3	1.1
지역 2	군	10	1.2	0.6
	시·구	23	1.2	1.2
채용 형태	공무직 (무기계약직)	8	0.9	0.4
	주 35시간 이상 시간선택제	9	1.4	1.1
	주 35시간 미만 시간선택제	8	1.3	1.7
	사회복지·일반직 공무원	6	1.3	0.8
	기타 (일반임기·한시 임기 등)	2	0.5	0.7
소속 부서	아동	9	1.1	0.6
	아동·청소년·가족	5	1.4	1.5
	아동·기타	11	1.4	1.4
	그 외	8	0.9	0.8
아동 보호 전담 요원 경력	1년 미만	6	1.2	0.8
	1년 이상~2년 미만	6	1.7	1.9
	2년 이상~3년 미만	4	1.0	0.8
	3년 이상~4년 미만	9	1.0	0.5
	4년 이상	8	1.1	1.2
사회 복지 경력	3년 미만	2	2.0	0.0
	3년 이상~6년 미만	4	2.0	2.2
	6년 이상~9년 미만	4	0.5	0.6
	9년 이상~12년 미만	9	1.4	1.1
	12년 이상	14	0.9	0.5

주: 1) 연구진 작성
    2) 질문 로직상, 0명으로 응답한 사례를 제외하여, 〈표 4-16〉의 평균값(0.5) 보다 평균값이 큼.

다. 조기종료 자립준비청년 지원

본 조사에서는 아동보호전담요원을 대상으로 '아동복지법 제38조의 2 제4항' 개정으로 2024년 2월부터 보호조치 조기종료 아동이 자립지원 대상에 포함된 사실을 인지하고 있는지 여부를 조사하였다. 조사 결과, 대다수의 아동보호전담요원(94.5%)이 해당 사실을 인지하고 있었으나, 5.5%는 인지하지 못한 것으로 나타났다.

지역이나 소속 부서별로 인지 여부의 큰 차이는 없었으나, 채용 형태에 따라 약간의 차이가 나타났다. 공무직(95.7%)과 시간선택제 아동보호전담요원(96.6%, 94.8%)의 인지율이 높았으며, 사회복지·일반직 공무원의 인지율(85.7%)은 이보다는 다소 낮은 수준이었다. 경력별로 살펴보았을 때는 특히 3년 미만의 사회복지 경력을 가진 아동보호전담요원의 인지율이 78.6%로 낮았으며, 인지하고 있지 않다는 응답 또한 21.4%로 높은 수준이었다.

〈표 4-18〉 보호조치 조기종료 아동 자립지원 대상자 인지 여부

(단위: 명, %)

구 분		사례수	예	아니오
전체		217	94.5	5.5
지역 1	수도권	62	93.5	6.5
	그 외 지역	155	94.8	5.2
지역 2	군	77	94.8	5.2
	시·구	140	94.3	5.7
채용 형태	공무직 (무기계약직)	70	95.7	4.3
	주 35시간 이상 시간선택제	59	96.6	3.4
	주 35시간 미만 시간선택제	58	94.8	5.2
	사회복지·일반직 공무원	21	85.7	14.3
	기타 (일반임기·한시 임기 등)	9	88.9	11.1

구분		사례수	예	아니오
소속 부서	아동	67	91.0	9.0
	아동·청소년·가족	36	97.2	2.8
	아동·기타	68	95.6	4.4
	그 외	46	95.7	4.3
아동 보호 전담 요원 경력	1년 미만	30	90.0	10.0
	1년 이상~2년 미만	37	94.6	5.4
	2년 이상~3년 미만	39	94.9	5.1
	3년 이상~4년 미만	57	94.7	5.3
	4년 이상	54	96.3	3.7
사회 복지 경력	3년 미만	14	78.6	21.4
	3년 이상~6년 미만	21	100.0	0.0
	6년 이상~9년 미만	39	94.9	5.1
	9년 이상~12년 미만	59	96.6	3.4
	12년 이상	84	94.0	6.0

주: 연구진 작성

보호조치 조기종료 아동이 자립지원 대상에 포함된 사실을 인지하고 있는 경우, 해당 아동 지원을 위한 업무 지침이 있는지 조사한 결과, 전체 응답자 중 81.0%의 아동보호전담요원이 업무 지침이 있다고 하였다. 업무 지침이 있다는 응답 비율은 수도권에서 조금 더 높았으며(수도권: 82.8%, 그 외 지역: 80.3%), 군 단위에서 근무하는 아동보호전담요원(80.8%)과 시·구 단위에 근무 중인 아동보호전담요원(81.1%)의 응답의 차이는 크지 않았다.

한편, 주 35시간 미만 시간선택제 아동보호전담요원의 '예' 응답률이 상대적으로 낮았으며, 아동이 주요 대상이 아닌 부서(그 외)에서 근무 중인 경우 업무 지침이 있다고 응답한 비율이 상대적으로 낮았다. 또한, 경력이 짧을수록 업무 지침이 있다고 응답한 비율이 높은 경향이 나타났다.

〈표 4-19〉 (조기종료 아동 자립지원 대상자 인지 여부 '예' 응답 시) 업무 지침 여부

(단위: 명, %)

구 분		사례수	예	아니오
전체		205	81.0	19.0
지역 1	수도권	58	82.8	17.2
	그 외 지역	147	80.3	19.7
지역 2	군	73	80.8	19.2
	시·구	132	81.1	18.9
채용 형태	공무직 (무기계약직)	67	79.1	20.9
	주 35시간 이상 시간선택제	57	86.0	14.0
	주 35시간 미만 시간선택제	55	76.4	23.6
	사회복지·일반직 공무원	18	77.8	22.2
	기타 (일반임기·한시 임기 등)	8	100.0	0.0
소속 부서	아동	61	85.2	14.8
	아동·청소년·가족	35	85.7	14.3
	아동·기타	65	81.5	18.5
	그 외	44	70.5	29.5
아동 보호 전담 요원 경력	1년 미만	27	92.6	7.4
	1년 이상~2년 미만	35	77.1	22.9
	2년 이상~3년 미만	37	78.4	21.6
	3년 이상~4년 미만	54	81.5	18.5
	4년 이상	52	78.8	21.2
사회 복지 경력	3년 미만	11	81.8	18.2
	3년 이상~6년 미만	21	81.0	19.0
	6년 이상~9년 미만	37	78.4	21.6
	9년 이상~12년 미만	57	80.7	19.3
	12년 이상	79	82.3	17.7

주: 연구진 작성

아동복지법이 개정되어 만 15세 이후 보호조치가 조기종료된 아동이 만 18세가 되었을 때 자립정착금을 지원할 수 있다는 지침의 인지 여부를 조사한 결과, 전체 응답자의 94.5%가 해당 사실을 인지하고 있었다. 반면, 인지하지 못했다고 응답한 비율은 5.5%로 확인되었다. 지역별, 채용

형태별, 경력별로는 큰 차이가 없었으나, 기타(일반임기·한시 임기 등) 채용 형태를 가진 아동보호전담요원의 인지율이 77.8%로 다른 채용 형태에 비해 다소 낮게 나타났다.

〈표 4-20〉 자립정착금 지원 지침의 인지 여부

(단위: 명, %)

구 분		사례수	예	아니오
전체		217	94.5	5.5
지역 1	수도권	62	95.2	4.8
	그 외 지역	155	94.2	5.8
지역 2	군	77	94.8	5.2
	시·구	140	94.3	5.7
채용 형태	공무직 (무기계약직)	70	92.9	7.1
	주 35시간 이상 시간선택제	59	98.3	1.7
	주 35시간 미만 시간선택제	58	94.8	5.2
	사회복지·일반직 공무원	21	95.2	4.8
	기타 (일반임기·한시 임기 등)	9	77.8	22.2
소속 부서	아동	67	92.5	7.5
	아동·청소년·가족	36	97.2	2.8
	아동·기타	68	94.1	5.9
	그 외	46	95.7	4.3
아동 보호 전담 요원 경력	1년 미만	30	96.7	3.3
	1년 이상~2년 미만	37	91.9	8.1
	2년 이상~3년 미만	39	97.4	2.6
	3년 이상~4년 미만	57	96.5	3.5
	4년 이상	54	90.7	9.3
사회 복지 경력	3년 미만	14	85.7	14.3
	3년 이상~6년 미만	21	100.0	0.0
	6년 이상~9년 미만	39	92.3	7.7
	9년 이상~12년 미만	59	96.6	3.4
	12년 이상	84	94.0	6.0

주: 연구진 작성

자립정착금 지원에 관한 지침 여부를 인지하고 있는 경우, 근무 중인 지역에 해당 지침에 따라 자립정착금을 지원받을 수 있는 자립준비청년이 존재하는지 조사하였다. 그 결과, 25.9%의 아동보호전담요원이 근무 중인 지역에 개정된 지침에 따라 자립정착금을 지원받을 수 있는 자립준비청년이 있다고 응답하였다. 단, '아니오'의 응답도 69.3%로 높은 수준이었으며, '모름'의 경우에도 전체 응답 중 4.9%를 차지하였다.

개정된 지침에 따라 자립정착금 지원이 가능한 자립준비청년의 존재 여부는 지역에 따라 차이가 있었다. 수도권에서는 전체의 32.2%가 해당 청년이 있다고 응답한 반면, 그 외 지역에서는 23.3%에 그쳤다. 군 단위 지역에서는 19.2%가 해당 청년이 있다고 응답한 반면, 시·구 단위 지역에서는 29.5%가 응답하여 군 단위 지역보다 높은 비율을 보였다.

〈표 4-21〉〈자립정착금 지원 지침 인지 여부 '예' 응답 시〉 해당하는 자립준비청년 존재 여부

(단위: 명, %)

구 분		사례수	예	아니오	모름
전체		205	25.9	69.3	4.9
지역 1	수도권	59	32.2	64.4	3.4
	그 외 지역	146	23.3	71.2	5.5
지역 2	군	73	19.2	76.7	4.1
	시·구	132	29.5	65.2	5.3
채용 형태	공무직 (무기계약직)	65	20.0	76.9	3.1
	주 35시간 이상 시간선택제	58	29.3	65.5	5.2
	주 35시간 미만 시간선택제	55	23.6	72.7	3.6
	사회복지·일반직 공무원	20	35.0	65.0	0.0
	기타 (일반임기·한시 임기 등)	7	42.9	14.3	42.9
소속 부서	아동	62	24.2	71.0	4.8
	아동·청소년·가족	35	25.7	71.4	2.9
	아동·기타	64	32.8	64.1	3.1
	그 외	44	18.2	72.7	9.1
아동 보호	1년 미만	29	31.0	55.2	13.8
	1년 이상~2년 미만	34	41.2	52.9	5.9

구 분		사례수	예	아니오	모름
전담요원경력	2년 이상~3년 미만	38	28.9	68.4	2.6
	3년 이상~4년 미만	55	16.4	80.0	3.6
	4년 이상	49	20.4	77.6	2.0
사회복지경력	3년 미만	12	41.7	41.7	16.7
	3년 이상~6년 미만	21	33.3	57.1	9.5
	6년 이상~9년 미만	36	25.0	72.2	2.8
	9년 이상~12년 미만	57	21.1	75.4	3.5
	12년 이상	79	25.3	70.9	3.8

주: 연구진 작성

개정된 지침에 따라 자립정착금 지원을 받은 자립준비청년이 몇 명인지 조사하였다. 그 결과, 53개의 지역에서 평균적으로 약 2.5명의 아동이 지침 개정 이후에 자립정착금을 지원받은 것으로 나타났다. 그 중, 만 15~만 18세 미만 조기종료 아동·청소년은 평균 1.7명이었으며, 2024년 2월 9일 이후 만 18세가 된 조기종료 자립준비청년은 평균 0.8명이었다. 특히 수도권 이외 지역에서는 만 15세에서 18세 미만의 조기종료 아동·청소년이 개정 지침에 따라 자립정착금을 지원받은 인원이 평균 2.3명으로, 수도권의 0.6명보다 많았다.

〈표 4-22〉 (해당하는 자립준비청년 존재 여부 '예' 응답 시) 자립정착금 지원받은 자립준비청년 인원

(단위: 명)

구 분		사례수	만 15세~만 18세 미만 조기종료 아동·청소년		2024년 2월 9일 이후 만 18세가 된 조기종료 자립준비청년	
			평균	표준편차	평균	표준편차
전체		53	1.7	6.3	0.8	1.9
지역 1	수도권	19	0.6	0.6	0.8	2.3
	그 외 지역	34	2.3	7.9	0.7	1.8
지역 2	군	14	0.1	0.4	0.3	0.5
	시·구	39	2.2	7.3	0.9	2.2

구 분		사례수	만 15세~만 18세 미만 조기종료 아동·청소년		2024년 2월 9일 이후 만 18세가 된 조기종료 자립준비청년	
			평균	표준편차	평균	표준편차
채용 형태	공무직 (무기계약직)	13	0.2	0.4	0.4	0.7
	주 35시간 이상 시간선택제	17	1.2	3.1	0.9	2.4
	주 35시간 미만 시간선택제	13	1.5	2.7	1.0	2.8
	사회복지·일반직 공무원	7	6.6	16.5	0.9	0.7
	기타 (일반임기·한시 임기 등)	3	0.3	0.6	0.3	0.6
소속 부서	아동	15	3.3	11.3	0.9	2.6
	아동·청소년·가족	9	2.3	4.1	0.8	0.8
	아동·기타	21	0.8	2.2	0.8	2.2
	그 외	8	0.3	0.5	0.4	0.5
아동 보호 전담 요원 경력	1년 미만	9	5.3	14.5	0.6	0.7
	1년 이상~2년 미만	14	1.1	2.6	1.6	3.6
	2년 이상~3년 미만	11	0.5	0.7	0.3	0.6
	3년 이상~4년 미만	9	0.3	0.5	0.4	0.5
	4년 이상	10	1.6	4.1	0.7	0.8
사회 복지 경력	3년 미만	5	9.2	19.5	0.6	0.9
	3년 이상~6년 미만	7	1.9	3.7	1.7	3.7
	6년 이상~9년 미만	9	1.9	4.2	0.3	0.5
	9년 이상~12년 미만	12	0.3	0.5	1.2	2.9
	12년 이상	20	0.5	0.7	0.5	0.7

주: 연구진 작성

 개정된 지침에 따라 자립정착금 지원을 받을 수 있는 자립준비청년이 없다고 응답한 경우, 그 이유에 대해 조사하였다. 그 결과, '기타' 응답이 40.8%로 가장 높은 비율을 차지하였는데, 기타 응답에는 '조기 종료 아동 없음', '보호 기간 조건 미충족' 등의 이유가 포함되었다. 두 번째로 높은 응답은 40.1%로, '조기 종료 아동이 있었으나 원가정으로 복귀하여 지원 대상이 아니었다'는 사유이다. 세 번째로 높은 응답은 19.7%로, '조기

종료 아동이 있었으나 연령 조건을 충족하지 못했다'는 사유이다.

〈표 4-23〉 (해당하는 자립준비청년 존재 여부 '아니오' 응답 시) 부재 이유

(단위: 명, %)

구 분		사례수	①	②	③	④	⑤
전체		142	19.7	40.1	1.4	40.8	5.6
지역 1	수도권	38	26.3	34.2	2.6	34.2	10.5
	그 외 지역	104	17.3	42.3	1.0	43.3	3.8
지역 2	군	56	16.1	42.9	0.0	42.9	3.6
	시·구	86	22.1	38.4	2.3	39.5	7.0
채용 형태	공무직 (무기계약직)	50	22.0	38.0	2.0	46.0	2.0
	주 35시간 이상 시간선택제	38	26.3	34.2	2.6	39.5	7.9
	주 35시간 미만 시간선택제	40	17.5	42.5	0.0	40.0	5.0
	사회복지·일반직 공무원	13	0.0	53.8	0.0	30.8	15.4
	기타 (일반임기·한시 임기 등)	1	0.0	100.0	0.0	0.0	0.0
소속 부서	아동	44	20.5	34.1	0.0	50.0	4.5
	아동·청소년·가족	25	24.0	48.0	4.0	24.0	8.0
	아동·기타	41	9.8	39.0	2.4	48.8	4.9
	그 외	32	28.1	43.8	0.0	31.3	6.3
아동 보호 전담 요원 경력	1년 미만	16	6.3	31.3	12.5	62.5	0.0
	1년 이상~2년 미만	18	22.2	38.9	0.0	44.4	5.6
	2년 이상~3년 미만	26	7.7	57.7	0.0	34.6	3.8
	3년 이상~4년 미만	44	31.8	36.4	0.0	38.6	4.5
	4년 이상	38	18.4	36.8	0.0	36.8	10.5
사회 복지 경력	3년 미만	5	0.0	60.0	0.0	40.0	0.0
	3년 이상~6년 미만	12	41.7	58.3	0.0	25.0	0.0
	6년 이상~9년 미만	26	15.4	38.5	3.8	42.3	11.5
	9년 이상~12년 미만	43	23.3	34.9	2.3	41.9	4.7
	12년 이상	56	16.1	39.3	0.0	42.9	5.4

주: 1) 연구진 작성
2) ① 조기종료 아동은 있었으나, 연령 조건을 충족하지 못함, ② 조기종료 아동은 있었으나, 원가정으로 복귀하여 대상자가 아님, ③ 조기종료 아동은 있었으나, 당사자가 자립정착금을 신청하지 않음, ④ 기타, ⑤ 모름

아동복지법이 개정되어 만 15세 이후에 보호조치가 조기 종료된 아동이 만 18세가 되었을 때 자립수당을 지원할 수 있다는 지침의 인지 여부를 조사한 결과, 전체 응답자의 94.5%가 해당 사실을 인지하고 있었다. 반면, 인지하지 못했다고 응답한 비율은 5.5%로 확인되었다. 지역별, 채용형태별, 경력별로는 큰 차이가 없었으나, 자립정착금 인지 여부와 마찬가지로, 기타(일반임기·한시 임기 등) 채용 형태인 아동보호전담요원의 인지율이 77.8%로 다른 채용 형태에 비해 다소 낮았다.

〈표 4-24〉 자립수당 지원 지침 인지 여부

(단위: 명, %)

구 분		사례수	예	아니오
전체		217	94.5	5.5
지역 1	수도권	62	95.2	4.8
	그 외 지역	155	94.2	5.8
지역 2	군	77	93.5	6.5
	시·구	140	95.0	5.0
채용 형태	공무직 (무기계약직)	70	92.9	7.1
	주 35시간 이상 시간선택제	59	98.3	1.7
	주 35시간 미만 시간선택제	58	94.8	5.2
	사회복지·일반직 공무원	21	95.2	4.8
	기타 (일반임기·한시 임기 등)	9	77.8	22.2
소속 부서	아동	67	94.0	6.0
	아동·청소년·가족	36	97.2	2.8
	아동·기타	68	92.6	7.4
	그 외	46	95.7	4.3
아동 보호 전담 요원 경력	1년 미만	30	96.7	3.3
	1년 이상~2년 미만	37	94.6	5.4
	2년 이상~3년 미만	39	97.4	2.6
	3년 이상~4년 미만	57	94.7	5.3
	4년 이상	54	90.7	9.3
사회 복지 경력	3년 미만	14	85.7	14.3
	3년 이상~6년 미만	21	100.0	0.0
	6년 이상~9년 미만	39	92.3	7.7
	9년 이상~12년 미만	59	98.3	1.7
	12년 이상	84	92.9	7.1

주: 연구진 작성

자립수당 지원 지침 여부를 인지하고 있는 경우, 근무 중인 지역에 해당 지침에 따라 자립수당을 지원받을 수 있는 자립준비청년이 존재하는지 조사하였다. 그 결과, 24.9%의 아동보호전담요원이 근무 중인 지역에 개정된 지침에 따라 자립수당을 지원받을 수 있는 자립준비청년이 있다고 응답하였다. 단, '아니오'의 응답도 66.3%로 높은 수준이었으며, '모름'의 경우에도 전체 응답 중 8.8%를 차지하였다.

자립정착금의 경우와 마찬가지로, 개정된 지침에 따라 자립수당 지원이 가능한 자립준비청년의 존재 여부는 지역에 따라 차이가 있었다. 수도권에서는 전체의 32.2%가 해당 청년이 있다고 응답한 반면, 그 외 지역에서는 21.9%에 그쳤다. 군 단위 지역에서는 19.4%가 해당 청년이 있다고 응답한 반면, 시·구 단위 지역에서는 27.8%가 응답하여 군 단위 지역보다 높은 비율을 보였다.

〈표 4-25〉 (자립수당 지원 지침 인지 여부 '예' 응답 시) 5년 이내 자립준비청년 존재 여부

(단위: 명, %)

구 분		사례수	예	아니오	모름
전체		205	24.9	66.3	8.8
지역 1	수도권	59	32.2	59.3	8.5
	그 외 지역	146	21.9	69.2	8.9
지역 2	군	72	19.4	73.6	6.9
	시·구	133	27.8	62.4	9.8
채용 형태	공무직 (무기계약직)	65	23.1	73.8	3.1
	주 35시간 이상 시간선택제	58	20.7	70.7	8.6
	주 35시간 미만 시간선택제	55	27.3	61.8	10.9
	사회복지·일반직 공무원	20	40.0	45.0	15.0
	기타 (일반임기·한시 임기 등)	7	14.3	57.1	28.6
소속 부서	아동	63	23.8	66.7	9.5
	아동·청소년·가족	35	31.4	62.9	5.7
	아동·기타	63	25.4	69.8	4.8
	그 외	44	20.5	63.6	15.9

구 분		사례수	예	아니오	모름
아동보호전담요원경력	1년 미만	29	31.0	48.3	20.7
	1년 이상~2년 미만	35	31.4	60.0	8.6
	2년 이상~3년 미만	38	34.2	55.3	10.5
	3년 이상~4년 미만	54	18.5	77.8	3.7
	4년 이상	49	16.3	77.6	6.1
사회복지경력	3년 미만	12	41.7	33.3	25.0
	3년 이상~6년 미만	21	19.0	52.4	28.6
	6년 이상~9년 미만	36	30.6	61.1	8.3
	9년 이상~12년 미만	58	13.8	81.0	5.2
	12년 이상	78	29.5	66.7	3.8

주: 연구진 작성

 개정된 지침에 따라 자립수당을 지원받은 자립준비청년 수를 조사한 결과, 51개 지역에서 평균 약 9.6명의 보호조치 조기종료 자립준비청년이 자립수당을 지원받은 것으로 나타났다. 해당 응답은 지역별로 편차가 컸는데, 수도권 19개 지역에서는 평균 1.1명의 보호조치 조기종료 청년이 자립수당을 지원받은 반면, 수도권 이외 32개 지역에서는 평균 14.8명이 지원받은 것으로 조사되었다. 또한 군 단위 14개 지역에서는 평균 3.6명이, 시·구 단위 37개 지역에서는 평균 11.9명이 자립수당을 지원받은 것으로 확인되어 지역 규모에 따른 응답 차이도 크게 나타났다.

〈표 4-26〉 (5년 이내 자립준비청년 존재 여부 '예' 응답 시) 지원받은 자립준비청년 인원

(단위: 명)

구 분		사례수	평균	표준편차
전체		51	9.6	55.9
지역 1	수도권	19	1.1	2.0
	그 외 지역	32	14.8	70.4
지역 2	군	14	3.6	4.6
	시·구	37	11.9	65.6

구분		사례수	평균	표준편차
채용 형태	공무직 (무기계약직)	15	1.3	2.6
	주 35시간 이상 시간선택제	12	1.3	2.5
	주 35시간 미만 시간선택제	15	1.6	3.8
	사회복지·일반직 공무원	8	54.0	139.9
	기타 (일반임기·한시 임기 등)	1	1.0	.
소속 부서	아동	15	27.1	103.2
	아동·청소년·가족	11	1.0	1.0
	아동·기타	16	2.8	4.5
	그 외	9	3.2	4.7
아동 보호 전담 요원 경력	1년 미만	9	46.6	132.6
	1년 이상~2년 미만	11	3.4	4.9
	2년 이상~3년 미만	13	1.5	3.8
	3년 이상~4년 미만	10	1.2	2.8
	4년 이상	8	0.6	0.7
사회 복지 경력	3년 미만	5	81.8	177.9
	3년 이상~6년 미만	4	10.0	6.4
	6년 이상~9년 미만	11	1.4	1.9
	9년 이상~12년 미만	8	0.9	1.1
	12년 이상	23	0.9	1.9

주: 연구진 작성

　개정된 지침에 따라 자립수당 지원을 받을 수 있는 자립준비청년이 없다고 응답한 경우, 그 이유에 대해 조사하였다. 그 결과, '기타' 응답이 41.2%로 가장 높은 비율을 차지하였는데, 기타 응답에는 '조기 종료 아동 없음' 등의 이유가 포함되었다. 두 번째로 높은 응답은 35.3%로, '조기 종료 아동이 있었으나 원가정으로 복귀하여 지원 대상이 아니었다'는 사유이다. 세 번째로 높은 응답은 22.1%로, '조기 종료 아동이 있었으나 연령 조건을 충족하지 못했다'는 사유이다.

〈표 4-27〉 (5년 이내 자립준비청년 존재 여부 '아니오' 응답 시) 부재 이유

(단위: 명, %)

구 분		사례수	①	②	③	④	⑤
전체		136	22.1	35.3	1.5	41.2	6.6
지역 1	수도권	35	28.6	22.9	2.9	37.1	11.4
	그 외 지역	101	19.8	39.6	1.0	42.6	5.0
지역 2	군	53	17.0	34.0	0.0	45.3	7.5
	시·구	83	25.3	36.1	2.4	38.6	6.0
채용 형태	공무직 (무기계약직)	48	27.1	31.3	2.1	47.9	2.1
	주 35시간 이상 시간선택제	41	29.3	36.6	2.4	34.1	7.3
	주 35시간 미만 시간선택제	34	8.8	44.1	0.0	44.1	2.9
	사회복지·일반직 공무원	9	11.1	11.1	0.0	33.3	44.4
	기타 (일반임기·한시 임기 등)	4	25.0	50.0	0.0	25.0	0.0
소속 부서	아동	42	21.4	38.1	2.4	47.6	0.0
	아동·청소년·가족	22	27.3	31.8	4.5	27.3	18.2
	아동·기타	44	13.6	40.9	0.0	47.7	2.3
	그 외	28	32.1	25.0	0.0	32.1	14.3
아동 보호 전담 요원 경력	1년 미만	14	0.0	21.4	7.1	64.3	7.1
	1년 이상~2년 미만	21	23.8	19.0	0.0	42.9	14.3
	2년 이상~3년 미만	21	23.8	52.4	4.8	38.1	0.0
	3년 이상~4년 미만	42	23.8	42.9	0.0	35.7	4.8
	4년 이상	38	26.3	31.6	0.0	39.5	7.9
사회 복지 경력	3년 미만	4	0.0	50.0	0.0	50.0	0.0
	3년 이상~6년 미만	11	45.5	36.4	0.0	27.3	9.1
	6년 이상~9년 미만	22	13.6	36.4	0.0	40.9	9.1
	9년 이상~12년 미만	47	25.5	27.7	2.1	40.4	8.5
	12년 이상	52	19.2	40.4	1.9	44.2	3.8

주: 1) 연구진 작성
  2) ① 조기종료 아동은 있었으나, 연령 조건을 충족하지 못함, ② 조기종료 아동은 있었으나, 원가정으로 복귀하여 대상자가 아님, ③ 조기종료 아동은 있었으나, 당사자가 자립정착금을 신청하지 않음, ④ 기타, ⑤ 모름

조기종료아동 중 연령 조건 미충족, 원가정 복귀 등으로 자립지원 대상이 되지 않는 경우에 대해 아동복지심의위원회의 심의·의결을 통해 지원을

한 사례가 있는지 조사한 결과, 단 8.8%의 아동보호전담요원만이 해당 사례가 있다고 응답하였다. 반면, 대다수의 아동보호전담요원이 해당 사례가 없거나 모른다고 응답하였다(아니오: 84.3%, 모름: 6.9%). 해당 사례가 존재한다고 응답한 비율은 수도권에서 14.5%로, 그 외 지역의 6.5%보다 특히 높은 것으로 나타났다. 아동보호전담요원의 경력, 채용형태, 소속 부서에 따라 응답 형태에는 큰 차이가 나타나지 않았다.

〈표 4-28〉 아동복지심의위원회 심의·의결 지원 사례 여부

(단위: 명, %)

구 분		사례수	예	아니오	모름
전체		217	8.8	84.3	6.9
지역 1	수도권	62	14.5	80.6	4.8
	그 외 지역	155	6.5	85.8	7.7
지역 2	군	77	7.8	88.3	3.9
	시·구	140	9.3	82.1	8.6
채용 형태	공무직 (무기계약직)	70	4.3	94.3	1.4
	주 35시간 이상 시간선택제	59	10.2	84.7	5.1
	주 35시간 미만 시간선택제	58	10.3	82.8	6.9
	사회복지·일반직 공무원	21	14.3	61.9	23.8
	기타 (일반임기·한시 임기 등)	9	11.1	66.7	22.2
소속 부서	아동	67	10.4	83.6	6.0
	아동·청소년·가족	36	8.3	86.1	5.6
	아동·기타	68	8.8	85.3	5.9
	그 외	46	6.5	82.6	10.9
아동 보호 전담 요원 경력	1년 미만	30	10.0	66.7	23.3
	1년 이상~2년 미만	37	13.5	83.8	2.7
	2년 이상~3년 미만	39	12.8	76.9	10.3
	3년 이상~4년 미만	57	7.0	87.7	5.3
	4년 이상	54	3.7	96.3	0.0
사회 복지 경력	3년 미만	14	14.3	50.0	35.7
	3년 이상~6년 미만	21	9.5	85.7	4.8
	6년 이상~9년 미만	39	2.6	89.7	7.7
	9년 이상~12년 미만	59	8.5	88.1	3.4
	12년 이상	84	10.7	84.5	4.8

주: 연구진 작성

아동복지심의위원회의 심의·의결을 통한 지원 사례가 있다고 응답한 19개 지역의 아동보호전담요원을 대상으로, 어떤 서비스를 제공하였는지 조사하였다. 조사 결과, 57.9%가 자립정착금을, 26.3%가 자립수당을, 15.8%가 기타 지원을 제공했다고 응답했다. 기타 지원으로는 '의료비 지원', '치과치료비 지원' 등의 응답이 있었다.

〈표 4-29〉 (아동복지심의위원회 심의·의결 지원사례 여부 '예' 응답 시) 제공 서비스

(단위: 명, %)

구 분		사례수	자립정착금	자립수당	기타
전체		19	57.9	26.3	15.8
지역 1	수도권	9	55.6	22.2	22.2
	그 외 지역	10	60.0	30.0	10.0
지역 2	군	6	50.0	33.3	16.7
	시·구	13	61.5	23.1	15.4
채용 형태	공무직 (무기계약직)	3	66.7	33.3	0.0
	주 35시간 이상 시간선택제	6	66.7	16.7	16.7
	주 35시간 미만 시간선택제	6	50.0	16.7	33.3
	사회복지·일반직 공무원	3	66.7	33.3	0.0
	기타 (일반임기·한시 임기 등)	1	0.0	100.0	0.0
소속 부서	아동	7	57.1	42.9	0.0
	아동·청소년·가족	3	33.3	33.3	33.3
	아동·기타	6	66.7	16.7	16.7
	그 외	3	66.7	0.0	33.3
아동 보호 전담 요원 경력	1년 미만	3	66.7	33.3	0.0
	1년 이상~2년 미만	5	80.0	20.0	0.0
	2년 이상~3년 미만	5	40.0	20.0	40.0
	3년 이상~4년 미만	4	50.0	25.0	25.0
	4년 이상	2	50.0	50.0	0.0
사회 복지 경력	3년 미만	2	50.0	50.0	0.0
	3년 이상~6년 미만	2	100.0	0.0	0.0
	6년 이상~9년 미만	1	100.0	0.0	0.0
	9년 이상~12년 미만	5	40.0	40.0	20.0
	12년 이상	9	55.6	22.2	22.2

주: 연구진 작성

만 18세 이전에 가정 외 보호체계를 이탈하여 1개월 이상 연락이 두절된 아동의 현황을 최소 연 2회 이상 파악하고 있는지 조사한 결과, 파악하고 있다는 응답이 45.6%였으나 파악하고 있지 않다는 응답 비율은 54.4%로 더욱 높은 수준을 보였다.

〈표 4-30〉 1개월 이상 연락 두절 아동 현황 연 2회 이상 파악 여부

(단위: 명, %)

구 분		사례수	예	아니오
전체		217	45.6	54.4
지역 1	수도권	62	41.9	58.1
	그 외 지역	155	47.1	52.9
지역 2	군	77	42.9	57.1
	시·구	140	47.1	52.9
채용 형태	공무직 (무기계약직)	70	40.0	60.0
	주 35시간 이상 시간선택제	59	40.7	59.3
	주 35시간 미만 시간선택제	58	53.4	46.6
	사회복지·일반직 공무원	21	57.1	42.9
	기타 (일반임기·한시 임기 등)	9	44.4	55.6
소속 부서	아동	67	43.3	56.7
	아동·청소년·가족	36	52.8	47.2
	아동·기타	68	45.6	54.4
	그 외	46	43.5	56.5
아동 보호 전담 요원 경력	1년 미만	30	50.0	50.0
	1년 이상~2년 미만	37	62.2	37.8
	2년 이상~3년 미만	39	43.6	56.4
	3년 이상~4년 미만	57	40.4	59.6
	4년 이상	54	38.9	61.1
사회 복지 경력	3년 미만	14	35.7	64.3
	3년 이상~6년 미만	21	47.6	52.4
	6년 이상~9년 미만	39	38.5	61.5
	9년 이상~12년 미만	59	52.5	47.5
	12년 이상	84	45.2	54.8

주: 연구진 작성

연락 두절 아동에 대해 연 2회 이상의 현황 파악을 하고 있지 않다고 응답한 118개 지역을 대상으로 해당 사유를 조사하였다. 그 결과, '현황 파악을 해도 조치 방안이 없다'라는 응답이 90.7%로 압도적으로 높은 비중을 차지하였으며, 그다음으로 '해당 지침을 인지하지 못했다'라는 응답이 6.8%를 차지하였으며, 이 중 사회복지·일반직 공무원의 비율이 33.3%로 가장 높게 나타났다. 이 외에도 '관련 기관의 비협조로 파악이 어렵다'(5.1%)', '인력 부족(2.5%)'의 응답이 있었다.

〈표 4-31〉 (1개월 이상 연락 두절 아동 현황 연 2회 이상 파악 여부 '아니오' 응답 시) 미파악 이유

(단위: 명, %)

구 분		사례수	①	②	③	④	⑤
전체		118	6.8	2.5	90.7	5.1	2.5
지역 1	수도권	36	8.3	5.6	86.1	8.3	5.6
	그 외 지역	82	6.1	1.2	92.7	3.7	1.2
지역 2	군	44	6.8	0.0	93.2	4.5	0.0
	시·구	74	6.8	4.1	89.2	5.4	4.1
채용 형태	공무직 (무기계약직)	42	2.4	2.4	95.2	4.8	2.4
	주 35시간 이상 시간선택제	35	5.7	2.9	94.3	2.9	0.0
	주 35시간 미만 시간선택제	27	7.4	3.7	85.2	3.7	3.7
	사회복지·일반직 공무원	9	33.3	0.0	77.8	22.2	0.0
	기타 (일반임기·한시 임기 등)	5	0.0	0.0	80.0	0.0	20.0
소속 부서	아동	38	7.9	2.6	89.5	2.6	2.6
	아동·청소년·가족	17	5.9	5.9	88.2	5.9	5.9
	아동·기타	37	2.7	2.7	97.3	5.4	0.0
	그 외	26	11.5	0.0	84.6	7.7	3.8
아동 보호 전담 요원	1년 미만	15	33.3	0.0	73.3	13.3	0.0
	1년 이상~2년 미만	14	0.0	0.0	78.6	7.1	14.3
	2년 이상~3년 미만	22	0.0	9.1	86.4	4.5	4.5

구 분		사례수	①	②	③	④	⑤
경력	3년 이상~4년 미만	34	5.9	2.9	100.0	2.9	0.0
	4년 이상	33	3.0	0.0	97.0	3.0	0.0
사회 복지 경력	3년 미만	9	22.2	0.0	66.7	11.1	11.1
	3년 이상~6년 미만	11	18.2	0.0	72.7	0.0	9.1
	6년 이상~9년 미만	24	12.5	8.3	91.7	8.3	4.2
	9년 이상~12년 미만	28	3.6	0.0	100.0	0.0	0.0
	12년 이상	46	0.0	2.2	93.5	6.5	0.0

주: 1) 연구진 작성
2) ① 해당 지침을 인지하지 못함, ② 인력이 부족함, ③ 현황 파악을 해도 조치 방안이 없음, ④ 관련 기관이 협조적이지 않아 현황 파악이 불가함, ⑤ 기타

원가정 복귀가 아닌, 타 시설 전원 등으로 만 15세 이후에 보호조치가 조기종료된 아동·청소년에 대한 사후관리(모니터링)를 수행하고 있는지 조사한 결과, 47.0%의 아동보호전담요원이 그렇다고 응답한 반면, 53.0%의 아동보호전담요원은 모니터링을 수행하고 있지 않다고 응답하였다.

지역별로도 편차가 존재하였는데, 수도권의 경우에는 54.8%가 보호조치 조기종료 전원 아동에 대해 사후관리를 수행하고 있다고 응답한 반면, 그 외 지역에서는 43.9%만이 사후관리를 수행하고 있었다. 지역 규모에 따라서도 다소 차이가 있었는데, 시·구 단위 지역에서는 52.1%가 보호조치 조기종료 전원 아동에 대해 사후관리를 수행하고 있다고 응답하였으나, 군 단위 지역에서는 37.7%만이 사후관리를 수행하고 있었다.

〈표 4-32〉 보호조치 조기종료, 타 시설 전원 아동·청소년 사후관리 수행 여부

(단위: 명, %)

구 분		사례수	예	아니오
전체		217	47.0	53.0
지역 1	수도권	62	54.8	45.2
	그 외 지역	155	43.9	56.1
지역 2	군	77	37.7	62.3
	시·구	140	52.1	47.9

구 분		사례수	예	아니오
채용 형태	공무직 (무기계약직)	70	37.1	62.9
	주 35시간 이상 시간선택제	59	50.8	49.2
	주 35시간 미만 시간선택제	58	51.7	48.3
	사회복지·일반직 공무원	21	52.4	47.6
	기타 (일반임기·한시 임기 등)	9	55.6	44.4
소속 부서	아동	67	47.8	52.2
	아동·청소년·가족	36	58.3	41.7
	아동·기타	68	50.0	50.0
	그 외	46	32.6	67.4
아동 보호 전담 요원 경력	1년 미만	30	50.0	50.0
	1년 이상~2년 미만	37	56.8	43.2
	2년 이상~3년 미만	39	46.2	53.8
	3년 이상~4년 미만	57	38.6	61.4
	4년 이상	54	48.1	51.9
사회 복지 경력	3년 미만	14	50.0	50.0
	3년 이상~6년 미만	21	66.7	33.3
	6년 이상~9년 미만	39	23.1	76.9
	9년 이상~12년 미만	59	49.2	50.8
	12년 이상	84	51.2	48.8

주: 연구진 작성

　보호조치 조기종료 전원 아동에 대해 사후관리를 수행하고 있다고 밝힌 102개 지역에 대해 사후관리 기간과 빈도에 대해 조사하였다. 그 결과, 사후관리 기간이 1년 이하인 경우가 64.8%로 매우 높았고, 5년이 30.5%, 2년 이하 2%로 대부분이 1년 이하의 기간 동안 사후관리를 수행하고 있는 것으로 나타났다. 사후관리 빈도는 '6개월에 1번'이라는 응답이 15.7%를 차지하며 가장 많았으며, '1년에 4회'의 응답이 14.7%, '1년에 1회'의 응답이 13.7%로 나타나며 뒤를 이었다.

〈표 4-33〉 (타 시설 보호조치 조기종료 아동·청소년 사후관리 여부 '예' 응답 시) 기간과 빈도

(단위: 명, %)

사후관리		빈도	%
관리 기간	관리 빈도		
1개월	(고난도 아동) 5회 이상	1	1.0
3개월	1회	3	2.9
6개월	1회	16	15.7
6개월	1~2회	1	1.0
6개월	2~3회	1	1.0
6개월	3회	1	1.0
6개월	4회	1	1.0
6개월	6회	1	1.0
1년	1회	14	13.7
1년	1회 이상	3	2.9
1년	2~3회	1	1.0
1년	2회	4	3.9
1년	4회	15	14.7
1년	4회 이상	1	1.0
1년	6회	1	1.0
1년	8회	1	1.0
1년	12회	1	1.0
1년 3개월	15회	1	1.0
2년	4회	1	1.0
5년	5회	8	7.8
5년	5회 이상	5	4.9
5년	5~10회	1	1.0
5년	6회	1	1.0
5년	7회	1	1.0
5년	10회	12	11.8
5년	20회	1	1.0
5년	60회	1	1.0
5년	필요시 수시로	1	1.0
모름	모름	3	2.9

주: 연구진 작성

보호조치 조기종료 전원 아동에 대해 사후관리를 수행하고 있지 않다고 응답한 115개 지역을 대상으로 해당 사유를 조사하였다. 그 결과, '현황 파악을 해도 조치 방안이 없다'라는 응답이 74.8%로 압도적으로 높은 비중을 차지하였으며, '기타' 응답이 11.3%, '해당 지침을 인지하지 못했다'라는 응답이 10.4%로 뒤를 이었다. 이 외에도 '관련 기관의 비협조로 파악이 어렵다'(7.0%)', '인력 부족(4.3%)'의 응답이 존재하였다.

〈표 4-34〉 (타 시설 보호조치 조기종료 아동·청소년 사후관리 여부 '아니오' 응답 시) 미수행 이유

(단위: 명, %)

구 분		사례수	①	②	③	④	⑤
전체		115	10.4	4.3	74.8	7.0	11.3
지역 1	수도권	28	21.4	3.6	71.4	10.7	7.1
	그 외 지역	87	6.9	4.6	75.9	5.7	12.6
지역 2	군	48	2.1	6.3	70.8	4.2	20.8
	시·구	67	16.4	3.0	77.6	9.0	4.5
채용 형태	공무직 (무기계약직)	44	13.6	2.3	79.5	4.5	11.4
	주 35시간 이상 시간선택제	29	10.3	3.4	79.3	13.8	3.4
	주 35시간 미만 시간선택제	28	7.1	3.6	75.0	3.6	10.7
	사회복지·일반직 공무원	10	10.0	20.0	40.0	10.0	30.0
	기타 (일반임기·한시 임기 등)	4	0.0	0.0	75.0	0.0	25.0
소속 부서	아동	35	11.4	2.9	68.6	14.3	11.4
	아동·청소년·가족	15	13.3	0.0	86.7	0.0	0.0
	아동·기타	34	11.8	5.9	85.3	8.8	2.9
	그 외	31	6.5	6.5	64.5	0.0	25.8
아동 보호 전담 요원 경력	1년 미만	15	6.7	13.3	60.0	6.7	20.0
	1년 이상~2년 미만	16	12.5	6.3	68.8	6.3	12.5
	2년 이상~3년 미만	21	4.8	4.8	81.0	9.5	9.5
	3년 이상~4년 미만	35	11.4	2.9	80.0	11.4	8.6
	4년 이상	28	14.3	0.0	75.0	0.0	10.7

구 분		사례수	①	②	③	④	⑤
사회복지경력	3년 미만	7	0.0	0.0	42.9	14.3	42.9
	3년 이상~6년 미만	7	0.0	0.0	71.4	14.3	28.6
	6년 이상~9년 미만	30	13.3	10.0	83.3	6.7	3.3
	9년 이상~12년 미만	30	20.0	3.3	60.0	6.7	16.7
	12년 이상	41	4.9	2.4	85.4	4.9	4.9

주: 1) 연구진 작성
2) ① 해당 지침을 인지하지 못함, ② 인력이 부족함, ③ 현황 파악을 해도 조치 방안이 없음, ④ 관련 기관이 협조적이지 않아 현황 파악이 불가함, ⑤ 기타

라. 보호조치 조기종료 자립준비청년 지원 방안

본 조사에 참여한 아동보호전담요원을 대상으로, 보호조치 조기종료 아동·청소년의 자립지원체계 개선을 위해 필요로 하는 우선 정책 방안은 무엇인지 조사하였다. 조사 결과, '유관기관과의 정보 시스템 구축'이 47.0%로 가장 높은 비율을 차지하여, 보호조치가 조기 종료된 아동에 대한 지속적인 사후관리를 위해 협력 가능한 정보 시스템 구축에 대한 요구가 가장 높음을 확인할 수 있었다. 이 외에도 '사례관리 체계 마련(45.2%)', '인력의 역량, 전문성 강화 및 교육(41.5%)'에 대한 의견도 다수 존재함을 확인하였다.

〈표 4-35〉 아동·청소년 자립지원체계 개선을 위한 필요정책 방안

(단위: 명, %)

구 분		사례수	①	②	③	④	⑤	⑥	⑦
전체		217	32.3	41.5	22.6	47.0	45.2	6.9	10.1
지역 1	수도권	62	29.0	45.2	19.4	59.7	53.2	9.7	9.7
	그 외 지역	155	33.5	40.0	23.9	41.9	41.9	5.8	10.3
지역 2	군	77	27.3	48.1	24.7	36.4	39.0	3.9	10.4
	시·구	140	35.0	37.9	21.4	52.9	48.6	8.6	10.0
채용형태	공무직(무기계약직)	70	25.7	50.0	27.1	48.6	40.0	10.0	11.4

구 분		사례수	①	②	③	④	⑤	⑥	⑦
	주 35시간 이상 시간선택제	59	37.3	32.2	23.7	49.2	50.8	6.8	15.3
	주 35시간 미만 시간선택제	58	32.8	39.7	20.7	53.4	50.0	3.4	5.2
	사회복지·일반직 공무원	21	33.3	52.4	14.3	23.8	38.1	4.8	4.8
	기타 (일반임기·한시 임기 등)	9	44.4	22.2	11.1	33.3	33.3	11.1	11.1
소속 부서	아동	67	26.9	37.3	16.4	46.3	58.2	9.0	7.5
	아동·청소년·가족	36	52.8	44.4	13.9	61.1	50.0	0.0	8.3
	아동·기타	68	26.5	39.7	32.4	45.6	29.4	7.4	11.8
	그 외	46	32.6	47.8	23.9	39.1	45.7	8.7	13.0
아동 보호 전담 요원 경력	1년 미만	30	36.7	40.0	20.0	33.3	43.3	3.3	16.7
	1년 이상~2년 미만	37	32.4	27.0	21.6	51.4	51.4	5.4	13.5
	2년 이상~3년 미만	39	41.0	35.9	25.6	46.2	35.9	5.1	5.1
	3년 이상~4년 미만	57	33.3	47.4	22.8	47.4	49.1	8.8	12.3
	4년 이상	54	22.2	50.0	22.2	51.9	44.4	9.3	5.6
사회 복지 경력	3년 미만	14	64.3	35.7	21.4	28.6	50.0	7.1	7.1
	3년 이상~6년 미만	21	23.8	33.3	19.0	42.9	23.8	0.0	14.3
	6년 이상~9년 미만	39	33.3	38.5	20.5	53.8	46.2	2.6	15.4
	9년 이상~12년 미만	59	32.2	42.4	27.1	50.8	52.5	10.2	11.9
	12년 이상	84	28.6	45.2	21.4	45.2	44.0	8.3	6.0

주: 1) 연구진 작성
2) ① 사후관리 인력 확대, ② 인력의 역량, 전문성 강화 및 교육, ③ 지원 예산 확대, ④ 유관기관과의 정보공유 시스템 구축, ⑤ 사례관리체계 마련, ⑥ 지원 심의·의결 기구, 아동복지심의위원회 전문성 강화, ⑦ 기타

본 조사에 참여한 아동보호전담요원을 대상으로, 보호조치 조기종료 아동·청소년의 자립을 지원하기 위해 필요로 하는 우선 정책 방안은 무엇인지 조사하였다. 그 결과, '자립계획 수립 등 자립준비 지원 서비스 마련'이 50.2%로 가장 높은 비율을 차지하였으며, '자립 시기에 사례관리 서비스 제공'이 35.9%를 차지하며 뒤를 이었다. 또한, '자립정착금 및 자립수당 외 자립지원 서비스 확대(28.1%)', '원가정 복귀 조기 종료 아동·청소년을 지원 대상에 포함(21.2%)' 등의 응답도 존재하여 보호조치 조

기종료 자립준비청년 지원을 위한 현재의 지침 자체에 개선이 필요하다는 의견도 다수 확인할 수 있었다.

〈표 4-36〉 아동·청소년 자립지원을 위한 필요정책 방안

(단위: 명, %)

구 분		사례수	①	②	③	④	⑤	⑥
전체		217	21.2	16.6	28.1	50.2	35.9	10.1
지역 1	수도권	62	25.8	17.7	27.4	62.9	32.3	6.5
	그 외 지역	155	19.4	16.1	28.4	45.2	37.4	11.6
지역 2	군	77	18.2	24.7	35.1	41.6	24.7	14.3
	시·구	140	22.9	12.1	24.3	55.0	42.1	7.9
채용 형태	공무직 (무기계약직)	70	17.1	24.3	34.3	48.6	30.0	20.0
	주 35시간 이상 시간선택제	59	33.9	8.5	22.0	55.9	42.4	3.4
	주 35시간 미만 시간선택제	58	20.7	17.2	20.7	53.4	46.6	3.4
	사회복지·일반직 공무원	21	4.8	14.3	42.9	38.1	23.8	9.5
	기타 (일반임기·한시 임기 등)	9	11.1	11.1	33.3	33.3	0.0	22.2
소속 부서	아동	67	17.9	7.5	31.3	50.7	47.8	11.9
	아동·청소년·가족	36	25.0	11.1	25.0	58.3	41.7	8.3
	아동·기타	68	20.6	23.5	23.5	50.0	25.0	10.3
	그 외	46	23.9	23.9	32.6	43.5	30.4	8.7
아동 보호 전담 요원 경력	1년 미만	30	20.0	10.0	43.3	43.3	30.0	16.7
	1년 이상~2년 미만	37	21.6	18.9	13.5	56.8	45.9	8.1
	2년 이상~3년 미만	39	30.8	20.5	25.6	41.0	30.8	5.1
	3년 이상~4년 미만	57	17.5	17.5	31.6	57.9	35.1	10.5
	4년 이상	54	18.5	14.8	27.8	48.1	37.0	11.1
사회 복지 경력	3년 미만	14	21.4	7.1	42.9	42.9	21.4	21.4
	3년 이상~6년 미만	21	14.3	28.6	19.0	33.3	38.1	4.8
	6년 이상~9년 미만	39	20.5	17.9	30.8	51.3	28.2	15.4
	9년 이상~12년 미만	59	30.5	16.9	27.1	62.7	33.9	3.4
	12년 이상	84	16.7	14.3	27.4	46.4	42.9	11.9

주: 1) 연구진 작성
2) ① 원가정 복귀 조기종료 아동·청소년을 지원 대상에 포함, ② 만 15세 이상 조기종료 기준을 완화하여 지원 대상 확대, ③ 자립지원 서비스 확대, ④ 자립준비 지원 서비스 마련, ⑤ 자립 시기 사례관리 서비스 제공, ⑥ 기타

본 조사에 참여한 아동보호전담요원을 대상으로, '청소년안전망시스템(여성가족부)'을 통해 18세가 달하기 전에 보호조치가 종료되거나 해당 시설을 퇴소한 사람을 발굴(조회)할 수 있다면, 청소년안전망시스템을 사용할 의향이 있는지 조사하였다. 그 결과, 과반의 아동보호전담요원(65.9%)이 사용할 의향이 있다고 응답하였다.

〈표 4-37〉 청소년안전망시스템 사용 의향

(단위: 명, %)

구 분		사례수	예	아니오
전체		217	65.9	34.1
지역 1	수도권	62	62.9	37.1
	그 외 지역	155	67.1	32.9
지역 2	군	77	72.7	27.3
	시·구	140	62.1	37.9
채용 형태	공무직 (무기계약직)	70	70.0	30.0
	주 35시간 이상 시간선택제	59	57.6	42.4
	주 35시간 미만 시간선택제	58	69.0	31.0
	사회복지·일반직 공무원	21	61.9	38.1
	기타 (일반임기·한시 임기 등)	9	77.8	22.2
소속 부서	아동	67	61.2	38.8
	아동·청소년·가족	36	69.4	30.6
	아동·기타	68	66.2	33.8
	그 외	46	69.6	30.4
아동 보호 전담 요원 경력	1년 미만	30	70.0	30.0
	1년 이상~2년 미만	37	73.0	27.0
	2년 이상~3년 미만	39	64.1	35.9
	3년 이상~4년 미만	57	70.2	29.8
	4년 이상	54	55.6	44.4
사회 복지 경력	3년 미만	14	71.4	28.6
	3년 이상~6년 미만	21	81.0	19.0
	6년 이상~9년 미만	39	61.5	38.5
	9년 이상~12년 미만	59	61.0	39.0
	12년 이상	84	66.7	33.3

주: 연구진 작성

제2절 자립준비청년 및 종사자 FGI

1. 조사 개요

중간퇴소 자립준비청년의 현황 및 자립지원 실태 파악을 위해 부처별, 보호체계별 종사자, 당사자를 대상으로 2024년 9월 12일부터 2024년 10월 15일까지 약 1개월 동안 총 7차례의 개인 또는 그룹별 FGI를 실시하였다. 조사 진행을 위해 유선으로 개별 연락하여 그룹 특성별 FGI 참여자를 섭외하였으며, 그중 참여 의사를 밝힌 종사자와 당사자를 대상으로 대면 또는 비대면 FGI를 실시하였다.

가. 자립지원 업무 종사자

FGI에 참여한 종사자의 특성은 다음과 같다. 종사자 FGI는 전국 시군구에 근무 중인 아동보호전담요원, 여성가족부 산하시설에 근무 중인 종사자, 법무부 산하시설에 근무 중인 종사자 총 3개의 그룹으로 나누어서 진행하였다. 먼저, 아동보호전담요원 FGI의 경우(그룹1), 평균 근무 경력이 최소 7개월~최대 4년 정도였으며, FGI에 참여한 6인 전원이 여성이었다. 지역은 서울·경기 및 광역시, 광역도 등 다양한 지역의 분포 특성을 보였다. 다음으로 여성가족부 체계 산하시설에 근무 중인 종사자의 경우(그룹2), 청소년 쉼터 및 자립지원관에 근무 중인 종사자에 해당하였다. 해당 시설 평균 근무 경력은 최소 5년~최대 11년의 분포를 보였으며, 남성 2인, 여성 1인이 FGI에 참여하였다. 법무부 체계 산하시설에 근무 중인 종사자의 경우(그룹3), 중앙 협회 종사자와 자립생활관에 근무 중인 종사자 2인이 참여하였다. 평균 근무 경력은 최소 10년 이상이었으며, 참여자 3인 전원이 여성이었다.

〈표 4-38〉 초점집단면접(FGI) 참여자 개요: 종사자

근무유형	연번	성별	연령	경력 (해당 시설 종사 기간)	지역	직책
(그룹1) 아동 보호 전담 요원	A-1	여	40대	1년	경기	아동보호전담요원
	A-2	여	50대	4년	울산	아동보호전담요원
	A-3	여	-	7개월	대전	아동보호전담요원
	A-4	여	40대	4년	전남	아동보호전담요원
	A-5	여	-	3년	서울	아동보호전담요원
	A-6	여	50대	2년	경남	아동보호전담요원
(그룹2) 여성 가족부 체계 종사자	B-1	여	40대	11년	경기	청소년쉼터 시설장
	B-2	남	50대	20년	경기	자립지원관 관장
	B-3	남	40대	5년	서울	자립지원관 팀장
(그룹3) 법무부 체계 종사자	C-1	여	30대	14년	경기	관장
	C-2	여	50대	-	경기	팀장
	C-3	여	30대	10년	대구	실장

주: 연구진 작성

나. 중간퇴소 자립준비청년

다음으로, FGI(개별 인터뷰)에 참여한 중간퇴소 자립준비청년 당사자는 총 11명이다. 중간퇴소 자립준비청년 당사자 FGI는 원가정 복귀, 보건복지부, 여성가족부, 법무부 산하시설을 표류한 경험을 기준으로 4개의 그룹으로 나누어 인터뷰를 진행했다. 특히, 법무부 산하시설 표류 경험 그룹은 시차를 두고 순서대로 1인 약 30분씩 개별 면담 형식으로 진행했다.

〈표 4-39〉 초점집단면접(FGI) 참여자 개요: 당사자

유형	연번	성별	연령	시설 지역	시설퇴소 연령	보호 기간	직업	특성
(그룹4) 원가정 복귀 청년	D-1	여	20대	경기	18세 (만기 전 퇴소)	1년 6개월	대학생	-여가부 산하시설, 아동복지시설 보호 후 원가정 복귀 -자립정착금 지원
(그룹5) 아동 복지시설 중간 퇴소 청년	E-1	여	20대	경기	17세	1년 8개월	주부	-자립정착금 지원
	E-2	남	20대	경북	18세	16년 1개월	무직	-아동복지심의위원회 통과, 자립수당 지원
	E-3	남	20대	울산	18세	8년	취업 준비생	-지원 없음 -원가정 복귀
(그룹6) 여성 가족부 산하시설 표류 경험 청년	F-1	여	20대	부산	19세	1달	대학생	-지원 없음 -원가정 복귀
	F-2	여	20대	울산	17세	1년	대학생	-지원 없음 -원가정 복귀
	F-3	남	20대	경기	13~14세	1년 6개월	대학생	-지원 없음 -원가정 복귀
(그룹7) 법무부 산하시설 표류 경험 청년	G-1	남	20대	대구	17세	12년	대학생	-자립수당 지원
	G-2	남	10대	대구	16세	16년	배달	-지원 없음
	G-3	남	10대	대구	-	-	무직 (검정고시)	-지원 없음
	G-4	남	10대	대구	14세살	14년	무직 (검정고시)	-지원 없음

주: 연구진 작성

참여자는 대부분 20대였으며, 만 18세 이전에 퇴소하여 만기퇴소 연령에 도래하지 못하거나 보호 기간 2년이라는 자립지원 조건을 채우지 못하고 중간퇴소한 청년들이었다. 현재 10대인 참여자는 모두 법무부 산하시설 이용 또는 표류 경험이 있는 청소년이었다. 또한 더욱 세부적인 자립지원 제도가 생기기 이전에 보호를 경험했기 때문에 관련 지원을 받지 못하고 있는 청년들도 다수 존재하였다.

모든 FGI는 연구자 2인이 조사업체의 동석 또는 동석 없이 그룹 또는 개별 인터뷰를 진행하였고, 사전동의하에 녹음한 파일은 전사하여 질적 자료화하였으며, 자료 범주화와 주제를 분류하는 방식으로 결과를 분석하여 보고서 작성에 활용하였다.

2. 조사 영역과 질문

중간퇴소 자립준비청년의 현황 및 자립지원 실태 파악을 위해 자립지원 업무 종사자와 당사자를 대상으로 〈표 4-40〉의 내용으로 FGI를 수행했다. 종사자와 당사자 모두 참여자의 특성, 중간퇴소 자립준비청년의 현황과 특성, 중간퇴소 자립준비청년 지원 정책 현황에 대한 경험과 의견 등을 수집했다.

〈표 4-40〉 FGI 조사 영역과 질문 내용

영역	종사자	당사자
참여자 특성	- 근무 지역과 환경 - 업무 경험	- 가정 외/밖 보호 사유, 경로 - 가정 외/밖 보호 성장 경험
중간퇴소 자립준비청년 현황과 특성	- 원가정 복귀 현황과 실태 - 전원 조치 현황과 실태	- 중간퇴소 배경 - 중간퇴소 이후 삶, 자립 경험
중간퇴소 자립준비청년 지원 정책 현황	- 중간퇴소 자립준비청년 지원 제도 인식 - 해당 사례 발굴, 지원 경험 - 중간퇴소 자립준비청년 지원 방향	- 중간퇴소 후 자립실태 및 욕구 - 자립서비스 이용 경험 - 중간퇴소 자립준비청년 지원 제도 인식 - 중간퇴소 자립준비청년 지원 방향

주: 연구진 작성

종사자에게는 인터뷰 참여자 특성과 관련하여, 근무 지역과 환경, 그리고 보호대상아동 지원 업무의 경험에 대해 물어보았다. 종사자 관점의 중간퇴소 자립준비청년 현황과 특성을 파악하기 위해 보호대상아동의 원가정 복귀, 전원 조치 실태에 대해 질문하고, 중간퇴소 자립준비청년 지원 정책에 대한 인식, 지원 경험, 개선 방안에 대해서도 인터뷰했다.

중간퇴소 자립준비청년 당사자는 가정 외 또는 가정 밖 보호를 받은 사유와 경로, 보호 경험을 참여자 특성으로 물어보았다. 또한, 중간퇴소 자립준비청년으로서의 특성을 파악하고자 18세 이전에 중간퇴소한 배경, 중간퇴소 이후의 삶과 자립 경험에 대해 인터뷰했다. 또한, 당사자로서 필요로 하는 자립지원 서비스 이용 경험과 지원 욕구, 자립지원 제도 인식 및 개선 방안에 대한 의견도 수집했다.

3. FGI 결과

가. 자립지원 업무 종사자

1) 아동보호전담요원의 열악한 근무 환경

자립지원 업무 종사자 대상 FGI의 주요 내용을 정리해 보면 다음과 같다. 우선, 중간퇴소 자립준비청년의 사후관리 및 지원 업무를 담당하고 있는 아동보호전담요원의 열악한 근무 환경을 확인할 수 있었다. 이들은 현재도 1인당 담당 아동수가 40~80명으로 업무량이 과도하고, 시간선택제로서의 신분과 급여 같은 처우 문제가 개선되지 않고 있는 가운데 중간퇴소 아동의 사후관리 및 지원 업무가 추가되는 것에 대한 부담감을 드러냈다.

〈표 4-41〉 자립지원 업무 종사자 FGI 결과: 근무 환경

주제 유형	인터뷰 내용
아동보호전담 요원의 열악한 근무 환경	""지금 아이들 44명과 사후 관리 11명, 자활 훈련 중인 15명 등 약 70명을 사례 관리하고 있습니다. 인력과 예산 부족으로 인해 업무가 과중하며, 실적을 요구받지만 예산이 매우 부족한 상황입니다"." ""지금 거의 42명 정도의 아동과 보호 종료 아동, 가정위탁 아동들을 관리합니다. 입양 관련 서류와 보호 종료 이후 지원도 많습니다."" ""저희는 1인당 약 70~80명을 담당하고 있습니다. 일이 줄어든 편이지만 여전히 많습니다."" ""실질적으로 시간 선택 임기제로 3명이 근무하고 있으며, 일시보호 의뢰가 많아 학대 관련 방문도 병행해야 합니다. 일의 양이 상당합니다."" ""공무직하고 시간 선택제와의 급여 차이가 너무 많이 나고, 업무는 반반씩 똑같이 하는데 급여 차이가 100만 원 이상 나니, 의욕이 떨어집니다.""

주: 연구진 작성

2) 보호아동의 준비되지 않은 중간퇴소

종사자들은 보호대상아동의 원가정 복귀나 전원 등의 중간퇴소 조치 상황과 사유를 고려했을 때, 중간퇴소 자립준비청년이 자립하기 어려운 환경에 놓여 있다고 했다. 원가정 복귀 아동이나 청소년은 시설 부적응, 혹은 부모의 요구 등으로 원가정의 문제가 해결되지 않은 채 원가정으로 복귀하여 지역사회에서 정상적인 일상생활을 하고 있지 못한 경우가 대부분이기 때문에, 원가정 복귀 아동·청소년을 자립지원 대상에서 제외한 것에 대한 우려가 있었다.

18세 이전의 중간퇴소 중 전원은 많은 사례가 통고 처분에 의한 것으로, 처분 후에 원 시설에서 받아주지 않아, 청소년자립생활관 등으로 입소하게 되고, 청소년쉼터 등의 타 법상의 시설로 전원이 이루어져도 부적응으로 인해 여러 시설을 표류하는 사례도 있다고 했다. 시설이 폐쇄되면서 친인척에게 인계가 이루어진 경우도 있으나 이러한 사례 또한 조기종료 아동으로서의 자립지원에서 배제된다.

〈표 4-42〉 자립지원 업무 종사자 FGI 결과: 중간퇴소 현황

주제 유형	인터뷰 내용
준비되지 않은 원가정 복귀	"원가정 부분에서도, 사실 이 아이들이 원가족이 건강하지 않기 때문에 시설이라든지 어디라든지 갈 수밖에 없는 상황이었을 텐데, 원가정이 있다고 해서 그냥 원가정으로 이 아이들을 돌려보내고 다음에 아무것도 후속 조치를 안 하게 되면, …… 사실 또 어떤 부분에 대해서는 뭐, 이렇게 모든 걸 다 지원해야 하나? 라는 생각이 들기도 하지만, 한편으로는 원가정이 건강하지 않은 아이들에게는 기회나 뭐 이런 것들은 또 차이가 있으니까. 그런 부분에 있어서는 차이를 줄이는 방법을 좀 생각해 보면 좋을 거 같다는 생각도 들더라고요." "이게 가정에서 케어가 가능하다고 생각하기 때문에 원가족 복귀 아동은 제외가 된다고 하지만, 전혀 그렇지 않은. 저희 같은 경우에도 시설에 있던 아이들이 장기 시설에 있다가, 중간에 이제 거기 시설에서 생활이 맞지 않아서 중간에 퇴소한 아이들이 어쨌든 시설보다는 조금 더 가정이 낫다는 그런 환상을 가지고 돌아갔을 때, 그 환경이나 보호 체계가 바뀌지 않은, 오히려 더, 아이들이 없다 보니까 너무 편한 거예요. 부모들은. 개선의 여지가 없고 이런 악순환이 되다 보니까, 저희 8명 정도 중간퇴소한 아이들. 지금 저희가 조사하고 가정환경 점검해 본 결과, 정상적으로 아이들이 학교나 가정생활을 하는 아이들이 드뭅니다." "부모들이 이제 아이를 데리고 가고 싶다 해서 이제 데리고 가는 경우도 있는데, 이게 이제 어떻게 보면 부모들이 준비되어서, 원래는 가게 되면 학대 아동들 같은 경우엔 아동보호 전문 기관에서 교육받고 가정환경조사서를 제출하고, 저희가 사결위를 통해서 가정복귀 하는 게 원칙인데, 중도 퇴소하는 가정 같은 경우에는 그런 것들을 모른 상태에서 강압적으로 데리고 가는 경우들이 이렇게 발생하게 됩니다. 그러면 분명히 법상으로, 아동복지법 16조에 보면, 가정에서 아동이 복귀할 때는 가정 신청서를 제출할 수 있다,. 라고 명시가 되어 있어서, 할 수도 있고 안 할 수도 있다는 약간 어중간한 그런 뉘앙스를 풍기게 되는 거거든요. 그래서 이거를 아예 법적으로, 가정복귀를 신청하는 가정에서는 반드시 신청해야 한다. 해야만 한다. 당위성을, 좀 강제성을 조금 주는 걸 법적으로 개정해도, 부모들 같은 경우에는 친권이 우선이 되기 때문에 이런 법으로 명시가 강력하게 돼 있더라도 사실 아이를 중간에, 어 내 아이 내가 데리고 가겠다고 강제로 데리고 오는 경우도 있거든요. 그래서 법적으로라도 이거는 신청을 할 수도 있다가 아니라, 신청해야 한다,. 라고 좀 더 당위성을 둘 필요가 있고, 그다음에 부모들도 이제 그런 경우는 뭐 본인들 자식이니까, 가정 내의 문제니까 거짓말해서 데리고 오는 경우들. 아이들이 원해서 간, 두 번째는 부모가 원해서 아이들을 데리고, 둘 다 준비가 되지 않은 상황에서 중도 퇴소하는 그런 경우가 많습니다."
18세 이전 중간 퇴소 및 전원	"이제 시설의 규칙이나 어떤 규율이나 이런 것들이 너무, 이제 사춘기 아이들은 보통 폰이라든지,.. 여러 가지 또 자기 활동 같은 것들이 많지 않습니까? 그러다 보니까 시설의 어떤 규칙이나 이런 것들이 과도하게 통제되는 부분들. 그리고 또 울산 같은 경우는 울산에 있는 양육원이 한 곳이고, 많은 아이가, 120명 이상의 아이들이 있다 보니, 이제 그 안에 어떤 계급 사회가 형성되고. 또 이제 그 안에서의 또 왕따라든지 폭력이라든지. 이런 것들이 좀 문제가 많이 되다 보니까, 조금……." "요즘 ADHD 아동들이 좀 많이 발생하고, 그리고 자해라든지, 폭력적인 아

주제 유형	인터뷰 내용
	"이들도 좀 많이 발생하다 보니까. 다른 아이들에게 부정적인 영향을 미치다 보니까, 그런 아이들을 시설에서 케어가 안 된다 해서 보내는 경우도 있습니다. 그럼 이거는 저희가, 시설에서 너무 문제가 되기 때문에, 시설의 다른 아이들을 보호하기 위해서 저희 구에는 지금 3명의 아동의 사례가 있는데, 그래서 부모, 아동 그리고 시설. 복합적으로 이렇게 영향을 주는 겁니다." "대부분이 보육시설에서 오는 아이들이 비행으로 오는 경우도 많지만 통고제로 오는 게 많아요. (중략) 실상 아이들이 많은 것은 17, 18, 19세 이 또래의 아이들이 보육원에서 중도퇴소 해서 나오는 경우가 많죠." "보통은 그룹홈에서 이제 저희 중장기 쉼터로 넘어올 때는, 나이가 이제 뭐 고등학교 1학년이나 한 중학교, 중학생인데 이제 중장기 보호가 더 필요할 것 같은 친구들은 이제 바로 단기를 거치지 않고, 중장기로 의뢰하시는 경우들이 종종 있고요. (중략) 근데 이제 거기서 지내다가 또 중장기로 오게 되면은, 자기들 뜻대로 되지 않다 보니까. 또 그런 걸 힘들어해서, 중장기에 적응을 또 못 하고, 계속 퇴소를 반복하거나. 그래서 단기 쉼터를 돌거나, 일시를 돌거나. 이제 이런 케이스들이 좀 있었던 것 같고......." "원 시설에서 안 받는다고 그러면 갈 데가 저희밖에 없어서, (중략)지도 찾다가 갈 보육원 없으니까. 돌리다 돌리다 전화 오고, 받아주면 안 되냐 해서 저희는 법적 조치 된 아이 아닌 이상 받지 않는다. 이제 그 보육원에서 온 아이들, 이제 그렇게 이야기를 하죠." "올해 두 케이스 정도 있었어요. 이제 시설이 폐쇄되면서, 이거는 약간 원가정 복귀도 아니고 친인척? 친인척, 그, 지원으로 해서 그냥 저희 시로 전입한 아동 1명 있었고요. 연령이나 특성은 종잡을 수 없이 다양하죠. 근데 뭐 아주 어린 아이들은 중간퇴소하는 경우는 거의 없고, 거의 10대? 10대에서 뭐, 네 중·고등학생이 가장 많은 것 같아요." "저희는 실질적으로 원가정 복귀, 이게 24년도 것만 봐서, 정말로 원가정 복귀를 한 거는 2건이고요. 중도 퇴소 같은 경우에는 15세 이하가 2건 있었는데, 하나는 장애 등급 판정받아서 타 법상 이전해서 퇴소 조치된 거고, 그리고 1건은 이제 아동이 심한 도벽 그런 거를 보이면서, 친부가 거주하는 지역으로 옮겨가야 했는데, 이 지역에서 아동을 양육시설에 입소를 거부하셨어요. 그래서 그 아동은 그 지역으로 가야 하고, 그 지역에서는 이 아동을 안 받겠다고 하셔서, 결국 어쩔 수 없이 청소년 복지법으로 해서 청소년 일시보호 쉼터로 가는 바람에 중도 퇴소자가 되었고요. 그 이후에 15세 이상이 중도 퇴소되는 경우에는 거의 보호처분 받아서. 이제 그런 경우에는 퇴소 조치. 거의 다 15세 이상은 문제를 일으켜서, 퇴소 되는 경우가 과반수예요."

주: 연구진 작성

3) 미흡한 중간퇴소 아동·청소년 자립지원체계

중간퇴소 자립준비청년 지원과 관련하여 종사자들은 사후관리체계의 미흡, 그에 따른 사후관리의 어려움, 자립준비 지원의 공백, 법적·제도적 지원 기준에 따른 지원의 한계와 사각지대를 주요하게 지적하였다. 우선, 사후관리체계의 미흡과 관련해서는 자립수당과 자립정착금 관리의 일관성 부족으로 지원이 누락되거나 적절한 시기에 지원받지 못하는 문제가 발생하고 있다고 했다. 특히, 정보공유시스템이 구축되어 있지 않고, 청소년안전망시스템도 불안정한 가운데, 권한이 없는 연 1회의 사후관리로는 중간퇴소 아동의 상황을 충분히, 지속적으로 파악하기 어렵다고 했다. 또한, 원가정 복귀 및 중간퇴소 아동에 대한 사후관리는 형식적인 수준에 그치고 있는 상황으로 책임 담당자 명확화, 사후관리 기간 및 횟수의 확대 같은 보다 체계적이고 구체적인 실효성이 있는 사후관리 방안이 필요하다고 했다.

법적·제도적 지원 기준에 따른 지원의 한계와 사각지대와 관련해서는 우선, 유사한 상황에 있지만, 조건 충족 여부에 따라 혜택을 받지 못하는 제외 대상이 발생하고 있으며, 원가정 복귀 아동이 지원 대상에서 제외되어 가정이 역기능적이거나 불안정한 경우에도 지원을 받지 못하여 현실을 반영하지 못한다는 지적이 있었다. 한편, 조건 없는 현금성 지원 확대가 가족이나 부모의 재정적 이익에 악용되는 부작용을 초래하고 있다는 우려도 있었다.

위기 아동·청소년 지원체계 개선 방안으로서는 정책 용어와 서비스의 통합 등 관리체계와 지원 정책을 일관되게 통합하는 것을 과제로 제시했다. 또한, 아동보호서비스 제공 절차 및 지원 과정에 있어 보호소년에 대한 사회적 편견과 낙인 해소가 필요하다는 지적과 함께, 보호소년과 같이 개인 특성에 따라 치유와 회복에 더 많은 시간을 필요로 하기 때문에 자립

시기와 지원 기간을 유연하게 적용할 필요성도 제기되었다.

〈표 4-43〉 자립지원 업무 종사자 FGI 결과: 지원체계

주제 유형	인터뷰 내용
사후관리체계 미흡	""보호종료 아동들이 자립 수당이나 정착금을 지속적으로 받으며 관리받아야 하지만, 현재는 시스템이 불안정하고 관리가 끊기는 경우가 많아 효율적인 지원이 필요합니다."" "안전망 사이트에 들어가서 말씀하신 것처럼 이제 봤는데, 최근에 이제 작년에 입소했던 아이 중에 보육시설에 있다가. 그룹홈에 있다가, 저희 쉼터로 오게 된 케이스가 있었는데, 지금 보니까 쉼터 이력만 뜨고, 그룹홈 이력은 하나도 뜨지 않거든요? 근데 이제 그 친구 같은 경우는 아동보호 전담 요원이 계속해서 추적해서, 그 친구가 쉼터도 적응이 잘 안 되니까, 계속 퇴소하고, 또, 어디 뭐야, 저기 법무부 산하 시설에도 갔다가, 또 이제 나오고. 이런 친구예요. 굉장히 사고를 많이 치고 다니니까, 이제 이 분이 놓을 수가 없는 거예요." "(주소지 이동 시) 주소지를 이전에 간, 그쪽 지역에서 관리하셔야 해요. 주소지 관할. 정착금은 퇴소한 관할의 주소지에서 지급하는 거고요. 그다음에 수당은 거주하는 거주지에서 주는 거예요. 달라요." "다른 지역으로 전출을 갔을 경우는 그 지역으로 자동 연동이 되기 때문에 자립정착금이 누락되는 경우가 많습니다." "솔직히 연 1회 5년간 실시한다고 해서 이 아동이 그 시설에서 옮겨지는 것까지 매번 확인할 수 없는 건데, 1년에 한 번 확인한다고 해서 이거를 누락 되지 않고 가져갈 수 있는. 이게 지침이 맞냐고 의문이 드는 상황이었고요. 네 일단은, 저희도 지침상으로밖에 연 1회 이제 가고 있는 부분인데, 가더라도 그 시설에서는 저희 쪽에, 하여튼 그 아이들에 대한 정보를 제공할 의무도 없으시고, 저희가 가서 아동을 점검한다고 해서 뭐 아이들이 어떻게 생활해요. 시설을 막 살펴보고 막 이렇게 점검할 수 있는 그런 권리 같은 것도 없는 부분에서, 간단하게 전화상으로 있는지, 여부 확인만 하는 실정이에요."
사후관리의 어려움	""(원가정 복귀 시) 이게 저희가 지금 퇴소하고 나면 1년 동안 4번 가정 방문이나, 아니면 사후관리를 하는데, 사실은 이 아이들 같은 경우에는 가정 위탁 아이들보다는 더 세심하게 관리가 필요한 아이들이지 않습니까? 그러다 보니까 1년에 4번 하면 사실은 3개월에 한 번씩 가는 거라 거의 형식적이라고 봐야 하는 부분도 있고, 1년이라는 기간과 횟수의 확대가 필요하다고 생각합니다."" ""중간퇴소 아동들을 위해서는 일상생활에 적응할 수 있는 추가적인 지원과, 현재의 형식적 사후관리를 보완할 수 있는 체계적 관리가 필요하다고 생각합니다"라는 언급에서 사후 관리의 실질적 강화 필요성이 강조되었습니다."" "최근에 이제 저희 쪽에는 가정위탁. 그러니까 친척분이 이제 가정위탁을 했어요. 부모님이 다 돌아가셔서. 근데 이제 그 친구가 서울에 있는 아동보호 전담 요원이 이제 저희 쪽으로 연계를 해줬는데, 지금 특

주제 유형	인터뷰 내용
	"별히 어떤 사후 관리를 하고 있지 않으신 것 같고요. 1년에 한 번이어서 그런지는 모르겠는데, 저희가 무슨 일 있을 때 어쨌든 위탁되신 부모님께 이제 연락을 드리거나, 이제 그런 형태지, 뭐 그쪽이랑 연락을 따로 주고받진 않아요." "연락이 닿지 않아도 이제 간혹가다가 연락 닿은 것 자체를 부담스러워하는 애들이 있어요. 사람 많은 곳에서는 전화를 받기 싫어한다든가, 어디 피해서 받는다든가. 그래서 그 애들한테, 15세에 종료가 돼서 느닷없이 3년 정도 있다가 18세. 너 예전에 이러이러했으니까 수당이랑, 정착금 받아야 하니까 교육받으러 와라. 그러면은 너무 뻥찌지 않을까? 라는 생각도 했어요. 저는, 근데 그 조사해요. 왜 지급하지 않았냐. 이거를 또." "15세에서 18세 그 중간에. 그걸 누가 관리하냐. 퇴소한 지역에서 관리하냐, 가버린 지역에서 관리해야 하냐. 그럼 만약에 중간에 민원, 이렇게 담당자가 바뀌면 누가 해야 하냐? 이게 제일 논점이었거든요. 이게 명확하지 않아서, 저희가 가정위탁센터에서 이렇게 만나서 회의할 때, 이게 되게 논점이어서 이야기했는데, 일단은 문의하겠다. 이게 결론이 안 나고, 문의하겠다. 이것까지 그냥 나고 끝났고요."
법적·제도적 지원 기준에 따른 지원의 한계와 사각지대	"대상 아이들은 6명 정도가 됐었는데 실제로 혜택을 받은 친구는 2명밖에 안 돼요. 그러다 보니까 다른 아이들이 조금 거기서 약간의 스트레스 아닌 스트레스를 받는 거죠. 왜냐면 보육시설에 사는 건 본인들이 더 오래 살았는데, 누구는 눈 받고 누구는 못 받고 또 어떤 친구는 지자체가 실수를 하는 바람에 지급 받고 있는 친구가 있거든요. 지급하겠다고 아이한테 얘기를 했고 지급이 시작되는 그 시점이었어서 대상이 아닌데도 취소를 안 시키더라구요. 그래서 공평하지 못한 제도의 문제가 있더라구요. 그래서 아이들 사이에 그런 것들이 좀 생기고, 그리고 쉼터에서 온 친구들은 또 대상에서 아예 제외가 되어버리고 이러니까 그런 부분들을 조금 더 세심하게 다뤄야 하지 않을까 생각합니다." "똑같은 나이에 똑같은 시설에서 오래 생활했던 친구들 둘 중에 한 아이는 심의 통과해서 받았고 한 아이는 통과를 못 해서 못 받고 있어요. 다른 아이는 대상자의 선정조건 1번부터 안 되다 보니 심의위원회 안건에도 올라가지 못하더라고요. 공무원들은 본인들이 규정에 정확히 나와 있지 않은 것에 대해서는 책임지지 않으려는 게 있다 보니까, 광범위하게 규정이 되어 있으면 그걸 쓸 수 없으니까요.. 소년원은 만 22세 이전에 나오다 보니 만 22세까지 중간퇴소 했던 친구들, 보육원에서 5년 내 10년 내 생활했던 친구들은 모두 받을 수 있다 이런 방침이 생기면 좋지 않을까 싶습니다." "(정신적 문제, 시설 부적응 문제 등으로) 이제 한두 명씩 와서 저희 시설에서 지내는데, 소속은 보육원에 있어요. 그러니까 저희 자립지원관은 이제 성인들만, 19세 이상만 있을 수 있기 때문에 사실은 저희 쪽으로 등록은 안 되지만, 아이 상황이라든지, 보육원에서도 굉장히 어려움이 있다든지 해서 저한테 좀 부탁하면, 제가 생활은 저희 쪽에서 책임지고 하게 해주고. 또 수료를 좀 하게 해주고 하지만, 소득은 보육원에 있어서. 있다가 19살 되면은 보육원에서 이제 지원 처리를 다 해주고. 그다음에 이제 자립지원관으로 연계하는? 그런 케이스들을 지금 저희

주제 유형	인터뷰 내용
	진행하고 있습니다." "근데 이 가정이 건강하지 않은, 실상은 한부모 가정도 있고, 그리고 또 이혼한 가정도 있고, 또 폭력에이 노출된 가정도 있고 굉장히 역기능적인 가정이 다수인데, 이 가정에 가는 아이들은 실제로 원가정 복귀 아동이기 때문에 제외, 대상에서 제외된다는. 거의, 대부분 아이는 원가정 복귀하는 아동들이 많고, 15세에 퇴소해서 이 아이들이 갈 데가 없는 아이들인데, 사실은 이게 어떻게 보면 현실을 너무 모르는, 현실에서 조금 괴리감을 많이 느끼는 부분이라는 생각이 많이 들었습니다." "저는 이거 준비하면서 생각해 봤는데, 이제, 한 케이스가 조기 종료는 아니고 이게 만기 퇴소한 아동이 있었는데, 원래는 성인 장애가 좀 있어서 장애 시설로 충분히 갈 수 있는 아동이었는데, 순전히 이제 그 부모가 이 정착금 때문에 아기를 데려간 거예요. 그 돈만 보고. 그리고 나서 다른 지역으로 가버리니까, 그 이후의 상황을 듣지 못했는데, 오히려 이런 지원들이 많이 있으니까 역효과도 나타나더라고요. 분명히 이 돈 때문에 데려가서 아기는 책임지지 않고. 그래서 저도 이 15세가, 왜? 이렇게 처음에 정해졌을 때, 나왔을 때 15세가 왜 15세지? 이게 물음표였거든요. (중략) 원가정 복귀하면은 지원이 오히려 안 돼야지 이 부모들이 이용하지 않을 텐데. 그게 좀 우려가 됐었어요."
위기 아동·청소년 지원체계 개선 방안	"저는 하나, 지금 앞으로의 자립 청소년. 자립 청년은 보건복지부 용어고, 저희는 자립 청소년하고 자립 취약 청년 이렇게 얘기하는데, 아무튼 통합할 것은 과제인 것 같고요." "저희도 같은 청소년들인데 부처별로 다르고 이런 제도 자체가 좀 통합적으로 바꿔야 한다고 생각하고 있습니다." "심의위원회가 구성되는데, 구성된 분들께서 보호소년에 대한 이해도가 생각보다 부족한 것이 아닌가라는 생각을 갖고 있어요. 사회적 시각에서는 보호소년 이러면 뭔가 처분을 받았다. 뭔가 가해자. 잘못된 아이들, 이런 시각이 많잖아요. 저희들은 실무 담당하니까 온정적인 마음이 간다고 한다면, 사회적 시각은 가해자라는 편견과 선입견이 많다 보니까 저희는 아이들이 가해자 되기 이전의 상황을 살펴봐야 하는 거 아닌가 생각이 들더라구요. 20세도 안 된 아이들이 낙인이 찍혀서 평생을 살아야 하는 거거든요. 저희는 반성을 시키고 치유, 회복하는 게 목적인데, 사회적으로도 그런 시각을 벗어나야 하는데 아직도 그 시각에 머물러 있더라구요. 그래서 심의위원회 자체에 보호소년을 이해할 수 있는 사람이 없는 것 같아요. 그래서 첫 번째부터 필터링을 거쳐서 걸러지 게 되는 것 같습니다." "저희가 만나는 아이들은 대부분은 다 그래요. 쉽게 말하면 치유 시간, 회복 시간, 준비시간도 필요하다 보니 사실은 일반 아이들이 2~3년 걸릴 게 저희 애들은 제대로 붙어서 관리를 하면 5~6년이 필요하거든요. 그래서 의식적으로 개인적으로 눈높이 맞추기는 어렵겠지만 최소한 집단으로는 특성을 이해해서 연령을 조정하는 융통적이고 탄력적인 제도가 필요하지 않나라고 생각합니다. 예를 들면, 보건복지부가 시설에 잘 있다가 자립을 하는 아이들이 18세라면, 저희 같은 경우는, 왜냐면 여가부 같은 경우는 24세까지를 청소년으로 보고 있거든요. 그래서 저희도 생활관에 머무르는 건 24세까진데 어쩔 때 보면 아이들이 나가

주제 유형	인터뷰 내용
	기 귀찮으니까 불안한 경우가 있는 거 같은 거죠. 아이들을 천천히 숨을 쉬면서 할 시간이 없어요. 아이들 바리스타 훈련하고 있는데, 훈련 과정도 일반 아이들보단 훨씬 디테일하고 천천히 해야 한다는 게 발견되는 거죠. 그렇게 보면 모든 집단을 하나의 똑같은 하나의 숫자의 나이로 자르는 게 아니라 약간 여유를 가지고 탄력적으로 움직이는 게 필요하지 않나. 사회적인 시각이 바뀌려면 하나하나 조금 더 범용되고 넓어지고 하는 게 필요한 것 같습니다." "제가 봤을 때 가장 좋은 대책 방안은 실은 수급비 받을 때도 정확한 규정이 있잖아요. 그것처럼 중도퇴소 아이들, 보육원 및 시설에서 퇴소하는 아이들에 대한 근거 규정이 있으면 좋겠다는 거죠. 그 시설에 법무부 복지부 여가부 시설이 모두 들어가야 하는 거예요. 공문에 청소년 자립생활관이 있던데 이게 법무부 시설이 맞는지 아닌지도 모르는 경우가 많으세요. 법무부라는 명칭이 정확히 들어가야 할 것 같고, 재단법인 한국소년보호협회 청소년 자립생활관이라는 명칭이 분명히 들어가야 공무원들이 저희 시설이 인정된다고 보시는 것 같더라구요. 그리고 자립수당 정착금 보육원 뿐만 아니라 체계를 막론하고 어느 시설에서 몇 년 이상, 통합 몇 년 이상, 18~24세까지 기간 사이에 신청 가능. 그렇게 바뀌면 좋지 않을까 생각해요. 그리고 저희 시설은 가해 아이라는 시선이 있다 보니 이들에게 지원하는 게 맞는지 의문이 있는 분들이 있더라구요. 그래서 그런 아이들은 시설의 추천을 받은 자, 이런 규정으로 보완을 해주면 좋을 것 같아요."

주: 연구진 작성

나. 중간퇴소 자립준비청년

1) 원가정의 보호력 결핍과 임의적인 가정 외 보호 조치

중간퇴소 자립준비청년의 가정 외 보호 경험에 대한 FGI 결과는 〈표 4-44〉에 나타난 바와 같다. 우선, 가정 외 보호 조치 시 당사자의 의사나 선택은 반영되지 않고 임의적으로 이루어졌다. 청년들은 모두 하나의 시설만 권유받고 받아들여야만 하는 상황에 있었던 것으로 확인되었다.

또한, 원가정의 보호력 결핍이 가정 외 보호의 주요한 사유로 파악되었다. 아동학대, 부모의 이혼, 주양육자의 부재로 인해 가정 외 보호 조치가 이루어졌다. 가정 외 보호 조치 후 시설에서 적응하기가 어려웠던 것으로

나타났다. 특히, 시설 내 또래 관계가 힘들었고, 시설 선생님과의 관계에 따라 보호 기간 동안의 관심과 지원에 차이가 있었다.

〈표 4-44〉 중간퇴소 자립준비청년 FGI 결과: 가정 외 보호 경험

주제 유형	인터뷰 내용
임의적인 보호조치	"저도 부모님이랑 분리 조치 되면서, 띄엄띄엄하긴 했거든요. 그러니까 처음에 임시로시 먼저. 저도 사실 선택권은 없었어요. 쉼터로 바로, 임시 분리 조치가 된 기간하고, 또 집에 다시 돌아오게 됐었어요. 중간에 그러다가, 다시 돌아가서 또 쉼터에서 좀 지내다가." "무슨 여성·청소년. 제 나이대에 갈 수 있는 쉼터가 저는 경찰관분이 처음 먼저 인계해 주셨는데, 갈 수 있는 쉼터를, 안내를 거기밖에 못 받았고, 그냥 저는 중단기 이런 거 상관없이 그냥 단기든 장기든 다 거기서 지낸다고 안내를 들어서." "저는 선택을 했다기보다는 그 사회복지사 선생님이 약간 상황을 보시고 좀 심한 것 같다고 하셔서, 그냥 사회복지사 선생님이 가자고 하는 대로 그렇게 갔었던 거라서, 전 다른 선택지가 있는지는 사실 잘 몰랐어요."
원가정의 보호력 결핍으로 인한 가정 외 보호	"어머니께서 폭력적인 성향이 심하셨고, 아동보호전문기관의 권유로 쉼터에 가게 되었습니다." "부모님이 이혼하셔서 아빠 혼자 키우기 벅차서 보육원에 맡기셨어요." "고등학교 2학년 때 할아버지가 돌아가시고 할머니가 요양원으로 가셔서 혼자 남게 되었어요. 시청에 연락해 보육원으로 가게 되었습니다."
시설 생활의 어려움 및 부적응	"집에서도 나왔고, 어디에도 내 집이 없는 느낌이었습니다… 쉼터에 있는 언니들은 학교에 안 다니는 언니들도 많았고, 술 담배 유흥 같은 것들을 즐기는 문화가 있었고, 그 사이에서 저는 야자를 꾸준히 했습니다." "언니들이랑도 사이가 좋지 않았고 쉼터에서 공부에 대한 배려를 못 받았어요. 통금이 10시인데 학원에 있다가 늦게 오면 밥도 못 먹고, 제가 룰을 지키지 않는 아이로 보였어요." "선생님들과의 관계성에 따라서 누릴 수 있는 것들이 달랐어요… 쉼터 선생님들께서도 '부모님 잘 살고 좋은 집인데 왜 나왔냐'는 이야기를 하셨어요."

주: 연구진 작성

2) 준비되지 않은 중간퇴소

FGI에 참여한 중간퇴소 자립준비청년 중 보호 목적이 달성되었거나 원가정의 기능이 회복되어 퇴소한 사례는 없었다. 시설 부적응 또는 선생

님의 강요 등으로 인해 쫓겨나듯이 가정 외 보호체계로부터 퇴소한 것으로 파악되었다. 양육시설 내에서의 다툼, 싸움 등으로 가출하거나 쉼터로 내몰리고, 표류하면서 범죄에도 노출되는 것으로 나타났다. 또한, 가정 내 학대와 폭력 문제가 해결되지 않았지만, 자립서비스를 받을 수 없어 원가정으로 복귀한 사례도 있었다. 즉, 전원이나 원가정 복귀 모두 아동 당사자가 준비되지 않은 채 그러한 상황에 내몰리고 있는 것으로 파악되었다.

〈표 4-45〉 중간퇴소 자립준비청년 FGI 결과: 중간퇴소 경험

주제 유형	인터뷰 내용
준비되지 않은 중간퇴소	"저희 보육원에 한, 2개 정도 있었고요. 그리고 애들이 보육원에 살기 싫다고 하면 가출 쉼터 같은 데 인계 조치해서 퇴소 조치하더라고요. 저희 보육원 같은 경우는, 그냥 살기 싫다. 그냥 그러면, 나가라. 상담도 거의 잘 안 하고, 아, 그래? 그러면, 그렇게 하고, 가출 쉼터 같은 데로 인수인계해서 퇴소하더라고요. 그렇게 해서 퇴소한 친구 중 한 분이 지금 아예 적응을 못 해서 교도소 간 친구도 있고, 사기 당해서 아예 돈도 다 뺏긴 애들도 있고. 지금 대부분 그렇게 나온 애들은 그런 상황이에요." "네 제가 이제 거기서 이제 적응을 못 하다 보니까. 이제 애들이랑 좀 의견 다툼도 많았고, 제가 또 이제 학교도 이렇게 안 가다 보니까. 이제 여기보다는 이제 그냥 자립이나 이런 걸 좀 더, 중요성 있는 데를 가는 게 맞다. 싶어서 이제 자립관에 오게 되었습니다. " "이제 또, 그게 또 사고 쳤어서. 어릴 때 좀 악동이었거든요. 그래서 쫓겨났어요. 여기로. " 사고 쳐서 이제 소년 재판받고, 처분받고" "(주변에 15세 이전 퇴소자) 그래도 좀 봤습니다. 네. 친구들 약간 이런 애들이 그런 곳에서 이제 지내는 애들이 이제 좀 사고를 친다거나, 아니면 좀 적응을 못 하는 애들이 이제 다른 데로 가게 되는데, 생일 안 지나고 막 2년 남겨 놓거나, 몇 개월 남겨 놓고 가는 애들도 많이 봤어서. 그런 애들 보면 되게 저가 그렇게 될 줄 몰랐는데, 이제 그래서 되게 안타깝습니다." "사실 원가정 복귀를 제가 원해서 한 게 아니라 저의 선택지가 없었어요. 제가 계속 들어왔던 말은 저희 부모님은 잘 살기 때문에 거기 종속돼 있기 때문에 어차피 너는 지원금도 못 받고 대학 등록금도 못 받고 한다. 그러니까 저에게는 선택지가 없었고, 무조건 집으로 돌아가야 한다고 생각했었어요. 그래서 가정복귀를 하게 된 거고요. (중략) 돌아왔을 때 다시는 폭력을 쓰지 않겠다라고 약속 받고 그걸 믿고 들어왔지만 실제로는 그렇지 못했죠.""

주: 연구진 작성

3) 중간퇴소 후 자립을 위한 혼자만의 자립 시도와 좌절

원가정 복귀, 전원 등으로 인한 중간퇴소 자립준비청년들은 모두 자립을 위해 노력한 것으로 보인다. 학대, 폭력 가해자인 부모와의 관계 개선을 위해 노력하고, 대학 진학, 취업 준비 등을 위해 다방면의 노력과 시도를 경험한 것으로 나타났다.

그러나 관계 개선도, 진학 및 취업 준비도 스스로 해내기에 많은 어려움이 있었다고 했다. 원가정에 복귀했으나 가정 내의 학대, 폭력 문제는 해결되지 않았고, 한 청년은 집을 나와 노숙, 청소년쉼터 등을 표류하며 지냈다고 했다. 또한, 경제적 어려움으로 인해, 스포츠 선수로서의 꿈을 포기하거나 학업을 중단한 사례도 있었다. 명의도용으로 사기를 당한 청년은 도움받을 곳이 없어 혼자서 경찰서, 법률 공단, 신용회복위원회를 쫓아다니면서 어렵게 해결했다고 했다.

자립을 시도하고 좌절하는 동안 지지체계는 없었다. 원가정으로 복귀하거나 가족이 있어도 경제적으로, 정서적으로 도움을 받지 못했다. 또래 관계에 있어서도 비슷한 경험이 없는 친구는 나를 이해해 주지 못할 것 같아서, 같은 시설 경험이 있는 친구들은 서로 도움이 되지 않을 것 같아서 기대지 못했다고 했다.

〈표 4-46〉 중간퇴소 자립준비청년 FGI 결과: 중간퇴소 후 18세가 되기까지

주제 유형	인터뷰 내용
가족과의 관계 개선 시도와 좌절	"제가 가정 폭력 때문에 분리 조치가 된 거라서. 그 뒤에 아빠랑 다시 같이 살게 되기 전에, 아빠랑 엄마는 둘 다 이렇게 가정 교육 같은 거 받고, 선생님이 매달 한 달에 한 번씩 오셔서, 잘 살고 계시는지. 청소년 쉼터에 나온 다음에 선생님들이 2년 동안 저를 계속 이렇게 관리를 해주셨어요..... (부모님과의 관계) 살짝 남아 있긴 한데, 그래도 분리 조치 됐을 때 전이랑 후랑 생각해 보면, 정말 많이 개선됐다는 걸 좀 느껴요." "자립정착금 하나는 받았는데, 그걸 부모님한테 뺏겼어요. 제가 20살, 저는 말씀드렸다시피 부모님께 계속 묶여 있다고 했잖아요. 그룹홈

주제 유형	인터뷰 내용
	"으로 넘어가게 되면서 그룹홈 소속이 되면서 기초생활 수급 자격을 부여 받게 되었어요. 그래서 수급 통장을 만들어야 하니까 제가 학생이니까 복지사분께서 어머니께 딸 명의로 통장을 만들어라 했는데 근데 엄마가 그걸 가져간 거예요." "제가 원가정 복귀했는데, 원래 제가 알고, 제가 모르던 동생이 생겨서, 새어머니랑 또 결혼하셨더라고요. 전 몰랐는데. 그래서 새어머니랑 같이 이렇게 살다 보니까 더 불화가 좀 심해지기도 했고, (중략) 아버지가 핸드폰을 못 봐서 추가 합격이 날아가서. 그때 조금 당황스럽긴 했는데, 그때 어차피 집에 있기도 싫어서 그냥 혼자, 20살 때 조금 8개월 동안 거의 노숙 생활 느낌으로 좀 지냈던 적이 있어서, 그러다가 21살 되기 이전에 3개월에 어쩌다 보니까 그 청소년 쉼터인가? 거기서 잠깐 살다가, 그냥 대학교 가는 게 어떻겠니? 공부도 나름 열심히 했던 것 같은데. 그래서, 그래. 대학이나 가야겠다. 해서 그냥. 어쨌든, 사실 힘들었던 것조차도 느끼지 못했던 게, 아, 그냥 나는 원래 이런 인생인가 보다. 그냥 자책감에 빠져서. 그냥 노숙하더라도 어쨌든 오늘 하루는 그냥 먹고는, 어떻게든 한 끼는 먹었네. 약간 이런 식으로."
혼자만의 자립 시도	"자기 계획을 할 거요? 아니요. 준비는 없었고, 그냥 그때그때 필요하다면 검색해서 직접 알아내서 LH 신청한다든가, LH도 그 당시에는 자립 준비 전형이 따로 없어서, 소년, 소녀 가정 전형으로 해서, 대학 가면서 했고, 뭐, 은행 관련된 것도 모르면 그냥 일단 검색부터 하고, 막 계획 세워서 한다기보다는 다 필요한 거 있으면. 그때그때 바로 그냥 검색해서 했던 것 같아요." "일단은 부모님이랑 별로 사이가 안 좋아서. 일단 최대한 집에 안 들어가기 위해서 맨날 야간 자율학습 하면서 맨날 늦게 들어가서. 그렇게 그냥, 그렇게 학창 시절을 보내다가, 뭐 진로 계획은 딱히 없고 그냥 공부만 잘하면, 대학만 잘 가면 된다는 그런 소리만 있어서, 그런가 보다. 해서 공부만 열심히 하다가, 그래서 그냥 아무 생각 없이 그냥 대학을 갔거든요. 그래서 사실 자립을 내가 준비한다기보다는, 어, 네. 사실 그런, 별 생각이 없었던 것 같아요. (중략) 그래서 뭐 자립을, 누군가의 도움으로 누군가와 상의하면서 하지 않았었고, 오로지 제 결정을 통해서만. 자립을, 자립이랄까? 20대를 보냈던 것 같습니다." "초등학교 1학년 때부터 중학교 3학년 때까지 축구선수로 활동했었는데, 축구를 이제 경제적으로 좀 안 돼서 그만둬서. 그다음부터 이제 막 한 6개월 정도 다 하기 싫어지는데, 딱 마침 먹는 게 기분으로 좀 풀어지더라고요. 이제 그중에서는 음료나 빵이나, 그런 것 쪽에 관심이 생겨서 이제 고등학교 1학년 때. 그것도 바리스타부터 하나씩 하려고 하다가, 중간에 그만두고 OO으로 넘어와서. 그때도 계속 그만두고 있다가, 여기 와서 좀 여기선 좀 배울 수 있을 것 같아서." "여기 와서 잘 지내다가 자격증 따려고, 저기 OO에 학교 하나 있는데, 거기서 한 1년 정도 있다가 이번에 또 내려와서 집 구하고, 지금 (배달) 일하고 있어요." "사기당한 거는 한, 만 19세 되자마자 그리고 신고하고 뭐 하고 하니까, 경찰에서도 미루고 통신사에도 미루고 하니까. 그때도 그냥 거의 없는 셈 치고 다 날아가고, (중략) 너무 오래돼서 증거라든가 그런 게 없어

주제 유형	인터뷰 내용
	서, 사건 접수는 안 될 것 같다. 라고만 해서 신용회복 쪽 가서, 그냥 그걸로 감면받고 처리했어요."
경제적 어려움	"초등학교 1학년 때부터 중학교 3학년 때까지 축구선수로 활동했었는데, 축구를 이제 경제적으로 좀 안 돼서 그만둬서." "저희 수급비가 그때는 50만 원 나왔거든요. 그리고 다른 거, 대학비, 학비는 이제 공짜인데 그 외에는 받을 수 있는 게 없어서, 좀, 돈이 좀 많이 힘들기도 했고, 그래서 노트북이라든지 이런 거 사는 것도 좀 많이 안 좋은 거 사고. 대학교 다니기 힘들어서 그냥 자퇴하고, 그냥 이것저것 일을 좀 하다가 지금은 결혼해서, 있습니다." "그때는 기숙사 생활. 대학교에 가서 기숙사 생활했는데, 기숙사 비용이 없으니까 그때 학자금, 생활비 대출이 또 따로 있더라고요. 그렇게 해서, 네 알바 병행하면서, 네 대학교 졸업했습니다." "후원금 통장도 명의도용으로 돈을 다 뺏긴 상태여서 사실 사용을 못했고요.(중략) 그 금액이 그대로 저한테 빚으로 돼서, 성인이 돼서, 그때도 저 혼자 법률 공단을 갔었는데, 거기서도 지원 대상이 안 된다고만 하고, 찾아볼 생각을 안 해주셔서 제가 직접 찾아봐서 신용회복위원회 해서 그것을 감면받고, 그렇게 진행했어요.""
지지체계의 부재	"(경제적 지원)저는 해 주실 수 있는 상황이긴 한데, 제가 아직 관계가 막 개선되고 그런 건 아니고, 또 제가 대학에 갔을 때 코로나나 이런 상황이 있었는데, 사실 집에 남아 있을 수 있었는데, 그냥 약간 떠밀리면서 자립, 자취를 시작하게 됐었거든요." "친구들이랑 얘기를 할 수 있지만, 친구들은 다들 뭐, 부모님이 있잖아요. 그러니까 걔네들한테 얘기해도 뭐, 나를 이해할 수도 없고, 걔네들의 말도 내가 이해가 안 가고," "(아버지의 도움이나 지원은)네, 한 번도. (없었어요)" "(기운을 북돋아 주는 사람) 예, 없죠. 약간 그런 게 있어요. 약간 좀 이런 데 살고, 퇴소하잖아요. 그래서 약간 좀 만나긴 만나거든요. 한 번씩 다 뭉쳐요. 근데 이제 저희끼리 하는 말이 있어요. 우리끼리 뭉치면 답이 없다고. 답이 없다고 그래서 무조건 떨어져서 살아요. 그래 각자 열심히 살고, 약간 그런 게 있어요."

주: 연구진 작성

4) 중간퇴소 자립준비청년 경제적 지원에 대한 경험과 개선 의견

15세 이상의 연령으로 중간퇴소한 자립준비청년이 자립정착금과 자립수당을 받을 수 있게 됨에 따라 그와 관련된 경험에 대해 물어보았다. 우선, 기존의 자립수당과 자립정착금이 18세 이상의 연령으로 만기퇴소인 경우에만 주어졌는데 이에 대해 알고 있었더라면 18세가 될 때까지 버텨보았을 것 같다는 후회, 이러한 경제적 지원을 알았다면 청소년복지시설이 아닌 아동복지시설로 갔을 거라는 아쉬움을 표현했다. 한편, 주변 친구들을 통해 자립정착금과 자립수당 같은 현금 지원의 부작용을 목격하고 그에 대한 우려도 나타냈다.

중간퇴소 자립준비청년 자격으로서 자립수당을 받게 되었을 때, 기뻤으며, 저축을 한다거나 밥을 잘 챙겨 먹게 되었다는 청년들도 있었다. 그러나 15세 이전의 퇴소, 원가정 복귀의 사유로 퇴소했을 때 받지 못하는 경우에 대해서는 개선이 필요하다고 언급했다.

〈표 4-47〉 중간퇴소 자립준비청년 FGI 결과: 자립지원에 대한 의견

주제 유형	인터뷰 내용
지원받지 못한 것에 대한 아쉬움	"근데 그 내용(자립수당, 자립정착금)을 알고 있다고 하면 그래도 최대한 버티려고 하지 않을까 싶거든요. 그래서 지금 나온 애들 가끔 연락하면, 그거 알고 있었으면 나도 1년만 더 버티면 되는 건데, 그거라도 더 버티고 나갔지. 라고 하는 애들이 되게 많거든요." "제가 만약에 그, 20대 초에 자립수당을 받았다면은 알바를 크게 하지 않더라도 학업 생활을 이어 나갈 수 있을 것 같아서, 그건 조금 아쉽기는 한 것 같기는 한데." "(자립수당, 자립정착금을)당연히 알았다면 당연히 (아동복지시설에) 갔을 거고, 근데 그런 사실도 몰랐고, 그 지원조차 최근에 급격하게 바뀐 거잖아요." "근데 애초에 그런 게(자립수당, 자립정착금) 있었다는 걸 숙지를 못하고 있었어요. 그리고 알게 된 뒤에는, 18세 이전에 나왔으니까 안 된다. 라고 했었고요."
경제적 지원의 부작용	"퇴소하는 거 다 봤잖아요. 제 또래들 다 만기 퇴소로 해서. 그게 이제 제 친구들은 다 막 노는데, 다 쓰고 이랬었거든요. 약간 유흥비에 많이 쓰는데 제가 봤을 때 그것도 나이를 좀 찼을 때 주는 게 맞는 거 같아요. 약간 좀 생각이 좀 있을 때. 20살 초에 20살. 또 이제 법적으로도 가게에서 술도 마시고, 그렇잖아요. 그게 다 그런데 지금. 그리고 또 생각보다, 이제 그 시설 사는 애들 중에 도박쟁이들이 많아요. 그 돈으로 도박하는 애들도 있고." "자립정착금 하나는 받았는데, 그걸 부모님한테 뺏겼어요."
지원을 받게 되었을 때 기쁨	"그냥 얼떨떨합니다. 제가 큰돈을 많이 번 적도 없고, 저도 이제 곧 성인이고 혼자서 살아가야 하니까 그런 돈이 생기면 이제 필요할 때 쓰고, 안 쓰면 이제 저축하고. 그러면서 지내려고 생각 중입니다." "(자립수당을 받아서) 밥값 해 줘요. 저 원래 밥을 진짜 안 먹고 다녔

주제 유형	인터뷰 내용
	거든요. 돈 아깝잖아요. 사실 제 돈, 제 돈으로 돈 주고 사 먹게. 밖에서 사 먹으면 기본 3만 원씩. 이렇게 이제 그 수당 나오고 나서부터 이제 밥을 잘 챙겨 먹지, 하루에 한 끼는 무조건 먹고."
중간퇴소 자립준비청년 지원 개선 방안	"저는 원가정으로 갔더라도 지원해야 한다고 생각을 하는 게, 제가 중간퇴소한 친구들도 몇 명 아는데, 저랑 비슷한 시기에. 근데 그 친구, 그냥 너무 편협적일 수도 있는데, 그 친구들은 사실 가정환경이 애초에 좋지 않았기 때문에 양육시설에 맡겨졌던 거고, 부모님이 원했거나. 또 아이가 원해서 그렇게 다시 원가정으로 복귀를 한 건데, 사실 경제적인 사정은 저 포함 다 안 좋았던 걸로 알고 있거든요. 그래서 부모님이 딱히 지원해 줄 수 있는 상황이 거의 다 아니었던 걸로 알고 있어서, 그냥 원가정으로 복귀했다고 그냥 무작정 배제하는 것보다는, 뭐, 주기적으로? 6개월마다 한 번씩 연락해서 뭐 부모님이나, 아이한테 그런 경제적인 상황이나 이런 것들도 파악하는 것도 좋지 않을까?" "일단 만 15세 이전에 끊었으면 저는 당연히 해당이 안 됐을 거여서, 중학교 1학년 때 퇴소했으니까. 왜 기준을 그렇게 뒀는지는. 만 15세 이전이라기보다는 차라리 보육원에 몇 년 살았는지가 더 기준이 옳지 않을까 싶긴 합니다." "심의를 통과하면 상황에 따라 받을 수 있다. 라고 적혀 있었거든요. 그것도 애초에 자립준비청년 대상을 할 때도, 그 친구의 가정환경이라든가 경제 상황을 고려해서, 뭐, 예외 조항을 두면 그렇게, 몇 개월 차이로 못 받는 애들이 없지 않을까 싶긴 하거든요. 근데 이렇게 예외 조항을 줘도, 저희 공무원분들이 심의를 안 하려고 하셔서."

주: 연구진 작성

제3절 소결

1. 열악한 아동보호 업무 여건

본 연구의 설문조사에 참여한 아동보호전담요원의 근무 여건은 열악한 것으로 나타났다. 우선, 채용 형태를 살펴보면, 무기계약직의 공무직은 32.5%에 불과했으며, 주 35시간 미만 시간선택제 26.7%, 일반임기·한시임기 등 4.1%를 포함하여 58%가 임기제로 채용이 된 것으로 나타났다. 즉, 아동보호전담요원 2명 중 1명 이상이 시간선택제 임기제로 근무하고 있었다.

아동보호전담요원의 아동보호 업무 경력은 33.5개월로 3년이 안 됐는데, 공무직(약 44개월)에 비해 시간선택제 임기제로 근무하는 경우(약 32개월) 1년 정도 짧았고, 일반임기, 한시임기(약 22개월)를 포함하면 이보다 더 짧아진다. 2024년 10월부터 아동보호전담요원이 배치된 것을 고려할 때, 공무직의 경우에는 근속을 유지하고 있으나 시간선택제 임기제는 그렇지 못하는 것으로 나타났다.

한편, 아동보호전담요원이 모니터링 또는 사후관리하는 보호아동 수는 월평균 73.2명인 가운데, 주 35시간 이상 시간선택제는 78.6명, 주 35시간 미만 시간선택제는 84.6명으로, 55.8명의 공무직보다 훨씬 더 많은 아동을 담당하고 있는 것으로 나타났다. 그러나 본 연구의 FGI 결과에 따르면, 시간선택제 임기제 아동보호전담요원의 급여는 공무직보다 100만 원 이상 낮은 것으로 나타났다.

낮은 급여, 더 많은 업무량을 고려할 때 시간선택제 임기제와 공무직 아동보호전담요원의 근속 기간의 차이가 더 두드러지게 나타날 것으로 예상되며, 우리나라 보호대상아동의 평균 가정 외 보호 기간이 약 12년

임을 고려할 때(이상정 외, 2020; 이상정 외, 2023), 그 영향이 아동에게 미칠 것이 자명하다.

2. 아동·청소년 보호 및 지원 업무의 분절

아동보호전담요원의 소속 부서를 살펴보면, 47.5%는 아동 전담, 혹은 청소년·가족 업무를 전담하는 부서에 소속되어 있었으나, 31.3%는 아동을 포함하는 기타 부서, 21.2%는 평생교육과, 국민행복, 문화체육과 등의 부서에서 아동보호 업무를 수행하고 있는 것으로 나타났다. 여성가족부의 청소년 보호 및 지원 업무를 소속 부서에 함께 담당하고 있는 경우는 전체의 53%에 불과했다.

보호 및 지원이 필요한 아동의 주무 부처가 다르고, 행정 및 서비스 전달체계가 별도로 구성됨으로 인해서 수요자인 유사 연령, 특성을 가진 아동과 청소년의 서비스 격차와 사각지대 문제가 지속적으로 제기되어 왔다. 이는 본 연구에서 중간퇴소 자립준비청년에게서도 확인되었다.

유사한 정책과 서비스가 서로 다른 부처에서 비효율적으로 제공되고 있는 가운데, 본 연구의 FGI 결과에 따르면, 현장 종사자의 입장에서는 분리된 체계에서 정보 공유시스템조차 구축되어 있지 않아, 전원 조치된 중간퇴소 아동의 상황을 지속적으로 파악, 사후관리하여 지원하기 어렵다. 또한, 아동의 입장에서는 자신이 생활한 시설이 어느 부처의 관할인지 모른 채, 임의적인 보호조치에 따라 보호 중 또는 퇴소 후의 서비스가 달라지며, 그 서비스를 받기 위해 스스로 어떠한 시설에서, 얼마나 거주했는지 스스로 증명해야 하는 상황이다.

3. 자립지원의 사각지대

본 연구의 조사에 참여한 곳 중, 만 18세 이전에 중간퇴소하는 아동은 시군구별로 월평균 2.3명, 연간 약 28명 정도 발생하는 것으로 나타났다. 이 중 원가정 복귀 아동(연간 약 14명)이 전원(연간 약 6명) 아동보다 약 2배 이상 많은 것으로 나타났다. 한편, 15세 이상은 월평균 1.8명으로 연간 약 21명 이상이다. 이 중 타 부처 관할 시설로 전원 조치된 아동은 33개의 시군구에서 월평균 1.2명, 연간 약 14명으로 파악되었다. 즉, 시군구당 연간 6명의 14세 이하 아동, 그리고 전원 조치 아동보다 더 많은 원가정 복귀 아동(연간 약 7명)이 조기종료 자립지원에서 제외되고 있는 것으로 파악되었다.

중간퇴소 아동 중 많은 아동이 조기종료 자립지원 기준에 의해 정책 사각지대에 남겨지고 있는 상황이다. 중간퇴소 자립준비청년 중 자립정착금과 자립수당을 못 받은 주요 이유도 보호 기간 조건을 미충족했거나 원가정으로 복귀했기 때문으로 나타났다. 그러나 FGI 결과, 원가정 복귀 아동과 14세 이하 중간퇴소 아동이 퇴소한 사유와 그 이후의 자립상황을 보면, 전원한 아동과 크게 다르지 않다. 이 중에서도 청년기에 자립지원을 필요로 하는 상황이 많아 이들을 지원할 수 있는 방안 마련이 필요하다.

4. 중간퇴소 아동·청소년 지원 사후관리 방안 필요

개정된 아동복지법에 따라 15세 이상으로 조기종료한 후에 18세 이상의 자립준비청년이 되어 자립정착금과 자립수당을 받은 청년은 각각 53개 시군구에서 2.5명, 51개에서 시군구 9.6명으로 파악되었다. 지자체 예산 100%의 자립정착금과 국비보조의 자립수당의 지원 인원 수에 차이가 있는데, 이는 자립정착금은 가정 외 보호체계를 퇴소한 지자체에, 자립수당은 현재 거주하고 있는 지자체에 신청하여 받을 수 있고, 아동복지심의위원회의 판단이 작용했을 수 있다. 수요자인 아동의 편익을 고려하지 않은 지급 방식임과 동시에 이러한 차이는 사후관리의 중요성을 부각시키고 있다.

자립준비청년은 청년기라는 특성상 취업, 진학 등의 이유로 지역 간 이동, 특히 대도시로의 이동이 있을 수밖에 없다(이상정, 김지연, 2023). 또한, 전원 조치는 시설 자원이 해당 지역에 없는 경우 지역의 경계를 넘어서는 경우가 매우 흔하게 발생한다. 따라서 사후관리가 충실하게, 지속적으로 이루어지지 않는 경우, 자립지원 서비스에서 쉽게 누락될 수 있는 것이다. 그러나 만 15세 이후 중간퇴소 아동에 대한 사후관리 수행률은 47%에 그치고 있는 것으로 나타났다.

또한, 아동보호 업무 지침상, 만 18세 이전에 가정 외 보호체계를 이탈하여 1개월 이상 연락이 두절된 아동의 현황을 최소 연 2회 파악해야 하지만, 이를 수행하고 있는 지자체는 217개 시군구 중 45.6%에 불과했다. 90% 이상의 아동보호전담요원들은 그 이유로 현황 파악을 해도 조치 방안이 없기 때문이라고 했다.

18세 미만의 중간퇴소 아동에 대한 사후관리 체계를 개선하여, 지속적이고 촘촘한 사후관리 서비스가 제공되어야 중간퇴소 자립준비청년이 자립 과정에서 필요한 서비스를 적기에 받을 수 있을 것이다.

제5장

결론 및 제언

제1절 연구 결과 요약
제2절 중간퇴소 자립준비청년 통합적 지원 방안

제5장 결론 및 제언

제1절 연구 결과 요약

본 연구는 18세 이전 중간퇴소 자립지원 대상 현황 및 자립지원 실태를 파악하고, 이들을 지원하기 위한 통합적인 자립지원 방안을 모색하고자 했다. 이를 위해 중간퇴소 '자립준비청년'을 지원하고 있는 부처별 근거법, 제도 등의 정책을 분석하여 개선이 필요한 쟁점을 파악하였다. 또한, 우리나라와 같이 지방자치단체를 중심으로 보호대상 아동·청소년의 자립을 지원하고 있는 영국, 독일의 해외 사례를 분석하여 시사점을 살펴보았다. 더 나아가 중간퇴소 자립준비청년 지원을 담당하고 있는 시군구당 1인의 아동보호전담요원을 대상으로 설문조사를 수행하여 총 217개의 시군구의 중간퇴소 자립준비청년 현황과 지원 실태를 파악하였으며, 부처별 자립지원 업무 종사자와 중간퇴소 자립준비청년 당사자 FGI를 통해 중간퇴소 자립준비청년의 지원 욕구와 방안을 심층 탐색하였다. 연구 내용과 결과를 요약하면 아래와 같다.

1. 중간퇴소 자립지원 대상 및 정책 현황 진단 결과

가. 중간퇴소 자립준비청년 지원의 사각지대

아동복지법이 개정되고 이에 근거한 정책 마련을 통해 15세 이상의 조기 종료 보호아동·청소년을 지원할 수 있게 되고, 자립지원 업무 매뉴얼에 자립지원 사업의 대상자로 아동일시보호시설, 학대피해아동쉼터, 아동

보호치료시설 보호 경험자를 명확히 하여 포함함으로써 자립지원의 사각지대도 조금은 해소되었지만, 여전히 많은 사각지대가 존재한다.

우선, 청소년보호체계의 청소년회복지원시설 퇴소 청소년, 소년보호체계의 우범소년, 통고 등으로 소년사법으로 유입되는 경우는 자립지원 대상 또는 사업에서 제외된다. 소년보호처분 결과에 따라 주무부처가 다르다. 1호 처분은 여성가족부 관할이나 대부분의 자립서비스에서 제외된다. 6호 처분은 보건복지부 관할로, 중간퇴소 자립준비청년 지원 대책을 기반으로 자립지원 대상에 포함된다. 2, 3호 처분 대상 법무부의 자립서비스는 없으며, 4호, 7~10호 처분 대상은 정원 130명의 청소년자립생활관, 전국 2곳의 청소년창업지전센터에서 1~2년 동안 숙식, 취업·훈련을 끝으로 퇴소하고 퇴소 후에는 사실상 지원이 없다.

〈표 5-1〉 소년보호처분 결과에 따른 자립지원 주무 부처

처분 결과		주무 부처
1호	보호자 감호위탁 (청소년회복지원시설)	여성가족부
2~4호	수강명령, 사회봉사명령, 단·장기 보호관찰	법무부
6호	아동복지시설 위탁 (아동보호치료시설)	보건복지부
7호	의료소년원 위탁	법무부
8호	1개월 소년원 송치	
9호	6개월 이내 소년원 송치	
10호	1년 이내 소년원 송치	

주: 연구진 작성

한편, 보건복지부가 아동보호치료시설의 보호아동을 자립지원 대상으로 2024년도부터 포함하면서 통고 처분 등으로 인한 중간퇴소 자립준비청년을 지원하기 시작하였다. 따라서 소년법 적용 대상은 국가 지원

에서 제외하는 정책 기조는 더 이상 정당성을 가지기 어려워 공적 자립지원의 대상으로 포괄할 필요성이 있다.

나. 부모의 보호력 결핍

아동, 청소년, 소년 보호체계 내 보호 및 지원 대상 아동은 모두 부모의 학대, 가정 내 폭력, 부모의 불화와 이혼, 경제적 어려움 같은 원가정 내의 문제로 시설에 입소하고, 같은 이유로 원가정으로 돌아가지 못해 시설을 표류하거나 퇴소 후에도 재입소하는 것으로 파악되었다.

따라서 아동보호체계에서 원가정으로 복귀한 아동을 자립지원 대상에서 제외한 중간퇴소 자립준비청년 지원정책은 개선이 필요하다. '친권'이 강하고, 원가정 회복 기능이 미흡한 우리나라의 아동보호체계에서 원가정으로 복귀한 아동이 안정적으로 발달, 성장하여 부모의 지원을 받으며 성공적으로 자립한다고 예측하기 어렵다.

다. 임의적인 보호조치

지역의 시설 자원, 시설의 선호 같은 공급자에 의해 보호대상아동이 선택받고 있는 것으로 나타났다. 보호받을 환경을 개별 아동이 선택할 수 없는 상황에서, 해당 시설의 관할 부처에 따라 입소한 곳에서의 보호서비스 격차, 보호종료 또는 퇴소 이후의 자립서비스 격차가 발생하고 있는 실정이다.

지역 여건상 아동복지시설 입소가 어려워 청소년복지시설로 바로 입소하는 경우가 3명 중 1명 이상이고(황여정 외, 2022), 청소년자립생활관 대상자의 50% 이상이 소년원 출원 이후, 혹은 통고 처분 이후 보호받았던 아동양육시설로 돌아가지 못해서 법무부 관할의 청소년자립생활관에서 생활하고 있는 것으로 파악되었다(이승현 외, 2022).

　보건복지부 관할의 아동보호체계 경험을 전제로 중간퇴소 자립준비청년에게만 자립을 지원하는 것은 근본적인 문제점을 해결하지 못하고, 더 높은 수준의 위기에 놓인 많은 시설퇴소 청년을 자립의 사각지대에 남겨 놓는 것이다.

라. 파편적인 중간퇴소 아동·청소년 정보 관리

　아동보호체계 내에서도 중간퇴소 아동 정보관리가 통합적으로 이루어지고 있지 않았다. 현행 제도에서 중간퇴소 후 18세가 되어야 자립지원을 받을 수 있는데 그 사이에 중간퇴소한 아동의 연락 두절은 자명한 것이다. 여성가족부와 법무부 관할의 타 법상 시설로 전원할 경우, 정보공유 시스템이 부재한 상황에서 지속적, 연속적 사후관리는 더욱 불분명하다. 위기청소년 통합지원정보시스템과 같이 개별 아동을 중심으로 생애주기적 관점의 정보 관리 및 연계 체계 구축이 필요하다.

마. 자립지원의 격차

　부처별 자립지원 내용을 비교해 본 결과, 경제적 지원, 심리·정서, 주거, 진학·취업, 전달체계, 정보 제공의 모든 영역에서 보건복지부는 관련 서비스를 제공하고 있는 반면, 여성가족부는 경제적 지원, 주거, 진학·취업 등에서 부분적으로 제공하며, 법무부는 여성가족부보다 더 열악할 실정이다.

　아동보호체계상 중간퇴소 자립준비청년은 보건복지부의 자립지원

사업을 지원받을 자격이 주어졌지만, 여성가족부와 법무부 관할 시설로 바로 진입한 청년은 여전히 차별적인 자립서비스를 받아야 한다. 개별 아동·청소년이 보호받을 시설, 부처를 선택할 수 없는 상황에서 매우 공평하지 못한 실정이다.

〈표 5-2〉 부처별 자립지원 내용

구분	지원 내용	보건복지부	여성가족부	법무부
경제적 지원	아동발달지원계좌 (디딤씨앗통장, CDA)	○	×	×
	국민기초생활보장 (시설 보호 자격)	○	×	×
	자립수당	○	△ (자립지원수당: 월 40만 원)	×
	자립정착금	○	△ (일부 지자체)	×
심리· 정서 지원	자조모임 (멘토)	○	×	○
	심리상담	○ (청년마음건강바우처 우선 지원)	×	×
주거 지원	공공임대	○ (우선 자격)	○ (우선 자격)	○
	퇴소 연령 이후 보호 기간 연장	○	×	×
진학·취업 지원	국가장학금	○	○	△ (소년보호협회)
	대학특례	○	×	×
	취업·훈련	○	○	○
전달체계	자립지원 업무 전담기관	○ 17개 시도 자립지원전담기관 (17개소)	△ 9개 시도 청소년자립지원관(13개소)	×
정보 제공	자립서비스 정보 플랫폼 운영	○	○	×

주: 연구진 작성

2. 해외 사례의 시사점

가. 자립준비청년 지원 제도의 대상에 중간퇴소 아동·청소년 포함

영국은 자립준비 지원 제도의 대상을 연령과 보호 기간을 기준으로 세분화하여 자격을 부여하고 있다. 제도의 대상자 선정은 가정 외 보호의 연령이나 기간, 자립준비 지원 제도의 운영 시점 등을 기준으로 하고 있었으며, 이 같은 기준을 적용하여 세부적인 대상 집단을 구분하고, 서비스에 차등을 두고 있었다.

반면, 독일의 경우에는 중간퇴소 아동을 규정하는 연령 기준이 없고, 아동에 대한 보호종료 여부를 판단할 때, 발달 수준에 비추어 독립과 자기결정적 생활이 가능한지를 확인한다. 청년에 대한 지원은 미성년자에 대한 지원을 연장 또는 재시작하는 개념으로, 아동보호서비스를 받고 있는 경우 27세까지 연속적으로 지원받을 수 있으며, 18세 이전에 원가정으로 복귀한 경우에도 주거, 고용, 교육, 건강 등과 관련된 사회서비스를 바탕으로 자립지원 서비스를 받을 수 있다. 다만, 개별 욕구와 지원 계획에 따라 서비스의 내용이 다를 수 있다.

한편, 독일과 영국 모두 원가정 복귀 여부가 자립지원 대상 요건에 포함되지 않으며, 오히려 독일의 사례에서는 부모가 있다고 자립지원 대상에서 제외하는 것이 아니라 자립지원 시, 부모의 참여를 더욱 강화하고 있는 추세이다.

나. 중간퇴소 아동청소년에 대한 공적 지원의 포괄성

영국의 중간퇴소 아동청소년은 욕구사정, 개별조언가의 사례관리, 진로계획, 주거지원, 교육 및 훈련 등을 위한 재정적 지원, 생활비 등 금전적 지원과 더불어 장학금 제공, 정신건강 등의 서비스 제공 등 다양한 지원을 받을 수 있다. 그러나 우리나라의 중간퇴소 아동청소년에 대한 지원은 아동복지심의위원회 결정에 따른 자립수당, 자립정착금 등 현금성 지원 중심으로 제안되어 있다. 그러나 자립은 금전적 지원으로만 가능한 것이 아니기 때문에, 지원되는 급여를 자립에 적합하게 사용할 수 있도록 사례관리, 모니터링, 상담 등의 관계기반의 사회적 서비스 형태로 제공될 필요가 있다.

다. 촘촘한 사례관리 서비스에 기반한 자립준비 지원

영국은 중간퇴소 청년에 대한 자립준비를 지원할 수 있도록 개별조언가(Personal Adviser)를 배정하여 개별조언가가 일대일로 사례관리서비스를 제공하면서, 중간퇴소 청년의 자립을 지원하고 있다. 욕구사정에서부터 진로계획 수립, 진로계획의 수행 점검, 서비스 제공, 자립에 필요한 조언과 상담 및 방문사례관리(최소 2달에 1회) 등이 개별조언가에 의하여 25세가 될 때까지 이루어지고 있다.

자립준비청년과의 연락 유지는 지방자치단체의 의무로 연락이 단절되는 경우 연락을 재개하기 위한 최선의 노력을 다하도록 하고 있어서, 중간퇴소 청년의 고립이나 은둔을 최대한 예방하는 역할을 담당하는 담당자가 존재함을 알 수 있었다.

라. 단일화된 전달체계 내 공공 중심 자립 지원

영국의 아동보호체계는 교육부 중심의 일원화된 자립지원 전달체계 아래 소년보호시설이나 독립거주 혹은 반독립거주 등 다양한 보호 형태를 포함하고 있어서, 대상적 사각지대를 최소화하고자 노력하고 있었다. 독일 또한 아동과 청소년을 구분하지 않고, 주무부처가 하나이며, 지방 정부의 청소년청이 중심이 되어 보호 및 자립지원 서비스를 제공하고 있다.

영국과 독일의 사례는 모두 보호아동뿐 아니라 중간퇴소 아동 및 청년을 지원하는 데 있어서도 지방정부가 주도적인 역할을 하고 있음을 알 수 있었다. 영국에서는 보호아동의 보호계획과 자립 후 주거계획, 진로계획 등이 상호 연계될 수 있도록 하여, 자립이 보호의 연장선에서 장기적인 관점에서 지원되고 있다.

독일에서는 지방정부의 청소년청 공무원이 자립준비청년의 사후관리에 대한 법적 책임이 있다. 또한, 독일에서는 공공과 민간의 역할을 분담할 수 있는데 공공 담당자는 관리, 감독하고, 재정을 지원하는 주체로서, 자립 서비스 제공을 민간에 위임할 수 있지만, 자립준비청년에게 정기적으로 연락해야 하는 의무는 위임할 수 없다.

영국에서도 자립준비청년과의 연락 유지를 위한 합리적 장치 마련을 지방정부 당국의 의무사항으로 정하고 있어, 연락 두절 비율이 7% 수준으로 우리나라의 20%(허민숙, 2023)에 비해 매우 낮다. 15세 이상의 연령으로 보호체계를 떠난 상황에 있는 이들에게 18세 이후에도 자립 서비스를 지원하기 위해서는 중간퇴소 아동과의 지속적인 연락 유지 방안이 필요하다.

마. 안전한 원가정 복귀 지원 강화

미국은 영구성이 가정 외 보호 아동의 지원의 원칙이며, 자립지원에도 그러한 원칙이 반영되고 있다. 따라서 입양, 원가정 복귀 등 아동이 성장, 발달과정에서 영구적으로 맺을 수 있는 안정적인 관계를 지원한다. 독일은 아동·청소년 보호 및 자립지원에 있어 부모 및 아동 당사자의 참여권리를 강화하였다. 특히 아동에게 영향을 미치는 모든 결정에 당사자를 참여시키는 것을 지원 과정 자체의 핵심 전제 조건으로 강조하였다. 또한, 가정 외 보호아동의 친부모 책임과 함께 지원 강화도 이루어졌다. 친부모의 상담 권리를 강화했고, 원가정 복귀를 목표로 공공 담당자와 협력하는 것을 의무화했다.

원가족이 아동을 다시 양육할 수 있도록 원가족의 발달, 참여 또는 양육 여건을 개선하기 위한 것으로서 독일에서는 보호 유형이 변경되는 경우, 예를 들어 타 시설로 전원하거나, 원가정으로 복귀하는 경우, 청소년청은 '원활하고 필요에 기반한' 전환을 보장해야 할 의무가 있다. 따라서 청소년청이나 위탁가정에서 재정적 수단이나 보호장치가 없는 상태로 퇴소하는 것은 허용되지 않는다.

바. 개별화된 지원

영국과 독일 모두 진로 계획, 지원 계획을 바탕으로 자립준비청년의 개별적 전환, 자립 지원이 강화되었다. 특히 독일에서는 청소년청이 보호가 종료되는 아동·청소년에 대한 개별화된 지원을 제공하도록 의무화했다. 청년을 위한 지원 독립으로의 전환은 지원 계획의 일부로서 명확하게 준비되어야 하며 초기 단계에서 하나의 과정으로 다루어져야 한다. 법 개정을 통해 공식화된 Coming-Back option은 자립준비청년의 원활한 전환을 보장하기 위해 지원 중단 기간이 수급자격을 다시 얻는 데 중요하지 않고, 지원 종료 후에도 청년을 위한 지원의 갱신 또는 지속이 가능하다는 점을 명확히 했고, 공공에서 보호종료 아동·청소년을 위한 연락 담당자를 두고 필요시 27세까지 중단없이 위탁가정에 계속 배치할 수 있도록 하는 원활한 전환지원 방안이 마련되었다.

3. 중간퇴소 자립준비청년 지원 실태조사 결과

가. 열악한 아동보호 업무 여건

설문조사에 참여한 아동보호전담요원의 근무 여건은 열악한 것으로 나타났다. 아동보호전담요원 2명 중 1명 이상이 시간선택제 임기제로 근무하고 있었으며, 아동보호전담요원이 모니터링 또는 사후관리하는 보호아동 수는 월평균 73.2명으로, 주 35시간 미만 시간선택제(84.6명)가 가장 많았다. 한편, 시간선택제 임기제 아동보호전담요원의 급여는 공무직보다 100만 원 이상 낮은 것으로 나타났다.

나. 아동·청소년 보호 및 지원 업무의 분절

아동보호전담요원의 소속 부서에서 여성가족부의 청소년 보호 및 지원 업무를 함께 담당하고 있는 경우는 전체의 53%에 불과했다. 보호 및 지원이 필요한 아동의 주무 부처가 다르고, 행정 및 서비스 전달체계가 별도로 구성됨으로 인해서 수요자인 유사 연령, 특성을 가진 아동과 청소년이 받는 서비스에 격차가 있고, 사각지대도 있다는 문제가 지속적으로 제기되어 왔다.

유사한 정책과 서비스가 서로 다른 부처에서 비효율적으로 제공되고 있는 가운데, 본 연구의 FGI 결과에 따르면, 현장 종사자의 입장에서는 분리된 체계에서 정보 공유시스템조차 구축되어 있지 않아, 전원 조치된 중간퇴소 아동의 상황을 지속적으로 파악, 사후관리하여 지원하기 어려운 실정이다.

또한, 아동의 입장에서는 자신이 생활한 시설이 어느 부처의 관할인지 인지하지 못한 채, 임의적인 보호조치에 따라 보호 중 또는 퇴소 후의 서비스가 달라지며, 그 서비스를 받기 위해 스스로 어떠한 시설에서, 얼마나 거주했는지 스스로 증명해야 한다.

다. 자립지원의 사각지대

만 18세 이전에 중간퇴소하는 아동은 시군구별로 연간 약 28명 정도 발생하는 것으로 나타났으며, 이 중 원가정 복귀 아동 약 14명, 전원 약 6명으로 원가정 복귀 아동이 약 2배 이상 많은 것으로 나타났다. 한편, 중간퇴소 아동 중 15세 이상은 연간 약 21명, 이 중 타 부처 관할 시설로 전원 조치된 아동은 33개의 시군구에서 약 14명으로 파악되었다. 즉, 시군구당 연간 6명의 14세 이하 아동, 그리고 전원 조치 아동보다 더 많은 원가정 복귀 아동(연간 약 7명)이 조기종료 자립지원에서 제외되고 있는 것으로 파악되었다.

그러나 FGI 결과, 원가정 복귀 아동과 14세 이하 중간퇴소 아동이 퇴소한 사유와 그 이후의 자립 상황을 보면, 전원한 아동과 크게 다르지 않다. 이 중에서도 청년기에 자립지원을 필요로 하는 상황이 많아 이들을 지원할 수 있는 방안 마련이 필요하다.

라. 중간퇴소 아동·청소년 지원 사후관리 방안 필요

개정된 아동복지법에 따라 15세 이상으로 조기종료한 후에 18세 이상의 자립준비청년이 되어 자립정착금과 자립수당을 받은 청년의 인원수에 차이가 있었다. 이는 자립정착금은 가정 외 보호체계를 퇴소한 지자체에, 자립수당은 현재 거주하고 있는 지자체에 신청하여 받을 수 있기 때문이며, 아동복지심의원회의 판단이 지자체별로 다르게 작용했을 수 있다. 이러한 차이는 사후관리의 중요성을 부각시킨다.

자립준비청년은 청년기라는 특성상 취업, 진학 등의 이유로 지역 간 이동, 특히 대도시로의 이동이 흔하게 발생한다(이상정, 김지연, 2023). 또한, 전원 조치는 시설 자원이 해당 지역에 없는 경우 지역의 경계를 넘어서는 경우도 있다. 따라서 사후관리가 충실하게, 지속적으로 이루어지지 않는 경우, 자립지원 서비스에서 쉽게 누락될 수 있는 것이다.

그러나 만 15세 이후의 중간퇴소 아동에 대한 사후관리 수행률은 47%에 그치고 있는 것으로 나타났다. 또한, 아동보호 업무 지침상, 만 18세 이전 가정 외 보호체계를 이탈하여 1개월 이상 연락이 두절된 아동의 현황을 최소 연 2회 파악해야 하지만, 이를 수행하고 있는 지자체는 217개 시군구 중 45.6%에 불과했다. 18세 미만의 중간퇴소 아동에 대한 사후관리 체계를 개선하여, 지속적이고 촘촘한 사후관리 서비스가 제공되어야 중간퇴소 자립준비청년이 자립 과정에서 필요한 서비스를 적기에 받을 수 있을 것이다.

제2절 중간퇴소 자립준비청년 통합적 지원 방안

정책 현황 분석, 해외 사례 분석, 양적·질적 조사를 통해 중간퇴소 자립지원 대상 현황 및 자립지원 실태를 파악하였다. 연구 결과를 바탕으로 중간퇴소 자립준비청년을 위한 통합적인 자립지원 방안을 제시하면 다음과 같다.

1. 단기 과제

가. 15세 미만, 원가정 복귀 중간퇴소 자립준비청년 지원

　정부 대책에 의해 원천적으로 배제된 15세 미만, 원가정에 복귀한 중간퇴소 자립준비청년을 조기종료 자립준비청년으로서 자립지원 대상에 포함할 필요성이 있다. 개정된 아동복지법에서는 "18세에 달하기 전에 보호조치가 종료되거나 해당 시설에서 퇴소한 사람으로서 보건복지부 장관이 자립지원이 필요하다고 인정하는 사람"으로 중간퇴소 연령 기준을 정하지 않고 있다(아동복지법, 2024).

　15세 미만, 원가정 복귀 중간퇴소 자립준비청년을 원칙적으로 배제하는 지침을 철회하여 연령 제한 없이 중간퇴소한 아동·청소년·청년을 지원하여야 할 것이다. 원가정 복귀 및 전원 조치 등이 이루어진 아동에 대한 사후관리를 강화할 필요성이 있다. 가령, 중간퇴소한 아동·청소년에 대해 1년 동안 집중 모니터링과 사후관리 실시 후 재보호 또는 가정 내 사례관리 또는 종료하는 판단 절차를 마련하고, 지속적인 사례관리가 필요한 것으로 판단되면 사례관리 수행과 함께 15세에 개별 자립(지원)계획을 수립하도록 하여 18세에 도달할 때까지 자립준비를 지원할 필요성이 있다.

　사례관리는 보호 및 자립 서비스와 연속성, 접근성 측면에서 시군구의 아동보호전담요원이 수행하는 것이 바람직하다. 다만, 현재 아동보호전담요원의 부족, 열악한 근무 여건을 고려할 때, 지역사회 내 가용한 사례관리 기관인 드림스타트, 아동보호전문기관 등에 이관하여 진행할 수 있을 것이다. 단, 정기적인 모니터링 책임은 아동보호전담요원에게 부여되어야 하며, 사례관리 기간 동안에도 아동 및 가정의 종합적인 상황을 판단하여 사례관리를 중단할 것인지를 판단하는 절차가 정기적(예: 연 1회)으로 필요하며, 중단되지 않고 지속되어 18세에 도달하는 경우 자립정착금, 자립수당 등의 자립서비스 제공이 필요하다. 원가정 복귀 여부에 상관없이 자립지원 서비스가 필요하다고 판단되는 경우, 자립지원전담기관에 연계하여 필요한 서비스를 받을 수 있도록 지원해야 할 것이다.

18세에 도달하여 자립서비스를 제공할 때는 아동복지심의위원회를 통해 경제, 주거, 교육, 맞춤형 사례관리 등 개별 상황에 따라 자립지원 주체 및 서비스 내용을 결정하여 지원할 필요성이 있다. 가령, 본 연구에서 살펴본 바와 같이, 자립준비나 계획 없이 현금성 지원만 제공될 때의 부작용에 대한 경험과 우려가 있었다. 개별 상황을 종합적으로 판단하여 사기 피해, 범죄 노출, 가족의 갈취 등의 위험이 있는 경우 반드시 맞춤형 사례관리와 함께 자립정착금, 자립수당 등의 현금성 지원이 이루어져야 할 것이다.

나. 사후관리를 위한 통합적 정보공유 체계 구축

중간퇴소 자립준비청년에 대한 촘촘한 사후관리를 위한 통합적 정보공유 체계 구축이 필요하다. 현재는 보건복지부 관할 아동보호체계 내에서도 18세 미만에 조기종료한 아동의 통합적인 현황과 사유에 관한 정보를 정확하게 확인하기 어려운 상황이다. 아동양육시설, 공동생활가정, 위탁가정, 자립지원전담기관, 시군구 아동보호팀(아동보호전담요원) 등 아동보호 업무와 관련된 시스템이 개별화되어 작동되고 있기 때문이다.

이러한 상황에서 여성가족부의 청소년보호체계, 법무부의 소년보호체계는 별도의 체계로서 정보 공유가 더욱 어렵다. 타부처 관할의 청소년쉼터나 청소년자립생활관 등의 시설로 중간퇴소 아동이 전원하는 경우에 정보관리시스템이 없으면 아동보호전담요원이 해당 아동을 사후관리하기가 쉽지 않다. 초기 전원 시설에서 아동이 18세가 될 때까지 지속적으로 거주할 가능성은 낮은 가운데, 현재의 지침상 연 1회의 사후관리 수준으로는 연락 두절을 예방하기 어렵고, 중간퇴소 자립준비청년은 당사자가 나타나서 신청하지 않는 한 주어진 자립서비스를 받을 수 없게 된다.

아동보호전담요원도 중간퇴소 아동·청소년 자립지원을 위해 필요한 우선 정책 개선 방안으로 '유관기관과의 정보 시스템 구축'을 꼽았다. 아동보호전담요원의 효율적 사후관리와 중간퇴소 아동·청소년의 연락 두절 예방을 위해 부처 내, 부처 간 통합적 정보관리시스템 구축이 반드시 필요하다. 현재 여성가족부는 개인의 보호 및 지원 정보를 기반으로 하는 위기청소년 통합지원정보 시스템을 구축하여 운영하고 있다. 이러한 시스템을 통해 민간 및 공공 영역의 기관 간 서비스의 연계가 이루어지고 있기 때문에 위기청소년의 개별 정보 및 서비스 누락이 해소되고 있다. 또한, 정보시스템은 여성가족부뿐만 아니라 타 부처 종사자와 사업을 통해 발굴된 아동·청소년도 시스템에 등록하는 것이 가능하다. 본 연구의 조사에 참여한 아동보호전담요원의 약 66%가 청소년안전망시스템을 사용할 의향이 있는 것으로 나타났다. 청소년안전망시스템을 보건복지부와 법무부 관할 시설 및 종사자도 활용, 권장하는 방안을 검토해야 한다. 더 나아가 보건복지부, 법무부 등의 지원 정보가 자동 연계될 수 있도록 시스템 확장을 장기적으로 이루어 나가야 할 것이다.

한편, 청소년안전망시스템의 안정적 사용, 부처 간 통합적 정보관리시스템 구축이 완성될 때까지는 중간퇴소 아동이 타 부처 관할 시설로 전원할 경우, 아동보호전담요원 중심의 정기적 통합 사례회의 운영 지침을 마련하여 수행하도록 할 필요성이 있다. 또한, 사후관리 주기를 단축(예: 연 1회 → 최소 분기별 1회)하여 전원 시설에서의 적응, 입·퇴소, 또 다른 전원 등을 정기적으로 촘촘하게 사후관리하여야 할 것이다.

다. 위기 아동·청소년 보호조치 게이트웨이 단일화, 보건복지부 관할 시설 우선 보호 조치

보호 및 자립지원의 격차가 관할 부처에 따라 발생하고 있으므로, 가정 외 보호가 필요한 아동·청소년의 입장에서는 보건복지부 관할의 시설에 입소하는 것이 이익이다. 본 연구에 참여한 중간퇴소 자립준비청년 당사자들은 부처별 시설의 차이, 지원의 차이를 인지하지 못한 채 임의로 보호조치되고 있었기 때문이다. 보호대상 아동·청소년, 부모 및 가족에게 관련 모든 정보를 제공하고, 보호받을 환경을 결정하는 과정에 당사자의 참여 및 선택의 권리를 보장해야 한다.

이를 위해서는 아동학대, 가출, 유기 등 가정 외 보호가 필요한 위기 아동·청소년 발생 시 대응하는 게이트웨이를 아동보호팀(229개 시군구 운영)으로 단일화해야 한다. 드림스타트, 희망복지원단, 아동학대대응기관 등의 보건복지부 관할 발굴 체계, 일시 청소년쉼터, 경찰 등 보건복지부 관할 외의 발굴 체계에서 가정 외 보호가 필요한 아동·청소년 발굴 시, 시군구의 아동보호팀으로 연계되도록 공통 지침을 마련하고, 배포해야 한다.

시군구의 아동보호팀(아동보호전담요원)에서는 가정위탁, 아동복지시설, 청소년복지시설 등의 보호 환경, 보호 기간 및 보호종료 후 자립 관련 서비스에 대한 정보를 충분히 안내하고, 보호대상 아동·청소년이 시설 보호가 필요한 경우, 당사자의 의견과 선택을 존중하여 보건복지부 관할 시설을 우선 고려해야 할 것이다.

라. 아동보호전담요원 인력 확대 및 근무 여건 개선

본 연구에서 확인한 바와 같이, 아동보호전담요원 58%, 2명 중 1명이 시간선택제 임기제로 근무하고 있는 가운데, 모니터링하는 월평균 보호아동 수는 73~84명 정도로 나타났다. 또한, 시간선택제 임기제 58%의 급여는 약 200만 원 수준으로 무기계약직과 100만 원 이상 차이가 있었다. 아동보호전담요원의 열악한 근무 여건은 양질의 인력 확보를 어렵게 할 뿐만 아니라, 입직하더라도 오래 근속하지 못하고 이직하는 요인이 된다. 한편, 입소에서부터 만 18세의 보호종료까지 우리나라 가정 외 보호아동의 평균 보호 기간은 약 12년인 것으로 확인되었다(이상정 외, 2020; 이상정 외, 2023). 아동보호전담요원이 오래 근속하지 못하면, 연속적이고 지속적인 보호와 자립지원이 어렵다. 아동보호전담요원의 신분과 급여 문제를 개선하고, 업무량 개선을 위한 인력 확대가 필요하다.

더 나아가 중간퇴소 자립준비청년 지원정책 개선을 위한 방안에 있어서도 아동보호전담요원은 핵심 인력이다. 아동보호전담요원이 중심이 되어 중간퇴소한 아동·청소년을 체계적으로 18세까지 사후관리하고, 누락없이 자립지원 서비스를 제공해야 한다. 그러나 인력 확대와 처우 개선 없이 이러한 방안들도 실효성을 담보할 수 없다. 2022년부터 전국적으로 715명의 아동보호전담요원이 배치되었다는 발표와 달리(보건복지부, 아동권리보장원, 2024, p.3), 2024년 11월 기준으로 전국 시군구 기초자치단체에 배치된 아동보호전담요원은 총 246명으로 확인된다(아동권리보장원, n.d.). 아동보호전담요원은 보호아동 23,005명, 중간퇴소 아동·청소년 243명,[40] 자립준비청년 9,970명에 대한 모니터링 및 사후관리 책임이 있다. 1인 기준 약 136명을 담당해야 하는 것으로 추정된다.[41]

---

40) 현재 기준, 15세 이상의 중간퇴소 아동은 18세에 도달할 때가지 사후관리하여야 하므로 매년 누적되기 때문에 실질적으로는 243명의 약 3배 수준으로 예상됨.
41) 자료별 기준 연도와 출처가 상이함. 추정치로 정확한 통계가 아니기 때문에 해석에 주의가 필요함.

〈표 5-3〉 지자체별 보호아동 및 아동보호전담요원 배치 현황

(단위: 명)

구분	보호아동 수						합계[2]	자립준비청년[3]	중간퇴소 자립준비청년[4]	아동보호전담요원	
	아동양육시설	공동생활가정	아동일시보호시설	학대피해아동쉼터	아동보호치료시설	위탁가정				인력수[5]	1인당 아동수[6]
서울	1,684	316	50	-	130	782	2,962	1,234	-	27	155.4
부산	758	150	10	-	15	457	1,390	787	-	17	128.1
대구	535	51	15	-	53	270	924	340	-	9	140.4
인천	476	102	30	-	-	437	1,045	412	-	11	132.5
광주	406	176	35	-	-	317	934	356	-	6	215.0
대전	312	83	-	-	83	212	690	275	-	6	160.8
울산	113	40	2	-	-	237	392	122	-	6	85.7
세종	18	-	-	-	-	50	68	12	-	1	80.0
경기	935	816	49	-	40	1,784	3,624	1,594	-	32	163.1
강원	238	80	16	-	-	762	1,096	680	-	19	93.5
충북	439	119	-	-	36	407	1,001	416	-	12	118.1
충남	549	157	-	-	-	644	1,350	464	-	16	113.4
전북	490	200	3	-	44	614	1,351	616	-	15	131.1
전남	852	171	5	-	13	748	1,789	990	-	23	120.8
경북	686	48	4	-	-	723	1,461	683	-	24	89.3
경남	727	135	-	-	21	669	1,552	789	-	19	123.2
제주	221	25	4	-	-	217	467	200	-	3	222.3
전체	9,439	2,669	223	909	435	9,330	23,005	9,970	243	246	136.1

주: 1) 해당 시설이 없거나 현황 파악이 어려운 경우, '-' 표시하였음.
　　2) 2022년 기준, 보건복지부 관할의 아동복지시설 보호아동 수의 단순 합산 수치임.
　　3) 2023년 기준 현황임.
　　4) 2021년 아동자립지원 통계현황 보고서 내의 중간보호종료 퇴소 아동 현황 기준임.
　　5) 2024년 11월 기준 배치 현황임.
　　6) 전체 결과(136.1명) 외, 17개 시·도의 인력 1인당 아동수는 현황 자료가 없는 학대피해아동쉼터, 중간퇴소 자립준비청년을 제외한 결과임.
출처: 1) e 나라지표- 일반아동현황. (2024). https://www.index.go.kr/unity/potal/main/EachDtlPageDetail.do?idx_cd=3053에서 2024. 10. 28. 인출.
　　2) 보건복지부. (2023). 2023 아동복지시설 현황.
　　3) 아동권리보장원. (2024). 2023년 자립준비청년 현황. https://www.ncrc.or.kr/ncrc/na/ntt/selectNttInfo.do?mi=1469&nttSn=7195에서 2024. 10. 28. 인출.
　　4) 보건복지부·아동권리보장원. (2022). 2021 아동자립지원 통계현황 보고서.
　　5) 아동권리보장원. (n.d.). 아동복지기관 현황-지자체 현황 https://www.ncrc.or.kr/ncrc/cs/cnter/selectCnterList2.do?mi=1327에서 2024. 10. 28. 인출.
　　6) 해당 시설이 없거나 현황 파악이 어려운 경우, '-' 표시하였음.

시군구 단위에서 위기 아동 가구 통합사례관리 서비스를 제공하고 드림스타트의 통합사례관리사는 1인당 40~70명의 아동수를 담당하도록 권장하고 있으며, 취약계층이 과다한 지역이더라도 최대 80명 이하로 담당 기준을 정하고 있다(보건복지부, 아동권리보장원, 2024, p.50). 따라서 이보다 위기도가 높은 아동·청소년을 모니터링하는 아동보호전담요원 1인당 136명은 과도하다. 드림스타트의 기준을 적용하더라도 최소한 현재의 2~3배 수준으로 확대가 필요하다.

마. 맞춤형 지원으로 자립지원 서비스 제공 방식 전환

현재 자립지원 서비스는 자격 요건에 따라 All or Nothing 방식으로 제공되고 있다(이상정, 김지연, 2023). 가령, 중간퇴소 자립준비청년이 15세 이상의 연령으로 아동양육시설에서 퇴소하여, 청소년자립생활관에서 18세의 생일을 지나 퇴소하면, 해당 시군구에 신청하여 자립수당과 자립정착금, 통합사례관리 등 모든 자립지원 서비스의 대상이 될 수 있다. 그러나 이러한 조건 중 하나라도 충족하지 못하면, 모든 자립지원 서비스를 받을 수 없다. 가령, 15세 생일 전에 아동양육시설에서 퇴소하여 똑같은 상황에 놓이더라도 국가로부터 그 어떤 지원도 받을 수 없다.

영국, 독일의 사례에서는 자립서비스가 모두 개별화되어 있다. 개별 자립지원 계획에 기반하여 개별 청년의 상황과 욕구에 맞게 서비스가 연계, 지원된다. 우리나라와 같이 중간퇴소 청년에 대해 연령 기준에 따라 서비스의 자격을 결정하고 있는 영국에서도 자립서비스는 아동의 진로계획(Pathway Plan)에 따라 서비스가 맞춤형으로 제공되며, 연령 기준을 충족하지 못하더라도 지원의 여지를 열어 두고 있다.

개별 자립준비청년의 취약성에 따라 대상자 선정 및 지원 내용을 결정할 필요가 있다. 많은 자립준비청년은 주거, 교육, 경제 등 모든 영역의 자립 서비스를 필요로 하지만, 일부는 주거지원만으로 혹은 사회적 지지체계만으로 자립을 이루어 나갈 수도 있는 것이다. 또한, 본 연구에서도 확인한 바와 같이 일부 자립준비청년은 현금 또는 현물서비스의 부작용을 예방하기 위해 사례(후)관리 서비스를 필수적으로 필요로 하는 경우도 있다.

중간퇴소 아동·청소년에 대한 자립지원 계획도 지침상 요구되고 있다. 자립정착금, 자립수당 등의 자립서비스가 제공될 때 자립지원 계획과의 연속선상에서 18세 이상의 만기퇴소 자립준비청년과 같이 개별 사후관리 계획을 수립하도록 하고, 지자체 심의위원회(예: 아동복지심의위)를 통해 사후관리 담당자 지정 및 지원 내용과 서비스를 결정하도록 할 필요가 있다.

2. 중·장기 과제

가. 자립준비청년 개념 재정의를 위한 개별법 개정 또는 특별법 제정

14세 이하, 원가정 복귀로 인한 중간퇴소 아동·청소년을 자립지원 대상으로 포함하더라도 보건복지부의 아동보호체계에서 관할하는 시설 경험이 전무한 위기 아동·청소년은 여전히 자립지원의 사각지대에 남게 된다. 그러나 앞에서 살펴본 바와 같이 여성가족부, 법무무가 관할하는 시설 퇴소 청년의 자립 과정 및 성과는 보건복지부 시설 퇴소 청년보다 더욱 열악하며, 원가정 또는 부모의 보호력이 없어, 자립 과정의 경제적, 정서적 지원을 기대할 수 없는 상황이다.

특히, 조기종료 자립준비청년 지원 대책이 마련되면서 보건복지부가 아동보호치료시설 보호 아동·청소년을 자립지원 사업 대상자로 포괄하여 소년보호처분(6호) 경험이 있는 청년도 자립지원의 대상이 되기 때문에,

소년법 적용 대상을 국가 지원에서 제외하는 정책 방향성은 더 이상 정당성을 얻기 어렵다.

관할 부처에 관계없이 모든 종류의 생활시설, 위탁보호 환경에서 보호 또는 생활 후 퇴소하는 취약 청년을 자립지원 대상으로 포괄하여야 한다(이상정, 김지연, 2023). 개별 법률을 각각 개정하여 공적 자립지원 대상과 지원 격차를 완화하는 접근이나 특별법 제정을 통해 모든 시설퇴소 청년을 포괄하는 방안이 가능할 것이다. 사실상 '자립준비청년'은 법적으로 규정된 정의, 혹은 용어가 아니다. 특별법 제정을 통해 자립준비청년의 개념을 모든 종류의 생활시설(위탁보호시설)에서 보호 또는 생활 후 퇴소하는 취약 청년로 재정의하면(이상정, 김지연, 2023), 공적 보호 후 자립지원이 필요한 취약 청년의 사각지대를 최소화할 수 있을 것이다.

나. 위기 아동·청소년 보호 및 지원체계 통합

중간퇴소 자립준비청년에 대한 자립지원의 사각지대를 해소하고, 생활시설에서 퇴소한 모든 취약 청년을 형평성 있게, 효율적으로 지원하기 위한 근본적인 방안은 위기 아동·청소년 보호 및 지원 체계를 통합하는 것이다. 단일 근거법에 기반하여 하나의 부처에서 자립서비스 전달체계를 구축, 운영함으로써 관련 예산, 서비스를 통합 관리하는 것이다.

보호 및 자립지원 서비스 전달체계가 단일화되면, 전원이 하나의 체계 내에서 시설 기능에 따라 이루어질 수 있다. 따라서 사후관리와 모니터링도 누락 없이 지속적으로 이루어질 수 있다. 또한, 분절화된 체계로 인해 발생하는 서비스의 누락, 격차를 해소할 수 있으며, 서비스 및 전달체계의 중복으로 인한 정책 및 행정의 비효율 문제를 해소할 수 있다.

위기 아동·청소년 보호 및 지원 체계를 통합하면 연령, 위기 유형 및 특성 등의 중첩으로 부처 간 지원 대상자가 겹치며, 표류하는 가운데, 지원할 대상자를 선별하기 위한 행정력을 낭비하지 않아도 된다. 개별 아동·청소년·청년의 입장에서는 생애주기적 관점에서 일관성 있는, 연속적인 보호와 자립을 지원받을 수 있게 될 것이다.

다. 아동·청소년 복지시설 중앙 환원, 통합 관리·운영

지역에 따라 아동·청소년 복지시설 운영의 편차가 크게 나타나고 있다. 수도권의 대도시 지역에는 아동양육시설, 그룹홈, 아동보호치료시설, 학대피해아동쉼터 등의 아동복지시설과, 일시, 단기, 중장기 청소년쉼터, 청소년자립지원관 등의 청소년복지시설, 청소년자립생활관 같은 소년보호시설 등 다부처 관할의 다양한 시설이 운영되고 있다. 그러나 지방의 소도시, 또는 농산어촌의 시군구 지자체에는 아동양육시설만 있거나, 청소년쉼터만 있는 경우 등이 많다.

따라서 가정 외 보호가 필요한 아동·청소년의 상황에 맞는 시설 보호 및 서비스를 제공받기 어렵다. 가령, 본 연구의 FGI에 참여한 중간퇴소 자립준비청년은 거주 지역에 청소년쉼터만 있어서 학대피해 청소년임에도 불구하고, 아동보호체계 내의 학대피해아동쉼터나, 공동생활가정으로 보호조치되지 못하고, 청소년쉼터에서 생활할 수밖에 없는 상황이었다. 따라서 보호 기간 동안 학대 피해와 관련된 전문 서비스를 받을 수 없었으며, 중간퇴소 자립준비청년으로서의 지원에서도 배제된 것이다.

이러한 문제점을 해소하기 위해서는 아동·청소년 복지시설을 중앙부처 사업으로 환원하여 통합 관리, 운영할 필요성이 있다. 부처별 유사기능이 중복되고 있는 공동생활가정, 중장기 청소년쉼터와 자립지원전담기관과 청소년자립지원관 등을 기능별로 재정비하여 통합적으로 운영할 필요가 있다. 아동·청소년 복지시설은 아동 인구 감소로 인해 정원을 충족하지 못하고 있는 상황에서 많은 지역에서는 시설 자원이 부족한 실정인 것이다. 아동, 청소년 복지시설을 통합하여 기능에 따라 운영하고, 국비를 투입하여 전국 단위로 운영하면 아동의 상황에 맞는 보호 환경 제공이 가능하고, 전국 어디에서든 유사한 수준의 서비스를 받을 수 있을 것이다. 또한, 전원하는 중간퇴소 아동의 사후관리와 모니터링이 용이해질 수 있다.

참고문헌

1. 1장

김지연, 백혜정, & 김미향. (2022). **2022년 시설퇴소청년 생활실태조사 보고서**. 한국청소년정책연구원. https://www.nypi.re.kr/brdrr/boardrrView.do?menu_nix=d35o34AE&brd_id=BDIDX_PJk7xvf7L096m1g7Phd3YC&searchCondition=SUBJECT&searchKeyword=&edomweivgp=R&pageIndex=1&tbl_nm=TB_BRD_TXT_IDX_FAD1X223&cont_idx=799

보건복지부. (2024.2.7.). **18세 이전 보호종료된 자립준비청년도 월 50만원 지원 받는다- 대한민국 정책브리핑** [보도자료]. https://www.korea.kr/news/policyNewsView.do?newsId=148925672

2. 2장

경향신문. (2022.10. 25). **대통령 당부에도 겉도는 여가부 '쉼터 청소년 자립지원정책'…적격자 9% 미만**. https://www.khan.co.kr/national/national-general/article/202210251512001

고용24 홈페이지. https://www.work24.go.kr/cm/main.do에서 2024년 7월 4일 검색.

고용노동부 홈페이지. https://www.moel.go.kr/policyitrd/policyItrdView.do?policy_itrd_sn=6에서 2024년 7월 11일 검색.

관계부처합동. (2021.7.13.). **자립준비청년(보호종료아동) 지원강화 대책** [보도자료]. https://www.korea.kr/briefing/pressReleaseView.do?newsId=156461416&pageIndex=1&repCodeType=C&repCode=A00007,A00008,A00015,A00006,B00015,C00003&startDate=2008-02-29&endDate=2021-07-13&srchWord=&period=

국민취업지원제도 홈페이지. https://www.kua.go.kr/uaptm010/selectMain.do에서 2024년 7월 4일 검색.

김은녕, 서보람. (2018). 가출청소년의 사회적 지지, 진로태도성숙이 자립준비에 미치는 영향. **한국콘텐츠학회, 18**(12), 197-207.

김정남, 박미랑. (2020). 가정 밖 청소년의 학대피해와 범죄 가해·피해의 중첩현상에 관한 연구. **한국범죄학, 14**(3), 27-45.

김정남, 박미랑. (2021). 가정 밖 청소년의 범죄에 대한 두려움 연구: 취약성과 범죄피해경험을 중심으로. **한국경찰학회보, 23**(1), 53-83.

김지연, 백혜정, & 김미향. (2022). **2022년 시설퇴소청소년 생활실태조사 보고서**. 한국청소년정책연구원. https://www.nypi.re.kr/brdrr/boardrrView.do?menu_nix=d35o34AE&brd_id=BDIDX_PJk7xvf7L096m1g7Phd3YC&searchCondition=SUBJECT&searchKeyword=&edomweivgp=R&pageIndex=1&tbl_nm=TB_BRD_TXT_IDX_FAD1X223&cont_idx=799

김희진, 백혜정, & 김은정. (2018). **가정 밖 청소년의 실태와 자립지원 방안 연구**. 한국청소년정책연구원. https://nypi.re.kr/brdrr/boardrrView.do?menu_nix=4o9771b7&brd_id=BDIDX_PJk7xvf7L096m1g7Phd3YC&cont_idx=621&seltab_idx=0&edomweivgp=R

대검찰청. (2023). **2023 범죄분석**. https://www.spo.go.kr/site/spo/crimeAnalysis.do

박성훈, 김지영, 조영오, 김현정, 황여정, 김정숙, 배상균, & 고나영. (2017). **소년원생의 안정적 사회정착을 위한 실태조사 및 정책지원 방안 연구(Ⅰ)**. 한국청소년정책연구원. https://www.nkis.re.kr/subject_view1.do?otpId=KIC00052975&otpSeq=0&popup=P

박성훈, 조영오, 김정숙, 황여정, & 이주영. (2018), **소년원생의 안정적 사회정착을 위한 실태조사 및 정책지원 방안 연구(Ⅱ)**. 한국청소년정책연구원. https://www.nypi.re.kr/repository/handle/2022.oak/5816

박순혜. (2021). 청소년회복지원시설 종사자의 실천경험에 관한 내러티브탐구.

미래청소년학회지, 18(4), 25-48.

백혜정, 김지연, 김승경, & 노혜진. (2023). **2023년 시설퇴소청년의 생활 실태 및 정책개발**. 한국청소년정책연구원. https://www.nypi.re.kr/repository/handle/2022.oak/6262

법무부. (2021). **2021 범죄예방정책 통계분석**. https://www.moj.go.kr/moj/213/subview.do?enc=Zm5jdDF8QEB8JTJGYmJzJTJGbW9qJTJGMTYwJTJGNTUyNzg5JTJGYXJ0Y2xWaWV3LmRvJTNGcGFzc3dvcmQlM0QlMjZyZ3NCZ25kZVN0ciUzRCUyNmJic0NsU2VxJTNEJTI2cmdzRW5kZGVTdHIlM0QlMjZpc1pwZXdNaW5lJTNEZmFsc2UlMjZwYWdlJTNEMSUyNmJic09wZW5XcmRTZXElM0QlMjZzcmNoQ29sdW1uJTNEJTI2c3JjaFdyZCUzRCUyNg%3D%3D

법무부. (2023). **2023 범죄예방정책 통계분석**. https://www.moj.go.kr/moj/213/subview.do?enc=Zm5jdDF8QEB8JTJGYmJzJTJGbW9qJTJGMTYwJTJGNTc1NTczJTJGYXJ0Y2xWaWV3LmRvJTNGcGFzc3dvcmQlM0QlMjZyZ3NCZ25kZVN0ciUzRCUyNmJic0NsU2VxJTNEJTI2cmdzRW5kZGVTdHIlM0QlMjZpc1pwZXdNaW5lJTNEZmFsc2UlMjZwYWdlJTNEMSUyNmJic09wZW5XcmRTZXElM0QlMjZzcmNoQ29sdW1uJTNEJTI2c3JjaFdyZCUzRCUyNg%3D%3D

법원행정처. (2023). **2023 사법연감**. https://www.scourt.go.kr/portal/news/NewsViewAction.work?pageIndex=1&searchWord=&searchOption=&seqnum=9&gubun=719

보건복지부. (2021.8.19.). **아동학대 대응체계, 예방 및 회복지원까지 촘촘히 보완한다** [보도자료]. https://www.mohw.go.kr/board.es?mid=a10503010100&bid=0027&act=view&list_no=366913&tag=&nPage=199

보건복지부. (2022.11.17.). **부모의 마음으로, 따뜻하게 동행하겠습니다. - '자립준비청년 지원 보완대책' 발표 -** [보도자료]. https://www.mohw.go.kr/board.es?mid=a10503000000&bid=0027&tag=&act=view&list_no=373706&cg_code

보건복지부. (2023a). **2022년 보호대상아동 현황보고**. https://www.mohw.go.kr/board.es?mid=a10412000000&bid=0020&act=view&list_no=376885&tag=&nPage=1

보건복지부. (2023b). **2023 보건복지통계연보**. https://www.mohw.go.kr/board.es?mid=a10411010100&bid=0019&act=view&list_no=147941 4&tag=&nPage=1

보건복지부. (2023c). **2023년도 공동생활가정(아동그룹홈) 현황**. https://www.mohw.go.kr/board.es?mid=a10412000000&bid=0020&act=view&list_no=377896&tag=&nPage=1

보건복지부. (2023d). **2023년도 아동복지시설 현황**. https://www.mohw.go.kr/board.es?mid=a10412000000&bid=0020&act=view&list_no=377895&tag=&nPage=1

보건복지부. (2024a). **18세 이전 보호종료된 자립준비청년도 월 50만원 지원 받는다- 대한민국 정책브리핑** [보도자료]. https://www.korea.kr/news/policyNewsView.do?newsId=148925672

보건복지부. (2024b). **2024 아동분야 사업안내(2권)**. https://www.mohw.go.kr/board.es?mid=a10409020000&bid=0026&act=view&list_no=1480171&tag=&nPage=1

보건복지부, 아동권리보장원. (2019). **2018 아동학대 주요 통계**. https://echildabuse.ncrc.or.kr/ncrc/na/ntt/selectNttInfo.do?mi=1469&bbsId=1127&nttSn=5235&cataGori=da07&tabName=all

보건복지부, 아동권리보장원. (2020). **2019 아동학대 주요 통계**. https://echildabuse.ncrc.or.kr/ncrc/na/ntt/selectNttInfo.do?mi=1469&bbsId=1127&nttSn=5236&cataGori=da07&tabName=all

보건복지부, 아동권리보장원. (2021a). **2019 아동자립지원 통계현황 보고서**. https://www.ncrc.or.kr/ncrc/na/ntt/selectNttInfo.do?mi=1469&bbsId=1127&nttSn=2033&cataGori=da09&tabName=all

보건복지부, 아동권리보장원. (2021b). **2020 아동자립지원 통계현황 보고서**. h

tps://www.ncrc.or.kr/ncrc/na/ntt/selectNttInfo.do?mi=1469&bbsId=1127&nttSn=2904&cataGori=da09&tabName=all

보건복지부, 아동권리보장원. (2021c). **2020 아동학대 주요 통계**. https://echildabuse.ncrc.or.kr/ncrc/na/ntt/selectNttInfo.do?mi=1469&bbsId=1127&nttSn=2826&cataGori=da07&tabName=all

보건복지부, 아동권리보장원. (2022a). **2021 아동자립지원 통계현황 보고서**. https://www.ncrc.or.kr/ncrc/na/ntt/selectNttInfo.do?mi=1469&bbsId=1127&nttSn=4135&cataGori=da09&tabName=all

보건복지부, 아동권리보장원. (2022b). **2021 아동학대 주요 통계**. https://echildabuse.ncrc.or.kr/ncrc/na/ntt/selectNttInfo.do?mi=1469&bbsId=1127&nttSn=4226&cataGori=da07&tabName=all

보건복지부, 아동권리보장원. (2023a). **2020 가정위탁보호 현황보고서**. https://www.ncrc.or.kr/ncrc/na/ntt/selectNttInfo.do?mi=1469&bbsId=1127&nttSn=5585&cataGori=da05&tabName=all

보건복지부, 아동권리보장원. (2023b). **2021 가정위탁보호 현황보고서**. https://www.ncrc.or.kr/ncrc/na/ntt/selectNttInfo.do?mi=1469&bbsId=1127&nttSn=5585&cataGori=da05&tabName=all

보건복지부, 아동권리보장원. (2023c). **2022 아동학대 주요 통계**. https://echildabuse.ncrc.or.kr/ncrc/na/ntt/selectNttInfo.do?mi=1469&bbsId=1127&nttSn=5856&cataGori=da07&tabName=all

보건복지부, 아동권리보장원. (2023d). **2023년 자립지원 업무매뉴얼**. https://www.ncrc.or.kr/ncrc/na/ntt/selectNttInfo.do?mi=1177&bbsId=1014&nttSn=5238&cataGori=all&tabName=

보건복지부, 아동권리보장원. (2024a). **2023 아동학대 주요 통계**. https://echildabuse.ncrc.or.kr/ncrc/na/ntt/selectNttInfo.do?mi=1469&bbsId=1127&nttSn=7483&cataGori=da07&tabName=all

보건복지부, 아동권리보장원. (2024b). **2024년 자립지원 업무매뉴얼**. https://www.ncrc.or.kr/ncrc/na/ntt/selectNttInfo.do?mi=1177&bbsId=1

014&nttSn=6915&cataGori=da09&tabName=

보건복지부·아동권리보장원. (2024c). **2024 자립정보북**. https://www.ncrc. or.kr/ncrc/na/ntt/selectNttInfo.do?mi=1177&bbsId=1014&nttSn =6568&cataGori=da09&tabName=

보건복지부·아동권리보장원. (2024d). **아동보호서비스 업무매뉴얼**. https://w ww.mohw.go.kr/board.es?mid=a10411010100&bid=0019&tag=& act=view&list_no=372797

보호소년등의 처우에 관한 법률 시행규칙. 법무부령 제1039호. (2022).

소년법. 법률 제17505호, (2021).

아동권리보장원. (2024). **2022 자립준비청년 현황**. https://www.ncrc.or.kr/ ncrc/na/ntt/selectNttInfo.do?mi=1469&bbsId=1127&nttSn=6529 &cataGori=da09&tabName=all

아동복지법. 법률 제20218호. (2024).

여성가족부. (2023.12.27). **가정 밖 청소년의 자립을 함께 하다** [보도자료]. htt ps://www.mogef.go.kr/nw/rpd/nw_rpd_s001d.do?mid=news405 &bbtSn=709732

여성가족부. (2024a). **내부자료**.

여성가족부. (2024b). **2024년 청소년사업안내(Ⅱ)**. https://www.mogef.go.k r/mp/pcd/mp_pcd_s001d.do?mid=plc502&bbtSn=704833

이상정, 김수진, 이주연, 임성은, 함선유, 김지선, 김지연, 주영선, 하태정, & 주하나. (2023). **2023 자립지원 실태조사**. 한국보건사회연구원. https://re pository.kihasa.re.kr/handle/201002/45723

이상정, 류정희, 김지연, 김무현, & 김지민. (2019). **가정외보호아동의 자립준비 실태와 자립지원체계 개선 방안 연구**. 한국보건사회연구원. https://rep ository.kihasa.re.kr/bitstream/201002/34541/1/%EC%97%B0%E A%B5%AC%EB%B3%B4%EA%B3%A0%EC%84%9C%202019-22.pdf

이상정, 전진아, 변수정, 김지연, 권국주, & 이수민. (2024). **자립준비청년 자살 원인 분석을 통한 효과적 예방체계 구축 연구**. 한국보건사회연구원. http s://repository.kihasa.re.kr/handle/201002/46051

이승현, 권수진, 박선영, & 고기원. (2022). **보호소년 사회정착 지원사업의 운영 실태 및 개선방안 연구-(재) 한국소년보호협회를 중심으로.** 한국형사법무정책연구원.

임세희, 권지성, 전수아, & 이아영. (2023). 보호대상 아동 주거 특성이 아동의 일상생활과 발달에 미치는 영향. **한국사회복지학, 75**(2), 277-302.

장정은, 전종설. (2018). 양육시설 퇴소 청소년의 초기 자립경험. **청소년복지연구, 20**(2), 95-125.

장주현, 김정애 (2015). 퇴소를 앞둔 중장기 쉼터입소 가출청소년의 퇴소준비과정에 관한 현상학적 접근연구. **청소년학연구, 22**(8), 1-24.

전미숙, 김형모(2017). 쉼터이용 청소년의 생태체계적 요인이 자립준비에 미치는 영향: 임파워먼트의 매개효과를 중심으로. **청소년학연구, 24**(5), 231-253.

전민경, 정동선, 임예슬, & 유혜인. (2024). **경기도 시설보호아동 심리정서 실태 및 지원방안 연구.** 경기도여성가족재단. https://www.gwff.kr/storage/board/privacy/2024/02/02/PRIVACY_ATTACH_170683572453 5.pdf

정세정, 류진아, 강예은, 김성아, 함선유, 김동진, 임덕영, 신영규, 김문길, 이혜정, 김기태, 김태완, & 이원진. (2022). **2022 청년 삶 실태조사.** 한국보건사회연구원. https://repository.kihasa.re.kr/handle/201002/42426

주은수(2022). 가출청소년의 쉼터 이용 실태에 관한 탐색적 연구. **인문사회21, 13**(4), 2929-2944.

청소년기본법. 법률 제20420호. (2024).

청소년복지 지원법. 법률 제19761호, (2024).

청소년상담복지개발원 홈페이지. https://www.kyci.or.kr/userSite/Local_independence/list.asp?basicNum=1에서 2024년 6월 19일 검색.

청소년상담복지개발원 홈페이지. https://www.kyci.or.kr/userSite/Local_independence/list.asp?basicNum=1에서 2024년 6월 19일 검색.

최서윤, 이정희(2021). 청소년회복지원시설 이용 청소년이 경험하는 위탁부모

관계에 관한 연구. **청소년상담연구, 29**(1), 277-300.

통계청. (2023). **보호소년·위탁소년 현황** [데이터세트]. e나라지표 홈페이지. 2024. 8. 28. 검색. https://www.index.go.kr/unity/potal/main/EachDtlPageDetail.do?idx_cd=1738

하영명, 정소희. (2021). 시설아동의 문제행동에 영향을 미치는 요인분석: 애착유형, 정서조절전략과 사회적 지지를 중심으로. **청소년학연구, 28**(8), 175-199.

한국사학진흥재단 홈페이지. https://happydorm.or.kr/ko/0301/board/board/?mode=V&pageIndex=1&idx=267547665692444576&에서 2024년 7월 3일 검색.

한국사회적기업진흥원 홈페이지. https://socialenterprise.or.kr/social/ente/certRequirements.do?m_cd=E004에서 2024년 7월 11일 검색.

한국장학재단 홈페이지. https://www.kosaf.go.kr/ko/scholar.do?pg=scholarship_submain01에서 2024년 7월 3일 검색.

한국청소년상담복지개발원 홈페이지. https://www.kyci.or.kr/boardManagement/board.asp?menuCategory=5&board_menu=view&boIdx=6660&bid=bid_7&rowNumber=66에서 2024년 7월 11일 검색.

허민숙. (2018). **보호종료 청소년 자립지원 방안**. 국회입법조사처. https://www.nars.go.kr/report/view.do?categoryId=&cmsCode=CM0043&searchType=TITLE&searchKeyword=%EB%B3%B4%ED%98%B8%EC%A2%85%EB%A3%8C%20%EC%B2%AD%EC%86%8C%EB%85%84%20%EC%9E%90%EB%A6%BD%EC%A7%80%EC%9B%90%20%EB%B0%A9%EC%95%88&brdSeq=23830

황여정, 임희진, 정은주, 유설희, & 정윤미 (2022). **위기청소년지원기관 이용자 생활실태 조사**. 여성가족부. https://www.nypi.re.kr/repository/handle/2022.oak/6062

LH 청약센터 홈페이지. https://apply.lh.or.kr/lhapply/main.do에서 2024년 7월 4일 검색.

3. 3장

[영국 사례]

이상정, 류정희, 김지연, 김무현, & 김지민. (2019). **가정외보호아동의 자립준비 실태와 자립지원체계 개선 방안 연구**. 한국보건사회연구원. https://repository.kihasa.re.kr/bitstream/201002/34541/1/%EC%97%B0%EA%B5%AC%EB%B3%B4%EA%B3%A0%EC%84%9C%202019-22.pdf

Birmingham Children's Trust Policies and Practice Guidance Manual. (n.d.). Staying Put, https://birminghamcs.proceduresonline.com/p_stay_put.html 로부터 인출

Bracknell Forest Council. (n.d.). Bracknell Forest Children's Services Procedures Manual. https://www.proceduresonline.com/bracknelforest/cs/p_independent_vis.html#3.-policy

Care LEavers Regulations 2010. (2010). Retrieved from https://www.legislation.gov.uk/uksi/2010/2571/regulation/8/made

Children Act 1989, c. 41. (1989). Retrieved from https://www.legislation.gov.uk/ukpga/1989/41/section/24

Children and Young Persons Act. (2008). Retrieved from https://www.legislation.gov.uk/ukpga/2008/23/contents

Children and Families Act. (2014). Retrieved from https://www.legislation.gov.uk/ukpga/2014/6/contents

Children and Social Work Act, Sec. 2. (2017). Retrieved from https://www.legislation.gov.uk/ukpga/2017/16/contents

Children and Social Work Act, Sec. 2. (2017). Retrieved from https://www.legislation.gov.uk/ukpga/2017/16/contents

Coram child law advice. (n.d.). services for children leaving care. https://childlawadvice.org.uk/information-pages/services-for-child

ren-leaving-care/ 로부터 인출

Department for Education. (2018). Applying corporate parenting principles to looked-after children and care leavers: Statutory guidance for local authorities. https://assets.publishing.service.gov.uk/media/5a93eb3ae5274a5b87c2fde4/Applying_corporate_parenting_principles_to_looked-after_children_and_care_leavers.pdf

Department for Education. (2022). The Children Act 1989 guidance and regulations. Vol. 3: planning transition to adulthood for care leavers. https://assets.publishing.service.gov.uk/government/uploads/system/uploads/attachment_data/file/1051441/CA1989_Transitions_Guidance.pdf#page=21 로부터 인출

Department for Education. (2023). Staying Close 2023-25: Application guide for local authorities. https://assets.publishing.service.gov.uk/media/63d2956f8fa8f53fdff6a4c9/Staying_Close_2023_to_2025_-_application_guide_for_local_authorities.pdf

Department for Educcation. (2018). Applying Corporate Parenting Principles to Looked-after Children and Care Leavers: Statutory Guidance for Local Authorities. https://assets.publishing.service.gov.uk/media/5a93eb3ae5274a5b87c2fde4/Applying_corporate_parenting_principles_to_looked-after_children_and_care_leavers.pdf 로부터 인출

Education & Skills Funding Agency. (2023). 16 to 19 Bursary Fund. https://www.gov.uk/1619-bursary-fund로부터 인출

Foley N., Harker, R., Foster, D., Wilson, W., Powell, A., Sanford, M., Powell, T., Roberts, N., Lewis, J., & Kennedy, S. (2023). Support for Care Leavers, House of Commons Library. https://researchbriefings.files.parliament.uk/documents/CBP-8429/CBP-8429.pdf로부터 인출

GOV.UK. (n.d.). School leaving age England. https://www.gov.uk/know-when-you-can-leave-school로부터 인출

HM Government. (2006). Care Matters: Transforming the Lives of Children and Young People in Care. https://assets.publishing.service.gov.uk/media/5a7e51d9e5274a2e8ab4740d/Care_Matters_Transforming_the_Lives_of_Children_and_Young_People_in_Care.pdf

HM Government. (2013). Care Leaver Strategy: A cross-departmental strategy for young people leaving care. https://assets.publishing.service.gov.uk/media/5a7c531fe5274a2041cf33ea/Care_Leaver_Strategy.pdf

HM Government. (2013). Staying Put: Arrangements for care leavers aged 18 and above to stay on with their former foster carers, DfE, DWP and HMRC Guidance. https://assets.publishing.service.gov.uk/media/5a7c505c40f0b6321db385b2/Staying_Put_Guidance.pdf

Lancashire county council., (n.d.). Financial Support. https://www.lancashire.gov.uk/youthzone/care-leavers-local-offer/money/

Lancashire county council. (n.d.). Lancashire Childre's Social Care Procedure Manual, Leaving care and Preparation for Adulthood. https://www.proceduresonline.com/lancashirecsc/p_leaving_care.html 로부터 인출

National Adudit Office. (2015). Care Leavers' Transition to Adulthood. https://www.nao.org.uk/wp-content/uploads/2015/07/Care-leavers-transition-to-adulthood.pdf

[독일 사례]

Abgeordnetenhaus Berlin. (2022. 9. 13). Drucksache 19/13 204. Schriftliche Anfrage der Abgeordneten Katharina Günther-Wünsch (CD

U) vom 13. September 2022 (Eingang beim Abgeordnetenhaus am 13. September 2022) zum Thema: Struktur der Pflegekinderhilfe und Antwort vom 29. September 2022 (Eingang beim Abgeordnetenhaus am 04. Okt. 2022). https://www.pflegekinder-berlin.de/media/2022_09_29_struktur_pflegekinderhilfe.pdf

AWO-Karlsruhe. (n.d.). BJW / JWG - Wohnen für Junge Menschen. https://www.awo-karlsruhe.de/leistungen/familie-kind-und-jugend/hilfe-zur-erziehung/wohnen-fuer-junge-menschen/

Beher, K. (2016). Träger der Kinder- und Jugendhilfe. In: W. Schröer, N. Struck & M. Wolff (E.d.). Handbuch Kinder- und Jugendhilfe, pp. 702-720, 2. Auflage, Weinheim: Beltz/Juventa.

Betanet. (2024.5.5.). Erziehungshilfe. https://www.betanet.de/erziehungshilfe.html

BMFSFJ. (2013). 14. Kinder- und Jugendbericht. Bericht über die Lebenssituation junger Menschen und die Leistungen der Kinder- und Jugendhilfe in Deutschland. https://www.bmfsfj.de/resource/blob/93146/6358c96a697b0c3527195677c61976cd/14-kinder-und-jugendbericht-data.pdf

BMFSFJ. (2016). Pflegefamilien als soziale Familien, ihre rechtliche Anerkennung und aktuelle Herausforderungen. https://www.bmfsfj.de/resource/blob/76080/882dd907f94fd183472d6cac5dbcd0ee/gutachten-pflegefamilien-beirat-data.pdf

BMFSFJ. (2021.6.15). Gesetz zur Stärkung von Kindern und Jugendlichen (Kinder- und Jugendstärkungsgesetz - KJSG). https://www.bmfsfj.de/bmfsfj/service/gesetze/neues-kinder-und-jugendstaerkungsgesetz-162860

Bundesnetzwerk Ombudschaft Kinder- und Jugendhilfe. (2022). Ombudschaft in der Kinder- und Jugendhilfe. Informationen zu ombu dschaftlichen Strukturen im Bundesgebiet, https://ombudschaft-jugendhilfe.de/wp-content/uploads/2022_06_Informationen_zu_ombudschaftlichen_Strukturen_Anmerkungen_OS.pdf

Careleaver e.V. (2024). "Übersicht: Welche Rechte habe ich in der Kij u?". https://www.pflegekinder-berlin.de/media/rechte-uebersicht_careleaver-ev-2024.pdf

Dejure.org. (n.d.). "Hilfe für junge Volljährige". https://dejure.org/gesetze/SGB_VIII/41.html#suche=kinder%20jugendhilfe%2041

DESTATIS. (2022. 10. 27). 210 000 junge Menschen wuchsen 2021 in Heimen oder Pflegefamilien auf. https://www.destatis.de/DE/Presse/Pressemitteilungen/2022/10/PD22_454_225.html#:~:text=WIESBADEN%20%E2%80%93%20Im%20Jahr%202021%20lebten,au%C3%9Ferhalb%20der%20eigenen%20Familie%20auf.

DESTATIS. (2023. 12. 21). Über 207 000 junge Menschen wuchsen 2022 in einem Heim oder einer Pflegefamilie auf. https://www.destatis.de/DE/Presse/Pressemitteilungen/2023/12/PD23_493_225.html

DESTATIS. (2024). Hilfe zur Erziehung und Angebote der Jugendarbeit. Grafiken 2 von 4, https://www.destatis.de/DE/Themen/Gesellschaft-Umwelt/Soziales/Jugendarbeit/_inhalt.html#253468

Deutscher Bundestag. (2021.1.25.). Gesetzentwurf der Bundesregierung. Entwurf eines Gesetzes zur Stärkung von Kindern und Jugendlichen(Kinder- und Jugendstärkungsgesetz - KJSG). https://dserver.bundestag.de/btd/19/261/1926107.pdf.

Dialogforum Pflegekinderhilfe. (2021. 1. 15). Stellungnahme des Dialogforum Pflegekinderhilfe. Kommentierung einiger zentraler vorgesehener Regelungen zur Pflegekinderhilfe. https://www.dialogforum-pflegekinderhilfe.de/fileadmin/upLoads/Fachliche_Positionen/Stellungnahme_des_Dialogforum_Pflegekinderhilfe_zum_

RegE_KJSG__2021_.pdf

DIJuF. (2024. 6. 6). Empfehlungen und Impulse zur Umsetzung des § 37 Abs. 1 SGB VIII Beratung und Unterstützung der Eltern; intensivere Elternarbeit 6.6.2024 https://dijuf.de/fileadmin/Bilder/Aktuelles/Empfehlungen_Impulse_intensivere_Elternarbeit_6.6.2024.pdf

DIJuF. (n.d.). KJSG-FAQ. Junge Volljährige/Careleaver. Kriterien für die Leistungsgewährung (§ 41 Abs. 1 SGB VIII). https://dijuf.de/handlungsfelder/kjsg/kjsg-faq/junge-volljaehrige/careleaver

Düsseldorf. (2024. 1. 29). Diese staatlichen Förderungen gibt es für junge Erwachsene. https://rp-online.de/wirtschaft/finanzen/bafoeg-bab-kindergeld-das-erhalten-junge-menschen-vom-staat_aid-105364283

Fachstelle Leaving Care. (n.d.). Rechtliches zum Leaving Care. https://www.fachstelle-leavingcare.de/recht-und-rechte-im-leaving-care/#:~:text=Care%20Leaver*innen%20m%C3%BCssen%20sich,SGB%20II%2C%20etc.).

Familienportal. (2021. 5. 10). Kinder und Jugendliche in schwierigen Lebenslagen stärken. https://familienportal.de/familienportal/meta/aktuelles/aktuelle-meldungen/kinder-und-jugendliche-in-schwierigen-lebenslagen-staerken-179210

Flosdorf., Peter. (2007). Eltern und Familienarbeit in der Heimerziehung historisch betrachtet. In: Homfeldt, Hans Günther/Schulze-Krüdener, Jörgen (Hrsg.): Elternarbeit in der Heimerziehung. pp.31-43. München Basel: Ernst Reinhardt Verlag

Infosystem Kinder- und Jugendhilfe in Deutschland, (n.d.d). Vollzeitpflege. https://www.kinder-jugendhilfe.info/aufgaben-und-handlungsfelder/hilfen-zur-erziehung/vollzeitpflege#breadcrumb

Infosystem Kinder- und Jugendhilfe in Deutschland. (n.d.f). Sozialrech tliches Dreiecksverhältnis bei individuellen Rechtsansprüchen. https://www.kinder-jugendhilfe.info/strukturen/finanzierung/sozialrechtliches-dreiecksverhaeltnis

Infosystem. (n.d.a). Hilfe für junge Volljährige. https://www.kinder-jugendhilfe.info/aufgaben-und-handlungsfelder/hilfe-fuer-junge-volljaehrige/hilfe-fuer-junge-volljaehrige

Infosystem. (n.d.b). Quantitative Verteilung der Hilfen zur Erziehung. https://www.kinder-jugendhilfe.info/aufgaben-und-handlungsfelder/hilfen-zur-erziehung/quantitative-verteilung#breadcrumb

Infosystem. (n.d.c.). Hilfen zur Erziehung. https://www.kinder-jugendhilfe.info/aufgaben-und-handlungsfelder/hilfen-zur-erziehung

Infosystem. (n.d.e.). Kinder- und Jugendhilfe und materielle Sicherung. https://www.kinder-jugendhilfe.info/allgemeine-rahmenbedingungen/gesellschaft/kinder-und-jugendhilfe-materielle-sicherung

Katholischer Sozialdienst e. V. (n.d.). Betreutes Wohnen. https://ksd-sozial.de/junge-erwachsene/betreutes-wohnen/

Kinder- und Jugendhilferechtsverein e.V. (2023). Deine Rechte im Hilfeplanverfahren 2.0 https://www.careleaver.de/wp-content/uploads/2023/01/Deine-Rechte-im-Hilfeplanverfahren-2022.pdf

Kompetenzzentrum Pflegekinder e. V. (2021). Careleaving in der Pflegekinderhilfe. https://kompetenzzentrum-pflegekinder.de/wp-content/uploads/2022/01/Praxisheft_Careleaving-in-der-Pflegekinderhilfe_Bedarfe-und-Herausforderungen_2021.pdf

LWL-Landesjugendamt. (n.d.). Ideen&Konzepte. https://www.lwl-landesjugendamt.de/media/filer_public/0f/df/0fdf5a32-d03f-4066-b3da-e5395429ad29/180511_ik53_rueckkehr_als_option.pdf

Meysen, T., Lohse, K., Schönecker, L., Smessaert, A. (2022). Das neue Kinder- und Jugendstärkungsgesetz – KJSG. Nomos

Mitreden-Mitgestalten. (n.d.). "Mitreden – Mitgestalten: Die Zukunft der Kinder- und Jugendhilfe". https://www.mitreden-mitgestalten.de/informationen.html

Moch, M. (2021). Betreutes Wohnen (Kinder und Jugendliche). socialnet Lexikon. Bonn: socialnet, 25.08.2021 https://www.socialnet.de/lexikon/1896

Möller T., Thomas, S. (2022). Leaving Care und Nachbetreuung: Neue Aufgaben für die Kinder-und Jugendhilfe. Rechtliche Regelungen und Praxisempfehlungen für die Umsetzung des § 41a SGB VIII. https://igfh.de/sites/default/files/2023-11/231024_unihi_fachstelle_care_leaving_41a_2_7_digital_2_0.pdf

Mund, P. (2022). Impulse aus dem AFET- Bundesverband für Erziehungshilfe e. V. zur fachlichen Diskussion zum Kinder- und Jugendstärkungsgesetz. https://www.khsb-berlin.de/de/system/files/14_ombudsstellen_mund-afet-impulspapier.pdf

Nowacki, K. (2013.1.10). Hilfen zur Erziehung – was können sie für Kinder und Familien leisten. https://www.familienhandbuch.de/unterstuetzungsangebote/beratung/hilfenzurerziehung.php

Overbeck, M. (2021). Hilfe für junge Volljährige nach der SGB VIII- Reform. https://dijuf.de/fileadmin/Redaktion/Hinweise/Overbeck_JAmt_2021_426.pdf

Richter-Kornweitz, A. & Holz, G. (2023). Gesundheitsförderung in Einrichtungen der Kinder- und Jugendhilfe. In: Bundeszentrale für gesundheitliche Aufklärung (BZgA) (Hrsg.). Leitbegriffe der Gesundheitsförderung und Prävention. Glossar zu Konzepten, Strategien und Methoden.https://doi.org/10.17623/BZGA:Q4-i137-1.0

Ruchholz, I., Petri, C., Schäfer, D. (2021). Zusammenarbeit mit Eltern in der Pflegekinderhilfe. Praxiskonzepte aufbauen, etablieren, weit erentwickeln. Bonn: Perspektive-Verlag. https://www.perspektiv e-institut.de/wp-content/uploads/2021/07/Abschlussbericht_Zu sammenarbeit-mit-Eltern-in-der-PKH_Perspektive-Verlag_202 1.pdf

Scheiwe, K., Schuler-Harms, M., Walper, S., Fegert, J.M. (2016), Pflegef amilien als soziale Familien, ihre rechtliche Anerkennung und a ktuelle Herausforderungen. Wissenschaftlicher Beirat für Familie nfragen beim Bundesministerium für Familie, Senioren, Frauen und Jugend. https://www.bmfsfj.de/resource/blob/76080/882dd 907f94fd183472d6cac5dbcd0ee/gutachten-pflegefamilien-beira t-data.pdf

Schnack, Y. (2023. 1. 4). Spannungsfeld Vollzeitpflege Herausforderunge n für Pflegeeltern und Pflegekinder – Teil I. Die kleine Advokatin. https://diekleineadvokatin.com/2023/01/04/spannungsfeld-voll zeitpflege/

Thomas, S., Schröer, W., Koch, J., Möller, T. (2023). "Rechtsstatus Leav ing Care" etablieren und verwirklichen. Sozial Extra 47, 101-10 4.. https://doi.org/10.1007/s12054-023-00578-4

Vesely, C. (2024. 1. 29). Diese staatlichen Förderungen gibt es für junge Erwachsene. Rheinische Post.

Wiesner, R. (2014). Hilfen für junge Volljährige. Rechtliche Ausgangssit uation. Expertise im Projekt "Was kommt nach der stationären Erziehungshilfe? – Care Leaver in Deutschland". https://www.car eleaver-kompetenznetz.de/files/expertise_wiesner_rechtliche_a usgangssituation.pdf

Zentrum Bayern Familie und Soziales. (2023). Fachliche Empfehlungen Schutzkonzepte in der Pflegekinderhilfe gemäß § 37b Abs. 1 SGB VIII. https://www.blja.bayern.de/imperia/md/content/blvf/baye

rlandesjugendamt/fachliche_empfehlungen_schutzkonzepte_pfl
egekinderhilfe.pdf

[미국 사례]

Adoptive and Foster Family Coalition New York. (2023, 1. 1). 2023 New York state foster care boarding rates increase update for payment to foster parents and for adoption subsidies. https://affcny.org/rates/

Arizona Department of Child Safety. (2018. 8. 1). Adoption & Title 8 permanent guardianship information: What are the differences between adoption, permanent guardianship, and APPLA? https://dcs.az.gov/sites/default/files/DCS-Forms/CSO-1060A_8-18.pdf

Bronsard, G., Alessandrini, M., Fond, G., Loundou, A., Auquier, P., Tordjman, S., & Boyer, L. (2016). The prevalence of mental disorders among children and adolescents in the child welfare system: a systematic review and meta-analysis. *Medicine*, *95*(7), e2622.

Casey Family Programs. (2020). Why should child protection agencies adopt a kin-first approach? https://www.casey.org/kin-first-approach/

Catawba County Social Services. (2022). *Success Coach Services: Progr am Manual.* https://spaulding.org/wp-content/uploads/2022/06/Success-Coach-Services-Program-Manual.pdf

Chadwick Center & Chapin Hall. (2016). *Using evidence to accelerate the safe and effective reduction of congregate care for youth involved with child welfare.* San Diego, CA & Chicago, IL:

Collaborating at the Intersection of Research and Policy. https://www.chapinhall.org/wp-content/uploads/effective_reduction_of_congregate_care_0.pdf

Child Welfare Information Gateway. (2018). *Concurrent planning for timely permanence*. Washington, DC: U.S. Department of Health and Human Services, Children's Bureau. https://www.childwelfare. gov/resources/concurrent-planning-timely-permanence/

Child Welfare Information Gateway. (2019a). *Promoting permanency for older youth in out-of-home care.* Washington, DC: U.S. Department of Health and Human Services.

Child Welfare Information Gateway. (2019b). *Families considering foster care and adoption*. Washington, DC: U.S. Department of Health and Human Services, Children's Bureau. https://www.childwelfare.gov/resources/families-considering-foster-care-and-adoption/

Child Welfare Information Gateway. (2020a). *Reasonable efforts to preserve or reunify families and achieve permanency for children.* U.S. Department of Health and Human Services, Administration for Children and Families, Children's Bureau. https://www.childwelfare.gov/resources/reasonable-efforts-preserve-or-reunify-families-and-achieve-permanency-children/

Child Welfare Information Gateway. (2020b). *The importance of a trauma-informed child welfare system*. Washington, DC: U.S. Department of Health and Human Services, Administration for Children and Families, Children's Bureau. https://www.childwelfare. gov/resources/importance-trauma-informed-child-welfare-system/

Child Welfare Information Gateway. (2022). *Kinship care and the* child welfare system. U.S. Department of Health and Human Services, Administration for Children and Families, Children's Bureau. https://www.childwelfare.gov/resources/kinship-care-and-child-welfare-system/

Child Welfare League of America. (n.d.). Legislation Index. https://www.cwla.org/legislation-index/

Children's Rights. (2021). *Families over facilities: Ending the use of harmful and unnecessary institutions and other group facilities in child welfare systems*. https://www.childrensrights.org/wp-content/uploads/2021/03/CR-Families-Over-Facilities-Report.pdf.

Children's Bureau. (2000). *8.3C.5 TITLE IV-E, Foster Care Maintenance Payments Program, State Plan/Procedural Requirements, Trial home visit from Child Welfare Policy Manual*. https://www.acf.hhs.gov/cwpm/public_html/programs/cb/laws_policies/laws/cwpm/policy_dsp.jsp?citID=93

Courtney, M. E., & Dworsky, A. (2006). Early outcomes for young adults transitioning from out-of-home care in the USA. *Child & Family Social Work, 11*(3), 209-219. https://doi.org/10.1111/j.1365-2206.2006.00433.x

Courtney, M. E., Zinn, A., Koralek, R., & Bess, R. J. (2011). *Evaluation of the independent living—employment services program, Kern county, California: Final report*. OPRE Report #2011-13. Office of Planning, Research and Evaluation, Administration for Children and Families, U.S. Department of Health and Human Services. https://www.acf.hhs.gov/opre/report/evaluation-independent-living-employment-services-program-kern-county-california-final

Courtney, M. E., Zinn, A., Zielewski, E. H., Bess, R. J., Malm, K. E.,

Stagner, M., & Pergamit, M. (2008). *Evaluation of the Life Skills Training Program, Los Angeles County, California. Administration for children & families*. U.S. Department of Health and Human Services. https://www.acf.hhs.gov/opre/report/evaluation-life-skills-training-program-los-angeles-county-california-final-report

Deutsch, S. A., & Fortin, K. (2015). Physical health problems and barriers to optimal health care among children in foster care. *Current Problems in Pediatric and Adolescent Health Care, 45*(10), 286-291.

Dworsky, A. (2005). The economic self-sufficiency of Wisconsin's former foster youth. *Children and Youth Services Review, 27*(10), 1085-1118. https://doi.org/10.1016/j.childyouth.2004.12.032

Dworsky, A., & Courtney, M. E. (2009). Homelessness and the transition from foster care to adulthood. *Child Welfare, 88*(4), 23-56. http://www.jstor.org/stable/45400428

Fernandes-Alcantara. (2024). *John H. Chafee Foster care program for successful transition to adulthood (CRS Report IF11070)*. https://crsreports.congress.gov/product/pdf/IF/IF11070

Fowler, D., Marcal, C., Zhang, C., Day, M., & Landsverk, K. (2017). Homelessness and aging out of foster care: A national comparison of child welfare-involved adolescents. *Children and Youth Services Review, 77*, 27-33. doi: 10.1016/j.childyouth.2017.03.017

Freundlich, M., Avery, R. J., Munson, S., & Gerstenzang, S. (2006). The meaning of permanency in child welfare: Multiple stakeholder perspectives. *Children and Youth Services Review, 28*(7),

741-760. https://doi.org/10.1016/j.childyouth.2005.08.008

Generations United and the ABA Center on Children and the Law. (2021). *Adoption and guardianship for children in kinship foster care: comparison chart for New York*. https://www.grandfamilies.org/Portals/0/Documents/Care-Custody/NYGrandfamilies-Adoption-Guardianship-StateChart%20FINAL.pdf

Indiana Department of Child Services. (2022). *10.C Tool: Differences Between Guardianship and Adoption*. Chapter 10 - Guardianship and Adoption. Indiana Child Welfare Policy Manual. https://www.in.gov/dcs/policies/child-welfare-policies/chapter-10-adoption/

Johnson, R. M., Strayhorn, T. L., & Parler, B. (2020). "I just want to be a regular kid:" A qualitative study of sense of belonging among high school youth in foster care. *Children and Youth Services Review*, *111*, 104832.

Kelly, C., Anthony, E. K., & Krysik, J. (2019). "How am I doing?" narratives of youth living in congregate care on their social-emotional well-being. *Children and Youth Services Review*, *103*, 255-263.

Los Angeles County Department of Children and Families. (2022). *Supervised independent living placement*. https://policy.dcfs.lacounty.gov/Policy?id=5943&searchText=0100-560.40

Narendorf, S. C., & McMillen, J. C. (2010). Substance use and substance use disorders as foster youth transition to adulthood. *Children and Youth Services Review*, *32*(1), 113-119. https://doi.org/10.1016/j.childyouth.2009.07.021

NC Department of Health and Human Services. (2021). *Supervised Setting Programs for Foster Care Placement*. https://ocfs.ny.

gov/programs/youth/supervised.php

NC Department of Health and Human Services. (2022). *Permanency Planning Services Policy, Protocol, and Guidance (Child Welfare Manual)*. https://policies.ncdhhs.gov/document/permanency-planning/

New York State Office of Children and Family Services. (2021). *Supervised setting programs for foster care placement.* https://ocfs.ny.gov/programs/youth/supervised.php

New York State Office of Children and Family Services. (n.d.). *Know your permanency options: The kinship guardianship assistance program.* https://ocfs.ny.gov/publications/pub5108.pdf

Prince, D. M., Vidal, S., Okpych, N., & Connell, C. M. (2019). Effects of individual risk and state housing factors on adverse outcomes in a national sample of youth transitioning out of foster care. *Journal of Adolescence, 74*, 33-44. https://doi.org/10.1016/j.adolescence.2019.05.004

Roberts, Y. H., O'Brien, K., & Pecora, P. J. (2017). *Supporting lifelong families. Ensuring long lasting permanency and wellbeing.* Casey Family Programs. https://www.casey.org/media/supporting-lifelong-families-full.pdf

Shook, J. J., Goodkind, S., Herring, D., Pohlig, R. T., Kolivoski, K., & Kim, K. H. (2013). How different are their experiences and outcomes? Comparing aged out and other child welfare involved youth. *Children and Youth Services Review, 35*(1), 11-18. DOI: 10.1016/j.childyouth.2012.09.017

Stoltzfus, E. (2012). *Child welfare: A detailed overview of program eligibility and funding for foster care, adoption assistance and kinship guardianship assistance under title IV-E of the social* security act. Washington, DC: Congressional Research Service. https://www.everycrsreport.com/reports/R42792.html

Stoltzfus, E. (2014). *Child welfare: Funding for child and family services authorized under Title IV-B of the Social Security Act.* Washington, DC: Congressional Research Service. https://www.everycrsreport.com/reports/R41860.html

Stoltzfus, E. (2021). *Child welfare programs: A timeline.* Washington, DC: Congressional Research Service. https://www.everycrsreport. com/reports/IF11843.html

Think of Us. (2021). *Away From Home Youth Experiences of Institutional Placements in Foster Care.* https://www.thinkofus.org/case-studies/away-from-home

Twitchell, J. H., (2023). *Extending Resources to Adopted and Reunified Foster Youth: Helping Youth 13 Achieve Permanency. Raising our voices, Recommendations for Policymakers to Support Well-Being for Children and Youth in Foster Care.* Congressional Coalition on Adoption Institute. https://s3.amazonaws.com/ccai-website/FYI_2023_Policy_Report.pdf

U.S. Department of Health and Human Services. (1993). Permanent Reauthorization of the Independent Living Program; Instructions for Applying for FY 1994 and Future Year Funds. Program instruction. https://www.acf.hhs.gov/sites/default/files/documents/cb/pi9316.pdf

U.S. Department of Health and Human Services. (2006). *The AFCARS Report-Final Estimates for FY 1998 through FY 2002 (12).* https://www.acf.hhs.gov/sites/default/files/documents/cb/afcarsreport12.pdf

U.S. Department of Health and Human Services. (2013). *The AFCARS*

Report Prelimianry FY 2012. https://www.acf.hhs.gov/cb/report/afcars-report-20

U.S. Department of Health and Human Services. (2023). *The AFCARS Report Prelimianry FY 2022*. https://www.acf.hhs.gov/cb/report/afcars-report-30

U.S. General Accounting Office. (1999). *Foster Care: Effectiveness of Independent Living Services Unknown*. https://www.gao.gov/assets/hehs-00-13.pdf

Watt, T., & Kim, S. (2019). Race/ethnicity and foster youth outcomes: An examination of disproportionality using the national youth in transition database. *Children and Youth Services Review*, *102*, 251-258. https://doi.org/10.1016/j.childyouth.2019.05.017

Wisconsin Department of Children and Families. (2018). *Supervised independent living placements*. https://dcf.wisconsin.gov/files/ewisacwis-knowledge-web/training/placement-manuals/supervised-independent-living.pdf

Zelechoski, A. D., Sharma, R., Beserra, K., Miguel, J. L., DeMarco, M., & Spinazzola, J. (2013). Traumatized youth in residential treatment settings: Prevalence, clinical presentation, treatment, and policy implications. *Journal of Family Violence*, *28*, 639-652. https://doi.org/10.1007/s10896-013-9534-9

[소결(시사점)]

허민숙. (2023). 지속가능한 자립: 자립지원전담기관 운영실태와 개선과제. 국회입법조사처. https://www.nars.go.kr/report/view.do?cmsCode=CM0043&brdSeq=42820

Dialogforum Pflegekinderhilfe. (2021. 1. 15). Stellungnahme des

Dialogforum Pflegekinderhilfe. Kommentierung einiger zentraler vorgesehener Regelungen zur Pflegekinderhilfe. https://www.dialogforum-pflegekinderhilfe.de/fileadmin/upLoads/Fachliche_Positionen/Stellungnahme_des__Dialogforum_Pflegekinderhilfe_zum_RegE_KJSG__2021_.pdf

Overbeck, M. (2021). Hilfe für junge Volljährige nach der SGB VIII-Reform. https://dijuf.de/fileadmin/Redaktion/Hinweise/Overbeck_JAmt_2021_426.pdf p. 283

4. 4장

아동권리보장원. (n.d.). **아동복지기관 현황-지자체 현황** [데이터세트]. 2024. 10. 28. 검색. https://www.ncrc.or.kr/ncrc/cs/cnter/selectCnterList2.do?mi=1327

이상정, 김수진, 이주연, 임성은, 함선유, 김지선, 김지연, 주영선, 하태정, & 주하나. (2023). **2023 자립지원 실태조사**. 한국보건사회연구원. https://repository.kihasa.re.kr/handle/201002/45723

이상정, 김지민, 류정희, 허은영, 박세경, 임성은, 김지연, 황정하, & 김무현. (2020). **보호종료아동 자립실태 및 욕구조사**. https://www.kihasa.re.kr/publish/report/view?seq=38030

5. 5장

보건복지부, 아동권리보장원. (2024). **2024 드림스타트 사업안내**. https://www.ncrc.or.kr/ncrc/na/ntt/selectNttInfo.do?mi=1177&bbsId=1014&nttSn=6543&cataGori=da04&tabName=

보건복지부. (2023). **2023 아동복지시설 현황**. https://www.mohw.go.kr/board.es?mid=a10412000000&bid=0020&act=view&list_no=377895

&tag=&nPage=1

보건복지부·아동권리보장원. (2022). **2021 아동자립지원 통계현황 보고서**.

보건복지부·아동권리보장원. (2024). **아동보호서비스 업무매뉴얼**. https://www.mohw.go.kr/board.es?mid=a10411010100&bid=0019&tag=&act=view&list_no=372797

아동권리보장원. (2024). **2023년 자립준비청년 현황**. https://www.ncrc.or.kr/ncrc/na/ntt/selectNttInfo.do?mi=1469&nttSn=7195

아동권리보장원. (n.d.). **아동복지기관 현황-지자체 현황** [데이터세트]. 2024. 10. 28. 검색. https://www.ncrc.or.kr/ncrc/cs/cnter/selectCnterList2.do?mi=1327

아동복지법. 법률 제20218호. 제38조. (2024).

이상정, 김지민, 류정희, 허은영, 박세경, 임성은, 김지연, 황정하, & 김무현. (2020). **보호종료아동 자립실태 및 욕구조사**. https://www.kihasa.re.kr/publish/report/view?seq=38030

이상정, 김지연. (2023). 「자립준비청년 지원정책 개선을 위한 과제」(국민통합위원회 준비특위 발표 자료).

이승현, 권수진, 박선영, & 고기원. (2022). **보호소년 사회정착 지원사업의 운영실태 및 개선방안 연구-(재) 한국소년보호협회를 중심으로**. 한국형사법무정책연구원.

통계청. (2024). **일반아동현황** [데이터세트]. e나라지표 홈페이지. 2024. 10. 28. 검색. https://www.index.go.kr/unity/potal/main/EachDtlPageDetail.do?idx_cd=3053

허민숙. (2023). **지속가능한 자립: 자립지원전담기관 운영실태와 개선과제**.국회입법조사처. https://www.nars.go.kr/report/view.do?cmsCode=CM0043&brdSeq=42820

황여정, 임희진, 정은주, 유설희, & 정윤미 (2022). **위기청소년지원기관 이용자 생활실태 조사**. 여성가족부. https://www.nypi.re.kr/repository/handle/2022.oak/6062

부록

KOREA INSTITUTE FOR HEALTH AND SOCIAL AFFAIRS

[부록 1] 중간퇴소 자립준비청년 자립지원 방안 마련 의견조사 양적 조사표(안)

중간퇴소 자립준비청년 자립지원 방안 마련 의견조사

안녕하십니까? 한국보건사회연구원입니다.

저희 연구원에서는 「중간퇴소 자립준비청년 자립지원 방안 마련 의견조사」 연구를 수행하고 있습니다. 본 조사는 중간퇴소 자립준비청년들의 자립지원 방안 마련에 관한 기초자료를 수집하고자 합니다.

귀하께서 응답하신 내용은 **통계법 제32조(성실 응답의무)와 제33조(비밀의 보호)**에 의거, 통계처리 목적으로만 사용될 예정이며, **개인정보(지자체명, 실명 등)는 공개되지 않고** 분석 자료로만 활용됩니다.

바쁘신 중에도 시간을 내주셔서 감사드립니다.
설문에 응답 완료해주신 분들께는 **5천원 편의점 상품권**을 지급드릴 예정입니다.

2024년 9월
한국보건사회연구원
연구책임자 이상정

조사주관기관  조사수행기관 에스티아이

■ 다음은 귀하의 아동보호 업무에 대한 일반적인 현황에 관한 질문입니다. 해당하는 항목을 선택해 주시기 바랍니다.

*아동보호전담요원 미배치 지역은 아동보호업무 담당 공무원이 응답

1. 귀하가 현재 **근무하고 있는 지역**은 어디입니까?
   ① 서울 ② 부산 ③ 대구 ④ 인천 ⑤ 광주 ⑥ 대전 ⑦ 울산 ⑧ 세종 ⑨ 경기
   ⑩ 강원 ⑪ 충북 ⑫ 충남 ⑬ 전북 ⑭ 전남 ⑮ 경북 ⑯ 경남 ⑰ 제주

2. 귀하가 현재 **근무하고 있는 시·군·구**를 작성해 주십시오.
   ＿＿＿＿＿＿＿시/군/구

3. 귀하가 현재 **소속되어 있는 부서명**을 작성해 주십시오.
   _____(과, 관, 실, 팀 등)

   3-1. 귀하가 현재 소속되어 있는 부서는 여성가족부 관할의 **청소년 보호 또는 지원 업무도 담당**하고 있습니까?
      ① 예
      ② 아니오 → 3-1-1. 귀하가 현재 소속되어 있는 부서에서 "**청소년안전망시스템(여성가족부)**"을 사용하고 있습니까?
                        ① 예
                        ② 아니오

4. 귀하는 **아동보호전담요원** 입니까?
   ① 예
   ② 아니오 → 4-1. 현재 **직급**을 작성해 주십시오 (_____)

5. 귀하의 **채용 형태**는 무엇입니까?
   ① 공무직(무기계약직)
   ② 일반임기제공무원
   ③ 주 35시간 미만 시간선택제 임기제공무원
   ④ 주 35시간 이상 시간선택제 임기제공무원
   ⑤ 한시임기제공무원(기간제)
   ⑥ 사회복지공무원
   ⑦ 일반직공무원
   ⑧ 기타(직접 기입: _____)

6. 현재 **근무하고 있는 지역**에서의 **아동보호전담요원(아동보호업무) 경력**은 얼마나 됩니까?
   총 _____ 년 _____ 개월

7. 아동보호전담요원(아동보호업무) **이전 귀하의 사회복지분야 근무경력**은 얼마나 됩니까?
   총 _____ 년 _____ 개월

   7-1. (7번의 1개월 이상 응답 시) 아동보호전담요원(아동보호업무) 이전 귀하의 **사회복지분야 근무경력** 중 **아동복지분야 근무경력**은 얼마나 됩니까?
        총 _____ 년 _____ 개월

■ 귀하의 근무 지역에서 수행하고 있는 <u>아동보호업무</u>에 관한 질문입니다.

8. <u>**현재 근무 중인 지역**</u>*에서 모니터링(사례관리)하는 원가정 외 보호(아동양육시설, 공동생활가정, 가정위탁 등) 아동·청소년은 **월 평균**(2023년 한 해 기준) **몇 명** 정도입니까? (*개별 사례가 아닌 지역 단위 기준임.)

   월 평균 _____ 명

   8-1. 이 중 다음의 <u>보호유형</u>에 <u>해당</u>하는 아동·청소년은 **몇 명** 정도입니까? (*해당 대상이 없는 경우 "0" 기재)
   ① 아동양육시설 약 _____ 명
   ② 공동생활가정(그룹홈) 약 _____ 명
   ③ 가정위탁 약 _____ 명
   ④ 기타(직접 기입: _____) 약 _____ 명

9. 만 18세에 달하기 전에 <u>보호조치가 종료되는</u> 아동은 **월 평균**(*2023년 한 해 기준) **몇 명** 정도입니까?
   총 _____ 명

   9-1. 총 (9번 응답)명 중 **만 15세 이상**은 **몇 명** 정도입니까?
        총 _____ 명

   9-2. 총 (9번 응답)명 중 다음에 <u>해당하는</u> **아동**은 각각 **몇 명** 정도입니까?
   ① 원가정 복귀 _____ 명
   ② 전원 약 _____ 명 → 9-2-1. 이 중 청소년쉼터, 소년보호시설(통고 처분) 등과 같이 여성가족부, 법무부 등의 **타부처 관할 시설로 전원 조치**된 아동·청소년은 **몇 명** 정도입니까? 약 _____ 명
   ③ 기타(직접 기입: _____) 약 _____ 명

■ 귀하의 근무 지역에서 수행하고 있는 조기종료 자립준비청년 지원 업무에 관한 질문입니다.

10. 귀하는「아동복지법」에 따라 **18세에 달하기 전에 보호조치가 종료된 조기종료 아동**을 **자립지원 대상자로 인정할 수 있음**을 알고 있습니까?
    ① 예   ② 아니오

    〈아동복지법 제38조 ②의 4〉
    제1호부터 제3호까지에서 규정한 사람 외에 18세에 달하기 전에 보호조치가 종료되거나 해당 시설에서 퇴소한 사람으로 보건복지부장관이 자립이 필요하다고 인정하는 사람

    10-1. (10번에서 '① 예' 응답시) "18세가 달하기 전에 보호조치가 종료되거나 해당 시설에서 퇴소한 사람"에 대한 **지원 절차 또는 지원 내용에 대한 업무지침**이 있습니까?
        ① 예   ② 아니오

11. 「2024년 아동분야 사업안내」에 따라 만 15세 이후 아동복지시설 및 가정위탁 보호를 조기종료하였거나, 조기종료 후 2024년 2월 9일 이후(개정 아동복지법 시행) 만 18세가 된 자립준비청년(보호종료아동)에게 **자립정착금을 지원**하도록 하고 있습니다. 귀하는 본 **지침**을 알고 있습니까?
    ① 예   ② 아니오

    11-1. (11번에서 '① 예' 응답 시) 2024년 9월 현재까지 본 지침에 해당하는 **자립준비청년(보호종료아동)**이 있었습니까?
        ① 예   ② 아니오   ③ 모름

    11-2. (11-1번에서 '① 예' 응답 시) 2024년 9월 현재까지 본 지침에 해당하여 **자립정착금을 지원받은 자립준비청년(보호종료아동)**은 **몇 명**입니까? (해당 대상이 없는 경우 "0" 기재)
        ① 만 15세~만 18세 미만 조기종료 아동·청소년 약 _____ 명
        ② 2024년 2월 9일 이후 만 18세가 된 조기종료 자립준비청년 약 _____ 명

    11-3. (11-1번에서 '② 아니오' 응답 시) **그 이유**는 무엇입니까? (복수 응답 가능)
        ① 조기종료 아동은 있었으나 연령 조건을 충족하지 못함.

② 조기종료 아동은 있었으나 원가정으로 복귀하여 대상자가 아님.
③ 조기종료 아동은 있었으나 당사자가 자립정착금을 신청하지 않음.
④ 기타 → 직접 기입: _____
⑤ 모름

12. 『2024년 아동분야 사업안내』에 따라 만 15세 이후 아동복지시설 및 가정위탁 보호를 조기종료하여 2024년 2월 9일 이후(개정 아동복지법 시행) 만 18세가 된 자립준비청년(보호종료아동)에게 **자립수당을 지원**하도록 하고 있습니다. 귀하는 본 **지침**을 알고 있습니까?
① 예   ② 아니오

12-1. (12번에서 ① 예 응답 시) 2024년 9월 현재까지 본 지침에 해당하는 만 15세 이후 보호조치가 조기종료되어 만 18세가 된 때로부터 **5년 이내인 자립준비청년(보호종료아동)**이 있었습니까?
① 예   ② 아니오   ③ 모름

12-2. (12-1번에서 ① 예 응답 시) 2024년 9월 현재까지 본 지침에 해당하여 **자립수당을 지원받은 자립준비청년(보호종료아동)**은 **몇 명**입니까? (해당 대상이 없는 경우 "0" 기재)
약 _____ 명

12-3. (12-1번에서 ② 아니오 응답 시) **그 이유**는 무엇입니까? (복수 응답 가능)
① 조기종료 아동은 있었으나 연령 조건을 충족하지 못함.
② 조기종료 아동은 있었으나 원가정으로 복귀하여 대상자가 아님.
③ 조기종료아동은 있었으나 당사자가 자립수당을 신청하지 않음.
④ 기타 → 직접 기입: _____
⑤ 모름

13. 조기종료 아동 중 연령 조건 미충족, 원가정 복귀 등으로 자립지원대상이 되지 않는 경우에 대해 **아동복지심의위원회**의 **심의·의결을 통해 지원한 사례**가 있습니까?
① 예   ② 아니오   ③ 모름

13-1. (13번에서 ① 예 응답 시) **어떤 서비스**를 제공했습니까?
① 자립정착금
② 자립수당

③ 기타 → 직접 기입: _____

14. 귀하가 소속된 지역의 팀에서는 만 18세 이전에 가정외 보호체계(예: 시설)를 이탈하여 **1개월 이상 연락이 두절된 아동의 현황**을 **최소 연 2회 이상**으로 파악하고 있습니까?
    ① 예
    ② 아니오

14-1. (14번에서 '2. 아니오' 응답 시) **그 이유**는 무엇입니까? (복수 응답 가능)
    ① 해당 지침을 인지하지 못함.
    ② 인력이 부족함.
    ③ 현황 파악을 해도 조치 방안이 없음.
    ④ 관련 기관이 협조적이지 않아 현황 파악이 불가함.
    ⑤ 기타 → 직접 기입: _____

15. 귀하가 소속된 지역의 팀에서는 원가정 복귀가 아닌, 타시설(예: 장애인 시설, 청소년 쉼터, 소년보호시설) 전원 등으로 만 15세 이후에 보호조치가 조기종료된 아동·청소년에 대한 **사후관리(모니터링)를 수행**하고 있습니까?
    ① 예
    ② 아니오

15-1. (15번에서 '1. 예' 응답 시) **사후관리 기간**과 **빈도**는 어떻습니까?
    직접 작성: _____
    (예: 연 1회, 18세까지 사후관리/ 또는 분기별, 보호종료 후 1년 동안 등)

15-2. (15번에서 '2. 아니오' 응답 시) **그 이유**는 무엇입니까? (복수 응답 가능)
    ① 보호조치 조기종료 아동·청소년 사후관리(모니터링) 관련 지침 없음.
    ② 보호조치 조기종료 아동·청소년 사후관리(모니터링) 인력이 부족함.
    ③ 현황 파악을 해도 조치 방안이 없음.
    ④ 관련 기관이 협조적이지 않아 현황 파악이 불가함.
    ⑤ 기타 → 직접 기입: _____

■ 다음은 <u>보호조치 조기종료 자립준비청년 지원 방안</u>에 대한 질문입니다. 해당하는 항목을 선택해 주시기 바랍니다.

16. **보호조치 조기종료 아동·청소년 자립지원체계 개선**을 위해 <u>**필요로 하는 우선 정책 방안**</u>은 무엇이라고 생각합니까? (복수 응답 가능)

구분
① 조기종료 아동·청소년 사후관리(모니터링) 인력 확대
② 자립지원 인력의 역량, 전문성 강화 및 교육
③ 조기종료 아동·청소년 지원 예산 확대
④ 전원 등 유관기관의 정보시스템 공유 시스템 구축
⑤ 조기종료 아동·청소년 사례관리체계 마련
⑥ 조기종료 아동·청소년 지원 심의·의결 기구, 아동복지심의위원회 전문성 강화
⑦ 기타(직접 작성:)

17. **보호조치 조기종료 아동·청소년의 자립을 지원**하기 위해 <u>**필요로 정책 방안**</u>은 무엇이라고 생각합니까? (복수 응답 가능)

구분
① 원가정 복귀 조기종료 아동·청소년 지원대상으로 포함
② '만15세 이상 조기종료' 기준 완화를 통한 지원대상 확대
③ 자립정착금, 자립수당 외 자립지원서비스 확대
④ 자립계획수립 등 자립준비 지원 서비스 마련
⑤ 자립시기 사례관리서비스 제공
⑥ 기타(직접 작성:)

18. 귀하는 "청소년안전망시스템(여성가족부)"을 통해 **18세가 달하기 전에 보호조치가 종료되거나 해당 시설을 퇴소한 사람**을 발굴(조회)할 수 있다면, **청소년안전망시스템을 사용할 의향**이 있으십니까?
　　　① 예　　　　　　② 아니오

19. 이 밖에 보호조치 조기종료 자립준비청년 <u>**지원 방안에 대해 의견**</u>이 있으시면 자유롭게 기술해 주십시오.

설문에 응답하신 분들께 **5천원 편의점 상품권**을 보내드립니다.
상품권 발송을 위하여, 휴대전화번호를 취합하고 있습니다. 아래 내용을 잘 확인하시고 응답해 주십시오.

〈개인정보 수집·이용 고지사항〉
● 개인정보의 수집·이용 목적 : 응답자 사례(5천원 편의점 상품권) 전달
● 수집하려는 개인정보의 항목 : 휴대전화번호
● 개인정보의 보유 및 이용 기간 : 개인정보 수집·이용 동의서 작성일로부터 6개월
● 본 개인정보 수집·이용에 대한 동의를 거부할 권리가 있으며, 동의 거부시 응답 사례를 받으실 수 없습니다.

☐ 동의함   ☐ 동의안함 (설문종료)

지급받을 핸드폰 번호를 정확히 적어주시오. 상품권은 조사 종료 이후, 10월 마지막 주~11월 초 일괄 발송 예정입니다.
(본 연락처는 답례품 지급용으로만 사용되며, 작성하지 않은 경우에는 답례품이 지급되지 않습니다.)

핸드폰 번호 : (010) - (   ) - (   )

[부록 2] FGI 질문지(안) - 종사자용

「중간퇴소 자립준비청년 통합적 지원 방안 연구」
종사자 FGI 질문지

1. 업무 경험은 어떻습니까?

- 어느 지역에서 어떤 일을 하고 계십니까? 사회복지, 아동복지 영역에서의 다른 경험이 있습니까?
- 근무 환경은 어떠합니까?(업무량, 근무 여건 등)

2. 중간퇴소 아동·청소년·청년의 보호 체계 및 환경은 어떠합니까?

- 원가정복귀 아동·청소년은 어떠한 이유로, 어떤 절차를 통해 원가정복귀가 이루어집니까? 원가정복귀 아동·청소년의 삶은 어떻습니까?
- 전원 아동·청소년은 어떠한 이유로, 어떤 절차를 통해 전원이 이루어집니까? 주로 어떤 시설로 전원이 이루집니까? 현재까지 사후관리(모니터링)은 어떻게 했습니까?

3. 중간퇴소 자립준비청년 지원 경험은 어떠합니까?

- 중간퇴소 자립준비청년 지원 대책에 대해 어떻게 생각하십니까? 원가정복귀 아동이 대상에서 제외된 것에 대해 어떻게 생각하십니까?
- 대책 시행(24년 2월) 후, 중간퇴소 자립준비청년 지원 사례가 있었습니까? 어떻게, 무엇을 지원했습니까? 타 시설 전원 사례를 어떻게 발굴했습니까?
- 중간퇴소 후 자립을 지원하기 위해 필요한 지원은 무엇입니까? 자립정착금과 달리 자립수당은 18세 이상이 되었을 때 받을 수 있는데 그 사이 연락두절에 대한 방안은 있습니까?
- 15세~18세 사이 자립준비지원 대책이 없는데, 이에 대해 어떻게 생각하십니까?
- 15세 이전 중간퇴소 아동·청소년은 자립지원대상이 아닙니다. 이에 대해 어떻게 생각하십니까?
- 자립정착금, 자립수당 외 중간퇴소 자립준비청년에게 어떤 지원이 필요하다고 생각하십니까?
- (만기, 연장)보호종료아동과 지원 내용이 동일해야 한다고 생각하십니까?

4. 중간퇴소 자립준비청년 지원 업무가 추가 된 것에 대해 어떻게 생각하십니까?

- 원가정복귀, 전원 등 중간퇴소 아동에 대한 사후관리(모니터링)이 필요한 상황입니다. 현재 인력으로 어느 정도까지 가능합니까?
- 여성가족부, 법무부 산하 시설로 전원, 사후관리(모니터링) 등에 관한 업무 절차나 체계가 마련되어 있습니까?
- 정보 공유체계, 통합정보관리에 대해 어떻게 생각하십니까?
- 중간퇴소 자립준비청년에 대해 현재 자립준비청년 지원 체계(자립지원전담기관)와의 연계·협력 체계가 구축되어 있습니까? 그 방안은 무엇이라고 생각합니까?
- 중간퇴소 자립준비청년의 자립지원을 위해 정부나 지자체로부터 필요한 지원, 정책은 무엇입니까?
- 매달 자립수당을 지원할 때, 현재 자립상태(자해·자살 위기, 노숙 등 주거 위기, 자퇴·퇴사 등 교육·고용 관련 위기 등)를 문자 등 모바일로 확인한 후 지원하는 절차에 대해 어떻게 생각하십니까?

[부록 3] FGI 질문지(안) - 중간퇴소 자립준비청년 당사자용

**「중간퇴소 자립준비청년 통합적 자립지원 방안 연구」
자립준비청년 FGI 질문지**

1. **자립준비청년의 가정외보호 경험은 어땠습니까?**
   - 얼마의 기간 동안, 어디에서 살았습니까? 가정외보호를 받게 된 이유, 경로는 어떻습니까?
   - 가정외보호 체계에서의 성장 경험은 어땠습니까?

2. **보호조치 조기종료 배경은 무엇입니까?**
   - 만 18세 이전 원가정복귀 또는 전원 조치 등의 배경은 무엇입니까?
   - 만 18세가 될 때까지(성인이 될 때까지)의 삶은 어땠습니까? 보호조치 종료 후 어떻게 생활했습니까?

3. **자립은 무엇이라고 생각하십니까?**
   - 자립에 대해 생각하며, 성인으로서의 삶을 설계해 보거나 준비, 계획해 본 적이 있습니까?
   - 현재 자신의 자립 상황은 어떠합니까?

4. **자립과정의 경험은 어떠했습니까?**
   - 조기종료 후 지금의 자립 상황에 이르기까지 가장 힘들었던 점은 무엇인가?
   - 누구의 도움으로, 어떻게 극복하였나?
   - 가족, 친구 등 자립과정에서 경제적 지원이나 정서적 지지를 받을 수 있었습니까?

5. **자립준비청년 지원 정책, 프로그램, 서비스에 대해 어떻게 생각하십니까?**
   - 만 18세 이후, 아동보호체계에서 보호종료를 하면 자립수당, 자립정착금 등의 지원을 받을 수 있었는데 이에 대해 어떻게 생각하십니까?
   - 만 15세 이후, 다른 시설에서 만 18세에 보호종료하면 자립수당, 자립정착금을 받을 수 있게 되었습니다. 이에 대해 어떻게 생각하십니까?
   - 보호조치 조기종료 후 자립하기까지 경제적 지원에 외에 우선적으로 필요한 지원은 무엇이라고 생각하십니까?

- 자립준비청년 모두에게 동일하게 지원하는 방식이 적절한가요? 자립준비청년 개인별 어려움과 상황을 고려해서 맞춤형으로 지원하는 방식이 적절한가요?
- 매달 자립수당을 지원할 때, 현재 자립상태(자해·자살 위기, 노숙 등 주거 위기, 자퇴·퇴사 등 교육·고용 관련 위기 등)를 문자 등 모바일로 확인한 후 지원하는 절차에 대해 어떻게 생각하십니까?

Abstract

A Study on Integrated Policy Support for the Independent Living of Out-of-Home Care Leavers Discharged Under 18

Project Head: Lee, Sang Jung

This study aims to examine the status of out-of-home care leavers discharged before the age of 18 and the policy support available for their independent living, as well as to suggest an integrated support policy for them. First, this study analyzed the scope of policy support and identified gaps by examining the status of early-discharged young people preparing for self-reliance and the support measures available to them. In addition, cases from the United Kingdom and Germany, where local governments, as in Korea, provide support to children transitioning to independence, and the United States, which emphasizes the protection of families of origin, were analyzed to develop policies for children discharged before the age of 18.

Furthermore, a survey of child protection staff was conducted, and data was analyzed on the status of and support measures for early out-of-home care leavers. Qualitative data was also collected through focus group interviews and individual interviews with young people preparing for

Co-Researchers: Ju, Bohye·Lee, Juyeon·Kim, Moohyun·Baek, Hyejung·Ju, Hana independent living, as well as relevant professionals. Finally, building on these research findings, this study proposes an integrated support policy for early-discharged care leavers.

Key words : out-of-home care leaver discharged under 18, policy supports for independent living